EL **LIBRO** DE LOS **ESPÍRITUS**

Discovery Publisher

Título original : Le Livre des Esprits
2017, Discovery Publisher

Para la edición española :
2017, Discovery Publisher

Autor : Allan Kardec

616 Corporate Way
Valley Cottage, New York, 10989
www.discoverypublisher.com
edition@discoverypublisher.com
facebook.com/discoverypublisher
twitter.com/discoverypb

New York • Paris • Dublin • Tokyo • Hong Kong

TABLA DE CONTENIDO

AVISO SOBRE ESTA NUEVA EDICIÓN   13

INTRODUCCIÓN AL ESTUDIO DE LA: DOCTRINA ESPIRITISTA   15

LIBRO PRIMERO: CAUSAS PRIMERAS   45

CAPITULO I: DIOS   47
1. Dios y el Infinito   47
2. Pruebas de la existencia de Dios   47
3. Atributos de la Divinidad   48
4. Panteísmo   49

CAPITULO II: ELEMENTOS GENERALES DEL UNIVERSO   51
1. Conocimiento del principio de las cosas   51
2. Espíritu y materia   51
3. Propiedades de la materia   53
4. Espacio universal   55

CAPITULO III: CREACIÓN   56
1. Formación de los mundos   56
2. Formación de los seres vivientes   57
3. Población de la Tierra - Adán   58
4. Diversidad de las razas humanas   58
5. Pluralidad de mundos   59
6. Consideraciones y concordancias Bíblicas respecto a la Creación   60

CAPITULO IV: PRINCIPIO VITAL   63
1. Seres orgánicos e inorgánicos   63
2. La vida y la muerte   64
3. Inteligencia e instinto   65

LIBRO SEGUNDO: MUNDO ESPIRITISTA O DE LOS ESPÍRITUS 69

CAPITULO I: DE LOS ESPÍRITUS   71
1. Origen y naturaleza de los Espíritus   71
2. Mundo normal primitivo   72
3. Forma y ubicuidad de los Espíritus   73
4. Periespíritu   74

5. Diferentes órdenes de Espíritus 74
6. Escala Espiritista 75
7. Progresión de los Espíritus 80
8. Ángeles y demonios 83

CAPITULO II: LA ENCARNACIÓN DE LOS ESPÍRITUS 86
1. Objetivo de la encarnación 86
2. Del alma 86
3. Materialismo 89

CAPITULO III: REGRESO DE LA VIDA MATERIAL: A LA ESPIRITUAL ... 92
1. El alma después de la muerte; su individualidad - Vida eterna ... 92
2. Separación del cuerpo y del alma 93
3. Turbación Espiritista 95

CAPITULO IV: PLURALIDAD DE EXISTENCIAS 97
1. De la reencarnación 97
2. Justicia de la reencarnación 98
3. Encarnación en diferentes mundos 98
4. El libro de los Espíritus transmigración progresiva 102
5. Suerte de los niños después de la muerte 105
6. Sexos en los Espíritus 106
7. Parentesco, filiación 106
8. Semejanzas físicas y morales 107
9. Ideas innatas 109

CAPITULO V: CONSIDERACIONES SOBRE LA
PLURALIDAD DE EXISTENCIAS 111

CAPITULO VI: VIDA ESPIRITISTA 118
1. Espíritus errantes 118
2. Mundos transitorios 120
3. Percepciones, sensaciones y sufrimientos de los Espíritus 121
4. Ensayo teórico sobre la sensación en los Espíritus 125
5. Elección de las pruebas 128
6. Relaciones de ultratumba 133
7. Relaciones simpáticas y antipáticas de los Espíritus - Mitades eternas ... 136
8. Recuerdo de la existencia corporal 138
9. Conmemoración de los difuntos - Funerales 141

CAPITULO VII: REGRESO A LA VIDA CORPORAL 143
1. Preludios del regreso 143
2. Unión del alma y del cuerpo - Aborto 145
3. Facultades morales e intelectuales del hombre 148
4. Influencia del organismo 149

5. Idiotismo, locura 150
6. De la infancia 152
7. Simpatías y antipatías terrestres 154
8. Olvido del pasado 155

CAPITULO VIII: EMANCIPACIÓN DEL ALMA 159
1. El dormir y los sueños 159
2. Visitas Espiritistas entre personas vivas 163
3. Transmisión oculta del pensamiento 164
4. Letargo, catalepsia, muertes aparentes 164
5. Sonambulismo 165
6. Éxtasis 168
7. Doble vista 169
8. Resumen teórico del sonambulismo, del éxtasis y de la doble vista 170

CAPITULO IX: INTERVENCIÓN DE LOS ESPÍRITUS
EN EL MUNDO CORPORAL 175
1. Penetración de nuestro pensamiento por los Espíritus 175
2. Influencia oculta de los Espíritus en nuestros pensamientos y acciones 175
3. De los poseídos 178
4. Convulsionarios 179
5. Afecto de los Espíritus hacia ciertas personas 180
6. Ángeles guardianes, Espíritus protectores, familiares o simpáticos 181
7. Presentimientos 188
8. Influencia de los Espíritus en los acontecimientos de la vida 189
9. Acción de los Espíritus en los fenómenos de la naturaleza 192
10. Los Espíritus durante las batallas 193
11. De los pactos 194
12. Poder oculto, talismanes, hechiceros 195
13. Bendición y maldición 196

CAPITULO X: OCUPACIONES Y MISIONES DE LOS ESPÍRITUS 198

CAPITULO XI: LOS TRES REINOS 204
1. Los minerales y las plantas 204
2. Los animales y el hombre 205
3. Metempsicosis 210

LIBRO TERCERO: LEYES MORALES 215

CAPITULO I: LEY DIVINA O NATURAL 217
1. Caracteres de la ley natural 217
2. Origen y conocimiento de la ley natural 218
3. El bien y el mal 220

4. División la ley natural   223

CAPITULO II: LEY DE ADORACIÓN   224
1. Objeto de la adoración   224
2. Adoración externa   224
3. Vida contemplativa   225
4. De la oración   226
5. Politeísmo   228
6. Sacrificios   229

CAPITULO III: LEY DEL TRABAJO   232
1. Necesidad del trabajo   232
2. Límite del trabajo, descanso   233

CAPITULO IV: LEY DE REPRODUCCIÓN   235
1. Población del globo   235
2. Sucesión y perfeccionamiento de las razas   235
3. Obstáculos de la reproducción   236
4. Matrimonio y celibato   237
5. Poligamia   237

CAPITULO V: LEY DE CONSERVACIÓN   239
1. Instinto de conservación   239
2. Medios de conservación   239
3. Goce de los bienes de la tierra   241
4. Necesario y superfluo   242
5. Privaciones voluntarias, mortificaciones   242

CAPITULO VI: LEY DE DESTRUCCIÓN   245
1. Destrucción necesaria y destrucción abusiva   245
2. Calamidades destructoras   246
3. Guerras   248
4. Asesinato   249
5. Crueldad   249
6. Duelo   250
7. Pena de muerte   251

CAPITULO VII: LEY DE SOCIEDAD   253
1. Necesidad de la vida social   253
2. Vida de aislamiento - Voto de silencio   253
3. Lazos de familia   254

CAPITULO VIII: LEY DEL PROGRESO   255
1. Estado natural   255
2. Marcha del progreso   255
3. Pueblos degenerados   257

4. Civilización   259
5. Progreso de la legislación humana   260
6. Influencia del Espiritismo en el progreso   261

CAPITULO IX: LEY DE IGUALDAD   264
1. Igualdad natural   264
2. Desigualdad de aptitudes   264
3. Desigualdades sociales   265
4. Desigualdad de riquezas   265
5. Pruebas de la riqueza y de la miseria   266
6. Igualdad de los derechos del hombre y la mujer   267
7. Igualdad ante la tumba   268

CAPITULO X: LEY DE LIBERTAD   269
1. Libertad natural   269
2. Esclavitud   269
3. Libertad de pensar   270
4. Libertad de conciencia   271
5. Libre albedrío   272
6. Fatalidad   273
7. Conocimiento del porvenir   277
8. Resumen teórico del móvil de las acciones del hombre   278

CAPITULO XI: LEY DE JUSTICIA, DE AMOR Y CARIDAD   282
1. Justicia y derechos naturales   282
2. Derecho de propiedad. Robo   283
3. Caridad y amor al prójimo   284
4. Amor maternal y filial   286

CAPITULO XII: PERFECCIÓN MORAL   287
1. Las virtudes y los vicios   287
2. De las pasiones   290
3. Del egoísmo   291
4. Caracteres del hombre de bien   294
5. Conocimiento de sí mismo   294

LIBRO CUARTO: ESPERANZAS Y CONSUELOS   299

CAPITULO I: PENAS Y GOCES TERRENALES   301
1. Dicha y desgracia relativas   301
2. Pérdida de las personas queridas   305
3. Desengaños - Ingratitud - Afectos contrariados   306
4. Uniones antipáticas   307
5. Miedo a la muerte   307

6. Hastío de la vida - Suicidio 308

CAPITULO II: PENAS Y GOCES FUTUROS 313
1. La nada - Vida futura 313
2. Intuición de las penas y goces futuros 313
3. Intervención de Dios en las penas y recompensas 314
4. Naturaleza de las penas y goces futuros 315
5. Penas temporales 320
6. Expiación y arrepentimiento 322
7. Duración de las penas futuras 324
8. Resurrección de la carne 329
9. Paraíso, infierno y purgatorio 330

CONCLUSIÓN Y ÍNDICE 335

CONCLUSIÓN 337
ÍNDICE ALFABÉTICO 351

FILOSOFÍA ESPIRITUALISTA

EL LIBRO
DE LOS ESPÍRITUS

QUE CONTIENE

LOS PRINCIPIOS DE LA DOCTRINA ESPIRITISTA

SOBRE LA INMORTALIDAD DEL ALMA, LA NATURALEZA DE
LOS ESPÍRITUS Y SUS RELACIONES CON LOS HOMBRES, LAS
LEYS MORALES, LA VIDA PRESENTE, LA VIDA FUTURA
Y EL PORVENIR DE LA HUMANIDAD.

Según la enseñanza dada por los espíritus superiores con la ayuda de diferentes médiums

RECOPILADA Y PUESTA EN ORDEN

POR ALLAN KARDEC

AVISO SOBRE ESTA NUEVA EDICIÓN

AVISO SOBRE ESTA NUEVA EDICIÓN

En la primera edición de esta obra, ofrecimos una parte suplementaria que habia de comprender todas las cuestiones que no hubieran podido tener cabida en aquélla, o que circunstancias ulteriores y nuevos estudios hubiesen originado. Pero como todas ellas se relacionan con algunos de los asuntos ya tratados y constituyen su desenvolvimiento, su publicación aislada hubiera carecido de toda ilación. Hemos preferido, pues, aguardar la reimpresión del libro para fundirlo todo en un solo conjunto, y la hemos aprovechado también para introducir en la distribución de materias un orden mucho más metódico, eliminando al mismo tiempo, lo que repetidamente se dirigía al mismo fin. Esta reimpresión puede, pues, ser considerada como una nueva obra, aunque ningún cambio hayan experimentado los principios, fuera de un muy corto número de excepciones, que son más bien aclaración y complemento que verdaderas modificaciones. Esta conformidad en los principios emitidos, a pesar de la diversidad de orígenes que nos lo han suministrado, es un hecho importante en la constitución de la ciencia espiritista. En nuestra correspondencia consta, que en diversas localidades se han obtenido comunicaciones perfectamente idénticas, si no en forma, en el fondo, por lo menos; hecho realizado antes de haberse publicado nuestro libro, que ha venido únicamente a confirmarlas y a reunirías en un cuerpo sistemático. La historia prueba, a su vez, que la mayor parte de aquellos principios han sido profesados por los hombres más eminentes de los tiempos antiguos y modernos, viniendo de esta manera a prestarles su sanción.

La enseñanza relativa a las manifestaciones propiamente dichas y a los médiums, constituye hasta cierto punto una parte distinta de la filosofía, parte que puede ser objeto de un estudio especial. Habiendo alcanzado muy considerable desarrollo con motivo de la experiencia adquirida, hemos creído deber nuestro formar de ella un volumen distinto, que contendrá las respuestas dadas a todas las preguntas relativas a las manifestaciones y a los médiums, y también numerosas observaciones sobre el espiritismo práctico. La obra de que hablamos será la continuación o el complemento de EL LIBRO DE LOS ESPÍRITUS.[1]

---

1. La obra a que se hace referencia aqui, es *El libro de los Médiums*.

INTRODUCCIÓN AL ESTUDIO DE LA DOCTRINA ESPIRITISTA

I

Para las cosas nuevas se necesitan nuevas palabras. Así lo requiere la claridad en el lenguaje, con el fin de evitar la confusión inseparable del sentido múltiple dado a los mismos términos. Las palabras *espiritual, espiritualista* y *espiritualismo,* tienen una aceptación bien caracterizada, y darles otra nueva para aplicarlas á la doctrina de los espíritus equivaldría a multiplicar las causas de anfibología, ya numerosas. En efecto, el espiritualismo es el término opuesto al materialismo, y todo el que cree que tiene en si mismo algo más que materia, es espiritualista; pero no se sigue de aquí que crea en la existencia de los espíritus o en sus comunicaciones con el mundo visible. En vez de las palabras ESPIRITUALISTA y ESPIRITUALISMO, empleamos, para designar esta última creencia, las de *espiritista* y *espiritismo,* cuya forma recuerda el origen y su significación radical, teniendo por lo mismo la ventaja de ser perfectamente inteligibles, y reservamos a la palabra *espiritualismo* la acepción que le es propia. Diremos, pues, que la doctrina *espiritista* o el *espiritismo* tiene como principios las relaciones del mundo material con los espíritus o seres del mundo invisible. Los adeptos del espiritismo serán los *espiritas* o los *espiritistas,* si se quiere.

EL LIBRO DE LOS ESPÍRITUS contiene, como especialidad, la doctrina *espiritista,* y como generalidad, se asocia a la doctrina *espiritualista,* ofreciendo una de sus fases. Por esta razón se ve en la cabecera de su título la frase *Filosofía espiritualista.*

II

Existe otra palabra sobre la cual es igualmente importante que nos entendamos, porque es una de las llaves maestras de toda doctrina moral y porque es causa de muchas controversias por carecer de una acepción bien deslindada; tal es la palabra *alma.* La divergencia de opiniones acerca de la naturaleza del alma procede de la aplicación particular que de esta palabra hace cada uno. Un idioma perfecto, en el que cada idea estuviese representada por su palabra peculiar, evitaría muchas discusiones, y con un término para cada cosa, todos nos entenderíamos.

Según unos, el alma es el principio de la vida material orgánica no tiene existencia propia y cesa cuando la vida cesa. Así piensa el materialismo puro. En este sentido, y por comparación, dicen los materialistas que no tiene alma el instrumento que, por estar rajado, no suena. En esta hipótesis, el alma es efecto y no causa.

Otros creen que el alma es el principio de la inteligencia, agente universal del que cada ser absorbe tina parte. Según éstos, todo el universo no tiene más que una sola alma que distribuye partículas a los diversos seres inteligentes, durante la vida, volviendo, después a la muerte, cada partícula al origen común donde se confunde con el todo, como los arroyos y ríos vuelven al mar de donde salieron. Difiere esta opinión de la precedente en que, en la hipótesis que nos ocupa, existe en nosotros algo más que materia y algo subsiste después de la muerte; pero es casi como si nada sobreviviese; porque, desapareciendo la individualidad, no tendríamos conciencia de nosotros mismos. Siguiendo esta opinión, el alma universal sería Dios, y todo ser, parte de la Divinidad. Semejante sistema es una de las variaciones del panteísmo.

Según otros, en fin, el alma es un ser moral distinto, independiente de la materia, que conserva su individualidad después de la muerte. Esta acepción es, sin contradicción, la más general, porque, con uno u otro nombre, la idea de este ser que sobrevive al cuerpo se encuentra en estado de creencia instintiva e independiente de toda enseñanza, en todos los pueblos, cualquiera que sea su grado de civilización. Esta doctrina, según la cual el alma es *causa* y no *efecto*, es la de los *espiritualistas*.

Sin discutir el mérito de estas opiniones, y concretándonos únicamente a la cuestión lingüística, diremos que esas tres aplicaciones de la palabra *alma* constituyen tres distintas ideas, para cada una de las cuales sería necesario un término especial. La palabra que nos ocupa tiene, pues, una triple acepción, y los partidarios de los citados sistemas tienen razón en las definiciones que dan de ella, teniendo en cuenta el punto de vista en que se colocan. La culpa de la confusión es del lenguaje, que sólo tiene una palabra para tres ideas distintas. Para evitar las anfibologías, preciso sería emplear la palabra *alma* para una sola de las tres indicadas ideas, y siendo la cuestión principal la de que nos entendamos perfectamente, es indiferente la elección, dado que este es un punto convencional. Creemos que lo más lógico es tomarla en su acepción más vulgar, y por este motivo llamamos *alma al ser inmaterial e individual que reside en nosotros y* sobrevive *al cuerpo.* Aunque este ser no existiera, aunque fuese producto de la imaginación, no sería menos necesario un término que lo representara. En defecto de esta palabra especial para cada una de las otras dos acepciones, llamamos: *Principio vital*, al principio de la vida material y orgánica, cualquiera que sea su origen; principio común a todos los seres vivientes, desde las plantas hasta el hombre. El principio vital es distinto e independiente porque puede existir la vida, aun haciendo abstracción de la facultad de pensar. La palabra *vitalidad* no respondería a la misma idea. Para unos, el principio vital es una propiedad de la materia, un efecto que se produce desde que la materia se encuentra en ciertas circunstancias determinadas; para otros, y esta es la idea más vulgar, reside en un fluido especial, universalmente esparcido y del cual absorbe y se asimila cada ser una parte, durante la vida, como, según vemos, absorben la luz los cuerpos inertes. Sería este el *fluido vital* que, admitiendo ciertas opiniones, es el mismo fluido eléctrico animalizado, designado también con los nombres *de fluido magnético, fluido nervioso*, etcétera.

Como quiera que sea, existe un hecho indiscutible, porque resulta de la observación, que los seres orgánicos tienen en si mismos una fuerza íntima que produce el fenómeno de la vida, mientras existe aquélla; que la vida material es común a todos los seres orgánicos, y que es independiente de la inteligencia y del pensamiento; que éste y aquélla son facultades propias de ciertas especies orgánicas, y, en fin, que entre las especies orgánicas dotadas de inteligencia y pensamiento, existe una que lo está de un sentimiento moral especial que le da una superioridad incuestionable sobre las otras. Esta es la especie humana.

Concíbese que con una acepción múltiple, el alma no excluye el materialismo, ni el panteísmo. El mismo espiritualista puede perfectamente aceptar el alma en una u otra de las dos primeras acepciones, sin perjuicio del ser inmaterial, al que dará entonces otro nombre cualquiera. Así, pues, la palabra que nos viene ocupando no es representativa de una opinión determinada: es un Proteo que cada cual transforma a su antojo, y de aquí el origen de tantas interminables cuestiones.

Evitaríase igualmente la confusión empleando la palabra *alma* en aquellos tres casos, pero añadiéndole un calificativo que especificase el aspecto en que se la toma, o la acepción que quiere dársele. Sería entonces un vocablo genérico, que representaría simultáneamente el principio de la vida material, el de la inteligencia y el del sentido moral, y que se distinguiría por medio de un atributo, como distinguimos los gases, añadiendo a la palabra *gas* los calificativos *hidrógeno*, *oxígeno* o *ázoe*. Pudiera, pues, decirse, y esto sería lo más acertado, el alma *vital* por el principio de la vida material, el *alma intelectual* por el principio inteligente y el *alma espiritista* por el principio de nuestra individualidad después de la muerte. Según se ve, todo esto se reduce a una cuestión de suma importancia para entendernos. Conformándonos con aquella clasificación, el *alma vital* seria común a todos los seres orgánicos: las plantas, los animales y los hombres; el *alma intelectual* propia de los animales y de los hombres, perteneciendo el *alma espiritista* al hombre únicamente.

Hemos creído deber nuestro insistir tanto más en estas explicaciones, por cuanto la doctrina espiritista está naturalmente basada en la existencia en nosotros mismos de un ser independiente de la materia, que sobrevive al cuerpo. Debiendo repetir frecuentemente la palabra *alma* en el curso de esta obra, importaba fijar el sentido que le damos para evitar así las equivocaciones.

Vamos ahora al principal objeto de esta instrucción preliminar.

III

Como todo lo nuevo, la doctrina espiritista tiene adeptos y contradictores. Vamos a procurar contestar a algunas de las objeciones de estos últimos, sin abrigar, empero, la pretensión de convencerlos a todos, ya que hay gentes que creen que para ellas exclusivamente fue hecha la luz. Nos dirigimos a las personas de buena fe que no tienen ideas preconcebidas o sistemáticas, por lo menos, y que están sinceramente deseosas de instruirse, a las cuales demostraremos que la mayor parte de las objeciones que se hacen a la doctrina nacen de la observación incompleta de los hechos y de un fallo dictado con harta ligereza y precipitación.

Recordemos ante todo y en pocas palabras la serie progresiva de los fenómenos que originaron esta doctrina.

El primer hecho observado fue el de diversos objetos que se movían, fenómeno vulgarmente conocido con el nombre de *mesas giratorias* o *danza de las mesas*. Este hecho que, según parece, se observó primeramente en América, o que, mejor dicho, se renovó en aquella comarca, puesto que la historia prueba que se remonta a la antigüedad más remota, se produjo acompañado de extrañas circunstancias, tales como ruidos inusitados y golpes sin causa ostensiblemente conocida. Desde allí se propagó con rapidez por Europa y por las demás partes del mundo, siendo al principio objeto de mucha incredulidad, hasta que la multiplicidad de los experimentos no permitió que se dudase de su realidad.

Si este fenómeno se hubiese limitado al movimiento de objetos materiales, podríase explicar por una causa puramente física. Lejos estamos de conocer todos los agentes ocultos de la naturaleza, ni las propiedades todas de los que nos son conocidos. La electricidad, por otra parte, multiplica hasta lo infinito cada día los recursos que brinda al hombre y parece llamada a derramar una nueva luz sobre la ciencia. No era, pues, imposible que la electricidad, modificada por ciertas circunstancias, o por otro agente cualquiera, fuese la causa de aquel movimiento. El aumento de la potencia de la acción, que resultaba siempre de la reunión de muchas personas, parecía venir en apoyo de esta teoría; porque podia considerarse el conjunto de individuos como una pila múltiple, cuya potencia está en razón del número de elementos.

Nada de particular tenía el movimiento circular; porque, siendo natural y moviéndose circularmente todos los astros, podía ser, pues, aquel un ligero reflejo del movimiento general del universo; o por decirlo mejor, una causa, hasta entonces desconocida, podía imprimir accidentalmente a los objetos pequeños, en circunstancias dadas, una corriente análoga a la que arrastra a los mundos.

Pero no siempre era circular el movimiento, sino que a veces se verificaba a sacudidas y desordenadamente. El mueble era zarandeado con violencia, derribado, arrastrado en una dirección cualquiera y, en una oposición a todas las leyes de la estática, levantado del suelo y sostenido en el espacio. Hasta aquí, nada existe en tales hechos que no pueda explicarse por la potencia de un agente físico invisible. ¿Acaso no vemos que la electricidad derriba edificios, desarraiga árboles, lanza a distancia los cuerpos más pesados, los atrae y los repele?

Los ruidos inusitados y los golpes, en el supuesto de que no fuesen efectos ordinarios de la dilatación de la madera, o de otra causa accidental, podían muy bien ser producidos por la acumulación del fluido oculto. ¿Por ventura no produce la electricidad los ruidos más violentos?

Hasta aquí, todo, como se ve, puede caber en el dominio de hechos puramente físicos y fisiológicos. Sin salir de este orden de ideas, era este fenómeno materia de estudios graves y dignos de llamar la atención de los sabios. ¿Por qué no sucedió así? Sensible es tener que decirlo; pero procede este hecho de causas que prueban, entre mil acontecimientos semejantes, la ligereza del humano espíritu. Ante todo, no es acaso extraño a esto la vulgaridad del objeto principal que ha servido de base a los primeros experimentos. Cuan grande no ha sido frecuentemente la influencia de una palabra en los más graves asuntos! Sin considerar que el movimiento pudiera haber sido impreso a cualquier objeto, prevaleció la idea de las mesas, sin duda porque era el más cómodo y porque, más naturalmente que a otro mueble, nos sentamos alrededor de una mesa. Pues bien, los hombres eminentes son tan pueriles, a veces, que nada imposible sería que ciertos genios de nota hayan creído indigno de ellos ocuparse de lo que se convino en llamar *danza de las mesas*. Es probable que si el fenómeno observado por Galvani lo hubiese sido por hombres vulgares y designado con un nombre burlesco, estaría aún relegado al olvido juntamente con la varita mágica. ¿Cuál es, en efecto, el sabio que no hubiera creído rebajarse ocupándose de la *danza de las ranas*?

Algunos, sin embargo, bastante modestos para convenir en que la naturaleza puede no haber dicho su última palabra, han querido ver, para tranquilidad de su conciencia. Pero ha sucedido que no siempre ha correspondido el fenómeno a sus esperanzas, y porque no se ha producido constantemente a gusto de su voluntad y conforme a su manera de experimentar, se han pronunciado por la negativa. A pesar de su fallo, las mesas, ya que de mesas se trata, continúan agitándose; de modo, que podemos decir con Galileo: ¡y *con todo, se mueven!* Diremos más aún, y es que los hechos se han repetido de una manera tal, que han adquirido ya derecho de ciudadanía, no tratándose actualmente más que de hallarles una explicación racional. ¿Puede deducirse algo en contra de la realidad del fenómeno, porque no se produce siempre de un modo idéntico y conforme a la voluntad y exigencias del observador? ¿Acaso los fenómenos eléctricos y químicos no están subordinados a ciertas condiciones? ¿Y hemos de negarlos porque no se producen fuera de ellas? ¿Hay, pues, algo de sorprendente en que el fenómeno del movimiento de los objetos por medio del fluido humano tenga también sus condiciones de existencia, y en que cese de producirse cuando el observador, situándose en su punto de vista particular, pretende que se manifieste a merced de su capricho, o reducirlo a las leyes de los fenómenos conocidos, sin considerar que para nuevos hechos puede y debe haber leyes nuevas? Para conocerlas, es preciso estudiar las circunstancias en que se producen los hechos, y este estudio ha de ser fruto de una observación continuada, atenta y muy larga, a veces.

Pero, objetan ciertas personas, la superchería es evidente con frecuencia. Ante todo les preguntaremos si están bien ciertas de que exista superchería y si no han tomado por tal efectos de que no podían darse cuenta, poco más o menos como aquel aldeano que creía que un profesor de física, a quien veía experimentar, era un hábil escamoteador. Pero suponiendo que así hubiese sucedido alguna vez, ¿sería ésta razón para negar el hecho? ¿Hemos de negar la física, porque hay prestidigitadores que se apropian el título de físicos? Preciso es, por otra parte, tener presente el carácter de las personas y el interés que pueden tener en engañar.

¿Será todo ello una broma? Podemos chancearnos un momento; pero una chanza indefinidamente prolongada sería tan fastidiosa para el embaucador como para el embaucado. Además de que, en una superchería que se propaga de un extremo al otro del mundo y entre las personas más graves, honradas e ilustradas, habría de haber algo, por lo menos, tan extraordinario como el mismo fenómeno.

IV

Si los fenómenos que nos ocupan se hubiesen limitado al movimiento de objetos, hubieran cabido, según tenemos dicho, en los límites de las ciencias físicas; pero no ha sido así, y les estaba reservado conducirnos a hechos de un extraño orden. No sabemos por qué iniciativa, creyóse descubrir que el impulso dado a los objetos no era producido únicamente por una fuerza mecánica ciega, sino que intervenía en el movimiento una causa inteligente. Una vez abierto este sendero, ofrecióse un campo nuevo a las observaciones, y quedó descorrido el velo de muchos misterios. ¿Interviene, en efecto, una potencia inteligente? Esta es la cuestión. Si la potencia existe, ¿cuál es, cuál su naturaleza y cuál su origen? ¿Es superior a la humanidad? Tales son las preguntas involucradas en la primera.

Las primeras manifestaciones inteligentes se obtuvieron por medio de mesas que se levantaban y daban con uno de sus pies un número determinado de golpes, representativos de las palabras *si* o *no,* según lo convenido, respondiendo de esta manera a las preguntas que se hacian. Hasta aquí, nada hay convincente para los escépticos; porque pudiera atribuirse el resultado a la casualidad. Obtuviéronse después contestaciones más extensas con las letras del alfabeto. Haciendo que el objeto diese el número de golpes correspondiente al número de orden de cada letra, consiguióse formar palabras y frases, que contestaban a las preguntas hechas. La exactitud de las respuestas y su correlación con las preguntas excitaron la admiración. Preguntado acerca de su naturaleza, el ser misterioso que de tal manera respondía, contestó que era un *espíritu* o *genio,* dijo su nombre y dio diversos pormenores acerca de si mismo. Esta es una circunstancia muy digna de notarse. Nadie ideó los *espíritus* como medio de explicar el fenómeno, sino que éste mismo reveló la palabra. En las ciencias exactas se sientan hipótesis con frecuencia para tener una base de razonamiento; pero no es este el caso presente.

El indicado medio de correspondencia era incómodo y tardío. El espíritu, y es también digna de notarse semejante circunstancia, indicó otro. Uno de esos seres invisibles fue quien aconsejó que se adaptase un lápiz a una cestita o a otro objeto. La cestita, colocada sobre una hoja de papel, es movida por el mismo poder ocultó que mueve las mesas; pero, en vez de seguir un simple movimiento irregular, el lápiz traza por si mismo caracteres que forman palabras, frases y discursos enteros de muchas páginas, tratando las más elevadas cuestiones de filosofía, de moral, de metafísica, de psicología, etc., todo lo cual se verifica con la misma rapidez que si escribiésemos con la mano.

El consejo fue dado simultáneamente en América, en Francia y en diversas comarcas. He aquí los términos en que fue dado en París, el 10 de junio de 1853, a uno de los más fervientes adeptos de la doctrina, que desde muchos años, desde 1849, se ocupaba en evocar a los espíritus: «Ve a la habitación contigua; toma la cestita; átale un lápiz; colócalo sobre el papel, y pon después los dedos en los bordes» Transcurridos algunos instantes, se puso la cestita en movimiento y escribió el lápiz de un modo muy legible esta frase: «Os prohíbo expresamente que digáis a nadie lo que os he dicho. Cuando vuelva a escribir, escribiré mejor.»

No siendo más que un instrumento el objeto a que se adapta el lápiz, su naturaleza, y su forma son de todo punto indiferentes. Se ha procurado buscar únicamente la comodidad, y así es que muchas personas emplean una tablita.

La cestita o tablita sólo es puesta en movimiento por la influencia de ciertas personas dotadas, bajo este aspecto, de un poder especial; personas que han sido designadas con el nombre de *médiums*, es decir, medio o intermediario entre los espíritus y los hombres. Las condiciones que producen este poder, proceden de causas a la vez físicas y morales imperfectamente conocidas todavía, porque hay médiums de todas edades, en ambos sexos y en todos los grados de desenvolvimiento intelectual. Por lo demás, la facultad se desarrolla con la práctica.

V

Reconocióse más tarde que la cestita y la tablita no eran en realidad más que un apéndice de la mano, y tomando directamente el lápiz, el médium escribió, por un impulso involuntario y casi febril. Por este medio las comunicaciones fueron más rápidas, más fáciles y más completas, viniendo a ser el más empleado actualmente, tanto más, cuanto que el número de personas dotadas de semejante aptitud es muy considerable y aumenta cada día. Por fin, la experiencia dio a conocer muchas otras variedades de la facultad mediadora, y se supo que las comunicaciones podían obtenerse igualmente por medio de la palabra, del oído, de la vista, del tacto, etc., y hasta por medio de la escritura directa de los espíritus, es decir, sin el concurso de la mano del médium, ni el del lápiz.

Obtenido el hecho, quedaba por dilucidar un punto esencial: el del papel que desempeña el médium en las comunicaciones, y la parte que mecánica y moralmente puede tomar en ellas. Dos circunstancias capitales, que no pasan inadvertidas al observador atento, pueden resolver la cuestión. La primera es el modo como la cestita se mueve bajo su influencia, por la sola imposición de los dedos en el borde, pues el examen demuestra la imposibilidad de imprimirle una dirección determinada. Semejante imposibilidad se hace patente, cuando dos o tres personas operan al mismo tiempo con la misma cestita, porque sería preciso entre ellas una avenencia de movimiento verdaderamente fenomenal y además concordancia de pensamientos para convenir acerca de la respuesta que han de dar a la pregunta hecha. Otra circunstancia, no menos singular, viene a aumentar la dificultad: la diferencia radical de letra según el espíritu que se manifiesta, reproduciéndose la misma siempre que se presenta un mismo espíritu. Preciso sería que el médium se hubiese dedicado a cambiar de veinte maneras diferentes su propia letra, y sobre todo que pudiese recordar la que pertenece a este o a aquel espíritu.

La segunda circunstancia resulta de la misma naturaleza de las contestaciones, que, la mayor parte de las veces, sobre todo en cuestiones abstractas y científicas, son notoriamente superiores a los conocimientos y en otras ocasiones al alcance intelectual del médium, quien, además, no tiene conciencia ordinariamente de lo escrito bajo su influencia, y quien, con mucha frecuencia, ni siquiera oye o entiende la pregunta, puesto que puede ser hecha en un idioma desconocido para él y aun mentalmente, pudiendo ser dada la respuesta en aquel idioma. Sucede también, a menudo, que la cestita escribe espontáneaniente sobre un asunto cualquiera y del todo inesperado.

Estas contestaciones tienen, en ciertos casos, un sello tal de sabiduría, de profundidad y de oportunidad; revelan pensamientos tan elevados y sublimes, que sólo pueden provenir de una inteligencia superior, penetrada de la más pura moralidad; y son otras veces, tan ligeras, tan frívolas y hasta tan triviales, que la razón se resiste a creer que procedan del mismo origen. Esta diversidad de lenguaje no puede encontrar otra explicación que la diversidad de inteligencias que se manifiestan. ¿Semejantes inteligencias pertenecen a la humanidad? He aqui el punto que ha de dilucidarse, y cuya perfecta explicación, tal como ha sido dada por los mismos espíritus, se encontrará en esta obra.

Estos son los hechos patentes que se producen fuera del circulo de nuestras habituales observaciones, no con misterio, sino a la luz del día, pudiendo todo el mundo verlos y evidenciarlos, puesto que no son privilegio de un solo individuo, ya que miles de personas los repiten diaria y voluntariamente. Estos efectos han de tener por fuerza una causa, y desde el momento que revelan la acción de una inteligencia y de tina voluntad, se sustraen del dominio puramente físico.

Muchas teorías se han emitido sobre el particular. Las examinaremos, y veremos si pueden dar razón de todos los hechos que se producen. Interinamente admitamos la existencia de seres distintos de la humanidad, puesto que esta es la explicación dadapor las inteligencias que se manifiestan, y veamos ahora lo que nos dicen.

VI

Los seres que se comunican se designan a si mismos, según hemos dicho, con el nombre de espíritus o genios, y dicen haber pertenecido, algunos, por lo menos a los hombres que vivieron en la tierra. Constituyen el mundo espiritual, como nosotros constituimos, durante la vida, el mundo corporal.

Pasemos a resumir en pocas palabras los puntos más culminantes de la doctrina que nos han transmitido, para responder más fácilmente a ciertas objeciones:

»Dios es eterno, inmutable, inmaterial, único, todopoderoso, soberanamente justo y bueno.

»Creó el universo que comprende todos los seres animados e inanimados, materiales e inmateriales.

»Los seres materiales constituyen el mundo visible o corporal y los inmateriales el invisible o espiritista, es decir, el de los espíritus.

»El mundo espiritista es el normal, primitivo, eterno, preexistente y sobreviviente a todo. El mundo corporal no pasa de ser secundario; podría dejar de existir, o no haber existido nunca, sin que se alterase la esencia del mundo espiritista.

»Los espíritus revisten temporalmente una envoltura material perecedera, cuya destrucción, a consecuencia de la muerte, los constituye nuevamente en estado de libertad.

»Entre las diferentes especies de seres corporales, Dios ha escogido a la especie humana para la encarnación de los espíritus que han llegado a cierto grado de desarrollo, lo cual les da la superioridad moral e intelectual sobre todos los otros.

»El alma es un espíritu encarnado, cuyo cuerpo no es más que la envoltura.

»Tres cosas existen en el hombre: 1° el cuerpo o ser material análogo a los animales, y animado por el mismo principio vital; 2° el alma o ser inmaterial, espíritu encarnado en el cuerpo, y 3° el lazo que une el alma al cuerpo, principio intermedio entre la materia y el espíritu.

»Así, pues, el hombre tiene dos naturalezas: por el cuerpo, participa de la naturaleza de los animales, cuyos instintos tienen, y por el alma, participa de la naturaleza de los espíritus.

El lazo o *periespíritu* que une el cuerpo y el espíritu es una especie de envoltura semimaterial. La muerte es la destrucción de la envoltura más grosera; pero el espíritu conserva la segunda, que le constituye un cuerpo etéreo, invisible para nosotros en estado normal y que puede hacer visible accidentalmente, y hasta tangible, como sucede en el fenómeno de las apariciones.

»Así, pues, el espíritu no es un ser abstracto e indefinido, que sólo puede concebir el pensamiento, sino un ser real y circunscrito que es apreciable en ciertos casos, por los sentidos de la vista, del oído y del tacto.

»Los espíritus pertenecen a diferentes clases y no son iguales en poder, inteligencia, ciencia y moralidad. Los del primer orden son los espíritus superiores, que se distinguen de los demás por su perfección, conocimientos, proximidad a Dios, pureza de sentimientos y amor al bien. Son los ángeles o espíritus puros. Las otras clases se alejan más y más de semejante perfección, estando los de los grados inferiores inclinados a la mayor parte de nuestras pasiones, al odio, la envidia, los celos, el orgullo, etcétera, y se complacen en el mal.

»Entre ellos, los hay que no son ni muy buenos, ni muy malos. Más embrollones y chismosos que malvados, parece ser patrimonio suyo la malicia y la inconsecuencia. Estos tales son los duendes o espíritus ligeros.

»Los espíritus no pertenecen perpetuamente al mismo orden, sino que todos se perfeccionan pasando por los diferentes grados de la jerar4uía espiritista. Este perfeccionamiento se realiza por medio de la encarnación, impuesta como expiación a unos, y como misión a otros. La vida material es una prueba que deben sufrir repetidas veces, hasta que alcanzan la perfección absoluta; una especie de tamiz o depuratorio del que salen más o menos purificados.

»A1 abandonar el cuerpo, el alma vuelve al mundo de los espíritus, de donde había salido, para tomar una nueva existencia material, después de un espacio de tiempo más o menos prolongado, durante el cual se encuentra en estado de espíritu errante.[2]

»Debiendo pasar el espíritu por varias encarnaciones, resulta que todos nosotros hemos tenido diversas existencias y que tendremos otras, perfeccionadas más o menos, ora en la tierra, ora en otros mundos.

»Los espíritus se encarnan siempre en la especie humana, y sería erróneo creer que el alma o espíritu pueda encarnarse en el cuerpo de un animal.

»Las diferentes existencias corporales del espíritu siempre son progresivas, nunca retrógradas; pero la rapidez del progreso depende de los esfuerzos que hagamos para llegar a la perfección.

»Las cualidades del alma son las mismas que las del espíritu encarnado en nosotros, de modo que el hombre de bien es encarnación de un espíritu bueno y el hombre perverso lo es de un espíritu impuro.

»El alma era individual antes de la encarnación, y continúa siéndolo después de separarse del cuerpo.

» A su vuelta al mundo de los espíritus, el alma encuentra en él a todos los que conoció en la tierra y todas sus existencias anteriores se presentan a su memoria con el recuerdo de todo el bien y de todo el mal que ha hecho.

»El espíritu encarnado está bajo la influencia de la materia, y el hombre que vence semejante influencia por medio de la elevación y purificación de su alma se aproxima a los espíritus buenos a los cuales se unirá algún día. El que se deja dominar por las malas pasiones, y cifra toda su ventura en la satisfacción de los apetitos groseros, se aproxima a los espíritus impuros, dando el predominio a la naturaleza animal.

»Los espíritus encarnados pueblan los diferentes globos del universo.

»Los espíritus no encarnados o errantes no ocupan una región determinada y circunscrita, sino que están en todas partes, en el espacio y a nuestro lado, viéndonos y codeándose incesantemente con nosotros. Forman una población invisible que se agita a nuestro alrededor.

»Los espíritus ejercen en el mundo moral y hasta en el físico una acción incesante; obran sobre la materia y el pensamiento, y constituyen uno de los poderes de la naturaleza, causa eficiente de una multitud de fenómenos inexplicados o mal explicados hasta ahora, y que sólo en el espiritismo encuentran solución racional.

»Las relaciones de los espíritus con los hombres son constantes. Los espíritus buenos nos excitan al bien, nos fortalecen en las pruebas de la vida y nos ayudan a sobrellevarlas con valor y resignación. Los espíritus malos nos excitan al mal, y les es placentero vernos sucumbir y equipararnos a ellos.

»Las comunicaciones de los espíritus con los hombres son ocultas u ostensibles. Tienen lugar las comunicaciones ocultas por medio de la buena o mala influencia que ejercen en nosotros sin que lo conozcamos. A nuestro juicio toca el distinguir las buenas de las malas inspiraciones. Las comunicaciones ostensibles se verifican

---

2. Entre esta doctrina de la reencarnación y de la metempsicosis, como la admiten ciertas sectas, existe la diferencia característica que en el curso de esta obra se explica.

por medio de la escritura, de la palabra o de otras manifestaciones materiales, y la mayor parte de las veces por mediación de los médiums que sirven de instrumento a los espíritus.

»Los espíritus se manifiestan espontáneamente o cuando se les evoca. Puede evocárseles a todos, lo mismo a los que animaron a los hombres oscuros, que a los de los más ilustres personajes, cualquiera que sea la época en que hayan vivido: así a los de nuestros parientes y amigos, como a los de nuestros enemigos, y obtener en comunicaciones verbales o escritas, consejos y reseñas de su situación de ultratumba, de sus pensamientos respecto de nosotros, como también aquellas revelaciones que les es licito hacernos.

»Los espíritus son atraídos en razón de su simpatía hacia la naturaleza moral del centro que los convoca. Los espíritus superiores se complacen en las reuniones graves en que prevalecen el amor del bien y el deseo sincero de instruirse y perfeccionarse. Su presencia ahuyenta a los espíritus inferiores que encuentran, por el contrario, franco acceso, y pueden obrar con entera libertad, en personas frívolas o guiadas únicamente por la curiosidad, y en donde quiera que reinen malos instintos. Lejos de esperar de ellos buenas advertencias y reseñas útiles, no deben esperarse más que sutilezas, mentiras, bromas pesadas o supercherías; porque a veces usurpan nombres venerables para mejor inducir en erro.

»Es sumamente fácil distinguir los espíritus buenos de los malos; porque el lenguaje de los espíritus superiores es siempre digno, noble, inspirado por la más pura moralidad, desprovisto de toda pasión baja, y porque sus consejos respiran la más profunda sabiduría, teniendo siempre por objeto nuestro perfeccionamiento y el bien de la humanidad. El de los espíritus inferiores es, por el contrarío, inconsecuente, trivial con frecuencia y hasta grosero. Si dicen a veces cosas buenas y verdaderas, con más frecuencia aún las dicen falsas y absurdas por malicia o por ignorancia, y abusan de la credulidad y se divierten a expensas de los que les consultan, dando pábulo a su vanidad y alimentando sus deseos con mentidas esperanzas. En resumen, solamente en las reuniones graves, en aquellas cuyos miembros están unidos por una comunidad íntima de pensamientos encaminados al bien, se obtienen comunicaciones graves en la verdadera acepción de la palabra.

»La moral de los espíritus superiores se resume, como la de Cristo, en esta máxima evangélica: Hacer con los otros lo que quisiéramos que a nosotros se nos hiciese, es decir, hacer bien y no mal. En este principio encuentra el hombre la regla universal de conducta para sus más insignificantes acciones.

»Nos enseñan que el egoísmo, el orgullo, y el sensualismo son pasiones que nos aproximan a la naturaleza animal, ligándonos a la materia; que el hombre que, desde este mundo, se desprende de la materia despreciando las humanas futilidades y practicando el amor al prójimo, se aproxima a la naturaleza espiritual; que cada uno de nosotros debe ser útil con arreglo a las facultades y a los medios que Dios, para probarle, ha puesto a su disposición; que el fuerte y el poderoso deben apoyo y protección al débil; porque el que abusa de su fuerza y poderío para oprimir a su semejante viola la ley de Dios. Nos enseñan, en fin, que en el mundo de los espíritus, donde nada puede ocultarse, el hipócrita será descubierto y patentizadas todas sus torpezas; que la presencia inevitable y perenne de aquelíos con quienes nos hemos portado mal es uno de los castigos que nos están reservados, y que al estado de inferioridad y de superioridad de los espíritus son inherentes penas y recompensas desconocidas en la tierra.

»Pero nos enseñan también que no hay faltas irremisibles y que no pueden ser borradas por la expiación. El medio de conseguirlo lo encuentra el hombre en las diferentes existencias que le permiten avanzar, según sus deseos y esfuerzos, en el camino del progreso y hacia la perfección que es su objeto final.»

Tal es el resumen de la doctrina espiritista, según resulta de la enseñanza dada por los espíritus superiores. Pasemos ahora a las objeciones que a ella oponen algunos.

VII

Para muchas personas la oposición de las corporaciones sabias es, si no una prueba, por lo menos, una poderosa presunción en contra. No somos nosotros de los que gritamos contra los sabios /a ese!, ¡a ese!; porque no queremos que se nos diga que damos coces al asno, sino que, por el contrario, los tenemos en mucha estima, y nos creeríamos muy honrados siendo uno de ellos; pero no siempre puede ser su opinión un juicio irrevocable.

Desde que la ciencia se emancipa de la observación material de los hechos; desde que se trata de explicarlos y apreciarlos, queda el campo abierto a las conjeturas y cada cual idea un sistema que quiere hacer prevalecer y sostiene con empeño. ¿No vemos todos los días preconizadas y rechazadas alternativamente las divergentes opiniones combatidas hoy como absurdos errores y mañana proclamadas como incontestables verdades? El verdadero criterio de nuestros juicios, el argumento sin réplica son los hechos, en cuyo defecto, debe ser la duda la opinión de los prudentes.

En las cosas notorias, la opinión de los sabios es con justo título fehaciente, porque saben más y mejor que el vulgo; pero en punto a principios nuevos y a cosas desconocidas, su modo de ver no pasa nunca de ser hipotético, porque no están más exentos que los otros de preocupaciones, y hasta me aventuro a decir que en mayor número las tiene quizá el sabio, puesto que una natural propensión le arrastra a subordinarlo todo al aspecto que ha profundizado. El matemático no admite otra prueba que la demostración algebraica, el químico lo refiere todo a la acción de los elementos, etc. El hombre que se ha dedicado a una especialidad encadena a ella todas sus ideas; y si le sacáis de su especialidad, raciocina mal con frecuencia; porque todo quiere someterlo al mismo crisol. Esto es consecuencia de la humana flaqueza. Consultaré, pues, de buen grado y confiadamente a un químico sobre una cuestión de análisis, a un físico sobre la potencia eléctrica y a un mecánico sobre la fuerza motriz; pero séame permitido, y esto sin rebajar el aprecio que merecen sus conocimientos especiales, de no valorar del mismo modo su opinión negativa en materia de espiritismo, como no estimo el parecer de un arquitecto en punto a música.

Las ciencias vulgares están basadas en las propiedades de la materia que a nuestro antojo podemos manipular y someter a nuestros experimentos. Los fenómenos espiritistas están basados en la acción de inteligencias que, teniendo voluntad propia, nos prueban a cada instante que no se hallan a merced de nuestros caprichos. No pueden, pues, observarse de la misma manera, sino que hemos de colocarnos en condiciones especiales y en distinto punto de vista, y querer someterlos a los procedimientos ordinarios de investigación es lo mismo que establecer analogías que no existen. La ciencia, propiamente tal, es, pues, incompetente, como ciencia, para fallar la cuestión del espiritismo. No ha de ocuparse de él, y su juicio, cualquiera que sea, favorable o contrario, no puede tener importancia alguna. El espiritismo es resultado de una convicción personal que, como individuos, pueden abrigar los sabios, haciendo abstracción de su calidad de tales; pero someter esta cuestión a la ciencia valdría tanto como someter la existencia del alma a una asamblea de físicos o de astrónomos. En efecto, todo el espiritismo está contenido en la existencia del alma y en su estado después de la muerte, y es soberanamente ilógico creer que un hombre ha de ser un gran psicólogo, porque es un gran matemático o un gran cirujano. Al disecar el cuerpo humano, el cirujano busca el alma, y porque no tropieza con ella su escalpelo, como con un nervio, o porque no la ve desprenderse como un gas, deduce que no existe, mirando la cosa bajo el punto de vista exclusivamente material. ¿Quiere esto decir que tenga razón contra la opinión universal? No. Véase, pues, como el espiritismo no incumbe a la ciencia,

Cuando las creencias espiritistas se hayan vulgarizado; cuando sean aceptadas por las masas —y a juzgar por la rapidez con que se propagan, esa época no puede estar muy lejos—, sucederá con esta como con todas las otras ideas nuevas que han encontrado oposición, y los sabios se rendirán a la evidencia. Hasta que ese tiempo no llegue, es intempestivo distraerlos de sus trabajos especiales, para obligarles a que se ocupen de una materia ajena a sus atribuciones y a su programa. En el ínterin, los que, sin haber estudiado profunda y anticipadamente el asunto, optan por la negativa y escarnecen a los que no siguen su parecer, olvidan que otro tanto ha acontecido con la mayor parte de los grandes descubrimientos que honran a la humanidad, y se exponen a que sus nombres aumenten la lista de los ilustres proscriptores de ideas nuevas, y a verlos inscritos a continuación de los de aquellos miembros de la docta asamblea que, en 1752, acogió con explosiones de risa la memoria de Franklin sobre los pararrayos, juzgándola indigna de figurar en el número de las comunicaciones que le eran dirigidas, y de los de aquella otra que fue causa de que Francia perdiese la gloria de iniciar la navegación por medio del vapor, declarando que el sistema de Fulton era un sueño irrealizable, a pesar de que semejantes cuestiones eran de su competencia. Si, pues, esas corporaciones que contaban en su seno lo más granado de los sabios del mundo, sólo burlas y sarcasmos prodigaron a las ideas que no comprendían, ideas que, algunos años después, habían de revolucionar la ciencia, las costumbres y la industria, ¿cómo podrá esperarse que les merezca mejor acogida una cuestión extraña a sus tareas?

Esos errores de algunos, lamentables para su memoria, no pueden privarles de los títulos que tienen adquiridos, por otro concepto, a nuestro aprecio; pero, ¿se ha de menester acaso de un diploma oficial para tener sentido común, y sólo imbéciles se encuentran por ventura fuera de las poltronas académicas? Fíjense bien los ojos en los adeptos de la doctrina espiritista, y entonces se verá si sólo ignorantes cuenta, y si el número inmenso de hombres de mérito que la han abrazado permite que se la coloque en la estirpe de las creencias de las mujerzuelas. Su carácter y su ciencia valen la pena de que se diga: puesto que tales hombres afirman eso, algo, por lo menos, debe tener de cierto.

Volvemos a repetir que si los hechos que nos ocupan se hubiesen concretado al movimiento mecánico de los cuerpos, la investigación de la causa física del fenómeno entraba en el dominio de la ciencia; pero tratándose de una manifestación que se substrae a las leyes de la humanidad, no es competente la ciencia material, porque no puede ser explicada ni por medio de los números, ni por medio de la potencia mecánica. Cuando surge un nuevo hecho que no se desprende de ninguna de las ciencias conocidas, el sabio debe, para estudiarlo, hacer abstracción de su ciencia, y convencerse de que constituye para él un nuevo estudio que no puede hacerse con ideas ya preconcebidas.

El hombre que cree infalible a su razón está muy cercano del error, pues hasta los que patrocinan las ideas más falsas se apoyan en su razón, y en virtud de ella rechazan todo lo que les parece imposible. Los que en otras épocas han rechazado los admirables descubrimientos con que se honra la humanidad, apelan para hacerlo, a la razón. Lo que se llama tal, con frecuencia, no es más que orgullo, y aquel que se cree infalible pretende igualarse a Dios. Nos dirigimos, pues, a los que son bastante prudentes para dudar de lo que no han visto, y que, juzgando del porvenir por el pasado, no creen que el hombre ha llegado a su apogeo, ni que la naturaleza le haya presentado ya la última página de su libro.

VIII

Añadamos que el estudio de una doctrina, como la espiritista, que repentinamente nos conduce a un orden de cosas tan nuevo y tan dilatado, sólo puede ser hecho fructíferamente por hombres graves, perseverantes, ajenos de prevenciones y animados de la firme y sincera voluntad de obtener un resultado. No podemos dar estos calificativos a los que juzgan a priori, ligeramente y sin haberlo visto todo, no observando en sus estudios la ilación, la regularidad y el recogimiento necesarios, y menos aún podemos darlos a ciertas personas que, para no desmentir su reputación de chistosos, se esfuerzan en encontrar un lado burlesco a las cosas más verdaderas, o reputadas tales por individuos cuya ciencia, carácter y convicciones tienen derecho a la consideración de todo el que se precie de saber vivir en sociedad. Repórtense, pues, aquellos que juzgan los hechos indignos de ellos y de su atención, y puesto que nadie piensa en violar sus creencias, respete asimismo las de los otros.

Lo que caracteriza de serio a un estudio es la perseverancia en él. ¿Debe nadie admirarse de no obtener con frecuencia respuesta alguna formal a preguntas graves en si mismas, cuando son hechas al acaso y lanzadas a quemarropa en medio de una multitud de preguntas impertinentes? Una pregunta, por otra parte, es a menudo compleja y requiere, para su aclaración, otras preliminares o complementarias. Todo el que quiera adquirir una ciencia debe estudiarla metódicamente, empezar por el principio y proseguir el encadenamiento y desarrollo de las ideas. El que dirigiese al acaso a un sabio una pregunta sobre una ciencia de la que ignora los primeros rudimentos, ¿habrá adelantado algo en ella? ¿Y podrá el sabio, a pesar de su buena voluntad, darle una respuesta satisfactoria? Esta respuesta aislada será, por fuerza, incompleta e ininteligible, con frecuencia, o podrá parecer absurda y contradictoria. Lo mismo sucede exactamente en las relaciones que establecemos con los espíritus. Si alguien quiere instruirse en su escuela, es preciso seguir un curso con ellos; pero, como acontece entre nosotros, es necesario escoger sus profesores y trabajar con asiduidad.

Hemos dicho que los espíritus superiores no concurren a más reuniones que a las graves y sobre todo, a aquellas en que reina una perfecta comunidad de pensamientos y sentimientos encaminados al bien. La ligereza y las preguntas inútiles los alejan, como alejan a las personas razonables, quedando entones el campo libre a la turba de espíritus mentirosos y frívolos, que siempre atisban las ocasiones de burlarse de nosotros y de divertirse a expensas nuestras. ¿Qué resultado puede dar una pregunta seria en semejante reunión? Será contestada; ¿pero por quién? Valdría tanto hacerla, como en medio de una reunión de buen humor dejar caer estas preguntas: ¿Qué es el alma? ¿Qué la muerte?, u otras lindezas por el estilo. Si queréis respuestas graves, sed graves en toda la acepción de la palabra y colocaos en las condiciones indispensables, que sólo entonces obtendréis comunicaciones notables. Sed de los más laboriosos y perseverantes en vuestros estudios, sin lo cual os abandonarán los espíritus superiores, como hace el profesor con los discípulos desaplicados.

IX

Siendo un hecho demostrado el movimiento de los objetos, la cuestión se reduce a saber si es o no una manifestación inteligente, y en caso afirmativo, cuál es el origen de esa manifestación.

No hablamos del movimiento inteligente de ciertos objetos, ni de las comunicaciones verbales, ni siquiera de las que son directamente escritas por los médiums, puesto que esta clase de manifestaciones, evidentes para los que han visto y profundizado el asunto, no es a primera vista bastante independiente de la voluntad para servir de base a la convicción del observador novel. No hablaremos, pues, mas que de los escritos obtenidos con la ayuda de un objeto cualquiera provisto de un lápiz, tales como una cestita, una tablita, etcétera, puesto que la colocación de los dedos del médium hace inútil, como tenemos dicho, la más consumada habilidad de participar de un modo cualquiera en el trazado de los caracteres. Pero admitamos aún que por una destreza maravillosa, pueda burlarse la vista más escudriñadora, ¿cómo podrá explicarse la naturaleza de las contestaciones, cuando son superiores a todas las ideas y conocimientos del médium? Y nótase bien que no se trata de contestaciones monosilábicas, sino, muy a menudo, de muchas páginas escritas con la rapidez más sorprendente, ora espontáneamente, ora sobre un asunto determinado. De la mano del médium más ignorante en literatura, brotan, a veces, poesías de sublimidad y pureza irreprochables, que no desaprobarían los mejores poetas humanos, y lo que más aumenta la extrañeza de semejantes hechos es que se producen en todas partes, y que los, médiums se multiplican hasta lo infinito. ¿Son o no reales estos hechos? Sólo una cosa respondemos: ved y observad, pues no os faltarán ocasiones; pero sobre todo observad a menudo, mucho y en las condiciones indispensables.

¿Qué responden a la evidencia los impugnadores? Sois, dicen, víctimas del charlatanismo o juguete de una ilusión. Diremos ante todo que, cuando no se trata de sacar provecho, es preciso prescindir de la palabra *charlatanismo,* ya que los charlatanes no trabajan gratis. Esto sería una mistificación a lo más. Pero ¿por qué extraña coincidencia habrán llegado esos mistificadores a ponerse de acuerdo del uno al otro extremo del mundo, a fin de obrar de la misma manera, de producir los mismos efectos y de dar sobre los mismos asuntos y en diversos idiomas respuestas idénticas, si no por las palabras, a lo menos, por el sentido? ¿Cómo y con qué objeto se prestarían a semejantes artimañas personas graves, formales, honradas e instruidas? ¿Cómo explicar la paciencia y la habilidad necesarias en los niños? Porque si los médiums no son instrumentos pasivos, les son precisos habilidad y conocimientos incompatibles con ciertas edades y posiciones sociales.

Dícese que si no existe superchería, todos podemos ser juguetes de tina ilusión. En buena lógica siempre tiene cierta trascendencia la calidad de los testigos, y en este caso, preguntamos si la doctrina espiritista, que cuenta hoy millones de adeptos, los tiene solamente entre los ignorantes. Son tan extraordinarios los fenómenos en que se apoya, que concebimos la duda; pero lo que no puede admitirse es la pretensión de ciertos incrédulos monopolizadores del sentido común, quienes, sin respeto a la posición social o valor moral de sus adversarios, tachan sin miramiento, de imbéciles a todos los que no siguen su dictamen. Para toda persona sensata la opinión de individuos ilustrados que, por largo tiempo, han visto, estudiado y meditado una cosa, será siempre, si no una prueba, por lo menos, una presunción favorable, ya que ha llamado la atención de hombres graves que no tienen interés en propagar un error, ni tiempo que perder en futilidades.

X

Entre las objeciones, las hay más especiosas que las examinadas, por lo menos, en apariencia, porque son deducidas de la observación y hechas por personas graves.

Una de ellas se apoya en el lenguaje de ciertos espíritus, que no parece digno de la elevación que se supone a seres sobrenaturales. Si se recuerda el resumen que antes hemos dado de la doctrina, se verá que los mismos espíritus nos dicen que no son iguales todos ellos en conocimientos y cualidades morales, y que no debe tomarse al pie de la letra todo lo que dicen. A las personas sensatas toca distinguir lo bueno de lo malo. Seguramente los que de este hecho deduzcan la consecuencia de que siempre nos las habernos con seres malhechores, cuya ocupación única es la de embaucarnos, no tendrán conocimiento de las comunicaciones obtenidas en las reuniones donde sólo se presentan espíritus superiores, pues de otra manera, no pensarían de aquel modo.

Es lamentable que la casualidad les haya hecho el flaco servicio de no dejarles ver más que el lado malo del mundo espiritista; porque suponemos de buen grado que una tendencia simpática no les habrá rodeado de malos espíritus con preferencia a los buenos, de espíritus mentirosos o de aquellos cuyo lenguaje grosero irrita. Pudiera deducirse a lo más que la solidez de sus principios no es bastante poderosa para alejar el mal, y que, encontrando placentero satisfacer sobre este punto su curiosidad, aprovechan esta ocasión los malos espíritus para introducirse entre ellos, en tanto que se alejan los buenos.

Juzgar por estos hechos de la cuestión de los espíritus seria tan poco lógico como juzgar del carácter de un pueblo por lo que se dice y hace en las reuniones de algunos aturdidos, personas de mala reputación, a las que no concurren los sabios, ni los hombres sensatos. Los que de aquel modo proceden se encuentran en la misma situación que aquel extranjero que, entrando en una gran capital por el más feo de sus arrabales, juzgase de todos los habitantes por el lenguaje y costumbres del arrabal en cuestión. En el mundo de los espíritus hay también una buena y una mala sociedad. Estúdiese bien lo que ocurre entre los espíritus superiores, y se llegará a la convicción de que la ciudad celeste contiene algo más que la hez del pueblo. Pero, dicen, ¿acaso vienen a nosotros los espíritus superiores? A esto contestamos: No os quedéis en el arrabal; mirad, observad y juzgaréis. Los hechos están a disposición de todos, a menos que no se trate de aquellas personas a quienes se aplican estas palabras de Jesús: *Tienen ojos, y no ven; oídos, y no oyen.*

Una variante de está opinión consiste en no ver en las comunicaciones espiritistas, y en todos los hechos materiales a que dan lugar, más que la intervención de un poder diabólico, nuevo Proteo que adopta todas las formas para engañarnos mejor. No la creemos susceptible del examen serio, y por esto no nos detenemos en ella. Queda refutada con lo que acabamos de decir, y sólo añadiremos que, si fuese cierta, sería preciso convenir en que a veces el diablo es muy sabio, muy razonable y sobre todo muy moral, o bien en que también hay diablos buenos.

¿Cómo hemos de creer, en efecto, que Dios permite al espíritu del mal que se manifieste exclusivamente para perdernos sin darnos como antídoto los consejos de los espíritus buenos? Si no lo puede hacer, es impotente, y si lo puede y no lo hace, es esto incompatible con su bondad; las dos suposiciones son blasfematorias. Observad que, admitida la comunicación de los espíritus malos, se reconoce el principio de las manifestaciones, y puesto que existen, sólo puede ser con permiso de Dios, ¿Cómo, pues, creer, sin incurrir en impiedad, que permita el mal con exclusión del bien? Semejante doctrina es contraria a las más sencillas nociones del sentido común y de la religión.

XI

Lo raro es, se añade, que se habla únicamente de los espíritus de personajes conocidos, y se pregunta por qué sólo ellos se manifiestan. Este es un error que, como otros muchos, proviene de una observación superficial. Entre los espíritus que espontáneamente se manifiestan, mayor es el número de los desconocidos para nosotros que el de los ilustres que se dan a conocer con un nombre cualquiera y a menudo con uno alegórico o característico, Respecto de los que se evocan, a menos que no se trate de un pariente o amigo, es muy natural que nos dirijamos antes a los que conocemos que a los que nos son desconocidos, y llamando mucho más la atención el nombre de los personajes ilustres, son más notados que los otros.

Encuéntrese también raro, que los espíritus de hombres eminentes acudan familiarmente a la evocación y que se ocupen a veces de cosas sin importancia en comparación con las que realizaron durante su vida. Pero nada admirable es esto para los que saben que el poder o consideración de que disfrutaron en la tierra semejantes hombres, no les da supremacía alguna en el mundo espiritista. Los espíritus confirman en este punto las siguientes palabras del Evangelio: Los grandes serán humillados y los pequen os ensalzados, lo cual debe entenderse del lugar que entre ellos ocupará cada uno de nosotros, y así es como el que fue primero en la tierra puede encontrarse que es el último entre ellos, como aquel ante quien bajábamos la cabeza durante su vida, puede venir a nosotros como el más humilde artesano, porque, al morir; dejó toda su grandeza; y como el más poderoso monarca puede hallarse en puesto inferior al del último de sus vasallos.

XII

Es un hecho demostrado por la observación y confirmado por los mismos espíritus, que los inferiores usurpan a menudo nombres conocidos y venerados. ¿Quién puede, pues, asegurarnos que los que dicen haber sido Sócrates, Julio César, Carlomagno, Fenelón, Napoleón, Washington, etcétera, han animado realmente a estos personajes? Semejante duda asalta a ciertos adeptos muy fervientes de la doctrina espiritista, que admiten la intervención y manifestación que de su identidad puede tenerse. Esta comprobación es efectivamente difícil; pero si no puede conseguirse tan auténtica como la que resulta de un acta del estado civil, quédese obtenerla presuntiva por lo menos, con arreglo a ciertos indicios.

Cuando el espíritu de alguien que nos es personalmente conocido, se manifiesta, de un amigo o de un pariente, por ejemplo, sobre todo si hace poco que ha muerto, sucede por punto general que su lenguaje está en perfecta relación con el carácter que sabemos que tenía. Este es ya un indicio de identidad. Pero no es lícito dudar cuando el mismo espíritu habla de cosas privadas y recuerda circunstancias de familia que sólo del interlocutor son conocidas. El hijo no se equivocará seguramente respecto del lenguaje de su padre y de su madre, ni éstos respecto del de aquél. A veces tienen lugar en esta clase de evocaciones intimas cosas notabilísimas, capaces de convencer al más incrédulo. El escéptico más endurecido se ve a menudo aterrado, por las revelaciones inesperadas que se le hacen.

Otra circunstancia muy característica viene a apoyar la identidad. Hemos dicho que el carácter de letra del médium cambia generalmente con el espíritu evocado, y que se reproduce el mismo carácter siempre que se presenta el mismo espíritu. Se ha notado muchas veces que, sobre todo en las personas muertas de poco tiempo con respecto a la evocación, el carácter de letra tiene una semejanza visible con el de la misma persona durante la vida, y se han obtenido firmas de exactitud perfecta. Estamos sin embargo, muy lejos de dar este hecho como regla, y mucho menos como costumbre; sino que lo mencionamos como digno de notarse.

Sólo los espíritus que han llegado a cierto grado de purificación están libres de las influencias corporales; pero hasta que no están completamente desmaterializados (esta es la expresión que ellos mismos emplean) conservan la mayor parte de las ideas, de las inclinaciones y hasta de las *manías* que tenían en la tierra, lo cual es también un medio de reconocimiento. Pero éstos se hallan sobre todo en una multitud de pormenores que sólo la observación atenta y prolongada puede revelar. Se ven escritores discutiendo sus propias obras o doctrinas y aprobar o condenar parte de ellas, y a otros espíritus recordar circunstancias ignoradas o poco conocidas de su vida o muerte, cosas todas que, por lo menos, son pruebas morales de identidad, únicas que pueden invocarse en punto a hechos abstractos.

Si, pues, la identidad del espíritu evocado puede obtenerse hasta cierto punto en algunos casos, no existe razón para que no suceda lo mismo en otros, y si no se tienen para con las personas, cuya muerte es más remota, los mismos medios de comprobación, se cuenta siempre con los del lenguaje y carácter; porque seguramente el espíritu de un hombre de bien no hablará como el de un perverso o depravado. En cuanto a los espíritus que se adornan con nombres respetables, muy pronto se hacen traición por su lenguaje y por sus máximas, y así el que, por ejemplo, se llama Fenelón, si desmintiese, aunque accidentalmente, el sentido común y la moral, patentizaría por este solo hecho la superchería. Si los pensamientos que expone son, por el contrarío, puros, no contradictorios y constantemente dignos del carácter de Fenelón, no habrá motivos para dudar de su identidad, pues de otro modo sería preciso suponer que un espíritu que sólo el bien predica puede mentir conscientemente y sin provecho. La experiencia nos enseña que los espíritus del mismo grado, del mismo carácter y que están animados de los mismos sentimientos se reúnen en grupos y familias. El número de los espíritus es inconcebible, y lejos estamos de conocerlos a todos, careciendo hasta de nombre para nosotros la mayor parte. Un espíritu de la categoría de Fenelón puede venir, pues, en vez y lugar de aquél, enviado a menudo por él mismo en calidad de mandatario. Se presenta con su nombre; porque le es idéntico y puede suplirlo, y porque es preciso un nombre a la fijación de nuestras ideas; pero ¿qué importa, en último resultado, que un espíritu sea o no realmente Fenelón? Desde el momento que sólo cosas buenas dice y que habla como lo hubiese hecho el mismo Fenelón, es un espíritu bueno, y el nombre con que se da a conocer es indiferente, no siendo por lo regular más que un medio de fijar nuestras ideas. No puede ser lo mismo en las evocaciones íntimas; pues en éstas, según dejamos dicho, puede obtenerse la identidad por pruebas en cierto modo patentes.

Por lo demás, es cierto que la substitución de los espíritus puede dar lugar a una multitud de equivocaciones, resultando de ellas errores y a menudo supercherías. Esta es una de las dificultades del *espiritismo práctico;* pero nunca hemos dicho que la ciencia espiritista fuese fácil, ni que se la pueda alcanzar bromeando, siendo en este punto igual a otra ciencia cualquiera. No lo repetiremos bastante: el espiritismo requiere un estudio asiduo y a menudo vasto. No pudiendo provocar los hechos, es preciso esperar que por sí mismos se presenten, y con frecuencia son provocados por las circunstancias que menos se esperan. Para el observador atento y paciente abundan los hechos; porque descubre millares de matices característicos que son para él rayos luminosos. Otro tanto sucede en las ciencias vulgares, pues mientras que el hombre superficial no ve de la flor más que la forma elegante, el sabio descubre tesoros para el pensamiento.

XIII

Fas observaciones anteriores nos inducen a decir algunas palabras sobre otra dificultad, cual es la de la divergencia que se nota en el lenguaje de los espíritus.

Siendo muy diferentes entre sí los espíritus bajo el aspecto de sus conocimientos y moralidad, es evidente que la misma cuestión puede ser resuelta de distinto modo, según la jerarquía que ocupen aquéllos, absolutamente lo mismo que si se propusiese alternativamente a un sabio, a un ignorante o a un bromista de mal género. Según hemos dicho, lo esencial es saber a quien nos dirigimos.

Pero, se añade, ¿cómo puede, ser que los espíritus tenidos por superiores no estén siempre acordes? Diremos, ante todo, que independientemente de la causa que acabamos de señalar existen otras que pueden ejercer cierta influencia en la naturaleza de las contestaciones, haciendo abstracción de la calidad de los espíritus. Este es un punto capital cuya explicación dará el estudio, y por esta razón decimos que las materias requieren una atención sostenida, una profunda observación y, sobre todo, como en las demás ciencias humanas, continuación y perseverancia. Se necesitan años para ser un médico adocenado, las tres cuartas partes de la vida para ser sabio, ¡y se querrá obtener en unas cuantas horas la ciencia del infinito! Es preciso no hacerse ilusiones: el espiritismo es inmenso; toca todas las cuestiones metafísicas y de orden social, constituye todo un mundo abierto ante nuestra vista, ¿y habremos de maravillarnos de que se necesite tiempo, y mucho, para adquirirlo?

La contradicción, por otra parte, no es siempre tan real como puede parecerlo. ¿Acaso no vemos todos los días hombres que profesan la misma ciencia variar las definiciones que dan de una cosa, sea porque emplean términos diferentes, sea porque la consideran bajo otro aspecto, aunque siempre permanezca una misma la idea fundamental? Cuéntense, si es posible, las definiciones que se han dado de la gramática. Añadamos, además, que la forma de la respuesta depende a menudo de la de la pregunta. Sería, pues, pueril ver contradicción en lo que frecuentemente no pasa de ser diferencia de palabras. Los espíritus superiores no atienden en modo alguno a la forma, siendo para ellos el todo el fondo del pensamiento. Tomemos por ejemplo la definición del alma. No teniendo acepción fija esta palabra, pueden los espíritus, lo mismo que nosotros, diferir en la definición que den de ella, pudiendo decir uno que es el principio de la vida, llamándola otro el destello anímico, diciendo éste que es interna, aquél que es externa, etc., y todos tendrán razón según el punto de vista. Hasta podría creerse que algunos de ellos profesan teorías materialistas, y sin embargo, no hay tal cosa. Lo mismo sucede con la palabra *Dios,* que será: el principio de todas las cosas, el creador del universo, la soberana inteligencia, el infinito, el gran espíritu, etc., etc., y en definitiva siempre será Dios. Citemos, en fin, la clasificación de los espíritus. Éstos forman una serie no interrumpida, desde el grado inferior hasta el superior. La clasificación es arbitraria, y así podrá uno dividirlos en tres clases, otro en cinco, diez o veinte, según su voluntad, sin incurrir por ello en error. Todas las ciencias humanas nos ofrecen ejemplos de esto, cada sabio tiene su sistema, todos los cuales cambian, sin que cambie la ciencia. Aunque se haya aprendido botánica por el sistema de Linneo, de Jussieu o de Tournefort, no deja de saberse botánica. Concluyamos, pues, de dar a las cosas puramente convencionales más importancia de la que merecen, para fijarnos en lo que sólo es verdaderamente grave, y la reflexión hará descubrir con frecuencia, en lo que más disparatado parece, una semejanza que había pasado inadvertida a la primera inspección.

XIV

Pasaríamos ligeramente por encima de la objeción de ciertos escépticos sobre las faltas de ortografía que cometen algunos espíritus, si no hubiese de dar lugar a una observación esencial. Su ortografía, preciso es decirlo, no siempre es irreprochable; pero es necesario estar muy pobre de razones para hacerla objeto de una crítica grave, diciendo que, puesto que todo lo saben los espíritus, deben saber ortografía. A esto podríamos o ponerles las numerosas faltas de este género cometidas por más de un sabio de la tierra, lo cual no amengua en un ápice su mérito; pero este hecho envuelve una cuestión más grave. Para los espíritus, y, sobre todo, para los superiores, la idea lo es todo, y nada, la forma. Desprendidos de la materia, el lenguaje es entre ellos rápido como el pensamiento, puesto que el mismo pensamiento sin intermediario es el que se comunica. Deben, pues, encontrarse violentos, cuando se ven obligados, para comunicarse con nosotros, a emplear las formas extensas y embarazosas del lenguaje humano, y sobre todo de la insuficiencia e imperfección de ese lenguaje para exponer todas las ideas. Esto lo dicen ellos mismos, y es curioso observar los medios de que echan mano para atenuar semejante inconveniente. Otro tanto nos sucedería a nosotros si hubiéramos de expresarnos en un idioma de palabras más largas y de giros más extensos que los del idioma que empleamos. Este es el mismo inconveniente que encuentra el hombre de genio, el cual se impacienta de la lentitud de la pluma que va siempre más despacio que el pensamiento. Concíbese, después de lo dicho, que los espíritus den poca importancia a la puerilidad de la ortografía, sobre todo cuando se trata de una enseñanza grave y sería. ¿Acaso no es bastante sorprendente que se expresen indistintamente en todas las lenguas y que las comprendan todas? No debe, sin embargo, deducirse de esto que les sea desconocida la corrección convencional del lenguaje, antes, por el contrario, la observan cuando es necesaria; y así, por ejemplo, las poesías dictadas por ellos desafían a menudo la crítica del más meticuloso purista, *a pesar de la ignorancia del médium.*

XV

Hay gentes que ven peligros en todas partes y en todo lo que no conocen, gentes que no dejan de deducir consecuencias desfavorables del hecho de que ciertas personas, dadas a estos estudios, han perdido la razón. Pero ¿qué hombre sensato podrá ver en ésta una objeción grave? ¿No sucede lo mismo con todas las preocupaciones intelectuales, respecto de cerebros débiles? ¿Se sabe acaso el número, de locos y maniáticos producidos por los estudios matemáticos, médicos, musicales, filosóficos y otros? ¿Debemos por esto anatematizar esos estudios? ¿Qué prueban semejantes hechos? En los trabajos corporales nos estropeamos los brazos y las piernas, instrumentos de la acción material, y *en* los trabajos intelectuales nos estropeamos el cerebro, instrumento del pensamiento. Pero si se rompe el instrumento, no sucede lo mismo al espíritu, y desprendido de la materia no deja de disfrutar por ello de la plenitud de sus facultades. En su género, y, como hombre, es un mártir del trabajo.

Todas las grandes preocupaciones del espíritu pueden ocasionar la locura; las ciencias, las artes y hasta la religión aprontan su contingente. La locura reconoce como causa primordial una predisposición orgánica del cerebro que le hace más o menos accesible a ciertas impresiones. Dada una predisposición a la locura, ésta tomará carácter de la preocupación principal que entonces se convierte en idea fija. Esta idea fija podrá ser la de los espíritus, en quien de ellos se haya ocupado, como la de Dios, la de los ángeles, del diablo, de la fortuna, del poder, de un arte, de una ciencia, de la maternidad o de un sistema político o social. Es probable que el loco religioso lo hubiese sido también espiritista, y el espiritismo hubiera sido su preocupación dominante, como el loco espiritista hubiéralo sido por otro concepto, según las circunstancias.

Digo, pues, que en este particular no disfruta de ningún privilegio el espiritismo; pero digo, más aún, y es que, bien comprendido, es un preservativo de la locura.

Entre las más numerosas causas de la sobre excitación cerebral, es preciso contar los desengaños, las desgracias y los afectos contrarios, que son también las más frecuentes causas de suicidio. Pues bien, el verdadero espiritista ve las cosas de este mundo desde un punto tan elevado; le parecen tan pequeñas y mezquinas, comparadas con el porvenir que espera; la vida es para él tan corta, tan fugitiva, que a sus ojos las tribulaciones no son más que incidentes desagradables de un viaje. Lo que produciría a otro una violenta emoción, le afecta medianamente; y sabe, además, que los pesares de la vida son pruebas que favorecen su progreso, si las sufre sin murmurar; porque será recompensado con arreglo al valor con que las haya soportado. Sus convicciones le dan, pues, una resignación que le preserva de la desesperación, y por lo tanto, de una causa incesante de locura y de suicidio. Sabe, además, por el espectáculo que le ofrecen las comunicaciones con los espíritus, la suerte de los que voluntariamente abrevian sus días, y este cuadro es bastante perfecto para hacerle reflexionar; de modo, que es considerable el número de los que han sido detenidos por el espiritismo en esta funesta pendiente. Este es uno de sus resultados. Ríanse de él tanto como quieran los incrédulos, que yo me limito a desearles los consuelos que ha proporcionado a todos los que se han tomado el trabajo de sondear sus misteriosas profundidades.

En el número de las causas de locura ha de incluirse también el terror, y el del diablo ha trastornado más de un cerebro. ¿Se sabe acaso el número de víctimas hechas, hiriendo imaginaciones débiles con el cuadro ese que se esmeran en hacer más horroroso, añadiéndole horribles pormenores? El diablo, se dice, no espanta más que a los niños; es una cortapisa para conseguir que sean dóciles. Ciertamente, lo mismo que el coco y el bú, y cuando no le tienen ya miedo, son peores que antes. Y para obtener tan hermoso resultado no se tiene en cuenta el número de epilepsias causadas a consecuencia del trastorno de un cerebro delicado. Sería muy débil la religión, si por no poder intimidar pudiese ver comprometido su poderío. Tiene, afortunadamente, otros medios de obrar sobre las almas, y el espiritismo se los proporciona más eficaces y graves, si sabe aprovecharlos. Demostrando la realidad de las cosas, neutraliza los funestos efectos del temor exagerado.

XVI

Dos objeciones nos quedan por examinar, las únicas que verdaderamente merecen tal nombre, porque están basadas en teorías razonables. La una y la otra admiten la realidad de todos los fenómenos materiales y morales; pero excluyen la intervención de los espíritus.

Según la primera de estas teorías, todas las manifestaciones atribuidas a los espíritus no son más que efectos magnéticos. Los médiums están en un estado que puede llamarse sonambulismo despierto, de cuyo fenómeno ha podido ser testigo todo el que haya estudiado el magnetismo. En este estado, las facultades intelectuales adquieren un desarrollo anormal, y el círculo de las percepciones intuitivas traspasa los limites de nuestra concepción ordinaria. El médium, por consiguiente, toma en si mismo y a causa de su lucidez, todo lo que dice y todas las nociones que trasmite, hasta sobre las cosas que más desconocidas le son en su estado normal.

No seremos nosotros quienes pongamos en tela de juicio el poder del sonambulismo, cuyos prodigios hemos visto y cuyas fases hemos estudiado por espacio de más de treinta y cinco años, y convenimos en que, en efecto, muchas manifestaciones espiritistas pueden explicarse por este medio; pero una observación sostenida y atenta pone de manifiesto una multitud de hechos en que la intervención del médium, fuera de la de instrumento pasivo, es materialmente imposible. A los que participan de esta opinión les diremos como a otros: «Mirad y observad: porque seguramente no lo habéis visto todo», y en seguida les oponemos dos consideraciones sacadas de su propia doctrina. ¿De dónde ha venido la teoría espiritista? ¿Es acaso algún sistema imaginado por ciertos hombres para explicar los hechos? De ninguna manera. ¿Quién la ha revelado, pues? Precisamente esos mismos médiums, cuya lucidez encomiáis. Si, pues, la lucidez es tal como vosotros la suponéis, ¿por qué habían de atribuir a los espíritus lo que en si mismos habían tomado? ¿Cómo habrían dado esas reseñas tan precisas, tan lógicas y sublimes acerca de la naturaleza de aquellas inteligencias extrahumanas? Una de dos, o son lúcidas o no lo son: si lo son y se tiene confianza en su veracidad, no se puede admitir, sin contradecirse, que no digan la verdad. En segundo lugar, si todos los fenómenos se originasen en el médium, serian idénticos en el mismo individuo, y no se vería a la misma persona hablar disparatadamente, ni decir alternativamente las cosas más contradictorias. Esta falta de unidad en las manifestaciones obtenidas por el médium, prueba la diversidad de origen, y si todas no pueden encontrarse en el médium, preciso es buscarlas fuera de él.

Según otra opinión, continúa siendo el médium origen de las manifestaciones; pero en vez de tomarlas en si mismo como pretenden los partidarios de la teoría sonambúlica, las toma en el medio ambiente. El médium será en este caso una especie de espejo que refleja todas las ideas, todos los pensamientos y conocimientos de las personas que le rodean, y nada dice que no sea conocido de algunos, por lo menos, de los concurrentes. No se puede negar, y este es uno de los principios de la doctrina, la influencia que ejercen los asistentes en la naturaleza de las comunicaciones; pero es muy distinta de la que se supone, y de lo que dejamos dicho a la opinión de que el médium sea eco de aquéllos, va mucha diferencia; porque millares de hechos demuestran perentoriamente lo contrario. Este es, pues, un grave error que prueba una vez más el peligro de las conclusiones prematuras. Las personas a quienes contestamos, no pueden, pues, negar la existencia de un fenómeno de que no puede darse cuenta la ciencia vulgar; pero, no queriendo admitir la presencia de los espíritus, lo explican a su manera. Su teoría seria especiosa, si pudiera abrazar todos los extremos; pero no sucede así. Cuando se les demuestra hasta la evidencia que ciertas comunicaciones del médium son completamente extrañas a los pensamientos, a los conocimientos y hasta a las opiniones de los asistentes, y que con frecuencia son espontáneas y contradicen todas las ideas preconcebidas, no se detienen por tan poca cosa. La irradiación, dicen entonces, se extiende más allá del círculo inmediato que nos rodea; el médium es reflejo de toda la humanidad, de modo, que no toma sus inspiraciones de las personas circunvecinas, sino que va a buscarlas más lejos, a la ciudad en que se encuentra, a la comarca, por todo el globo y hasta a las otras esferas.

Creo que no se encontrará en esta teoría una explicación más sencilla y más probable que la del espiritismo; porque dicha teoría supone una causa mucho más maravillosa. La idea de que algunos seres que pueblan el espacio y que, estando en contacto permanente con nosotros, nos comunican sus pensamientos, nada tiene que choque más con la razón que la suposición de esa irradiación universal que, procediendo de todos los puntos del universo, se concentra en el cerebro de un solo individuo.

Digámoslo una vez más, y este es un punto capital sobre el cual nunca insistiremos bastante la teoría sonambúlica, y la que pudiera llamarse reflectiva, han sido imaginadas por algunos hombres, y son opiniones individuales forjadas para explicar un hecho, al paso que la doctrina espiritista no es de creación humana, sino que ha sido dictada por las mismas inteligencias que se manifiestan, cuando nadie pensaba en ella, y hasta la opinión general la rechazaba. Pues bien, nosotros pedimos que se diga el lugar donde han ido a tomar los médiums una doctrina que no existía en el pensamiento de nadie en la tierra, y preguntamos también por qué extraña coincidencia millares de médiums diseminados por todo el globo, y que nunca se han visto, están conformes en decir lo mismo. Si el primer médium que apareció en Francia sufrió la influencia de opiniones conocidas ya en América, ¿por qué rareza ha ido a buscar sus ideas a dos mil leguas más allá de los mares, a un pueblo de distintas costumbres y lenguaje, en vez de tomarlas de su alrededor?

Pero hay otra circunstancia en la cual no se ha pensado lo suficiente. Las primeras manifestaciones, así en Francia como en América, no tuvieron lugar por medio de la escritura ni de la palabra, sino por medio de golpes, que coincidiendo con las letras del alfabeto, formaban palabras y frases. De este modo declararon que eran espíritus las inteligencias que se revelaban. Si se podía, pues, suponer una intervención del pensamiento del médium en las comunicaciones verbales o escritas, no sucede así en las obtenidas por golpes, cuya significación no podía ser conocida de antemano.

Podríamos citar numerosos hechos que demuestran en la inteligencia que se manifiesta una individualidad evidente y una independencia absoluta de la voluntad. Recomendamos, pues, a los disidentes una observación más atenta, y si quieren estudiar sin prevención y no deducir antes de haberlo visto todo, reconocerán la insuficiencia de su teoría para explicarlo todo. Nos limitaremos a dejar sentadas las siguientes cuestiones: ¿Por qué la inteligencia que se manifiesta, cualquiera que sea se niega a responder a ciertas preguntas sobre asuntos perfectamente conocidos, como, por ejemplo, sobre el nombre y la edad del que pregunta, sobre lo que tiene en la mano, sobre lo que ha hecho el día anterior y lo que hará el día siguiente, etc.? Si el médium es espejo del pensamiento de los concurrentes, nada le sería más fácil que contestar.

Los adversarios rearguyen preguntando a su vez por qué los espíritus, que deben saberlo todo, no pueden decir cosas tan sencillas; apoyan el argumento en el axioma: *Quien puede lo más, puede lo menos,* y de ahí deducen que no hay tales espíritus. Si un ignorante o bromista de mal género se presentase ante una corporación sabia, y preguntase, por ejemplo, ¿por qué es de día a la hora del medio día, creerá nadie que aquélla se tomará el trabajo de contestar, y sería lógico deducir de su silencio, o de la burla con que recibiría al preguntador, que sus miembros son unos borricos? Pues precisamente, porque son superiores, no responden los espíritus a preguntas ociosas o ridículas, ni quieren ser puestos en berlina. Por esta razón se callan o mandan que se ocupen de cosas más graves.

Preguntamos, por último, ¿por qué los espíritus vienen y se van en momentos dados, y por qué, pasados éstos, no valen ruegos ni súplicas para atraerlos nuevamente? Si sólo por el impulso mental de los asistentes obrase el médium, es evidente que, en circunstancias semejantes, el concurso de todas las voluntades reunidas deberla estimular su perspicacia. Si no cede, pues, al deseo de la reunión, corroborado por su propia voluntad, es porque obedece a una influencia extraña a el y a los que le rodean, y porque aquella influencia demuestra de tal modo su independencia e individualidad.

XVII

El escepticismo en punto a espiritismo, cuando no es fruto de una oposición sistemáticamente interesada, recolloce casi siempre como origen un conocimiento incompleto de los hechos, lo que no obsta a que ciertas gentes resuelvan la cuestión como si la conociesen a fondo. Puede tenerse mucho ingenio y hasta instrucción y carecerse de raciocinio, siendo el primer indicio de este defecto el creer infalible su juicio. Muchas personas también no ven en las manifestaciones espiritistas más que un objeto de curiosidad; pero confiamos que, mediante la lectura de este libro, verán en esos extraños fenómenos algo más que un simple pensamiento.

Dos partes comprende la ciencia espiritista: una, experimental, que versa sobre las manifestaciones en general: otra, filosófica, que comprende las manifestaciones inteligentes. El que no haya observado más que la primera se encuentra en la posición de aquel que no conoce la física más que por experimentos recreativos, sin haber penetrado en el fondo de la ciencia. La verdadera doctrina espiritista consiste en la enseñanza dada por lo espíritus, y los conocimientos de que es susceptible esta enseñanza son demasiado graves para poderse obtener de otro modo que por el estudio serio y continuado, hecho en el silencio y recogimiento, porque solamente en tales condiciones puede observarse un número infinito de hechos y matices que pasan inadvertidos al observador superficial, y que permiten la adquisición de una opinión fundada. Aunque este libro no produjese otro resultado que el de indicar el lado grave de la cuestión y provocar estudios en este sentido, sería ya bastante, y nos regocijaríamos de haber sido elegidos para realizar una obra, de la cual no pretendemos, por otra parte, hacernos ningún mérito personal, puesto que los principios que contiene no son creación nuestra. Todo el mérito se debe, pues, a los espíritus que lo han dictado. Esperamos que producirá otro resultado, y es el de guiar a los hombres serios que deseen instruirse, haciéndoles ver en estos estudios un fin grande y sublime: el del progreso individual y social, y el de indicarles el camino que deben seguir para alcanzarlo.

Concluyamos con una consideración final. Los astrónomos, al sondear los espacios, han encontrado en el reparto de los cuerpos celestes, claros injustificados y en desacuerdo con las leyes del conjunto, y han supuesto que estos claros estaban ocupados por mundos invisibles a sus miradas. Han observado, por otra parte, ciertos efectos cuya causa les era desconocida, y se han dicho: Ahí debe haber un mundo, porque ese vació no puede existir y esos efectos deben tener una causa. Juzgando entonces la causa por el efecto, han podido calcular los elementos, viniendo después los hechos a justificar sus previsiones. Apliquemos este raciocinio a otro orden de ideas. Si se observa la serie de los seres, se encuentra que la forma una cadena sin solución de continuidad, desde la materia bruta hasta el hombre más inteligente. Pero entre el hombre y Dios, que es el alfa y omega de todas las cosas, ¡cuan grande no es el vacío! ¿Es razonable creer que en aquél cesan los eslabones de la cadena? ¿Que salve sin transición la distancia que les separa del infinito? La razón nos dice que entre el hombre y Dios debe haber otros grados, como dijo a los astrónomos que entre los mundos conocidos debía haber muchos desconocidos ¿Qué filosofía ha llenado este vació? El espiritismo nos lo presenta ocupado por los seres de todos los grados del mundo invisible, seres que no son más que los espíritus de los hombres que han llegado a los distintos grados, que conducen a la perfección, y de este modo, todo se encadena desde el alfa, hasta la omega. Vosotros los que negáis la existencia de los espíritus, llenad, pues, el vacío ocupado por ellos; y vosotros los que de los espíritus os reís, atreveos a reíros de las obras de Dios y de su omnipotencia.

En todas partes se producen fenómenos que se substraen a las leyes de la ciencia vulgar y que revelan en su causa la acción de una voluntad libre e inteligente.

La razón dice que un efecto inteligente debe tener como causa una potencia inteligente, y los hechos han probado que esa potencia puede ponerse en comunicación con los hombres por medio de signos materiales.

Preguntada acerca de su naturaleza, declaró pertenecer al mundo de los seres espirituales que se han despojado de la envoltura corporal del hombre. Así fue revelada la doctrina espiritista.

Las comunicaciones entre el mundo espiritista y el corporal están en la naturaleza de las cosas, y no constituyen ningún hecho sobrenatural. Por esta razón se encuentran vestigios de ellas en todos los pueblos y en todas las épocas. Hoy son generales y patentes para todo el mundo.

Los espíritus anuncian que los tiempos designados por la Providencia para una manifestación universal han llegado ya, y que siendo ministros de Dios y agentes de su voluntad, su misión es la de instruir e ilustrar a los hombres, abriendo una nueva era a la regeneración de la humanidad.

Este libro es la recopilación de su enseñanza. Ha sido dictado y escrito por orden de los espíritus superiores, a fin de echar los cimientos de una filosofía racional, libre de las preocupaciones del espíritu de sistema, y nada contiene que no sea expresión de su pensamiento y que no haya sido comprobado por ellos. Sólo el orden y la distribución metódica de las materias, como también las observaciones y la forma de alguna parte de la redacción, son obra del que ha recibido la misión de publicarlo.

Entre los espíritus que han concurrido a la elaboración de esta obra, muchos han vivido en épocas diversas en la tierra, donde han predicado y practicado la virtud y la sabiduría; otros no pertenecen por sus nombres a ningún personaje cuyo recuerdo haya conservado la historia: pero su elevación queda atestiguada por la pureza de su doctrina y por su unión con los que llevan nombres venerados.

He aquí los términos en que, por escrito y por conducto de muchos médiums, dieron la misión de escribir este libro:

«Ocúpate con celo y perseverancia del trabajo que has emprendido con nuestro concurso; porque este trabajo es nuestro. En él hemos sentado las bases del nuevo edificio que se levanta, y que debe un día unir a todos los hombres en un mismo sentimiento de amor y caridad; pero antes de divulgarlo, lo repasaremos juntos para comprobar todos sus pormenores.

»Estaremos contigo siempre que lo solicites, para ayudarte en los trabajos; porque esta no es más que una parte de la misión que te ha sido confiada y revelada ya por uno de nosotros.

»De los conocimientos que se te dan, los hay que debes reservar para ti solo hasta nueva orden, y ya te indicaremos nosotros cuando llegue el momento de publicarlos. Entre tanto, medítalos, para que estés preparado, cuando te indiquemos el momento.

»Pondrás a la cabecera del libro la cepa de vid que te hemos dibujado;[3] porque es emblema del trabajo del creador, encontrándose reunidos en ella todos los principios materiales que mejor pueden representar el cuerpo y el espíritu; la cepa es el cuerpo, el licor el espíritu; y el alma, o espíritu unido a la materia, es el grano. El hombre purifica el espíritu por medio del trabajo, y ya sabes que sólo con el trabajo del cuerpo adquiere conocimientos el espíritu.

»No te acobardes por la crítica. Encontrarás impugnadores encarnizados, sobre todo entre las gentes interesadas en conservar los abusos. Hasta los encontrarás entre los espíritus; porque los que no están suficientemente desmaterializados procuran con frecuencia sembrar dudas por malicia o por ignorancia; pero adelante siempre: cree en Dios, y camina con confianza. Estaremos contigo para sostenerte, y está próximo el tiempo en que surgirá de todas partes la verdad.

»La vanidad de ciertos hombres que creen saberlo todo y todo quieren explicarlo a su modo, originará opiniones disidentes; pero todos los que tengan presente el gran principio de Jesús se confundirán en el mismo sentimiento de amor y del bien, y se unirán con un lazo fraternal que abarcará a todo el mundo. Dejarán a un lado las miserables cuestiones de palabras para no ocuparse más que de las cosas esenciales, y siempre será una misma la doctrina, en cuanto al fondo, para todos los que reciban comunicaciones de los espíritus superiores.

»Por medio de la perseverancia llegarás a coger el fruto de tus trabajos. El placer

---

3. La cepa del principio es el facsímile de la que ha sido dibujada por los espíritus.

que experimentarás viendo la doctrina propagarse y bien comprendida será una recompensa, cuya totalidad del valor comprenderás quizá más en el porvenir que en el presente. No te descorazones, pues, por las espinas y piedras que los incrédulos o malvados arrojarán en tu camino; persevera en la confianza; pues con ella llegarás al fin, y siempre merecerás ser ayudado.

»Acuérdate de que los espíritus buenos no asisten más que a los que sirven a Dios con humildad y desinterés, y que rechazan a todos los que buscan en el camino del cielo un escabel para el logro de las cosas terrenas, apartándose del orgulloso y del ambicioso. El orgullo y la ambición serán siempre una barrera entre el hombre y Dios; son un velo corrido ante los celestes destellos, y Dios no puede servirse de los ciegos para dar a comprender la luz».

SAN JUAN EVANGELISTA, SAN AGUSTÍN, SAN VICENTE DE PAÚL, SAN LUIS, EL ESPÍRITU DE VERDAD, SÓCRATES, PLATÓN, FENELÓN, FRANKLIN, SWENDENBORG, etcétera.

LIBRO PRIMERO
CAUSAS PRIMERAS

CAPÍTULO I
—
DIOS

**1. Dios y el Infinito - 2. Pruebas de la existencia de Dios
3. Atributos de la Divinidad - 4. Panteísmo**

1. Dios y el Infinito

☞ 1. ¿Qué es Dios?

« Dios es la inteligencia suprema, causa primera de todas las cosas ».[4]

☞ 2. ¿Qué debe entenderse por lo infinito?

« Lo que no tiene principio ni fin; lo desconocido, porque todo lo desconocido es infinito ».

☞ 3. ¿Podría decirse que Dios es lo infinito?

« Definición incompleta. Pobreza del lenguaje de los hombres que no basta a definir las cosas Superiores a su inteligencia ».

✎ Dios es infinito en sus perfecciones; pero lo infinito es una abstracción. Decir que Dios es lo infinito equivale a tomar el atributo por la misma cosa, y definir una que no es conocida por otra que no lo es bastante.

2. Pruebas de la existencia de Dios

☞ 4. ¿Dónde puede encontrarse la prueba de la existencia de Dios?

« En axioma que aplicáis a vuestras ciencias: no hay efecto sin causa. Buscad la causa de todo lo que no es obra del hombre, y vuestra razón os contestará.

✎ Para creer en Dios, basta pasear la vista por las obras de la creación. El universo existe; luego tiene una causa. Dudar de la existencia de Dios equivaldría a negar que todo efecto procede de una causa, y sentar que la nada ha podido hacer algo.

☞ 5. ¿Qué consecuencia puede sacarse del sentimiento intuitivo que de la existencia de Dios tienen todos los hombres?

« Que Dios existe; porque, ¿de dónde provendría ese sentimiento si no estuviese basado en algo? También esto es una consecuencia del principio de que no hay efecto sin causa ».

☞ 6. El sentimiento íntimo que de la existencia de Dios tenemos, ¿no sería resultado

---

4. El texto que, entre comillas, sigue a las preguntas, es la misma respuesta dada por los espíritus. Se han distinguido con otro tipo de letra las observaciones y explanaciones añadidas por el autor, cuando su confusión con el texto de la respuesta hubiera sido posible. Cuando forman capítulos enteros, se ha conservado el tipo ordinario, pues no era ya posible la confusión.

de la educación y producto de las ideas adquiridas?

«Si fuese así, ¿cómo tendrían el mismo sentimiento los salvajes?»

✎ Si sólo fuese producto de la educación el sentimiento de la existencia de un ser supremo, no seria universal y, como las nociones de la ciencia, existiría únicamente en los que hubiesen recibido semejante instrucción.

☞ 7.¿Puede encontrarse la causa primera de la formación de todas las cosas en las propiedades íntimas de la materia?

«Pero, ¿cuál sería entonces la causa de esas propiedades? Siempre es precisa una causa primera».

✎ Atribuir la formación primera de las cosas a las propiedades intimas de la materia, equivaldría a tomar el efecto por la causa, pues esas mismas propiedades son un efecto que debe provenir de una causa.

☞ 8.¿Qué debe pensarse de la opinión que atribuye la formación primera a una combinación fortuita de la materia, esto es, al acaso?

«¡Otro absurdo! ¿Qué hombre de sano juicio puede considerar el acaso como un ser inteligente? Y además, ¿qué es el acaso? Nada».

✎ La armonía que regula las partes del universo, revela combinaciones y miras determinadas, y por lo mismo, un poder inteligente. Atribuir la formación primera al acaso es un contrasentido; porque el acaso es Ciego y no puede producir los efectos de la inteligencia. Un acaso inteligente no seria ya el acaso.

☞ 9.¿En qué se conoce que la causa primera es una inteligencia suprema y muy superior a todas las demás inteligencias?

«Tenéis un refrán que dice: por la obra se conoce al artífice. Pues bien, examinad la obra, y buscad el artífice. El orgullo es el que engendra la incredulidad. El hombre orgulloso no admite nada superior a si mismo, y por eso se llama espíritu fuerte. ¡Pobre ser, a quien pudiera anonadar un soplo de Dios!»

✎ Se juzga de la potencia de una inteligencia por sus obras, y no pudiendo ningún ser humano crear lo que la naturaleza produce, la causa primera ha de ser una inteligencia superior a la humana.

Cualesquiera que sean los prodigios hechos por la humana inteligencia, tiene una causa esta misma inteligencia, y cuanto más grande sea lo que ella haga, tanto mayor ha de ser su causa primera. Esta inteligencia es la causa primera de todas las cosas, cualquiera que sea el nombre con que la haya designado el hombre.

3. Atributos de la Divinidad

☞ 10.¿Puede el hombre comprender la naturaleza íntima de Dios?

«No, no puede; y este es uno de los sentidos que le falta aún».

☞ 11.¿Será dado al hombre algún día comprender el misterio de la Divinidad?

«Cuando su espíritu no esté ya ofuscado por la materia y cuando, por medio de la perfección se haya aproximado a ella, la verá y la comprenderá».

✎ La inferioridad de las facultades del hombre no le permite comprender la naturaleza íntima de Dios. En la infancia de la humanidad, confúndelo a menudo el hombre con la criatura cuyas imperfecciones le atribuye; pero a medida que en él se desarrolla el sentido moral, su pensamiento penetra mejor el fondo de las cosas, y se forma de ellas una idea más exacta y más conforme con la sana razón, aunque incompleta siempre.

☞ 12. Ya que no podemos comprender la naturaleza íntima de Dios, ¿podremos tener idea de algunas de sus perfecciones?

«De algunas sí, y el hombre las comprende mejor a medida que se sobrepone a la materia; porque las entreví con el pensamiento».

☞ 13. Cuando decimos que Dios es eterno, infinito, inmutable, inmaterial, único, omnipotente, soberanamente justo y bueno, ¿tenemos idea, perfecta de sus atributos?

«Desde vuestro punto de vista, sí porque creéis abarcarlo todo; pero sabed que hay cosas superiores a la inteligencia del hombre más inteligente, y para las cuales carece de expresiones vuestro lenguaje, limitado a vuestras ideas y sensaciones. La razón os dice, en efecto, que Dios debe tener esas perfecciones en grado supremo; porque, si careciese de una sola de ellas, o si no las poseyese en grado infinito, no sería superior a todo, ni Dios, por lo tanto. Para ser superior a todas las cosas, Dios no ha de experimentar vicisitud alguna, ni tener ninguna de las imperfecciones que puede concebir la imaginación.»

✎ Dios es eterno; porque, si hubiese tenido principio, hubiera salido de la nada, o hubiese sido creado por un ser anterior. Así es como, de grado en grado, nos remontamos al infinito y a la eternidad.

Es inmutable; porque, si estuviese sujeto a cambios, ninguna estabilidad tendrían las leyes que rigen el universo.

Es inmaterial; es decir, que su naturaleza difiere de lo que llamamos materia, pues de otro modo no sería inmutable; porque estaría sujeto a las transformaciones de la materia.

Es único; porque, si hubiese muchos dioses, no habría ni unidad de miras, ni unidad de poder en el gobierno del universo.

Es omnipotente; porque es único. Si no tuviese el poder soberano, habría algo más poderoso que él o tan poderoso como él; no habría hecho todas las cosas, y las que no hubiese hecho, serían obra de otro Dios.

Es soberanamente justo y bueno. La sabiduría providencial de las leyes divinas se reveía así en las más pequeñas, como en las más grandes cosas; y esa sabiduría no nos permite dudar ni de su justicia, ni de su bondad.

4. Panteísmo

☞ 14. ¿Dios es un ser distinto, o bien, y según opinión de algunos, es el resultante de todas las fuerzas y de todas las inteligencias del universo reunidas?

«Si así fuese. Dios no existiría; porque sería efecto y no causa, y no puede ser a la vez la una y el otro.

»Dios existe, no podéis dudarlo, y esto es lo esencial. Creedme, no paséis más allá; no os extraviéis en un laberinto del que no podríais salir. Esto no os haría mejores, sino quizá un poco más orgullosos; porque creeríais saber mucho, no sabiendo nada en realidad. Dejad, pues, a un lado todos esos sistemas, porque demasiadas cosas tenéis que más directamente os incumben, empezando por vosotros mismos. Estudiad vuestras propias imperfecciones, a fin de emanciparos de ellas, y más útil os será que querer penetrar lo impenetrable».

☞ 15. ¿Qué ha de pensarse de la opinión según la cual todos los cuerpos de la naturaleza, todos los seres y todos los mundos del universo son parte de la Divinidad, constituyendo en conjunto la misma Divinidad? O de otro modo, ¿qué ha de pensarse de la doctrina panteísta?

«No pudiendo el hombre hacerse Dios, quiere ser, por lo menos, una parte de Dios».

☞ 16. Los que profesan esta doctrina pretenden encontrar en ella la demostración de algunos de los atributos de Dios. Siendo infinitos los mundos, Dios es por la misma razón, infinito; no existiendo en ninguna parte el vacío o la nada. Dios está en todas partes; estando Dios en todas partes,, porque todo es parte integrante suya, da una razón de ser inteligente a todos los fenómenos de la naturaleza. ¿Qué puede oponerse a este raciocinio?

«La razón; reflexionad detenidamente, y no os será difícil reconocer el absurdo».

🖎 Esta doctrina hace de Dios un ser material que, aunque dotado de una inteligencia suprema seria en grande lo que en pequeño somos nosotros. Transformándose sin Cesar la materia, si fuese de aquel modo, Dios no tendría estabilidad alguna; estaría sujeto a todas las vicisitudes, hasta a las necesidades de la humanidad, y crecería de uno de los atributos esenciales de la Divinidad: la inmutabilidad. Las propiedades de la materia no pueden conciliarse con la idea de Dios, sin rebajarle en nuestro pensamiento, y todas las sutilezas del sofista no conseguirán resolver el problema de su naturaleza intima. Nosotros no sabemos todo lo que es; pero sabemos lo que no puede dejar de ser, y ese sistema está en contradicción con sus más esenciales propiedades. Confunde al creador con la criatura, lo mismo absolutamente que si se pretendiese que una máquina ingeniosa fuese parte integrante del mecánico que la concibió.

La inteligencia de Dios se revela en sus obras, como ¿a del pintor en el cuadro; pero tan lejos están de ser las obras de Dios al mismo Dios, como está de ser el cuadro el pintor que lo concibió y ejecutó.

CAPITULO II
—
ELEMENTOS GENERALES DEL UNIVERSO

**1. Conocimiento del principio de las cosas - 2. Espíritu y materia
3. Propiedades de la materia - 4. Espacio universal**

1. Conocimiento del principio de las cosas

☞ 17. ¿Es dado al hombre conocer el principio de las cosas?

« No; Dios no permite que se revele todo al hombre en la tierra ».

¿Penetrará el hombre algún día el misterio de las cosas ocultas?

☞ 18. « El velo se descorre ante él a medida que se purifica; pero para comprender ciertas cosas le son menester facultades que no posee aún ».

☞ 19. ¿No puede el hombre, merced a las investigaciones científicas, penetrar algunos secretos de la naturaleza?

« La ciencia le ha sido dada para su progreso en todas las cosas; pero no puede traspasar los límites fijados por Dios ».

🖎 Mientras más dable le sea al hombre penetrar esos misterios, más grande debe ser su admiración respecto del poder y sabiduría del Creador; pero, ya sea por orgullo, ya por debilidad, su misma inteligencia le hace a veces juguete de la ilusión. Amontona sistemas sobre sistemas, y cada nuevo día le demuestra los muchos errores que ha tomado por verdades y las muchas verdades que ha rechazado como errores. Estos son otros tantos desengaños para su orgullo.

☞ 20. Fuera de las investigaciones de la ciencia, ¿le es dado al hombre recibir comunicaciones de un orden más elevado sobre lo que se sustrae a sus sentidos?

« Sí; y si Dios lo juzga útil, puede revelar lo que no puede enseñar la ciencia ».

🖎 Por estas comunicaciones el hombre adquiere, hasta cierto punto, el conocimiento de su pasado y de su destino futuro.

2. Espíritu y materia

☞ 21. ¿Es eterna, como Dios, la materia, o bien fue creada por él en algún tiempo?

« Sólo Dios lo sabe. Hay, sin embargo, una cosa que debe indicaros vuestra razón, y es que Dios, tipo de amor y caridad, nunca ha estado inactivo. Por lejano que podáis figuraros el principio de su acción, ¿podéis comprenderle ocio so un segundo? »

☞ 22. Generalmente se define la materia: lo que tiene extensión, lo que impresiona nuestros sentidos y lo impenetrable. ¿Son exactas estas definiciones?

«Desde vuestro punto de vista, son exactas, porque habláis únicamente respecto de lo que conocéis: pero la materia existe en estados que os son desconocidos: puede ser, por ejemplo, tan etérea y sutil, que ninguna impresión produzca en vuestros sentidos, y, sin embargo, siempre continúa siendo materia, aunque no lo sería para vosotros».

—¿Qué definición podéis dar de la materia?

«La materia es el lazo que sujeta al espíritu; es el instrumento que emplea y sobre el cual ejerce, al mismo tiempo, su acción».

✎ Desde este punto de vista, puede decirse que la materia es el agente, el intermedio, merced al cual y sobre el cual obra el espíritu.

☞ 23.¿Qué es el espíritu?

«El principio inteligente del universo».

—¿Cuál es la naturaleza íntima del espíritu?

«No es fácil analizar en vuestro lenguaje el espíritu. Para vosotros no es nada; porque no es una cosa palpable, pero para nosotros es algo. Sabedlo bien, nada es nada, y la nada no existe».

☞ 24.¿El espíritu es sinónimo de inteligencia?

«La inteligencia es un atributo esencial del espíritu, pero el uno y la otra se confunden en un principio común, de modo que para vosotros es una misma cosa».

☞ 25.¿Es independiente el espíritu de la materia, o no es más que una propiedad de ésta, como los colores lo son de la luz y los sonidos del aire?

«El uno y la otra son distintos; pero es necesario la unión de ambos para que sea inteligente la materia».

—¿Es igualmente necesaria esta unión para las manifestaciones del espíritu? (Entendemos aquí por espíritu el principio de la inteligencia, haciendo abstracción de las individualidades designadas con este nombre.)

«Os es necesario a vosotros, porque no estáis organizados para percibir el espíritu sin la materia. Vuestros sentidos no han sido creados para ello».

☞ 26.¿Puede concebirse el espíritu sin la materia, y la materia sin el espíritu?

«Con el pensamiento se puede indudablemente».

☞ 27.¿De este modo habrá dos elementos generales en el universo: la materia y el espíritu?

«Sí, y por encima de todo, Dios el creador, el padre de todas las cosas, y estas tres son el principio de todo lo que existe, la trinidad universal. Pero al elemento material ha de añadirse el fluido universal, que hace las veces de intermediario entre el espíritu y la materia propiamente dicha, que es demasiado grosera para que el espíritu pueda tener acción sobre ella. Aunque, hasta cierto punto, puede equipararársele al elemento material, se distingue por propiedades especiales, y si realmente fuese materia, no habría razón para que no lo fuera también el espíritu. Está colocado entre la materia y el espíritu; es fluido, como la materia es materia, susceptible, por sus innumerables combinaciones con ésta, y bajo la acción del espíritu, de producir la infinita variedad de cosas, de las cuales no conocéis más que un pequeño número. Siendo este fluido universal, primitivo o elemental, el agente que emplea el espíritu, es el principio sin el cual la materia estaría en estado perpetuo de división y jamás adquiriría las propiedades de la gravedad».

—¿Será este fluido el que llamamos electricidad?

«Hemos dicho que es susceptible de innumerables combinaciones. Los que llamáis vosotros fluido eléctrico y fluido magnético son modificaciones del universal, que, hablando propiamente, no es más que materia más perfecta, más sutil y que puede considerarse como independiente».

☞ 28. Puesto que el espíritu es algo, ¿no sería más exacto y menos expuesto a confusión, designar estos dos elementos generales con las palabras materia inerte y materia inteligente?

«Poco nos importan las palabras, y a vosotros os toca formular vuestro lenguaje para la mayor inteligencia. Vuestras disputas proceden casi siempre de que no estáis conformes en el significado de las palabras, pues vuestro lenguaje es incompleto para expresar las cosas que no impresionan vuestros sentidos».

✎ Un hecho patente domina todas las hipótesis: vemos materia que no es inteligencia y un principio inteligente independiente de la materia. El origen y conexión de estas dos cosas no son desconocidos. Que tengan o no un origen común y puntos de contacto necesarios; que la inteligencia tenga existencia propia, o que sea una propiedad, un efecto; que sea, según opinión de algunos, una emanación de la Divinidad, lo ignoramos. Pero se nos presentan distintos, y por esto los admitimos como dos principios constitutivos del universo. Por encima de todo esto vemos una inteligencia que domina todas las otras cosas, que las gobierna y que se distingue de ellas por atributos esenciales. Esta inteligencia suprema es la que se llama Dios.

3. Propiedades de la materia

☞ 29. ¿Es un atributo esencial de la materia la ponderabilidad?

«De la materia tal como la conocéis vosotros, sí; pero no de la materia considerada como fluido universal. La materia etérea y sutil que forma este fluido es imponderable para vosotros, y sin embargo, es el principio de la materia pesada».

✎ La gravedad es una propiedad relativa, y fuera de las esferas de atracción de los mundos, no existe peso, como tampoco alto y balo.

☞ 30. ¿Está formada la materia de uno o de varios elementos?

«Uno solo es el elemento primitivo. Los cuerpos que vosotros consideráis simples no son verdaderos elementos, sino transformaciones de la materia primitivas».

☞ 31. ¿De dónde proceden las diferentes propiedades de la materia?

« Son modificaciones que sufren las moléculas elementales por su unión y en ciertas circunstancias ».

☞ 32. Según esto, los sabores, los olores, los colores, el sonido, las cualidades venenosas o curativas de los cuerpos, ¿no son más que modificaciones de una misma y única sustancia primitiva?

« Sí, indudablemente y sólo existen por la disposición de los órganos destinados a percibirlos ».

✎ Este principio queda demostrado por el hecho de que todos no percibimos del mismo modo las cualidades de los cuerpos; uno encuentra agradable al gusto lo que otro encuentra malo, éstos ven azul lo que aquéllos ven encarnado, y lo que es venenoso para uno, es inofensivo o curativo para otros.

☞ 33. ¿Es susceptible la misma materia elemental de recibir todas las modificaciones y de adquirir todas las propiedades?

« Sí, y así debe entenderse cuando decimos que todo está en todo ».[5]

✎ El oxígeno, el hidrógeno, el ázoe, el carbono y todos los cuerpos que consideramos simples no son más que modificaciones de una sustancia primitiva. En la imposibilidad en que hasta ahora nos encontramos de remontarnos de otra manera que por el pensamiento, a esa materia primera, aquellos cuerpos son para nosotros verdaderos elementos, y podemos, sin peligro, considerarlos como tales, hasta nueva orden.

— Esta teoría parece que está conforme con la opinión de los que no admiten en la materia más que dos propiedades esenciales: la fuerza y el movimiento, y que creen que todas las otras propiedades no son más que efectos secundarios que varían Según la intensidad de la fuerza y la dirección del movimiento.

« Esta opinión es exacta. Es necesario añadir también, y según la disposición de las moléculas, como se ve, por ejemplo, en un cuerpo opaco que puede hacerse transparente y recíprocamente ».

☞ 34. ¿Tienen las moléculas una forma determinada?

« Las moléculas tienen sin duda una forma, pero inapreciable para vosotros ».

— ¿Es constante o variable esta forma?

« Constante en las moléculas elementales primitivas; pero variable en las moléculas secundarias; porque las que vosotros llamáis moléculas distan mucho aún de la molécula elemental ».

---

5. Este principio explica el fenómeno conocido de todos los magnetizadores, que consiste en dar, por medio de la voluntad, a una sustancia cualquiera, al agua, por ejemplo, propiedades muy diversas, un gusto determinado, y hasta las cualidades activas de otras sustancias. Puesto que sólo hay un elemento primitivo, y puesto que las propiedades de los diferentes cuerpos no son más que modificaciones de este elemento, resulta que la sustancia más inofensiva tiene el mismo principio que la más deletérea. Así es como el agua, que se forma de una parte de oxígeno y de dos de hidrógeno, se hace corrosiva, si se dobla la proporción de oxígeno. Una transformación análoga puede producirse por medio de la acción magnética dirigida por la voluntad.

4. Espacio universal

☞ 35. ¿El espacio universal es infinito o limitado?

« Infinito. Suponle limites, ¿qué habría más allá? Sé que esto confunde la razón, y sin embargo, la razón te dice que no puede ser de otro modo. Lo mismo sucede con lo infinito en todas las cosas. En vuestra pequeña esfera no podéis comprenderlo ».

✎ Si se supone un límite al espacio, por lejano que pueda concebirlo el pensamiento, la razón dice que más allá de él existe algo, y así de grado en grado, hasta el infinito; porque, aunque ese algo fuese el vació absoluto, seria también el espacio.

☞ 36. ¿Existe en alguna parte del espacio universal el vacío absoluto?

« No, nada hay vacío, puesto que lo que lo está para ti se encuentra ocupado por una materia que se sustrae a tus sentidos y a tus instrumentos ».

CAPITULO III
—
CREACIÓN

**1. Formación de los mundos - 2. Formación de los seres vivientes
3. Población de la Tierra - Adán - 4. Diversidad de las razas humanas
5. Pluralidad de mundos - 6. Consideraciones y concordancias
Bíblicas respecto de la Creación**

1. Formación de los mundos

El universo comprende la infinidad de mundos que vemos y que no vemos, todos los seres animados e inanimados y todos los astros que se mueven en el espacio, como también los fluidos que lo llenan.

☞ 37.¿Ha sido creado el universo, o bien es eterno como Dios?

«No cabe duda que no ha podido hacerse por si solo, y si fuese eterno como Dios, no sería obra de Dios».

La razón nos dice que el universo no ha podido hacerse a sí mismo y que, no pudiendo ser obra del acaso, debe serlo de Dios.

☞ 38.¿Cómo creó Dios el universo?

«Para servirme de una expresión: con su voluntad. Nada pinta mejor esa voluntad omnipotente que estas bellas palabras del Génesis: dijo Dios: Hágase la luz, y la luz fue hecha».

☞ 39.¿Podemos conocer el modo cómo fueron formados los mundos?

«Todo lo que puede decirse y comprenderéis vosotros, es que los mundos se forman por la condensación de la materia diseminada en el espacio».

☞ 40.¿Los cometas son, como actualmente se cree, un principio de condensación de la materia y mundos en vía de formación?

«Es cierto: lo absurdo es creer en su influencia. Hablo de la que vulgarmente se les atribuye; porque todos los cuerpos celestes tienen una parte de influencia en ciertos fenómenos físicos».

☞ 41.¿Puede desaparecer un mundo completamente formado y ser de nuevo diseminada en el espacio la materia que lo forma?

«Sí; Dios renueva los mundos como renueva los seres vivientes».

☞ 42.¿Podemos conocer la duración de la formación de los mundos: de la Tierra, por ejemplo?

«No puedo decírtelo; porque sólo el Creador lo sabe, y muy loco sería el que pretendiese saberlo, o conocer el número de siglos de esa formación».

2. Formación de los seres vivientes

☞ 43. ¿Cuándo empezó a ser poblada la Tierra?

«Al principio todo era caos y los elementos estaban confundidos. Poco a poco, cada cosa fue ocupando su lugar, y entonces aparecieron los seres vivientes apropiados al estado del globo».

☞ 44. ¿De dónde vinieron a la Tierra los seres vivientes?

«La Tierra contenía los gérmenes, que esperaban para desarrollarse el momento favorable. Los principios orgánicos se reunieron apenas cesó la fuerza que los tenía separados, y formaron los gérmenes de todos los seres vivientes. Aquéllos permanecieron en estado latente e inerte, como la crisálida y la simiente de las plantas, hasta que llegó el momento propicio al nacimiento de cada especie, y los seres de cada especie se reunieron y se multiplicaron entonces».

☞ 45. ¿Dónde estaban los elementos orgánicos antes de la formación de la Tierra?

«Se encontraban en estado de fluido, por decirlo así, en el espacio, en medio de los espíritus, o en otros planetas, esperando la creación de la Tierra para empezar una nueva existencia en un globo nuevo».

✎ La química nos presenta las moléculas de los cuerpos inorgánicos uniéndose para formar cristales de regularidad constante, según cada especie, desde el momento en que se hallan en condiciones propicias. La menor turbación en estas condiciones, basta a impedir la reunión de los elementos, o por lo menos, la disposición regular que constituye el cristal. ¿Por qué no ha de suceder lo mismo en los elementos orgánicos? Conservamos por espacio de años simientes de plantas y de animales que no se desarrollan más que a cierta temperatura y en un medio propicio, y se han visto simientes de trigo germinar después de muchos siglos. Hay, pues, en ellas un principio latente de vitalidad que sólo espera para desarrollarse una circunstancia favorable. Y lo que diariamente pasa a nuestra vista, ¿no puede haber ocurrido desde el principio del mundo? Esta formación de los seres vivientes saliendo del caos por la misma fuerza de la naturaleza, ¿quita algo a la grandeza de Dios? Lejos de eso, responde mejor a la idea que nos formamos de su poder, ejerciéndose en mundos infinitos por leyes eternas. Cierto que esta teoría no resuelve la cuestión del origen de los elementos vitales; pero Dios, que tiene sus misterios, ha puesto limite a nuestras investigaciones.

☞ 46. ¿Hay aún seres que nacen espontáneamente?

«Sí; pero el germen primitivo existía ya en estado latente. Cada día sois testigos de ese fenómeno, pues, ¿acaso los tejidos del hombre y de los animales no encierran los gérmenes de una multitud de gusanos, que esperan para nacer la fermentación pútrida necesaria a su existencia? Este es un pequeño mundo que, dormitando, se forma».

☞ 47. ¿Se encontraba la especie humana entre los elementos orgánicos contenidos en el globo terrestre?

«Sí, y llego a su tiempo; lo que hizo decir que el hombre fue hecho del barro de la tierra».

☞ 48. ¿Podemos conocer la época de la aparición del hombre y demás seres vivientes en la tierra?

«No, y todos vuestros cálculos son quiméricos».

☞ 49. Si el germen de la especie humana se encontraba entre los elementos orgánicos del globo, ¿por qué no se forman hombres espontáneamente, como al principio?

«El principio de las cosas es uno de los secretos de Dios; pero puede decirse, no obstante, que una vez diseminados los hombres por la tierra, han absorbido en si mismos los elementos necesarios a su formación para transmitirlos según las leyes de la reproducción. Lo mismo ha sucedido en las diferentes especies de seres vivientes».

3. Población de la Tierra - Adán

☞ 50. ¿Empezó la especie humana por un solo hombre?

«No, y el que vosotros llamáis Adán no fue el primero, ni el único que pobló la Tierra».

☞ 51. ¿Podemos saber en qué época vivió Adán?

«Poco más o menos en la que vosotros señaláis, esto es, cerca de cuatro mil años antes de Jesucristo».

🖎 El hombre, cuya tradición se ha conservado bajo el nombre de Adán, fue uno de los que sobrevivieron en una comarca a alguno de los grandes cataclismos que, en diversas épocas, han transformado la superficie del globo, y vino a ser el tronco de una de las razas que hoy lo pueblan. Las leyes de la naturaleza se oponen a que hayan podido realizarse en algunos siglos los progresos de la humanidad, patentizados mucho tiempo antes de Cristo, si el hombre no hubiese vivido en la Tierra más que desde la época selialada a la existencia de Adán. Algunos consideran, y tienen más razón en hacerlo, a Adán como un mito o alegoría que personifica las primitivas edades del mundo.

4. Diversidad de las razas humanas

☞ 52. ¿De dónde proceden las diferencias físicas y morales que distinguen a las variedades de razas de hombres en la Tierra?

«Del clima, de la vida y de las costumbres. Sucede lo mismo que con dos hijos de la misma madre que en nada se parecerán moralmente, si se les educa separados y de distinto modo».

☞ 53. ¿Ha nacido el hombre espontáneamente en muchos puntos del globo?

«Si, y en diversas épocas, siendo esta una de las causas de la diversidad de razas. Más tarde, al dispersarse los hombres por los diferentes climas y al unirse con otras razas formaron nuevos tipos».

—¿Estas diferencias constituyen distintas especies?

«Ciertamente que no, pues todas son de la misma familia. ¿Acaso las diferentes variedades de un mismo fruto son óbice a que pertenezcan a la misma especie?».

☞ 54. Si no procede la especie humana de uno solo, ¿deben cesar los hombres de mirarse como hermanos?

«Todos los hombres son hermanos de Dios; porque están animados por el espíritu y tienden al mismo fin. Siempre queréis tomar las cosas al pie de la letra».

5. Pluralidad de mundos

☞ 55. ¿Están habitados todos los globos que circulan en el espacio?

«Sí, y el hombre de la Tierra dista de ser, como lo cree, el primero en inteligencia, en bondad y en perfección. Hay, sin embargo, hombres muy vanidosos que imaginan que ese pequeño globo tiene el privilegio exclusivo de tener seres racionales. ¡Orgullo y vanidad! Se figuran que Dios creó el universo para ellos solos».

🖎 Dios ha poblado los mundos de seres vivientes, que concurren todos al objeto final de la Providencia. Creer que los seres vivientes están limitados al único punto que habitamos en el universo, equivaldría a poner en duda la sabiduría de Dios, que no ha hecho nada inútil y que ha debido asignar a esos mundos un objeto más grave que el de recrear nuestra vista. Nada, por otra parte, ni la posición, ni el volumen, ni la constitución física de la Tierra, puede inducir a suponer racionalmente que tenga el privilegio de estar habitada con exclusión de tantos miles de mundos semejantes.

☞ 56. ¿Es la misma la constitución física de los diferentes globos?

«No; no se parecen en manera alguna».

☞ 57. ¿No siendo la misma para todos la constitución física de los mundos, dedúcese de ello una organización diferente para los seres que los habitan?

«Sin duda, como entre vosotros los peces son hechos para vivir en el agua y las aves en el aire».

☞ 58. ¿Están privados de luz y de calor los mundos más distantes del Sol, ya que éste les aparece como una estrella?

«¿Creéis, pues, que no hay más orígenes de luz y de calor que el Sol, y no contáis para nada con la electricidad que en ciertos mundos, llena funciones que os son desconocidas, y que es mucho más importante que en la Tierra? Por otra parte, nadie os ha dicho que todos los seres vean de la misma manera que vosotros y por órganos formados como los vuestros».

🖎 Los condiciones de existencia de los seres que habitan los diferentes mundos deben ser apropiadas al medio en que están llamados a vivir. Si nunca hubiésemos visto peces, no comprenderíamos que hubiera seres que pudiesen vivir en el agua, y así sucede en los otros mundos que contienen sin duda elementos desconocidos para nosotros. ¿No vemos en la Tierra que las largas noches polares son iluminadas por la electricidad de las auroras boreales? ¿Y es nada imposible que en ciertos mundos la electricidad sea más abundante que en la Tierra, y que desempeñe en ellos funciones generales, cuyos efectos no podemos comprender? Esos mundos pueden, por lo tanto, contener en si mismos los orígenes de calor y de luz necesarios a sus habitantes.

6. Consideraciones y concordancias Bíblicas respecto a la Creación

59. Los pueblos se han formado ideas muy divergentes sobre la creación, según el grado de su ilustración, y la razón apoyada en la Ciencia ha reconocido la inverosimilitud de ciertas teorías, confirmando la dada por los espíritus la opinión ha mucho tiempo admitida por los hombres más ilustrados.

La objeción que puede hacerse a esta teoría es la de que está en contradicción con el texto de los libros sagrados; pero un examen detenido hace ver que esta contradicción es más aparente que real y que resulta de la interpretación dada a menudo al sentido alegórico.

La cuestión del primer hombre en la persona de Adán, como tronco único de la humanidad, no es la sola que ha sido objeto de modificación para las creencias religiosas. En cierta época, el movimiento de la Tierra, pareció tan opuesto al texto sagrado, que no hubo clase de persecuciones de que no fuese blanco esa teoría, y la Tierra gira sin embargo, a pesar de los anatemas, y nadie podría negarlo actualmente sin agraviar su propia razón.

Dice igualmente la Biblia que el mundo fue creado en seis días y fija la época de creación como unos cuatro mil años antes de la era cristiana. Antes de esa época, no existía la Tierra, que fue sacada de la nada. El texto es formal; pero he aquí que la ciencia positiva, la ciencia inexorable, viene a probar lo contrario. La formación del globo está escrita con caracteres imprescriptibles en el mundo fósil, y está probado que los seis días de la creación son otros tantos períodos, cada uno de los cuales abarca quizá muchos centenares de miles de años, Este no es un sistema, una doctrina, una opinión aislada, sino un hecho tan constante como el movimiento de la Tierra, que la teología no puede resistirse a admitir, prueba evidente del error en que puede incurrirse, tomando literalmente las expresiones de un lenguaje que es figurado con frecuencia. ¿Debe inferirse de eso que sea falsa la Biblia? No, pero si que los hombres la han interpretado mal.

Ojeando los archivos de la Tierra, la ciencia ha descubierto el orden en que han aparecido en su superficie los diferentes seres vivientes, orden que está conforme con el indicado en el Génesis, con la sola diferencia de que, en vez de salir milagrosamente de las manos de Dios y en algunas horas, esa obra, se ha realizado en algunos millones de años, siempre por su voluntad; pero con arreglo a la ley de las fuerzas de la naturaleza. ¿Es por ello menos grande y menos poderoso Dios?

¿Es menos sublime su obra, porque carece del prestigio de la instantaneidad? No, evidentemente; y preciso sería formarse una idea muy mezquina de la Divinidad para no reconocer su omnipotencia en las leyes eternas que para gobernar los mundos ha establecido. La ciencia, lejos de amenguar la obra divina, nos la presenta bajo un aspecto más grandioso y más conforme con las nociones que tenemos del poderío y de la majestad de Dios, por lo mismo que se ha realizado sin derogación de las leyes de la naturaleza.

Conforme en este punto con Moisés, la ciencia coloca al hombre en último término en el orden de la creación de los seres vivientes; pero Moisés fija el diluvio universal en el año 1654, al paso que la geología nos presenta el gran cataclismo anterior a la aparición del hombre, atendiendo a que hasta ese día no se encuentra en las capas primitivas ninguna señal de su presencia, ni de la de los animales de su misma categoría, bajo el punto de vista físico. Pero nada prueba que esto sea imposible, y varios descubrimientos han engendrado ya dudas sobre este particular, pudiendo suceder, pues, que de un momento a otro se tenga certeza material de esa anterioridad de la raza humana, y entonces se comprenderá que en este punto, como en otros, el texto bíblico es figurado. La cuestión estriba en saber si el cataclismo geológico es el mismo de Noé, y la duración necesaria a la formación de las capas fósiles no consiente que se los confunda; y cuando se encuentren vestigios de la existencia del hombre antes de la gran catástrofe, quedará probado, o que no fue Adán el primer hombre, o que su creación se pierde en la oscuridad de los tiempos. Contra la evidencia no son posibles los raciocinios, y será preciso aceptar el hecho, como se ha aceptado el del movimiento de la Tierra y el de los seis períodos de la creación.

Cierto que la existencia del hombre antes del diluvio geológico es aun hipotética, pero he aquí lo que lo es menos. Admitiendo que el hombre apareció por primera vez en la Tierra cuatro mil avíos antes de Jesucristo, si mil seiscientos cincuenta años más tarde fue destruida toda la raza humana, excepto una sola familia, resulta que la población de la tierra data de Noé únicamente, es decir, dos mil trescientos cincuenta años antes de nuestra era. Pues bien, cuando los hebreos emigraron a Egipto en el siglo dieciocho, encontraron muy poblado y adelantado en civilización a aquel país. La historia prueba que en esta época las Indias y otras comarcas estaban igualmente florecientes, sin tener en cuenta la cronología de ciertos pueblos que se remonta a una época mucho más remota. Hubiera, pues, sido preciso que del siglo veinticuatro al dieciocho, es decir, en un espacio de seiscientos anos, la posteridad de un solo hombre, hubiese podido no solamente poblar todas las inmensas comarcas entonces conocidas, suponiendo que no lo hubiesen sido las otras, sino que, en aquel breve intervalo, la especie humana hubiera podido elevarse de la ignorancia absoluta del estado primitivo al mayor grado de desenvolvimiento intelectual, lo cual es contrarío a todas las leyes antropológicas.

En apoyo de esta, opinión viene también la diversidad de razas. Es indudable que el clima y los hábitos engendran modificaciones en el carácter físico; pero se deja comprender el alcance de la influencia de esas causas, y el examen psicológico prueba que entre ciertas razas existen diferencias constitucionales más profundas que las que puede producir el clima. El cruzamiento de las razas produce los tipos intermedios, y tiende a borrar los caracteres extremos; pero no los produce, sino que se limita a formar variedades. Pues bien, para que hubiese habido cruzamiento de razas, era preciso que las hubiera distintas, ¿y cómo explicar su existencia suponiéndoles un tronco común, y sobre todo un tronco tan cercano? ¿Cómo admitir que en algunos siglos ciertos descendientes de Noé se hayan transformado hasta el punto de producir la raza etiópica, por ejemplo? Semejante metamorfosis no es más admisible que la hipótesis de un tronco común al lobo y la oveja, al elefante y al pulgón, al ave y al pez. Repetimos que nada puede prevalecer contra la evidencia de los hechos. Todo encuentra explicación, por el contrario, admitiendo la existencia del hombre antes de la época que vulgarmente se le señala; la diversidad de orígenes; a Adán, que vivía hace seis mil años, como poblador de una comarca inhabitada aún; el diluvio de Noé como una catástrofe parcial que se ha confundido con el cataclismo geológico, y teniendo finalmente en cuenta la forma alegórica peculiar al estilo oriental y que encontramos en los libros sagrados de todos los pueblos. Por esta razón es prudente no declararse ligeramente en contra de ciertas doctrinas que pueden, como tantas otras, desmentir tarde o temprano a los que las combaten. Lejos de perder, se ensanchan las ideas religiosas caminando al par de la ciencia, y este es el único medio de no ofrecer un lado vulnerable al escepticismo.

CAPITULO IV
—
PRINCIPIO VITAL

1. Seres Orgánicos e inorgánicos - 2. La vida y la muerte
3. Inteligencia e instinto

1. Seres orgánicos e inorgánicos

Los seres orgánicos son los que tienen en si mismos un origen de actividad íntima que les da vida. Nacen, crecen, se reproducen por si mismos y mueren, y están provistos de órganos especiales para la realización de los diferentes actos de la vida y apropiados a las necesidades de su conservación. Comprenden los hombres, los animales y las plantas. Los seres inorgánicos son todos los que no tienen vitalidad ni movimientos propios, y son formados por sólo la agregación de materia, tales son los minerales, el agua, el aire, etcétera.

☞ 60. ¿Es una misma la fuerza que une los elementos de la materia en los cuerpos orgánicos y en los inorgánicos?

«Sí, y la ley de atracción es la misma para todos».

☞ 61. ¿Existe diferencia entre la materia de los cuerpos orgánicos y la de los inorgánicos?

«Siempre es la misma materia; pero en los cuerpos orgánicos está animalizada».

☞ 62. ¿Cuál es la causa de la animalización de la materia?

«Su unión con el principio vital».

☞ 63. ¿El principio vital reside en un agente particular o sólo es una propiedad de la materia organizada; en una palabra, es efecto o causa?

«Es lo uno y lo otro. La vida es un efecto producido por la acción de un agente sobre la materia y este agente, sin la materia no es la vida, de la misma manera que la materia no puede vivir sin aquél. Da la vida a todos los seres que lo absorben y se lo asimilan».

☞ 64. Hemos visto que el espíritu y la materia son dos elementos constitutivos del universo, ¿forma un tercero el principio vital?

«Indudablemente, es uno de los elementos necesarios a la constitución del universo, pero él a su vez tiene su origen en la materia universal modificada. Para vosotros es un elemento como el oxígeno y el hidrógeno, que no son, empero, elementos primitivos; porque todo eso deriva de un mismo principio».

— ¿Parece resultar aquí que la vitalidad no tiene su principio en un agente primitivo distinto, sino en una propiedad especial de la materia universal debida a ciertas modificaciones?

«Esa es la consecuencia de lo que hemos dicho».

☞ 65.¿Reside el principio vital en alguno de los cuerpos que conocemos?

«Tiene su Origen en el fluido universal; es el que vosotros llamáis fluido magnético o fluido eléctrico, animalizado, y constituye el intermediario, el lazo entre el espíritu y la materia».

☞ 66.¿Es uno mismo el principio vital para todos los seres orgánicos?

«Si, modificado según las especies. Es lo que les da movimiento y actividad y los distingue de la materia inerte; porque el movimiento de la materia no es la vida. La materia recibe el movimiento; pero no lo da».

☞ 67.¿La vitalidad es un atributo permanente del agente vital, o bien sólo se desarrolla por el funcionamiento de los órganos?

«Sólo con el cuerpo se desarrolla. ¿No hemos dicho ya que ese agente sin la materia no es la vida? Es necesaria la unión de ambas cosas, para producir la vida».

—¿Puede decirse que la vitalidad se encuentra en estado latente, cuando el agente vital no está unido al cuerpo?

«Sí, así es».

✏ El conjunto de los órganos constituye una especie de mecanismo que recibe su impulso de lá actividad intima o principio vital que en ellos existe. El principio vital es la fuerza motriz de los cuerpos orgánicos. Al mismo tiempo que el agente vital da impulso a los órganos, la acción de éstos mantiene y desarrolla la actividad del agente vital, poco más o menos, lo mismo que el frote desarrolla el calor.

2. La vida y la muerte

☞ 68.¿Cuál es la causa de la muerte de los seres orgánicos?

«La extenuación de los órganos».

—¿Podría compararse la muerte a la cesación del movimiento de una máquina desorganizada?

«Si; porque, si la máquina está mal dispuesta, se rompe el resorte, y si es malo el cuerpo, la vida le abandona».

☞ 69.¿Por qué una lesión del corazón con preferencia a la de otros órganos, produce la muerte?

«El corazón es una máquina de vida; pero no sólo la lesión del corazón es la que produce la muerte, pues aquél no es más que una de las ruedas esenciales».

☞ 70.¿Qué hacen la materia y el principio vital de los seres orgánicos que mueren?

«La materia inerte se descompone y forma otros nuevos cuerpos orgánicos; el principio vital vuelve a la masa».

✎ Muerto el ser orgánico, los elementos que lo forman entran en nuevas combinaciones que constituyen nuevos seres. Éstos toman del origen universal el principio de la vida y de la actividad, lo absorben y se lo asimilan para devolverlo a aquel origen, cuando cesen de existir.

Los órganos están impregnados, por decirlo así, del fluido vital, que da a todas las partes del organismo una actividad que, en ciertas lesiones, opera la adhesión de aquéllas, y restablece funciones suspendidas momentáneamente. Pero cuando son destruidos los elementos esenciales al funcionamiento de los órganos, o están alterados profundamente, el fluido vital es impotente para la transmisión del movimiento de la vida, y el ser muere.

Los órganos reaccionan más o menos necesariamente los unos sobre los otros, y de la armonía de su conjunto resulta su acción reciproca. Cuando una causa cualquiera destruye la armonía, se detienen sus funciones como el movimiento de un mecanismo, cuyas ruedas esenciales están descompuestas. Tal sucede a un reloj que se gasta con el tiempo o se descompone por accidente, viniendo la fuerza motriz a ser Impotente para ponerlo en movimiento.

Tenemos una imagen más exacta aún de la vida y de la muerte en un aparato eléctrico, que contiene electricidad, como todos los cuerpos de la naturaleza, en estado latente, no manifestándose los fenómenos eléctricos hasta que no se pone en actividad el fluido en virtud de una causa especial. Puede decirse entonces que el aparato vive. Cesando la causa de actividad, cesa el fenómeno, y el aparato entra en estado de inercia. En este supuesto, los cuerpos orgánicos serian una especie de pilas o aparatos eléctricos en los cuales la actividad del fluido produce el fenómeno de la vida, y su cesación la muerte.

La cantidad de fluido vital no es absoluta en todos los seres orgánicos; varia según las especies, y no es constante en el mismo individuo, ni en los individuos de la misma especie. Los hay que están saturados de él, por decirlo así al paso que otros apenas tienen una cantidad suficiente, y de aquí que la vida sea en algunos más activa, más tenaz y en cierto modo superabundante.

La cantidad de fluido vital se agota, y puede llegar a ser insuficiente para el mantenimiento de la vida, si no se renueva por la absorción y asimilación de las substancias que lo contienen.

El fluido vital se transmite de un individuo a otro, y el que tiene más puede dar al que tiene menos y en ciertos casos restituir la vida que está próxima a concluir.

3. Inteligencia e instinto

☞ 71. ¿La inteligencia es un atributo del principio vital?

« No, puesto que las plantas viven y no piensan, siendo puramente orgánica su vida. La inteligencia y la materia son independientes, pues un cuerpo puede vivir sin inteligencia; pero ésta sólo puede manifestarse por medio de los órganos materiales, y es precisa la unión con el espíritu para dar inteligencia a la materia animalizada».

✎ La inteligencia es una facultad especial propia de ciertas clases de seres orgánicos que les da juntamente con el pensamiento, la voluntad de obrar, la conciencia de la existencia y de la Individualidad, así como también los medios de establecer relaciones con el mundo exterior y de atender a sus necesidades.

Pueden, pues, distinguirse: 1° los seres inanimados formados únicamente de materia, sin vitalidad ni inteligencia, tales son los cuerpos brutos; 2° los seres animados que no piensan, formados de materia y dotados de vitalidad; pero faltos de inteligencia, y 3° los seres animados que piensan, formados de materia, dotados de vitalidad y que tienen además un principio inteligente que les da la facultad de pensar.

☞ 72.¿Cuál es el origen de la inteligencia?

«Ya lo hemos dicho: la inteligencia universal».

—¿Podría decirse que cada ser toma una parte de inteligencia del origen universal y se la asimila, como toma y se asimila el principio de la vida material?

«Esa es una comparación únicamente: pero inexacta, porque la inteligencia es una facultad propia de cada ser y constituye la individualidad moral. Ya sabéis, además, que hay cosas que no es dado al hombre penetrar, y ésta es, por ahora, una de ellas».

☞ 73.¿El instinto es independiente de la inteligencia?

«Propiamente, no; porque es una especie de inteligencia. El instinto es una inteligencia no razonada, y por el todos los seres atienden a sus necesidades».

☞ 74.¿Puede fijarse un límite entre el instinto y la inteligencia, es decir, precisar dónde concluye el uno y empieza la otra?

«No, porque se confunden a menudo; pero se pueden distinguir muy bien los actos que pertenecen al instinto de los que pertenecen a la inteligencia».

☞ 75.¿Es exacto decir que disminuyen las facultades instintivas a medida que crecen las intelectuales?

«No, pues el instinto existe siempre; pero el hombre lo descuida. También puede el instinto conducir al bien; nos guía casi siempre y a veces con más seguridad que la razón: porque nunca se extravía».

—¿Por qué razón no es siempre un guía infalible?

«Lo seria, si no estuviese falseada por la mala educación, por el orgullo y el egoísmo. El instinto no razona: pero la razón deja la elección al hombre y le da el libre albedrío».

✎ El instinto es una inteligencia rudimentaria que difiere de la propiamente dicha en que sus manifestaciones son espontáneas casi siempre, al paso que las de la inteligencia son resultado de una combinación y de un acto deliberado.

El instinto varía en sus manifestaciones según las especies y sus necesidades. En los seres que tienen conciencia y percepción de las cosas exteriores se alía a la inteligencia, es decir, a la voluntad y a la libertad.

LIBRO SEGUNDO
MUNDO ESPIRITISTA O DE LOS ESPÍRITUS

CAPITULO I
—
DE LOS ESPÍRITUS

**1. Origen y naturaleza de los Espíritus - 2. Mundo normal primitivo
3. Forma y ubicuidad de los Espíritus - 4. Periespíritu
5. Diferentes órdenes de Espíritus - 6. Escala Spiritista
7. Progresión de los Espíritus - 8. Ángeles y demonios**

1. Origen y naturaleza de los Espíritus

☞ 76. ¿Qué definición puede darse de los espíritus?

«Puede decirse que los espíritus son los seres inteligentes de la creación. Pueblan el universo fuera del mundo material».

✎ Se emplea aquí la palabra espíritus para designar a las individualidades de los seres extracorporales, y no al elemento inteligente universal.

☞ 77. ¿Los espíritus son seres distintos de la Divinidad, o sólo emanaciones o porciones de la Divinidad, llamados por esta razón hijos de Dios?

«Son obra suya, lo mismo que cuando un hombre hace una máquina; ésta es la obra de aquél, pero no él mismo. Ya sabes que cuando alguien hace alguna cosa bella y útil, la llama su hija, su creación. Pues lo mismo Dios, y somos sus hijos, porque somos obra suya».

☞ 78. ¿Tienen principio los espíritus, o son eternos como Dios?

«Si no tuviesen principio, serían iguales a Dios, siendo así que son creación suya y están sometidos a su voluntad. Es incontestable que Dios es eterno; pero nada sabemos de cuándo y cómo nos creó, y puedes decir que no tenemos principio, si entiendes dar a comprender que, siendo eterno Dios, ha creado sin interrupción; pero, respecto del cuándo y cómo fuimos creados, te repito, que nadie lo sabe, pues este es un misterio».

☞ 79. Puesto que hay dos elementos generales en el universo, el inteligente y el material, ¿podría decirse que los espíritus están formados del primero, como los cuerpos inertes lo están del segundo?

«Es evidente que los espíritus son la individualización del principio inteligente, como los cuerpos son la del principio material, y lo desconocido es la época de su formación y el modo de realizarse».

☞ 80. ¿Es permanente la creación de los espíritus, o sólo tuvo lugar en el origen de los tiempos?

«Es permanente, de manera, que Dios nunca cesa de crear».

☞ 81. ¿Se forman espontáneamente los espíritus, o proceden unos de otros?

«Dios por su voluntad los crea como a todas las otras cosas; pero, te lo repetimos otra vez, su origen es un misterio».

☞ 82. ¿Es exacto decir que los espíritus son inmateriales?

«¿Cómo podrá definirse una cosa, siendo insuficiente el lenguaje y faltando términos de comparación? ¿Puede un ciego de nacimiento definir la luz? Inmaterial no es la palabra, y sería más exacto decir incorporal; porque debes comprender perfectamente que siendo una creación el espíritu, ha de ser algo, y es, en efecto, materia purificada; pero no tiene análoga entre vosotros, siendo, además, tan etérea, que no puede impresionar vuestros sentidos».

✎ Decimos que los espíritus son Inmateriales, porque su esencia difiere de todo lo que conocemos balo el nombre de materia. Un pueblo de ciegos carecería de términos con qué expresar la luz y sus efectos, y el ciego de nacimiento cree recibir todas las percepciones por el oído, el olfato, el gusto y el tacto, no comprendiendo las ideas que le proporcionaría el sentido que le falta. Lo mismo nos sucede a nosotros que, respecto de la esencia de los seres sobrehumanos, somos verdaderos ciegos, y no podemos definir los más que por comparaciones imperfectas siempre, o haciendo un esfuerzo de imaginación.

☞ 83. ¿Tienen fin los espíritus? Se comprende que sea eterno el principio de donde emana; pero lo que preguntamos es si tiene un término su individualidad, y si en una época más o menos remota, no se disemina y vuelve a la masa común el elemento de que están formados, como sucede en los cuerpos materiales. Es difícil comprender que una cosa que tiene principio pueda no tener fin.

«Muchas cosas existen que vosotros no comprendéis; porque vuestra inteligencia es limitada, no siendo ésta razón para rechazarlas. El niño no comprende todo lo que su padre comprende, ni el ignorante todo lo que el sabio. Te decimos, pues, y es cuanto por ahora podemos decirte, que los espíritus no tienen fin».

2. Mundo normal primitivo

☞ 84. ¿Los espíritus constituyen un mundo separado y distinto del que vemos?

«Si, el de los espíritus o inteligencias incorporales».

☞ 85. ¿Cuál es principal en el orden de las cosas, el mundo espiritista, o el corporal?

«El espiritista, que preexiste y sobrevive a todo».

☞ 86. ¿Podría dejar de existir o no haber existido nunca el mundo corporal, sin que se alterase la esencia del mundo espiritista?

«Sí, pues son independientes, aunque su correlación es, empero, incesante; porque el uno reacciona perennemente en el otro».

☞ 87. ¿Ocupan los espíritus una región determinada y circunscrita en el espacio?

«Los espíritus se encuentran por todas partes, y de ellos hasta lo infinito están poblados los espacios ilimitados. Los hay constantemente a vuestro lado, que os observan e influyen en vosotros a pesar vuestro; porque son uno de los poderes de la naturaleza, e instrumentos de que se vale Dios para realizar sus miras providenciales; pero no todos pueden ir a todas partes, pues hay regiones prohibidas a los menos avanzados».

3. Forma y ubicuidad de los Espíritus

☞ 88.¿Tienen los espíritus una forma determinada, limitada y constante?

«Para vuestra vista no, pero si para la nuestra; y si así lo queréis, el espirito es una llama, un destello, o una chispa etérea».

—¿Tiene color esa llama o chispa?

«Para vosotros, y según que el espíritu es más o menos puro, varía del oscuro al brillo del rubí».

🔊 Ordinariamente se representa a los genios con una llama o estrella en la cabeza, alegoría que recuerda la naturaleza esencial de los espíritus, y se coloca en la parte superior de aquélla, porque allí reside la inteligencia.

☞ 89.¿Emplean los espíritus algún tiempo en cruzar el espacio?

«Si; pero rápido como el pensamiento».

—¿El pensamiento es el alma misma que se traslada de un punto a otro?

«Cuando el pensamiento está en una parte determinada, también lo está el alma, puesto que es ésta la que piensa, siendo el pensamiento un atributo».

☞ 90.¿El espíritu que se traslada de uno a otro punto tiene conciencia de la distancia que recorre y de los espacios que cruza, o bien se ve súbitamente trasladado al punto a donde quiere ir?

«Lo uno y lo otro, puesto que el espíritu puede muy bien, si así lo quiere, hacerse cargo de la distancia que recorre, distancia que puede también ser eliminada, lo cual depende de su voluntad y además de la mayor o menor pureza de su naturaleza».

☞ 91.¿La materia sirve de obstáculo a los espíritus?

«No, pues lo penetran todo, y el aire, la tierra, las aguas y hasta el mismo fuego les son igualmente accesibles».

☞ 92.¿Tienen el don de ubicuidad los espíritus, o en otros términos, puede un espíritu dividirse o encontrarse en muchas partes a la vez?

«Un espíritu no puede dividirse; pero cada uno de ellos, es un centro que irradia en todas direcciones, pareciendo por esto que se encuentra en muchos lugares a la vez. El Sol, como ves, es uno, e irradia sin embargo, en todo su alrededor, derramando sus rayos a largas distancias, sin que por ello se divida».

—¿Tienen igual poder de irradiación todos los espíritus?

«Buena diferencia existe, puesto que depende del grado de su pureza»..

🔑 Cada espíritu es una unidad indivisible: pero cada uno de ellos puede extender a diversos puntos el pensamiento, sin dividirse, y sólo en este sentido, debe entenderse que se atribuye a los espíritus el don de ubicuidad. Tal sucede con un centro de luz qué, proyectando a lo lelos su claridad, puede ser percibida de todos los puntos del horizonte, y tal asimismo con un hombre que, sin cambiar de puesto ni dividirse, puede transmitir órdenes, señales e indicar los movimientos a lugares diferentes.

4. Periespíritu

☞ 93. ¿El espíritu propiamente dicho no tiene envoltura alguna, o como se pretende, está rodeado de una sustancia?

«El espíritu está envuelto en una sustancia, aunque vaporosa para ti, muy grosera aún para nosotros; pero suficientemente ligera empero, para poderse sostener en la atmósfera y trasladarse donde quiere».

🔑 Así como el germen del fruto está rodeado del periespermo, así también el espíritu propiamente dicho está rodeado de una envoltura, que por comparación puede llamarse periespíritu.

☞ 94. ¿De dónde toma el espíritu la envoltura semimaterial?

«En el fluido universal de cada globo, y por esta razón no es igual en todos los mundos. Al pasar de uno a otro mundo, el espíritu cambia de envoltura, como vosotros de vestido».

—¿De modo que cuando los espíritus que habitan en los mundos superiores vienen al nuestro, toman un periespíritu más grosero?

«Ya lo hemos dicho, es preciso que se vistan a vuestro modo».

☞ 95. ¿La envoltura semimaterial del espíritu afecta formas diferentes, y puede ser perceptible?

«Sí, la forma que plazca al espíritu, y así es como se os aparece de vez en cuando, ora en sueños, ora estando despiertos, y como puede tomar una forma visible y hasta palpable».

5. Diferentes órdenes de Espíritus

☞ 96. ¿Son iguales los espíritus, o existe entre ellos alguna jerarquía?

«Pertenecen a diferentes órdenes, según el grado de perfección a que han llegado».

☞ 97. ¿Hay un número determinado de órdenes o grados de perfección entre los espíritus?

«Es ilimitado el número; porque no existe entre esos órdenes una línea de demarcación trazada a modo de barrera, pudiéndose así multiplicar o restringir voluntariamente las divisiones; pero, si sé consideran no obstante, los caracteres generales, puede reducírselos a tres órdenes principales.

«Puede colocarse en el primer orden a los que han llegado a la perfección, los espíritus puros; en el segundo, a los que están a mitad de la escala, los cuales se ocupan en la consecución del bien; y en el tercero, a los espíritus imperfectos, que están aún al principio de la escala, siendo sus caracteres la ignorancia, el deseo del mal y todas las malas pasiones que retardan su progreso».

☞ 98. ¿Los espíritus del segundo orden tienen sólo el deseo del bien, sin que puedan hacerlo?

«Pueden hacerlo según su grado de perfección, pues unos poseen la ciencia y otros la prudencia y la bondad; pero todos han de sufrir pruebas aún».

☞ 99. ¿Los espíritus de tercer orden son todos esencialmente malos?

«No, pues los unos no hacen ni bien ni mal, y otros se complacen, por el contrario, en el mal y están satisfechos cuando encuentran ocasión de hacerlo. Además, hay espíritus ligeros o duendes, más enredadores que perversos, que se complacen más en la chismografía que en la maldad, y cuyo placer son los embaucamientos y las pequeñas contrariedades, que les causan risa».

6. Escala Espiritista

100. *Observaciones preliminares.* La clasificación de los espíritus está basada en su grado de progreso, en las cualidades que han adquirido y en las imperfecciones de que han de despojarse aún. Esta clasificación, además, no es absoluta; cada categoría no ofrece en su conjunto más que un carácter saliente; pero la transición es insensible de un grado a otro, y en los límites desaparece el matiz como en los reinos de la naturaleza, en los colores del arco iris y también como en los diferentes períodos de la vida del hombre. Se puede, pues, formar un número mayor o menor de clases, según el aspecto que se elija para considerar esta cuestión. Sucede esto como en los sistemas de clasificaciones científicas, que pueden ser más o menos completos, más o menos racionales y cómodos para la inteligencia, sin que, cualesquiera que sean, cambien en nada el fondo de la ciencia. Los espíritus consultados sobre el particular han podido, pues, discordar en el número de categorías, sin que esto tenga trascendencia. Algunos han hecho un arma de esta contradicción aparente, sin reflexionar que los espíritus no dan importancia a lo que es puramente convencional, ya que para ellos el pensamiento lo es todo, dejando a nuestra voluntad la forma, la elección de los términos, las clasificaciones, los sistemas, en una palabra.

Añadamos otra consideración que nunca debe perderse de vista, a saber: que entre los espíritus, lo mismo que entre los hombres, los hay muy ignorantes, y que nunca se estará bastante prevenido contra la tendencia de creer que todos han de ser sabios, porque son espíritus. Toda clasificación requiere método, análisis y conocimiento profundo del asunto, y en el mundo de los espíritus, los que tienen conocimientos limitados no son como no lo son los ignorantes en la tierra, hábiles para abarcar el conjunto y formular un sistema, y no conocen o sólo comprenden imperfectamente las clasificaciones. Para ellos, todos los espíritus que les son superiores pertenecen al primer orden; sin que puedan apreciar los matices de saber, capacidad y moralidad que los distinguen, como entre nosotros se distingue el rústico del ilustrado, y hasta los mismos que son capaces de hacerlo pueden variar en los pormenores según su punto de vista, mayormente cuando nada de absoluto tienen las divisiones. Linneo, Jussieu y Tournefort han tenido un sistema peculiar, sin que haya variado la botánica; porque no inventaron ellos las plantas y sus caracteres, sino que observaron las analogías con arreglo a las cuales formaron los grupos o clases. Así hemos procedido nosotros; no hemos inventado los espíritus ni sus caracteres, sino que los hemos visto y observado, los hemos juzgado por sus palabras y hechos y clasificado con arreglo a sus semejantes, apoyándose en los datos que nos han proporcionado.

Los espíritus admiten generalmente tres categorías principales o tres grandes divisiones. En la última que está al principio de la escala, vienen comprendidos los espíritus imperfectos, caracterizados por el predominio de la materia sobre el espíritu y la propensión al mal.. Los de la segunda están caracterizados por el predominio del espíritu sobre la materia y por el deseo del bien, y comprende los espíritus buenos. La primera, en fin, comprende los espíritus puros, que han alcanzado el grado máximo de perfección.

Esta división nos parece que es perfectamente racional y que presenta caracteres bien distintos, y no nos tocaba a nosotros más que hacer visibles, por medio de un número suficiente de subdivisiones, los principales matices del conjunto, y es lo que hemos hecho con el concurso de los espíritus, cuyas benévolas instrucciones nunca nos han faltado.

Utilizando este cuadro será fácil determinar la categoría y grado de superioridad o de inferioridad de los espíritus con quienes podemos establecer relaciones, y por tanto, el grado de confianza y de estimación que merecen. De cierta manera es la clave de la ciencia espiritista; porque sólo él puede explicarnos las anomalías que presentan las comunicaciones, ilustrándonos acerca de las desigualdades intelectuales y morales de los espíritus. Advertimos empero, que los espíritus no pertenecen siempre y exclusivamente a tal o cual clase, y realizándose gradualmente su progreso, y a menudo en una dirección con preferencia a otra, pueden reunir caracteres de diversas categorías, lo que fácilmente puede comprenderse por su lenguaje y por sus hechos.

TERCER ORDEN — ESPÍRITUS IMPERFECTOS

101. *Caracteres generales.* Predominio de la materia sobre el espíritu, propensión al mal, ignorancia, orgullo, egoísmo y todas las malas pasiones que de el derivan.

Tienen intuición de Dios; pero no lo comprenden.

Todos no son esencialmente malos, y en algunos abunda más la ligereza, la inconsecuencia y la malicia que la verdadera perversidad. Unos no hacen bien ni mal; pero por lo mismo que no practican el bien, demuestran su inferioridad. Otros, por el contrario, se complacen en el mal, y están satisfechos cuando hallan ocasión de hacerlo.

Pueden reunir la inteligencia a la perversidad y a la malicia; pero, cualquiera que sea su desarrollo intelectual, sus ideas son poco elevadas y sus sentimientos más o menos abyectos.

Sus conocimientos sobre las cosas del mundo espiritista son limitados, y lo poco que de ellas saben lo confunden con las ideas y preocupaciones de la vida corporal, no pudiendo darnos sobre el particular más que nociones falsas e incompletas; pero el observador atento encuentra con frecuencia en sus comunicaciones, aunque imperfectas, confirmadas las grandes verdades que nos enseñan los espíritus superiores.

Su carácter se revela en su lenguaje, y todo espíritu que deje escapar en sus comunicaciones un pensamiento malo, puede ser incluido en el tercer orden, y por lo tanto, todo pensamiento malo que se nos sugiera, procede de un espíritu de este orden.

Semejantes espíritus ven la dicha de los buenos, siéndoles este espectáculo un tormento incesante, puesto que experimentan todas las angustias que pueden producir la envidia y los celos.

Conservan el recuerdo y la percepción de los sufrimientos de la vida corporal, impresión que es a menudo más penosa que la realidad. Sufren, pues, verdaderamente no sólo por los males que han experimentado, sino que también por los que han ocasionado a otros, y como sufren por largo tiempo, creen que sufrirán siempre, permitiendo Dios, para castigarlos, que conserven esa creencia.

Puede dividírseles en cinco clases principales.

102. Décima clase. ESPÍRITUS IMPUROS. Son propensos al mal y lo hacen objeto de sus maquinaciones. Como espíritus dan consejos pérfidos; promueven la discordia y la desconfianza, y, para engañar mejor, toman todas las apariencias. Se apoderan de los caracteres bastante débiles para seguir sus excitaciones, a fin de arrastrarles a su perdición, y están satisfechos cuando consiguen retardar su progreso, haciéndoles sucumbir en las pruebas que sufren.

En las manifestaciones se les conoce por su lenguaje, pues la trivialidad y la bajeza de las expresiones, así en los espíritus como en los hombres, es siempre indicio de inferioridad moral, si no intelectual. Sus comunicaciones descubren la bajeza de sus inclinaciones, y si intentan desorientar hablando sensatamente, no pueden sostener el ardid por mucho tiempo y concluyen por poner en claro su origen.

Ciertos pueblos los han considerado como divinidades maléficas, y otros los designan con los nombres de demonios, genios malos y espíritus del mal.

Los seres vivientes a quienes animan, durante lá encarnación, son dados a todos los vicios que engendran las pasiones viles y degradantes, tales como: el sensualismo, la crueldad, la maulería, la hipocresía, la codicia y la sórdida avaricia. Hacen el mal por el placer de hacerlo, sin motivo la mayor parte de las veces, y por aversión al bien escogen casi siempre sus víctimas entre las personas honradas. Cualquiera que sea el lugar social que ocupen, son azote de la humanidad, y el barniz de la civilización no los libra del oprobio y de la ignominia.

103. Novena clase. ESPÍRITUS LIGEROS. Son ignorantes, malignos, inconsecuentes y burlones, y en todo se entrometen, y responden a todo sin cuidarse de la verdad. Se complacen en ocasionar pequeños pesares y alegrías, en chismear, en inducir maliciosamente en error por medio de engaños y en hacer travesurillas. A esta clase pertenecen los espíritus llamados vulgarmente duendes, trasgos, gnomos y diablillos, todos los cuales dependen de los espíritus superiores, que frecuentemente les ocupan, como nosotros a nuestros criados.

En las comunicaciones con los hombres, su lenguaje es a veces Ingenioso, y chistoso, pero casi siempre superficial, y aprovechan las extravagancias y las ridiculeces que exponen en frases mordaces y satíricas. Cuando usurpan algún nombre, lo hacen más por malicia que por perversidad.

104. *Octava clase.* ESPÍRITUS DE FALSA INSTRUCCIÓN. (Falsos sabios.) Tienen conocimientos bastantes vastos; pero creen saber más de lo que realmente saben. Habiendo progresado algo en diversos sentidos, su lenguaje tiene cierto carácter grave que puede engañar acerca de su capacidad y ciencia; pero no pasa de ser, con frecuencia, reflejo de las preocupaciones y de las ideas sistemáticas de la vida terrestre, una mezcla de verdades y errores absurdos, a cuyo través se descubren la presunción, el orgullo, los celos y la terquedad de que no han podido emanciparse.

105. *Séptima clase.* ESPÍRITUS NEUTROS. No son ni bastante buenos para practicar el bien, ni bastante malos para hacer el mal; se inclinan igualmente al uno y al otro, y no se sobreponen a la condición vulgar de la humanidad, ni moral ni intelectualmente. Tienen apego a las cosas de este mundo, cuyas alegrías groseras echan de menos.

106. *Sexta clase.* ESPÍRITUS GOLPEADORES Y PERTURBADORES. Propiamente hablando, no forman una clase distinta, si se toman en consideración sus cualidades personales, y pueden pertenecer a todas las clases del tercer orden. A menudo anuncian su presencia por efectos sensibles y físicos, como golpes, movimiento y desarreglo anormal de los cuerpos só lidos, agitación del aire, etc. Parece que están más apegados a la materia que los otros y que son los principales agentes de las vicisitudes de los elementos del globo, ya obren en el aire, en el agua, en el fuego, ya en los cuerpos duros, ya en las entrañas de la tierra. Cuando estos, fenómenos tienen un carácter intencional e inteligente, se conoce que no son debidos a una causa fortuita y física. Todos los espíritus pueden producirlos; pero los elevados los confían por punto general a los espíritus subalternos, más aptos para las cosas materiales que para las inteligentes, y cuando los primeros creen oportunas las manifestaciones de este género, se sirven de los segundos como de auxiliares.

SEGUNDO ORDEN — ESPÍRITUS BUENOS

107. Caracteres generales. Predominio del espíritu sobre la materia y deseo de hacer bien. Sus cualidades y poder para practicarlo están en proporción del grado a que han llegado, poseyendo unos la ciencia, otros la prudencia y la bondad, y reuniendo los más adelantados el saber y las cualidades morales. No estando aún completamente desmaterializados, conservan más o menos, según su jerarquía, los vestigios de la existencia corporal, ora en la forma del lenguaje, ora en sus costumbres, en las que se llega a descubrir algunas de sus manías, y a no ser así, serían espíritus perfectos.

Comprenden a Dios y el infinito, y gozan ya de la felicidad de los buenos; son dichosos cuando hacen el bien e impiden el mal, y el amor que los une es para ellos origen de una dicha inefable no alterada por la envidia, por los remordimientos, ni por ninguna de las malas pasiones, que atormentan a los espíritus imperfectos; pero todos han de sufrir pruebas hasta que alcancen la perfección absoluta.

Como espíritus, suscitan buenos pensamientos, alejan a los hombres del camino del mal, protegen, durante la vida, a los que se hacen merecedores de protección y neutralizan la influencia de los espíritus imperfectos en aquellos individuos que no se complacen en tolerarla.

Las personas en quienes se encarnan son buenas y benévolas para con sus semejantes no ceden al orgullo, al egoísmo y a la ambición, y no sienten odio, rencor, envidia ni celos, practicando el bien, porque es el bien.

A este orden pertenecen los espíritus conocidos en las creencias vulgares con los nombres de *genios buenos, genios protectores* y espíritus *del bien;* En tiempo de superstición y de ignorancia se les ha elevado a la categoría de divinidades bienhechoras.

Se les puede dividir en cuatro grupos principales.

108. *Quinta clase.* ESPÍRITUS BENÉVOLOS. Su cualidad dominante es la bondad; se complacen en prestar servicios a los hombres y protegerlos; pero su saber es limitado, pues han progresado más moral que intelectualmente.

109. *Cuarta clase.* ESPÍRITUS SABIOS. Lo que principalmente los distingue es la extensión de sus conocimientos. Se ocupan menos de las cuestiones morales que de las científicas, para las cuales tienen más aptitud, pero sólo consideran la ciencia utilitaria mente, y no obedecen, al hacerlo, a ninguna de las pasiones propias de los espíritus imperfectos.

110. *Tercera clase.* ESPÍRITUS PRUDENTES. Las más elevadas cualidades morales son su carácter distintivo. Sin que sus conocimientos sean limitados, están dotados de aquella capacidad que proporciona un juicio recto de los hombres y de las cosas.

111. *Segunda clase.* ESPÍRITUS SUPERIORES. Reúnen la ciencia, la prudencia y la bondad. Su lenguaje, que sólo benevolencia respira, es constantemente digno, elevado y a menudo sublime. Su superioridad los hace más aptos que los otros para

darnos las nociones más exactas acerca de las cosas del mundo incorporal, dentro de los límites de aquello que es lícito saber al hombre. Se comunican voluntariamente con los que de buena fe buscan la verdad y cuya alma está bastante emancipada de los lazos terrestres para comprenderla; pero se separan de los que sólo obran por curiosidad, o a quienes la influencia de la materia distrae de la práctica del bien.

Cuando, por excepción, se encarnan en la tierra, es para realizar una misión de progreso y nos ofrecen el tipo de perfección, a que puede aspirar la humanidad en este mundo.

PRIMER ORDEN — ESPÍRITUS PUROS

112. *Caracteres generales.* Influencia de la materia, nula; superioridad intelectual y moral, absoluta con respecto a los espíritus de los otros órdenes.

113. *Primera y única clase.* Han recorrido todos los grados de la escala y se han despojado de todas las impurezas de la materia. Habiendo alcanzado la suma de perfección de que es susceptible la criatura, no han de sufrir pruebas ni expiaciones, y no estando obligados a la reencarnación en cuerpos perecederos viven la vida eterna en el seno de Dios.

Gozan de una dicha inalterable, porque no sienten las necesidades ni están expuestos a las vicisitudes de la vida material; pero aquella dicha no consiste en la *ociosidad monótona de una contemplación perpetua.* Son mensajeros y ministros de Dios, cuyas órdenes, acerca de la conservación de la armonía universal, ejecutan; mandan a todos los espíritus que les son inferiores, les ayudan a perfeccionarse y les señalan su misión. Para ellos, es ocupación agradable la de asistir a los hombres en sus apuros y excitarlos al bien o a la expiación de las faltas que les alejan de la felicidad suprema. Se les designa a veces con los nombres de ángeles, arcángeles o serafines.

Los hombres pueden comunicarse con ellos, pero sería muy presuntuoso el que pretendiese tenerlos constantemente a sus órdenes.

7. Progresión de los Espíritus

☞ 114. ¿Los espíritus son buenos o malos por su naturaleza, o bien se van mejorando?

«Los mismos espíritus van mejorándose, y al conseguirlo, pasan de un orden inferior a otro superior».

☞ 115. ¿Hay espíritus que fueron creados buenos y otros malos?

«Dios creó a todos los espíritus sencillos e ignorantes, es decir, faltos de ciencia, y dio a cada uno de ellos una misión con objeto de ilustrarlos y de hacerles llegar progresivamente a la perfección por medio del conocimiento de la verdad, y aproximarse a él. La dicha eterna sin perturbación estriba para ellos en esa perfección. Los espíritus adquieren los conocimientos sufriendo las pruebas que Dios les impone, que unos aceptan con sumisión, llegando así más prontamente al objeto de su destino, y que otros sufren con desagrado, permaneciendo por culpa suya lejos de la perfección y de la dicha prometida».

—Según esto, parece que los espíritus en su origen, son como los niños, ignorantes e inexpertos; pero que adquieren poco a poco los conocimientos que les faltan recorriendo las diferentes etapas de la vida.

«Sí; la comparación es exacta, pues el niño rebelde continúa ignorante e imperfecto, y se aprovecha más o menos según su docilidad; pero, al paso que la vida del hombre tiene término, la del espíritu se dilata en lo infinito».

☞ 116. ¿Hay espíritus que permanecerán perpetuamente en los puestos inferiores?

«No; todos llegarán a ser perfectos; cambiarán, pero a la larga; porque, como lo hemos dicho otra vez, un padre justo y misericordioso no puede desterrar eternamente a sus hijos. ¡Y quieres que Dios, que es tan bueno y tan justo, sea de peor condición que vosotros!»

☞ 117. ¿Depende de los espíritus apresurar su progreso hacia la perfección?

«Indudablemente, y llegan más o menos pronto según su deseo y su sumisión a la voluntad de Dios. ¿El niño dócil no se instruye más pronto que el reacio?»

☞ 118. ¿Pueden degenerar los espíritus?

«No, pues a medida que progresan comprenden lo que les alejaba de la perfección, y terminada una prueba, poseen el conocimiento de ella y no lo olvidan. Pueden permanecer estacionarios; pero no retroceden».

☞ 119. ¿No podría Dios librar a los espíritus de las pruebas que han de sufrir para llegar al primer puesto?

«Si hubiesen sido creados perfectos, no tendrían méritos para gozar de los beneficios de la perfección. Sin lucha, ¿dónde estaría el mérito? Por otra parte, la desigualdad que entre ellos existe, es necesaria a su personalidad; además, la misión que desempeñan en los diferentes grados, entra en las miras de la Providencia respecto de la armonía del universo».

✎ Puesto que en la vida social todos los hombres pueden llegar a los primeros puestos, se podría preguntar también: ¿por qué el soberano de un país no hace generales a todos sus soldados, empleados superiores a todos los subalternos y maestros a todos los discípulos? Pues entre la vida social y la espiritual existe aún la diferencia de que la primera es limitada, y no basta siempre a la consecución de todos los grados, al paso que, siendo indefinida la segunda, dela a cada cual la posibilidad de elevarse al puesto supremo.

☞ 120. ¿Todos los espíritus pasan por la serie del mal para llegar al bien?

«No por la serie del mal, sino por la de la ignorancia».

☞ 121. ¿Por qué ciertos espíritus han seguido el camino del bien y otros el del mal?

«¿No tienen libre albedrío? Dios no creó espíritus malos, sino sencillos e ignorantes, es decir, igualmente aptos para el bien que para el mal. Los que llegan a ser malos, lo son por su voluntad».

☞ 122. No teniendo en su origen conciencia de si mismos, ¿cómo pueden los espíritus ser libres de elegir entre el bien y el mal? ¿Existe en ellos un principio, una tendencia cualquiera que los incline más al uno que al otro?

«El libre albedrío se desarrolla a medida que el espíritu adquiere conciencia de si mismo. Si la elección se debiese a una causa independiente de la voluntad del espíritu, no existiría libertad. La causa no reside en él, sino fuera, en las influencias a que cede en virtud de su voluntad libre, y esto significa la gran figura de la caída del hombre y del pecado original. Unos cedieron a la tentación; otros resistieron a ella».

—¿De dónde proceden las influencias que obran sobre el espíritu?

«De los espíritus imperfectos que procuran apoderarse de él y dominarle, y que se consideran felices cuando le hacen sucumbir. Esto es lo que se ha querido representar en la figura de Satanás».

—¿No sufre esta influencia el espíritu más que en su origen?

«Le persigue en su vida de espíritu, hasta que consigue dominarse de tal modo, que los malos renuncian a obsesionarle».

☞ 123. ¿Por qué ha permitido Dios que los espíritus puedan seguir el camino del mal?

«¿Cómo os atrevéis a pedirle a Dios cuenta de sus actos? ¿Creéis que podéis penetrar en sus designios? Podéis deciros, sin embargo: La sabiduría de Dios consiste en la libertad que a cada uno concede de elegir, porque así tiene cada uno el mérito de sus obras».

☞ 124. Puesto que hay espíritus que desde el principio siguen el camino del bien absoluto y otros el del mal absoluto, ¿existen indudablemente grados entre estos dos extremos?

«Ciertamente que sí, y la gran mayoría es la de los que no ocupan los extremos».

☞ 125. Los espíritus que han seguido el camino del mal, ¿podrán llegar al mismo grado de superioridad que los otros?

«Sí; pero las eternidades serán más largas para ellos».

🖎 Por estas palabras las eternidades debe entenderse la idea que tienen los espíritus inferiores de que serán perpetuos sus sufrimientos, cuyo término no les es dado ver; idea que se renueva en todas las pruebas en que sucumben.

☞ 126. Los espíritus que llegan al grado supremo, después de haber incurrido en el mal, ¿tienen a los ojos de Dios menos mérito que los otros?

«Dios mira a los extraviados con iguales ojos y a todos los ama con el mismo afecto. Se les llama malos, porque han sucumbido; pero antes eran espíritus sencillos».

☞ 127.¿Los espíritus son creados iguales en facultades intelectuales?

«Lo son; pero no sabiendo de dónde provienen, es preciso que funcione el libre albedrío, y progresan con más o menos rapidez así intelectual, como moralmente».

✎ Los espíritus que, desde el principio, siguen el camino del bien, no son por ello espíritus perfectos, puesto que, si no tienen malas tendencias, han de adquirir, sin embargo, experiencia y los conocimientos necesarios para llegar a la perfección. Podemos compararlos a los niños que, cualquiera que sea la bondad de sus naturales instintos, tienen necesidad de desarrollarse, de ilustrarse, y que no llegan sin transición de la infancia a la madurez. Así como tenemos hombres buenos y malos desde la infancia, así también hay espíritus buenos y malos desde el principio, con la diferencia capital, de que el niño tiene instintos completamente formados, al paso que el espíritu, al ser formado, no es ni bueno ni malo, sino que tiene todas las tendencias, y en virtud de su libre albedrío toma una u otra dirección.

8. Ángeles y demonios

☞ 128. Los seres a quienes llamamos ángeles, arcángeles y serafines, ¿forman una categoría especial de diferente naturaleza que los otros espíritus?

«No; son los espíritus puros, los que están en lo más alto de la escala y reúnen todas las perfecciones».

✎ La palabra ángel despierta generalmente la idea de perfección moral; pero se aplica a menudo a todos los seres buenos y malos que existen fuera de la humanidad. Así se dice: el ángel bueno y el ángel malo, ángel de la luz y ángel de las tinieblas, y en este caso, es sinónimo de espíritu o genio. Aquí tomarnos la palabra en su acepción buena.

☞ 129.¿Los ángeles han recorrido todos los grados?

«Todos los han recorrido; pero, según tenemos dicho, unos aceptaron su misión sin murmurar, y llegaron más pronto; otros emplearon mayor o menor tiempo para llegar a la perfección».

☞ 130. Si es errónea la opinión de que existen seres creados perfectos y superiores a las demás criaturas, ¿en qué consiste que sea tradicional en casi todos los pueblos?

«Sabe que tu mundo no es eterno y que mucho antes de que existiese, espíritus había que ocupaban ya el grado supremo, por lo cual pudieron creer los hombres que siempre habían estado a la misma altura».

☞ 131.¿Existen demonios, en el sentido que se da a esta palabra?

«Si hubiese demonios, serían obra de Dios, y ¿hubiera procedido Éste con justicia y bondad creando seres consagrados eternamente al mal y a la infelicidad? Si existen demonios, en tu mundo inferior y en otros semejantes es donde residen, y son esos hombres hipócritas que hacen de un Dios justo un Dios perverso y vengativo, esos hombres que creen complacerle con las abominaciones que en su nombre cometen».

✎ La palabra demonio no implica la idea de espíritu malo más que en su acepción moderna; porque la palabra daimon de que se forma significa genio, inteligencia, y se aplicaba indistintamente a los seres incorporales buenos o malos.

Los demonios, en la acepción vulgar de la palabra, suponen seres esencialmente malencos que serían, romo todas las cosas, creación de Dios, y Dios, que es soberanamente justo y bueno, no puede haber creado seres arrastrados al mal por su naturaleza y eternamente condenados. Si no fuesen obra de Dios, serían como él eternos, o bien habría muchos poderes soberanos.

La primera condición de toda doctrina es la de ser lógica, y la de los demonios, en su sentido absoluto, flaquea por esta base esencial. Se concibe que en la creencia de los pueblos atrasados que, no conociendo los atributos de Dios, dan cabida a las divinidades maléficas, se admita a los demonios; pero para todo el que acepte la bondad de Dios como el atributo por excelencia, es ilógico y contradictorio suponer que haya podido crear seres consagrados al mal y destinados a hacerlo perpetuamente, porque equivale a negar su bondad, Los partidarios del demonio se parapetan en las palabras de Cristo, y no seremos nosotros quienes neguemos la autoridad de su enseñanza que quisiéramos ver más en el corazón que en los labios de los hombres; pero, ¿se tiene certeza del sentido que daba Cristo a la palabra demonio? ¿No se sabe que la forma alegórica es uno de los caracteres distintivos de su lenguaje, y que todo lo que contiene el Evangelio no debe tomarse literalmente? Sirva de prueba este pasaje:

«Pero luego, después de las tribulaciones de aquellos días, el Sol se oscurecerá, la Luna no alumbrará, y las estrellas caerán del cielo, las potestades de los cielos temblarán. Lo que os aseguro es que no se acabará esta generación, hasta que se cumpla todo esto» ¿No hemos visto la forma del texto bíblico contradicha por la ciencia en lo que se refiere a la creación y movimiento de la Tierra? ¿No puede suceder otro tanto con ciertas figuras empleadas por Cristo, que debía hablar según los tiempos y lugares? Cristo no pudo decir a sabiendas una cosa falsa, y si, pues, en sus palabras hay asertos que parece que repugnan a la razón, es porque no los comprendemos o porque los interpretamos mal.

Los hombres han hecho con los demonios lo mismo que con los ángeles y así como han creído en seres eternamente perfectos han tomado a los espíritus inferiores por seres perpetuamente malos. La palabra demonio debe, pues, entenderse con relación a los espíritus impuros que a menudo no son mejores que los seres que con aquel nombre se designan, pero con la diferencia de que semejante estado no es más que transitorio. Son espíritus imperfectos que murmuran de las pruebas que sufren, y que por la misma razón las sufren por más tiempo, pero que llegarán, a su vez, a la perfección cuando tengan voluntad de hacerlo. Pudiera, pues, admitirse la palabra demonio con esta restricción, pero como actualmente se la toma en sentido exclusivo, podría inducir en el error de hacer creer en la existencia de seres especiales creados para el mal.

Satanás es evidentemente la personificación del mal balo una forma alegórica, porque no puede admitirse un ser malo que lucha de potencia a potencia con la Divinidad, y cuya única ocupación es la de contrariar sus designios. Siendo necesarias al hombre imágenes y figuras que hieran su imaginación, ha pintado a los seres incorporales bajo forma material con atributos que recuerdan sus cualidades y defectos. Así es como, queriendo los antiguos personificar el tiempo, lo pintaron en figura de anciano con una hoz y un reloj de arena, pues la de un joven hubiese sido un contrasentido. Lo mismo debe decirse de las alegorías de la fortuna; de la verdad, etcétera. Los modernos han representado a los ángeles o espíritus puros por una figura radiante, con alas blancas, emblema de la pureza, y a Satán con cuernos, garras y demás atributos de las bestias, emblemas de las pasiones bajas. El vulgo, que tomó las cosas literalmente, ha visto en el emblema una individualidad real, como en otro tiempo a Saturno en la alegoría del tiempo.

CAPITULO II
—
LA ENCARNACIÓN DE LOS ESPÍRITUS

1. Objeto de la encarnación - 2. Del alma - 3. Materialismo

1. Objetivo de la encarnación

☞ 132. ¿Cuál es el objetivo de la encarnación de los espíritus?

«Dios se la impone con objeto de hacerles llegar a la perfección, y para unos es una expiación, y para otros una misión. Pero para llegar a la perfección, deben sufrir todas las vicisitudes de la existencia corporal. En esto consiste la expiación. La encarnación tiene también otro objeto, y es el de poner el espíritu en disposición de cumplir su tarea en la obra de la creación, para cuya realización toma en cada mundo un cuerpo en armonía con la materia esencial de aquél, y ejecutar, bajo este aspecto, las órdenes de Dios; de manera, que concurriendo a la obra general, el espíritu progrese también».

🖎 La acción de los seres corporales es necesaria a la marcha del universo; pero Dios en su sabiduría ha querido que esta misma acción les sirviese de medio de progreso y de aproximación a él. Así es, como por una ley admirable de su providencia, todo se encadena y todo es solidario en la naturaleza.

☞ 133. Los espíritus que desde el principio han seguido el camino del bien, ¿necesitan la encarnación?

«Todos ellos son creados sencillos e ignorantes, y se instruyen en las luchas y tribulaciones corporales. Dios, que es justo, no podía hacer a unos dichosos sin pena y sin trabajo, y sin mérito por consiguiente».

—¿Y de qué sirve entonces a los espíritus haber seguido el camino del bien, si no les exime de las penas de la vida corporal?

«Llegan más pronto al fin, y además, las penas de la vida son con frecuencia resultado de la imperfección del espíritu. Mientras menos imperfecto es, menos tormentos sufre, y el que no es envidioso, celoso, avaro, ni ambicioso, no sufrirá los tormentos que de estos defectos se originan».

2. Del alma

☞ 134. ¿Qué es el alma?

«Un espíritu encamado».

—¿Qué era el alma antes de unirse al cuerpo?

«Espíritu».

—¿Las almas y los espíritus son, pues, una misma cosa?

« Sí, puesto que las almas no son más que espíritus. Antes de unirse al cuerpo, el alma es uno de los seres inteligentes que pueblan el mundo invisible, y que toman temporalmente una envoltura cama[6] para purificarse e ilustrarse ».

☞ 135. Además del alma y del cuerpo, ¿hay alguna otra cosa en el hombre?

« El lazo que une el alma al cuerpo ».

— ¿Cuál es la naturaleza de ese lazo?

« Semimaterial, y sirve de intermedio entre el espíritu y el cuerpo, y así debe ser, para que puedan comunicarse el uno con el otro. Por medio de este lazo el espíritu obra sobre la materia y viceversa ».

✎ Así, pues, el hombre está formado de tres partes esenciales:

☞ 136. ¿El alma es independiente del principio vital?

« Incesantemente lo repetimos, el cuerpo no es más que la envoltura ».

— ¿Puede existir el cuerpo sin el alma?

« Sí, y sin embargo, desde que cesa de vivir el cuerpo, el alma lo abandona. Antes del nacimiento, no existe unión definitiva entre el alma y el cuerpo, al paso que, después de establecida la unión, la muerte del cuerpo rompe los lazos que lo unen al alma, y ésta lo abandona. La vida orgánica puede animar un cuerpo sin alma; pero ésta no puede habitar en un cuerpo privado de vida orgánica ».

— Qué sería de nuestro cuerpo si careciese de alma?

« Un montón de carne sin inteligencia, todo lo que queráis, menos un hombre ».

☞ 137. ¿Un mismo espíritu puede a la vez encarnarse en dos cuerpos diferentes?

« No; porque el espíritu es indivisible y no puede animar simultáneamente a dos seres diferentes ». (Véase en El libro de los médiums, el capitulo « Bicorporeidad y transfiguración ».

☞ 138. ¿Qué debemos pensar de los que opinan que el alma es el principio de la vida material?

« Cuestión de palabras en la que no nos fijamos. Empezad por entenderos ».

☞ 139. Ciertos espíritus, y antes que ellos, ciertos filósofos han definido el alma Una chispa anímica emanada del gran Todo. ¿Cómo se explica esta contradicción?

« No existe tal contradicción, y depende aquello de la acepción en que se toman las palabras. ¿Por qué no tenéis una palabra especial para cada cosa? »

✎ La palabra alma se emplea para expresar cosas muy diferentes. Llaman así unos al principio de la vida, y es exacto decir en esta acepción y figuradamente, que el alma es una chispa anímica emanada del gran Todo. Estas últimas palabras expresan el origen

---

6. 1° El cuerpo o ser material, análogo a los animales y animado por el mismo principio vital; 2o El alma, espíritu encarnado cuya habitación es el cuerpo, y 3o El principio intermediario o periespíritu, sustancia semimaterial que sirve de envoltura primera al espíritu y une el alma al cuerpo. Tales son en el fruto, el germen, el periespermo y la cascara.

universal del principio vital del que absorbe una parte cada ser, parte que vuelve a la masa, después de la muerte. Esta idea no excluye en manera alguna la de un ser moral distinto, independiente de la materia y que conserva su individualidad. Este es el ser que se llama igualmente alma; y en esta acepción puede decirse, que el alma es un espíritu encarnado. Al dar diferentes definiciones del alma, los espíritus han hablado con arreglo a la aplicación que hacían de la palabra y a las ideas terrestres de que estaban aún más o menos dominados. Depende esto de la insuficiencia del lenguaje humano, que no tiene una palabra para cada idea, y de aquí el origen de una multitud de equivocaciones y discusiones. Véase por qué los espíritus superiores nos dicen que ante todo nos entendamos acerca de las palabras.[7]

☞ 140. ¿Qué hemos de pensar de la teoría del alma subdividida en tantas partes cuantos músculos hay, presidiendo de este modo a cada una de las funciones del cuerpo?

«También depende del sentido que se dé a la palabra alma. Si se entiende por ella el fluido vital, la teoría es exacta; pero, si se entiende el espíritu encarnado, es falsa. Lo hemos dicho ya, el espíritu es indivisible, y transmite el movimiento a los órganos por el fluido intermedio, sin dividirse a pesar de ello».

—Sin embargo, algunos espíritus han dado esa definición.

«Los espíritus ignorantes pueden tomar el efecto por la causa».

✎ El alma obra por medio de los órganos, que están animados del fluido vital repartido entre ellos y con más abundancia en los que forman los centros o focos del movimiento. Pero esta explicación no puede convenir al alma, considerada como espíritu que habita en el cuerpo durante la vida, y que lo abandona al morir.

☞ 141. ¿Qué hay de verdad en la opinión de los que creen que el alma es exterior y rodea al cuerpo?

«El alma no está encerrada en el cuerpo, como un pájaro en la jaula, sino que irradia y se manifiesta al exterior, como la luz a través de un globo de cristal, o como el sonido alrededor de un centro sonoro, y así es como puede decirse que es exterior; pero no es empero, la envoltura del cuerpo. El alma tiene dos envolturas: la sutil y ligera que es la primera, a la cual llamas *periespíritu*, y la otra, que es el cuerpo, grosera, material y pesada. Ya lo hemos dicho, el alma es el Centro de todas esas envolturas, como el germen en el hueso de las frutas».

☞ 142. ¿Qué concepto hemos de formar de la otra teoría, según la cual el alma de los niños se completa en cada periodo de la vida?

«El espíritu es uno, y se encuentra en su totalidad, lo mismo en el niño que en el adulto. Los que se desarrollan y completan son los órganos o instrumentos de manifestación del alma. También aquí se toma el efecto por la causa».

☞ 143. ¿Por qué todos los espíritus no definen el alma de un mismo modo?

«Todos los espíritus no están igualmente instruidos sobre estas materias, y los hay

---

7. Véase, en la «Introducción» la explicación de la palabra *alma*, párrafo II.

limitados aún que no comprenden las cosas abstractas, como sucede entre vosotros con los niños. También hay espíritus de falsa instrucción (falsos sabios) que, para imponerse, hacen alarde de palabrería, lo mismo que entre vosotros ciertos hombres. Además, los mismos espíritus adelantados pueden expresarse en términos diferentes, que en el fondo tienen el mismo valor, sobre todo, tratándose de cosas para cuya clara expresión no basta vuestro lenguaje, pues entonces es preciso recurrir a las figuras y comparaciones que vosotros tomáis por la misma realidad».

☞ 144. ¿Qué debe entenderse por el alma del mundo?

«Es el principio universal de la vida y de la inteligencia, de donde nacen las individualidades. Pero con frecuencia los que emplean estas palabras no se entienden. Es tan elástica la palabra alma, que cada uno la interpreta con arreglo a sus teorías. A veces se atribuye también un alma a la tierra, y entonces debe entenderse por ella el conjunto de espíritus solícitos que dirigen vuestras acciones hacia el buen camino, cuando les escucháis, y que vienen a ser como los lugartenientes de Dios en vuestro globo».

☞ 145. ¿Cómo tantos filósofos antiguos y modernos han discutido tanto tiempo sobre la ciencia psicológica, sin llegar a la verdad?

«Esos hombres, que eran los precursores de la doctrina espiritista eterna, han preparado el camino. Eran hombres y pudieron engañarse, porque tomaron sus propias ideas de la verdad; pero sus mismos errores, demostrando el pro y el contra, sirven para poner en claro aquélla. Por otra parte, entre sus errores, se encuentran grandes verdades que os hace comprender el estudio comparativo».

☞ 146. ¿El alma tiene en el cuerpo un lugar determinado y circunscrito?

«No; pero reside particularmente en la cabeza, en los grandes genios, en todos aquellos que piensan mucho, y en el corazón, en los que sienten mucho y cuyas acciones todas se relacionan con la humanidad».

— ¿Qué debe pensarse de la opinión de los que colocan el alma en un centro vital?

«Es lo mismo que decir que el espíritu habita con preferencia en esta parte de vuestra organización; porque a ella van a parar todas las sensaciones. Los que la sitúan en lo que consideran como centro de la vitalidad, la confunden con el principio o fluido vital. Como quiera que sea, puede decirse que el alma reside más particularmente en los órganos de las manifestaciones intelectuales y morales».

3. Materialismo

☞ 147. ¿Por qué los anatómicos, los fisiólogos y en general los que profundizan las ciencias naturales se inclinan frecuentemente al materialismo?

«El fisiólogo lo refiere todo a lo que ve. Orgullo de los hombres que creen saberlo todo, y que no admiten que algo sea superior a su entendimiento. Su misma ciencia los hace presuntuosos y creen que nada puede ocultarles la naturaleza.»

☞ 148.¿No es lamentable que el materialismo sea consecuencia de estudios que debieran, por el contrario, demostrar al hombre la superioridad de la inteligencia que gobierna al mundo? ¿Debe deducirse de esto que son peligrosos?

«No es verdad que el materialismo sea consecuencia de esos estudios, sino que el hombre deduce de ellos consecuencias falsas; porque puede abusar de todo, hasta de las cosas mejores. La nada, por otra parte, los horroriza más de lo que quieren aparentar, y los despreocupados son a veces más fanfarrones que valientes. La mayor parte son materialistas solamente; porque no saben cómo llenar aquel vacío, y si ante el abismo que a sus ojos se abre les ofrecéis un áncora de salvación, se asirán solícitos a ella».

✒ Por una aberración de la inteligencia, hay personas que no ven en los seres orgánicos más que la acción de la materia, y que refieren a ella todos nuestros actos. No han visto en el cuerpo humano más que una máquina eléctrica; no han estudiado el mecanismo de la vida más que en el funcionamiento de los órganos; la han visto cesar con frecuencia por la ruptura de uno de sus hilos y no han visto otra cosa más que ese mismo hilo; han indagado si quedaba aún algo, y como sólo han encontrado la materia inerte ya y no han podido distinguir el alma que se desprendía, ni han podido apoderarse de ella, han deducido que todo estribaba en las propiedades de la materia, y que por lo tanto, después de la muerte, sólo la nada del pensamiento existe. Triste consecuencia, si así fuese; porque entonces no tendrían objeto el mal y el bien; el hombre obraría cuerdamente no pensando más que en sí mismo y en sobreponer a todo la satisfacción de sus goces materiales; se romperían los lazos sociales y rotos quedarían para siempre los más santos afectos. Afortunadamente, semejantes ideas están muy lejos de ser generales, puede muy bien decirse que están muy circunscritas y que sólo constituyen opiniones individuales; porque en ninguna parte han sido erigidas en doctrina. Una sociedad fundada en tales bases, llevaría en sí misma el germen de so disolución, y sus miembros se despedazarían como fieras.

El hombre tiene instintivamente la creencia de que todo no concluye para él con la vida; tiene horror a la nada, y en vano se resiste a la idea del porvenir, pues cuando llega el momento supremo, pocos son los que dejan de preguntarse qué será de ellos; porque el pensamiento de cesar absolutamente en la vida es desconsolador. ¿Quién podrá, en efecto, mirar con indiferencia la separación absoluta y eterna de todo lo que se ha amado? ¿Quién podrá, sin horrorizarse, ver cómo se abre a su vista el inmenso abismo de la nada, donde irían a sepultarse para siempre todas nuestras facultades, todas nuestras esperanzas?, y decirse: «¡Qué, después de mí nada, nada más que el vacío; todo acaba para siempre; dentro de algunos días, mi recuerdo se borrará de la memoria de todos los que me sobreviven; pronto no quedará vestigio de mi tránsito por el mundo, basta el bien que he hecho será dado al olvido por los ingratos que he creado, y nada hallaré en recompensa, nada más que la perspectiva de mi cuerpo roído por los gusanos!»

¿No es horroroso, no es glacial semejante cuadro? La religión nos enseña que no puede suceder así, y la razón viene en su apoyo. Pero esa existencia futura, vaga e indefinida, nada tiene oue satisfaga nuestro positivismo, lo cual engendra dudas en muchos. Tenemos un alma, cierto; pero, ¿qué es nuestra alma? ¿Tiene tina forma, una apariencia cualquiera? ¿Es un ser limitado o indefinido? Unos dicen que es un soplo de Dios; otros, una chispa; éstos, una parte del gran Todo, el principio de la vida y de la inteligencia; pero ¿qué nos enseña todo eso? ¡De qué nos vale tener un alma, si al morir nosotros, se pierde en la inmensidad, como las gotas de agua en el océano! ¿La pérdida de la individualidad no es lo mismo para nosotros que la nada? Se dice también que el alma es inmaterial; pero lo inmaterial no puede tener proporciones definidas, y para nosotros es nada. La religión nos enseña también que seremos felices o desgraciados, según el bien o el mal que hayamos hecho; pero ¿qué dicha es la que nos espera en el seno de Dios? ¿Es una beatitud, una contemplación eterna, sin más ocupación que la de cantar alabanzas al Creador? ¿Las llamas del Infierno son una realidad o un símbolo? La misma Iglesia las toma en este ultimo sentido, pero ¿qué sufrimientos son estos? ¿Dónde está ese sitio de suplicio? En una palabra, ¿qué se hace y qué se ve en ese mundo que nos espera a todos? Nadie, se dice, ha vuelto de él para traernos noticias. Esto es falso, y precisamente la misión del espiritismo es la de ilustrarnos acerca de ese porvenir, haciéndonoslo, hasta cierto punto, tocar con los dedos y ver con los ojos, no por medio de raciocinios, sino por medio de hechos. Gracias a las comunicaciones espiritistas, no es ya el porvenir una presunción, una probabilidad que cada uno compone a su modo, y que los poetas embellecen con sus ficciones o siembran de imágenes alegóricas y engañadoras, sino la realidad que sale a nuestro encuentro; porque los mismos seres de ultratumba vienen a pintarnos su situación, a decirnos lo que hacen permitiéndonos, por decirlo así, asistir a todas las peripecias de su nueva vida y patentizándonos de este modo la suerte inevitable que nos está reservada, según nuestros méritos y faltas. ¿Hay nada de irreligioso en esto? Todo lo contrario; porque en ello encuentran fe los incrédulos, y los indiferentes una renovación de fervor y confianza. El espiritismo es por lo tanto, el auxiliar más poderoso de la religión. Puesto que los hechos existen, es porque Dios los permite, y los permite para alentar nuestras vacilantes esperanzas y conducirnos al camino del bien por medio de la perspectiva del porvenir.

CAPITULO III
—
REGRESO DE LA VIDA MATERIAL A LA ESPIRITUAL

1. El alma después de la muerte; su individualidad - Vida eterna
2. Separación del cuerpo y del alma - 3. Turbación Espiritista

1. El alma después de la muerte; su individualidad - Vida eterna

☞ 149. ¿Qué se hace el alma en el momento de la muerte?

« Vuelve a ser espíritu, es decir, entra de nuevo en el mundo de los espíritus que habla abandonado momentáneamente ».

☞ 150. ¿El alma conserva su individualidad después de la muerte?

« Si, y no la pierde nunca. ¿Qué sería si no la conservase? »

—¿Cómo manifiesta el alma su individualidad, careciendo del cuerpo material?

« Tiene un fluido que le es propio, que toma en la atmósfera de su planeta y que representa la apariencia de su última encarnación: su periespíritu ».

—¿Nada se lleva el alma consigo de este mundo?

« Nada más que el recuerdo y el deseo de ir a otro mundo mejor. Aquel recuerdo es grato o desagradable, según el uso que se ha hecho de la vida, y mientras más pura es el alma, mejor comprende la futilidad de lo que deja en la tierra ».

☞ 151. ¿Qué hemos de pensar de la opinión según la cual el alma vuelve, después de la muerte, al todo universal?

« ¿No forma un todo la reunión de los espíritus? ¿No son todo un mundo? Cuando estás en una reunión, formas parte integrante de ella, y sin embargo, conservas tu individualidad ».

☞ 152. ¿Qué prueba podemos tener de la individualidad del alma después de la muerte?

« ¿No la tenéis en las comunicaciones que obtenéis? Si no sois ciegos, veréis; y oiréis, si no sois sordos; porque a menudo habla una voz que os revela la existencia de un ser que vive fuera de vosotros. »

✎ Los que opinan que al morir, el alma entra en el todo universal están equivocados, si entienden decir que, semejante a la gota de agua que cae en el océano, pierde su individualidad, pero están en lo cierto, si por el todo universal entienden la reunión de seres incorporales de la cual forma un elemento cada alma o espíritu; Si las almas estuviesen confundidas con el conjunto, no tendrían otras cualidades que las de éste, y nada las distinguiría entre sí. No tendrían una inteligencia, ni cualidades propias, cuando en todas las comunicaciones revelan la conciencia del yo y una voluntad distinta, siendo infinita la diversidad, que bajo todos aspectos ofrecen, consecuencia también de las individualidades. Si después de la muerte, sólo existiese lo que se llama el gran Todo que absorbe todas las individualidades, este Todo sería uniforme, y por lo tanto, todas las comunicaciones que se recibiesen del mundo invisible serían idénticas. Pero puesto que en él se encuentran seres buenos y malos, sabios e ignorantes, dichosos y desgraciados; puesto que los hay de todos los caracteres, alegres y tristes, ligeros y profundos, etc., es evidente que son seres distintos. La individualidad se hace más palmaria aún, cuando prueban su identidad por medio de signos incontestables, de pormenores personales relativos a su vida terrestre y que pueden comprobarse, y no puede ponerse en duda, cuando se presentan a la vista en las apariciones. La individualidad del alma nos era enseñada teóricamente como un artículo de fe; pero el espiritismo la patentiza, y hasta cierto punto la materializa.

☞ 153. ¿En qué sentido debe entenderse la vida eterna?

« La eterna es la vida del espíritu, la del cuerpo es transitoria y pasajera. Cuando el cuerpo muere, el alma vuelve a la vida eterna ».

—¿No seria más exacto llamar vida eterna a la de los espíritus puros, a la de los que, habiendo llegado a la cumbre de la perfección, no han de sufrir más pruebas?

« Esa más bien es la dicha eterna, pero ésta es cuestión de palabras. Llamad a las cosas del mundo como queráis, con tal de que os entendáis ».

2. Separación del cuerpo y del alma

☞ 154. ¿Es dolorosa la separación del alma y del cuerpo?

"No, y a menudo sufre más el cuerpo durante la vida que en el momento de la muerte, pues el alma no toma parte alguna. Los sufrimientos que a veces se experimentan en el momento de la muerte, son *un placer para el espíritu,* que ve llegar el término de su destierro ».

✎ En la muerte natural, que proviene de la extinción de los órganos a consecuencia de la edad, el hombre abandona la vida sin notarlo. Es como una lámpara que se apaga por falta de aceite.

☞ 155. ¿Cómo se opera la separación del alma y del cuerpo?

« Rotos los lazos que la detenían, se separa del cuerpo ».

—¿La separación se opera bruscamente y en virtud de una transición brusca? ¿Existe una línea de demarcación claramente trazada entre la vida y la muerte?

« No; el alma se separa gradualmente, y no vuela como un pájaro prisionero al que de súbito se deja en libertad. Los dos estados se tocan y confunden, de modo, que el espíritu se desprende poco a poco de los lazos, que se sueltan y no se rompen ».

✎ Durante la vida, el espíritu está ligado al cuerpo por la envoltura semimaterial o espíritu, y la muerte no es más que la destrucción del cuerpo; pero no la de la segunda envoltura que se separa de aquél, cuando cesa en él la vida orgánica. La observación prueba que en el instante de la muerte, el desprendimiento del periespíritu no es súbitamente completo; sino que se opera gradualmente y con lentitud muy variable según los individuos. En unos es bastante rápida, y puede decirse que con pocas horas de diferencia, el momento de la muerte es también el de la emancipación; pero en otros, sobre todo en aquellos cuya vida ha sido completamente material y sensual, el desprendimiento es mucho menos rápido, y dura a veces días, semanas y hasta meses, lo que no implica en el cuerpo la menor vitalidad, ni la posibilidad del regreso a la vida, sino una simple afinidad entre el cuerpo y el espíritu, la cual está siempre en proporción de la preponderancia que, durante la vida, ha dado el espíritu a la materia. Es, en efecto, racional el concebir que cuanto más se ha identificado el espíritu con la materia, tanto más trabajo ha de tener en separarse, al paso que la actividad intelectual y moral, y la elevación de pensamientos, operan un principio de separación hasta en la duración de la vida del cuerpo, de modo, que al llegar la muerte, es casi instantánea. Tal es el resultado de los estudios hechos en todos los individuos observados en el momento de morir. Estas observaciones prueban también que la afinidad, que en ciertos individuos persiste entre el alma y el cuerpo, es muy penosa a veces, porque el espíritu puede experimentar el horror consiguiente a la descomposición. Este caso es excepcional y peculiar de ciertas clases de vidas y de muertes, y se observa en algunos suicidas.

☞ 156. La separación definitiva del alma y del cuerpo, ¿puede verificarse antes de que cese completamente la vida orgánica?

«A veces en la agonía el alma ha abandonado ya el cuerpo, no existiendo más que la vida orgánica. El hombre no tiene ya conciencia de si mismo, y sin embargo, le queda aún un soplo de vida. El cuerpo es una máquina que hace funcionar el corazón, y que existe mientras éste hace que circule la sangre en las venas, no teniendo necesidad para ello del alma».

☞ 157. En el momento de la muerte, ¿siente a veces el alma una aspiración o éxtasis que le permite entrever el mundo en que va a entrar?

«A menudo el alma siente cómo se rompen los lazos que la unen al cuerpo, y entonces pone todos sus esfuerzos en romperlos completamente. Separada en parte de la materia, ve el porvenir descorrerse ante ella, y goza anticipadamente del estado de espíritu».

☞ 158. El ejemplo del gusano que al principio se arrastra por el suelo y después se encierra en la crisálida, aparentemente muerto, para renacer a más brillante existencia, ¿puede darnos una idea de la vida terrestre, de la que sigue a la muerte y de nuestra nueva existencia?

«Una pequeña idea. La figura es buena; pero no debe, sin embargo, tomarse literalmente, como soléis hacerlo con frecuencia».

☞ 159. ¿Qué sensación experimenta el alma en el momento que conoce que está en el mundo de los espíritus?

«Según y cómo: si has hecho mal por deseo de hacerlo, te avergüenzas en aquel momento de haberlo hecho. Para el justo es muy diferente la cosa, pues se encuentra como aliviado de un gran peso; porque no teme ninguna mirada escudriñadora».

☞ 160. ¿El espíritu encuentra inmediatamente a los que ha conocido en la tierra, y qué han muerto antes que él?

«Sí, según el afecto que les profesaba y el que ellos sentían respecto de él, y a menudo salen a recibirle a su entrada en el mundo de los espíritus, y le ayudan a separarse de las mantillas de la materia. Ve también a muchos a quienes había perdido de vista durante su permanencia en la tierra, a los que están en la erraticidad y a los encarnados, a quienes visita».

☞ 161. ¿En la muerte violenta y accidental, no estando aún debilitados los órganos por la edad o las enfermedades, la separación del alma y la cesación de la vida se verifican simultáneamente?

«Así sucede generalmente; pero en todos los casos es muy corto el instante que los separa».

☞ 162. ¿Después de la decapitación por ejemplo, conserva el hombre por algunos instantes conciencia de si mismo?

«A menudo la conserva durante algunos minutos, hasta que se extingue completamente la vida orgánica. Pero a menudo también el temor a la muerte se la hace perder, antes del instante del suplicio».

🖎 Tratase aquí únicamente de la conciencia que el ajusticiado puede tener de si mismo como hombre y por mediación de los órganos, no como espíritu. Si no ha perdido esa contienda antes del suplicio, puede conservarla durante algunos instantes de muy corta duración, y cesa necesariamente con la vida orgánica del cerebro, lo que no implica que el periespíritu este completamente separado del cuerpo. Por el contrarío, en todos los casos de muerte violenta, cuando no es resultado de la extinción gradual de las fuerzas vitales, los lazos que unen el cuerpo al periespíritu son más tenaces, y la separación completa es más lenta.

3. Turbación Espiritista

☞ 163. ¿El alma, al abandonar el cuerpo, tiene inmediatamente conciencia de si misma?

«Conciencia inmediata no es la palabra, pues por algún tiempo está turbada».

☞ 164. ¿Todos los espíritus experimentan con la misma intensidad y duración la turbación, que sigue a la separación del alma y el cuerpo?

«No, puesto que depende de su elevación. El que está ya purificado se reconoce inmediatamente; porque se ha separado de la materia, durante la vida del cuerpo, al paso que el hombre carnal, cuya conciencia no es pura, conserva por mucho más tiempo la impresión de la materia».

☞ 165.¿El conocimiento del espiritismo tiene alguna influencia en la duración más o menos larga de la turbación?

«Muy grande; porque el espíritu comprende de antemano su situación; pero la práctica del bien y la pureza de la conciencia son las que más influyen».

🖎 En el momento de la muerte, todo es al principio confuso, y el alma necesita algún tiempo para reconocerse, pues está como aturdida y en el mismo estado del hombre que, despertándose de un sueño profundo, procuro explicarse su situación, La lucidez de las ideas y la memoria del pasado le vuelven a medida que se extingue la influencia de la materia, de que acabo de separarse, y se disipa la especie de bruma que anubla sus pensamientos.

La duración de la turbación subsiguiente a la muerte es muy variable, puede ser de algunas horas, de muchos meses y hasta de muchos años. Es menos larga en las personas que, desde esta vida, se han identificado con su estado futuro; porque entonces comprenden inmediatamente su posición.

La turbación presenta circunstancias especiales, según el carácter de los individuos, y sobre todo según la clase de muerte. En las violentas, ocasionadas por suicidio, suplicio, accidente, apoplegia, heridas, etc., el espíritu está sorprendido, admirado y no cree estar muerto; lo sostiene con terquedad; ve, sin embargo, su cuerpo, sabe que es el suyo, y no comprende que esté separado de él; se acerca a las personas a quienes aprecia, y no comprende por qué no le oyen. Semejante ilusión duro hasta la completa separación del periespíritu, y hasta entonces no se reconoce el espíritu, ni comprende que ha dejado de pertenecer a los vivos. Este fenómeno se explica fácilmente. Sorprendido de improviso por la muerte, el espíritu queda aturdido con el cambio brusco que en él se ha verificado; para él la muerte continúa siendo sinónimo de destrucción, de anonadamiento, y como piensa, ve y oye, no se considera muerto. Lo que aumenta su ilusión es el verse con un cuerpo semejante al anterior, en cuanto a la forma, cuya naturaleza etérea no ha tenido tiempo de estudiar aun; lo cree sólido y compacto como el primero que tenia, y cuando sobre este punto se llama su atención, se sorprende de no poderse palpar. Este fenómeno es semejante al de los sonámbulos novicios que creen que no duermen. Para ellos el sueño es sinónimo de suspensión de facultades, y como piensan libremente y ven, se figuran estar despiertos. Ciertos espíritus ofrecen esta particularidad, aunque la muerte no haya sobrevenido repentinamente; pero siempre es más general en los que, aunque estaban enfermos, no creían morirse. Vese entonces el raro espectáculo de un espíritu que asiste a su entierro como al de un extraño, y que habla de él como si no le incumbiera; hasta que comprende la realidad.

La turbación subsiguiente a la muerte no es nada penosa para el hombre honrado; sino tranquila y semejante en todo al que se despierta apaciblemente. Para el que no es puro de conciencia, la turbación abunda en congojas y angustias, que aumentan a medida que se reconoce.

En los casos de muerte colectiva, se ha observado que todos los que mueren a un mismo tiempo no se vuelven a ver inmediatamente. En la turbación subsiguiente a la muerte, cada uno toma por su lado, o no se ocupa más que de lo que le interesa.

CAPITULO IV
—
PLURALIDAD DE EXISTENCIAS

1. De la reencarnación - 2. Justicia de la reencarnación - 3. Encarnación en diferentes mundos - 4. Transmigración progresiva - 5. Suerte de los niños después de la muerte - 6. Sexos en los Espíritus - 7. Parentesco, filiación - 8. Semejanzas físicas u morales - 9. Ideas innatas

1. De la reencarnación

☞ 166.¿Cómo puede acabar de purificarse el alma, que no ha alcanzado la perfección durante la vida corporal?

«Sufriendo la prueba de una nueva existencia».

—¿Cómo realiza el alma esta nueva existencia? ¿Transformándose como espíritu?

«Es indudable que purificándose el alma, sufre una transformación; pero para conseguirlo, le es precisa la prueba de la vida corporal»

—¿El alma tiene, pues, muchas existencias corporales?

«Sí; todos tenemos muchas existencias. Los que os dicen lo contrario, quieren teneros en la ignorancia en que ellos están. Su deseo no es otro».

—Parece resultar de este principio que el alma, después de abandonar el cuerpo, toma otro, es decir, que se reencarna en un nuevo cuerpo. ¿Es así como debemos entenderlo?

«Evidentemente».

☞ 167.¿Cuál es el objeto de la reencarnación?

«La expiación y mejoramiento progresivo de la humanidad. ¿Dónde estaría sin eso la justicia?»

☞ 168.¿Es limitado el número de las existencias corporales o bien se reencarna perpetuamente el espíritu?

«En cada nueva existencia, el espíritu da un paso en el camino del progreso, y cuando se despoja de todas las impurezas no necesita ya las pruebas de la vida corporal».

☞ 169.¿Es el mismo el número de encarnaciones para todos los espíritus?

«No; porque el que progresa rápidamente se evita pruebas. Como quiera que sea, las encarnaciones sucesivas son siempre muy numerosas; porque el progreso es casi infinito».

☞ 170.¿Qué viene a ser el espíritu después de su última encarnación?

«Espíritu bienaventurado. Espíritu puro».

2. Justicia de la reencarnación

☞ 171. ¿En qué se funda el dogma de la reencarnación?

«En la justicia de Dios y en la revelación; porque, como lo repetimos siempre, un buen padre deja siempre a sus hijos una puerta abierta al arrepentimiento. ¿No te dice la razón que seria injusto privar irremisiblemente de la dicha eterna a todos aquellos, cuyo mejoramiento no ha estado en su mano? ¿Por ventura todos los hombres no son hijos de Dios? Sólo entre los hombres egoístas impera la iniquidad, el odio implacable y las perlas irremisibles».

✎ Todos los espíritus tienden a la perfección, y Dios les proporciona medios de conseguirla por las pruebas de la vida corporal; pero en su justicia les permite que cumplan en nuevas existencias lo que no pudieron hacer o terminar en la prueba anterior.

No estaría conforme ni con la equidad, ni con la Mondad de Dios el castigar eternamente a los que han podido encontrar obstáculos ajenos de su voluntad, y en el mismo medio en que viven, que retarden su perfeccionamiento. Si la suerte del hombre quedase irrevocablemente decidida después de la muerte, Dios no habría pesado las acciones de todos con la misma balanza, ni los habría tratado con imparcialidad.

La doctrina de la reencarnación, que admite muchas existencias sucesivas, es la única conforme con la idea que nos formamos de la justicia de Dios, respecto de los hombres que ocupaban una condición moral inferior, la única que puede explicarnos el porvenir y basar nuestras esperanzas, puesto que nos proporciona medios de enmendar nuestras faltas por nuevas pruebas. La razón así lo índica y así nos lo enseñan los espíritus.

El hombre que tiene conciencia de su inferioridad halla en la doctrina de la reencarnación una consoladora esperanza. Si cree en la justicia de Dios, no puede esperar que será eternamente igual a los que han obrado mejor que él. La idea de que su inferioridad no le deshereda para siempre del bien supremo, y de que podrá lograrlo con nuevos esfuerzos, le sostiene, alentando su ánimo. ¿Quién es el que al terminar su vida, no se conduele de haber adquirido demasiado tarde la experiencia de que no puede aprovecharse? Pues esta experiencia tardía no se pierde, y será empleada con provecho en una nueva vida.

3. Encarnación en diferentes mundos

☞ 172. ¿Se realizan en la Tierra todas nuestras diferentes existencias corporales?

«No, sino en los diferentes mundos. La terrestre no es la primera, ni la última; pero si, una de las más materiales y lejanas de la perfección».

☞ 173. A cada nueva existencia corporal, ¿pasa el alma de un mundo a otro, o bien puede vivir varias veces en el mismo mundo?

«Puede revivir muchas veces en el mismo mundo, si no está bastante adelantada para pasar al inmediato».

—Según eso, ¿podemos reaparecer muchas veces en la Tierra?

«Ciertamente».

—¿Podemos volver a ella después de haber vivido en otros mundos?

«Seguramente; pues habéis podido vivir ya en otra parte y en la Tierra».

☞ 174. ¿Es una necesidad volver a vivir en la Tierra?

«No; pero si no adelantáis, podéis ir a otro mundo que no sea mejor o que puede ser peor».

☞ 175. ¿Es ventajoso volver a habitar en la Tierra?

«Ninguna ventaja particular tiene, a menos de que se desempeñe una misión, pues entonces se progresa en ella como en cualquiera otra parte».

—¿No sería mejor continuar siendo espíritu?

«¡No, no! Permaneceríamos estacionarios, y queremos caminar hacia Dios».

☞ 176. Los espíritus, después de haber estado encarnados en otros mundos, ¿pueden estarlo en éste, sin haber vivido nunca en él?

«Sí, como vosotros en otros. Todos los mundos son solidarios, y lo qué no se hace en uno se hace en otro».

—¿Luego hay hombres que están por primera vez en la Tierra?

«Hay muchos y en diversos grados».

—¿Existe algún signo para conocer al espíritu que aparece por primera vez en la Tierra?

«Eso no tendría ninguna utilidad».

☞ 177. Para llegar a la perfección y a la dicha suprema, objeto final de todos los hombres, ¿debe pasar el espíritu por la serie de todos los mundos que existen en el universo?

«No, porque hay muchos mundos que ocupan el mismo grado, y en los que nada nuevo aprendería el espíritu».

—¿Cómo se explica, pues, la pluralidad de existencias en el mismo globo?

«Porque puede encontrarse cada vez en posiciones muy diferentes, que son para él otras tantas ocasiones de adquirir experiencia».

☞ 178. ¿Pueden los espíritus revivir corporalmente en un mundo relativamente inferior a aquel en que ya han vivido?

«Sí, cuando han de desempeñar una misión para favorecer el progreso, y entonces aceptan con alegría las tribulaciones de aquella existencia; porque les proporciona ocasión de adelantar».

—¿No puede suceder eso mismo por expiación, y no puede Dios enviar a los espíritus rebeldes a mundos inferiores?

«Los espíritus pueden permanecer estacionarios; pero no retroceden, y su castigo consiste entonces en no adelantar y en volver a empezar las existencias mal empleadas, en la esfera que conviene a su naturaleza».

—¿Quiénes son los que han de empezar nuevamente la misma existencia?

«Los que faltan a su misión o a sus pruebas».

☞ 179. Los seres que habitan en cada uno de los mundos, ¿han llegado todos al mismo grado de perfección?

«No, y sucede lo mismo que en la Tierra, pues los hay más o menos adelantados».

☞ 180. Al pasar de éste a otro mundo, ¿conserva el espíritu la inteligencia que en aquél tenía?

«Sin duda, pues la inteligencia no se pierde; pero puede no contar con los mismos medios de manifestarla, dependiendo esto de su superioridad y del estado del cuerpo que tomen». (Véase Influencia del organismo, número 367 y siguientes.)

☞ 181. Los seres que habitan en los diferentes mundos, ¿tienen cuerpos semejantes a los nuestros?

«Es indudable que tienen cuerpo, porque se hace necesario que el espíritu esté revestido de materia para obrar sobre la materia; pero esa envoltura es más o menos material según el grado de pureza a que han llegado los espíritus, y en esto consiste la diferencia de los mundos que hemos de recorrer; porque hay muchas habitaciones en la morada de nuestro Padre, y muchos grados por lo tanto. Unos lo saben y tienen conciencia de ello en la Tierra; pero otros están muy lejos de semejante creencia».

☞ 182. ¿Podemos conocer con exactitud el estado físico y moral de los diferentes mundos?

«Nosotros, los espíritus, no podemos responder más que conforme al grado en que os encontráis, es decir, que estas cosas no debemos revelarías a todos; porque no todos están en estado de comprenderlas, y les perturbarían».

✎ A medida que el espíritu se purifica, el cuerpo que reviste se aproxima igualmente a la naturaleza espiritista. La materia se hace menos densa, no se arrastra tan penosamente por el suelo, las necesidades físicas son menos groseras y los seres vivientes no tienen necesidad de destruirse mutuamente para alimentarse. El espíritu es más libre y tiene de las cosas lejanas percepciones que nos son desconocidas, viendo con los ojos del cuerpo lo que nosotros sólo vemos con el pensamiento.

La purificación de los espíritus produce en los cuerpos en que están encarnados el perfeccionamiento moral; se debilitan en él las pasiones animales, y el egoísmo cede el puesto al sentimiento de fraternidad. Por esto en los mundos superiores a la Tierra son desconocidas las guerras, no teniendo objeto el odio y la discordia; porque nadie piensa en dañar a su semejante. La intuición que tienen de su porvenir y la seguridad que les da la conciencia, libre de remordimientos, hacen que la muerte no les cause temor alguno, y la ven llegar sin miedo y como una simple transformación.

La duración de la vida en los diferentes mundos parece que está en proporción del grado de superioridad física y moral de esos mismos mundos, lo cual es completamente racional. Mientras menos material es el cuerpo, menos expuesto está a las vicisitudes que lo desorganizan y mientras más puro es el espíritu, menos son las pasiones que lo debilitan. Este es otro favor de la Providencia, que abrevia así los sufrimientos.

☞ 183. Al pasar de un mundo a otro, ¿pasa el espíritu por una nueva infancia?

«La infancia es en todas partes una transición necesaria; pero en todas partes no es tan estúpida como la vuestra».

☞ 184. ¿Elige el espíritu el nuevo mundo en que ha de habitar?

«No siempre; pero puede pedirlo, y obtenerlo, si lo merece; porque sólo conforme al grado de elevación de los espíritus les son asequibles los mundos».

—Si el espíritu no lo pide, ¿qué es lo que determina el mundo donde ha de encarnarse?

«Su grado de elevación».

☞ 185. El estado físico y moral de los seres vivientes, ¿es perpetuamente el mismo en cada globo?

«No, pues también están sujetos los mundos a la ley del progreso. Todos, como el vuestro, han empezado por encontrarse en estado inferior, y la misma Tierra experimentará semejante transformación, trocándose en paraíso terrestre, cuando los hombres sean buenos».

🖎 Así, pues, las razas que en la actualidad pueblan la tierra desaparecerán un día siendo reemplazadas por seres más y más perfectos, y esas razas transformadas sucederán a la actual, como ésta ha sucedido a otras más groseras aún.

☞ 186. ¿Existen mundos en los cuales el espíritu, dejando de habitar en un cuerpo material, no tiene otra envoltura que el periespíritu?

«Sí, y esta misma envoltura se hace tan etérea, que para vosotros es como si no existiese, y tal es el estado de los espíritus puros».

—¿Parece resultar de esto que no hay una demarcación clara entre el estado de las últimas encarnaciones y el del espíritu puro?

«Esa demarcación no existe, y desapareciendo gradualmente la diferencia, se hace insensible, como desaparece la noche a los primeros fulgores del día».

☞ 187. La sustancia del periespíritu, ¿es la misma en todos los globos?

«No, es más o menos etérea. Al pasar de un mundo a otro, el espíritu reviste la materia propia a cada uno de ellos, operación que dura tan poco tiempo como un relámpago».

☞ 188. ¿Los espíritus puros habitan en mundos especiales, o están en el espacio universal sin predilección de un globo sobre los otros?

«Los espíritus puros habitan en ciertos mundos, pero no están confinados en ellos como los hombres en la tierra, y más fácilmente que los otros pueden estar en todas partes».[8]

4. El libro de los Espíritus transmigración progresiva

☞ 189. Desde el principio de su formación, ¿goza el espíritu de la plenitud de sus facultades?

«No; porque el espíritu, como el hombre, tiene también su infancia. En su origen, no tienen los espíritus más que una existencia instintiva, y apenas tienen conciencia de si mismos y de sus actos. Sólo poco a poco se desarrolla la inteligencia».

☞ 190. ¿Cuál es el estado del alma en su primera encarnación?

«El estado de infancia en la vida corporal, y apenas se desarrolla su inteligencia; se ensaya en la vida».

☞ 191. ¿Las almas de nuestros salvajes son almas en estado de infancia?

«Infancia relativa; pero son almas desarrolladas ya, pues tienen pasiones».

—¿Las pasiones son, pues, una señal de desarrollo?

---

8. Según los espíritus, entre todos los globos que componen nuestro sistema planetario, la Tierra es uno de aquellos cuyos habitantes están menos adelantados física y moralmente, Marte es inferior, y Júpiter mucho más superior en todos conceptos. El Sol no es un mundo habitado por seres corporales, sino un punto de reunión de los espíritus superiores, que desde allí irradian por medio del pensamiento a los otros mundos que dirigen por mediación de espíritus menos elevados, con los cuales comunican merced al fluido universal. Como constitución física, el Sol es un foco de electricidad. Parece que todos los soles se encuentran en posición idéntica.

El, volumen y distancia que separa a los planetas del Sol no tienen ninguna relación necesaria con el grado de adelanto de los mundos, puesto que parece que Venus está más adelantado que la Tierra, y Saturno menos que Júpiter.

Muchos espíritus que han animado a personas conocidas en la Tierra, han dicho que estaban reencarnadas en Júpiter, uno de los mundos más próximos a la perfección, y ha podido causar admiración ver en este mundo tan adelantado a hombres que la opinión en la Tierra no conceptuaba dignos de tanto. Nada debe sorprender esto, si se considera que ciertos espíritus que habitan en este planeta, pudieron ser enviados a la Tierra para desempeñar una misión, que a nuestros ojos no les hacia dignos del primer puesto. En segundo lugar, entre su existencia terrestre y la que viven en Júpiter, pueden haber vivido otras intermediarias, durante las cuales se hayan mejorado; y en tercer lugar, en este mundo, como en el nuestro, hay diferentes grados de desenvolvimiento, entre los cuales puede haber la distancia que separa entre nosotros al salvaje del hombre civilizado. Así, pues, del hecho de habitar en Júpiter, no se sigue que ha de estarse al nivel de los seres más adelantados, del mismo modo que no por vivir en Paris se ha de estar a la altura de uno de los sabios del Instituto.

Las condiciones de longevidad tampoco son las mismas en todas partes que en la Tierra, y la edad no puede compararse. Una persona que había muerto hacia algunos años, fue evocada, 'y dijo que estaba encarnada hacia ya seis meses, en un mundo cuyo nombre nos es desconocido. Preguntada acerca de la edad que en aquel mundo tenía contestó: «No puedo precisarla; porque no contamos como vosotros; además, el modo de vivir no es el mismo, pues aquí nos desarrollamos mucho más pronto, y sin embargo, aunque sólo hace seis de vuestros meses que me encuentro en este mundo, puedo decir, que, en punto a inteligencia, tengo treinta años de la edad que contaba en la Tierra».

Muchas respuestas análogas han sido dadas por otros espíritus, y esto no es nada Inverosímil. ¿No vemos en la Tierra que una multitud de animales llegan en pocos meses a su desarrollo normal? ¿Por qué no ha de suceder lo mismo con el hombre en otras esferas? Obsérvese, por otra parte, que el desarrollo a que llega el hombre en la Tierra a la edad de treinta años, no pasa quizá de ser una especie de infancia, comparado con el que está llamado a alcanzar. Se necesita ser muy miope de inteligencia para tomarnos en todo por tipos de la creación, y se rebaja mucho a la Divinidad, creyendo que, fuera de nosotros, nada hay que le sea posible.

«De desarrollo, sí; pero no de perfección. Son una señal de actividad y de conocimiento del yo mientras que en el alma primitiva la inteligencia y la vida están en germen».

🖎 La vida del espíritu recorre en conjunto las mismas fases de la vida corporal. Pasa gradualmente del estado de embrión al de infancia, para llegar por una serie de períodos al de adulto, que es el de la perfección; pero con la diferencia de que no tiene decaimiento y decrepitud como en la vida corporal; que su vida, que tiene principio, no tendrá fin; que necesita un tiempo inmenso, a nuestro modo de ver, para pasar de la infancia espiritista al desarrollo completo, y que realiza su progreso no en una sola esfera, sino pasando por diversos mundos. La vida del espíritu se compone, pues, de una serie de existencias corporales, cada una de las cuales le es ocasión de progreso, como cada existencia corporal se compone de una serie de días, en cada uno de los cuales acrecienta el hombre su experiencia e instrucción. Pero del mismo modo que en la vida del hombre hay días infructuosos, en la del espíritu hay existencias corporales que no producen resultado; porque no ha sabido aprovecharlas.

☞ 192. ¿Se puede desde esta vida, observando una conducta perfecta, franquear todos los grados y llegar a ser espíritu puro, sin pasar por otros intermediarios?

«No; porque lo que el hombre cree perfecto está muy lejos de la perfección, y hay cualidades que le son desconocidas y no puede comprender. Puede ser tan perfecto como lo permita su naturaleza terrestre; pero ésta no es la perfección absoluta. Así como el niño, por mucha que sea su precocidad, ha de pasar por la juventud antes de llegar a la madurez, así también el enfermo pasa por la convalecencia antes de recobrar toda la salud. Y además, el espíritu ha de progresar en ciencia y moralidad, y si sólo en un sentido ha progresado, es preciso que progrese en el otro para lleqar a lo alto de la escala. Pero mientras más adelanta el hombre en la vida presente, menos largas y penosas son las pruebas siguientes».

— ¿Puede el hombre, por lo menos asegurarse desde esta vida una existencia futura menos sobrecargada de amarguras?

«Sin duda que Sí, pues puede abreviar la extensión y dificultades del camino. Sólo el indolente se encuentra siempre en el mismo punto».

☞ 193. En sus nuevas existencias, ¿puede el hombre descender a más baja condición de la que ocupaba?

«Respecto de Imposición social, sí; pero no considerado como espíritu».

☞ 194. ¿El alma de un hombre de bien puede, en una nueva encarnación, animar el cuerpo de un malvado?

«No; porque no puede degenerar».

— ¿El alma de un perverso puede llegar a ser la de un hombre de bien?

«Sí, si se arrepiente, y entonces la transformación es una recompensa».

🖎 La marcha de los espíritus es progresiva y nunca retrógrada; se elevan gradualmente en la jerarquía, y no descienden de la altura a que han llegado. En sus diferentes existencias corporales pueden descender como hombres; pero no como espíritus. Así el alma de un potentado de la tierra puede más tarde animar al más humilde artesano, y viceversa; porque los rangos entre los hombres están con frecuencia en razón inversa de los sentimientos morales. Herodes era rey, y Jesús, carpintero.

☞ 195. La posibilidad de mejorarse en otra existencia, ¿no puede inducir a ciertas personas a perseverar en el mal camino, creídos de que más tarde podrán corregirse?

«El que así piensa no cree en nada, y tampoco le contiene la idea de un castigo eterno, porque su razón la rechaza, y semejante idea conduce a la incredulidad sobre todas las cosas. Si sólo medios razonables se hubiesen empleado en la dirección de los hombres, no habría tantos escépticos. Un espíritu imperfecto puede, en efecto, pensar lo que tú dices durante su vida corporal; pero una vez desprendido de la materia, piensa de muy distinto modo, porque pronto comprende que ha calculado mal, y entonces es cuando trae un sentimiento contrario en una nueva existencia. Así es como se realizará el progreso, y he aquí por qué tenéis en la tierra hombres más adelantados que Otros. Unos tienen aquella experiencia de que carecen otros; pero que adquirirán paulatinamente. De ellos depende precipitar su progreso o retardarlo indefinidamente».

🖎 El hombre que ocupa una mala posición desea cambiarla lo más pronto posible. El que está persuadido de que las tribulaciones de esta vida son consecuencia de sus imperfecciones, procurará proporcionarse una nueva existencia menos penosa, y este pensamiento, más que el del fuego eterno, en el que no cree, le alejará del camino del mal.

☞ 196. No pudiendo los espíritus mejorarse más que sufriendo las tribulaciones de la vida corporal, ¿se deduce que la vida material es una especie de tamiz o depuratorio, por el que deben pasar los seres del mundo espiritista para llegar la la perfección?

«Sí; exactamente, es así. Se mejoran en esas pruebas evitando el mal y practicando el bien. Pero sólo después de muchas encarnaciones o purificaciones sucesivas, alcanzan el objeto hacia el cual se dirigen en un tiempo más o menos largo, según sus esfuerzos».

—¿Es el cuerpo el que influye en el espíritu para mejorarle, o el espíritu en el cuerpo?

«Tu espíritu lo es todo; el cuerpo es una vestidura que se pudre; todo se reduce a esto».

🖎 El jugo de la vid nos ofrece una comparación material de los diferentes grados de la purificación del alma. Contiene el licor llamado espíritu de vino o alcohol, pero debilitado por una multitud de materias extrañas que alteran su esencia, y no se obtiene su pureza absoluta sino después de muchas destilaciones, en cada una de las cuales se desprende de alguna impureza. El alambique es el cuerpo en que ha de entrar para purificarse, y las materias extrañas vienen a ser como el periespíritu, el cual se purifica a medida que el espíritu se aproxima a la perfección.

5. Suerte de los niños después de la muerte

☞ 197. ¿El espíritu de un niño, muerto en edad temprana, está tan adelantado como el de un adulto?

« A veces mucho más, porque puede haber vivido mucho más y tener más experiencia sobre todo si ha progresado ».

— ¿El espíritu de un niño puede, pues, estar más adelantado que el de su padre?

« Este es un caso muy frecuente, ¿por ventura no lo veis a menudo en la tierra? »

☞ 198. El espíritu del niño, que por haber muerto en edad temprana, no pudo hacer mal, ¿pertenece a los grados superiores?

« Si no ha hecho mal, tampoco ha hecho bien, y Dios no le libra de las pruebas que ha de sufrir. Si es puro, no depende de que fuera niño, sino de que estaba más adelantado ».

☞ 199. ¿Por qué se interrumpe a menudo la vida de la infancia?

« La duración de la vida del niño para el espíritu que en él está encarnado, puede ser complemento de una existencia interrumpida antes del término deseado, y su muerte es con frecuencia una prueba o una expiación para sus padres ».

— ¿Qué hace el espíritu de un niño que muere en edad temprana?

« Vuelve a empezar una nueva existencia ».

✎ Si sólo una existencia tuviese el hombre, y si después de ella quedase decidida para siempre su suerte futura, ¿cuál sería el mérito de la mitad de la especie humana, que muere en edad tierna, para disfrutar, sin haber luchado, de la dicha eterna, y con qué derecho sería eximida de las condiciones, tan duras a veces, impuestas a la otra mitad? Semejante orden de cosas no podría estar conforme con la justicia de Dios, Dada la reencarnación, todos son iguales, a todos pertenece el porvenir sin excepción y sin favoritismo, y los últimos que llegan sólo a si mismos pueden culparse. El hombre debe tener el mérito de sus actos, como tiene la responsabilidad de ellos.

Por otra parte, no es racional considerar la infancia como un estado normal de inocencia. ¿No vemos niños dotados de los peores instintos en edad en que no ha podido la educación ejercer aún su influencia? ¿No los vemos que parecen haber traído, al nacer, la astucia, la falsedad, Ja perfidia y hasta los instintos del robo y del asesinato, no obstante los buenos ejemplos que les rodean? La ley civil absuelve sus crímenes; porque, según dice obran sin discernimiento, y tienen razón, porque, en efecto, obran más por instinto que deliberadamente. Pero, ¿de dónde pueden provenir esos tan diferentes instintos en niños de una misma edad, educados con las mismas condiciones y sometidos a las mismas influencias? ¿De dónde, si no de la inferioridad del espíritu, procede esa perversidad precoz, puesto que ninguna parte toma en ella la educación? Los que son viciosos, lo son porque sus espíritus han progresado menos, y sufren entonces las consecuencias, no de sus actos de niño, sino de los de sus existencias anteriores, y así una misma es la ley para todos y a todos alcanza la justicia de Dios.

6. Sexos en los Espíritus

☞ 200. ¿Tienen sexos los espíritus?

«Como lo comprendéis vosotros, no; porque los sexos dependen del organismo. Existe entre ellos amor y simpatía; pero fundados en la semejanza de sentimientos».

☞ 201. El espíritu que animó el cuerpo de un hombre, ¿puede en una nueva existencia, animar el de una mujer, y viceversa?

«Sí; unos mismos espíritus animan a los hombres y a las mujeres».

☞ 202. Cuando somos espíritus, ¿preferimos encarnarnos en el cuerpo de un hombre o de una mujer?

«Poco le importa al espíritu; porque depende de las pruebas que ha de sufrir».

✎ Los espíritus renacen hombres o mujeres; porque carecen de sexo. Como deben progresar en todo, cada sexo, lo mismo que cada posición social, les ofrece pruebas y deberes especiales y ocasión de adquirir experiencia. El que fuese siempre hombre, no sabría más que lo que saben los hombres.

7. Parentesco, filiación

☞ 203. ¿Los padres transmiten a sus hijos una parte de su alma, o se limitan a darles la vida animal, a ra cual viene después una nueva alma a añadir la vida moral?

«Solamente la vida animal, porque el alma es indivisible. Un padre estúpido puede tener hijos de talento y viceversa».

☞ 204. Puesto que tenemos muchas existencias, ¿el parentesco se remonta a otras distintas de la actual?

«No puede suceder de otro modo. La sucesión de las existencias corporales establece entre los espíritus lazos que se remontan a vuestras anteriores existencias, y de aquí proceden con frecuencia las causas de simpatía entre vosotros y ciertos espíritus que os parecen extraños».

☞ 205. ¿Según ciertas personas, parece que la doctrina de la reencarnación destruye los lazos de familia, haciéndolos remontar a otras existencias además de la actual?

«Los extiende; pero no los destruye. Estando fundado el parentesco en afectos anteriores, los lazos que unen a los miembros de una misma familia son menos precarios. La reencarnación aumenta los deberes de fraternidad; porque en vuestro vecino o criado puede vivir un espíritu que ha estado ligado a vosotros por los lazos de la sangre».

—¿Disminuye, sin embargo, la importancia que algunos dan a su filiación, puesto que puede haberse tenido por padre a un espíritu que perteneció a otra raza, o que vivió en muy distinta condición?

«Es verdad; pero esa importancia se funda en el orgullo, pues lo que la mayor parte honra en sus antepasados son los títulos, la jerarquía y la fortuna. Tal hay que se avergonzaría de descender de una zapatero honrado y que se vanagloria de derivar de un gentilhombre calavera. Pero por más que digan o hagan, no evitarán que las cosas sean lo que son; porque Dios no ha dispuesto las leyes de la naturaleza con arreglo a su vanidad».

☞ 206. ¿Es ridículo el culto de los antepasados, porque no existe filiación entre los espíritus de los descendientes de una misma familia?

«Ciertamente que no; porque debemos considerarnos felices de pertenecer a una familia en la que se han encarnado espíritus elevados. Aunque éstos no procedan unos de otros, no profesan, sin embargo, menos afecto a los que con ellos están unidos por lazos de familia; porque semejantes espíritus se inclinan a menudo a tal o cual familia por simpatía o por lazos anteriores. Pero estad persuadidos de que ninguna honra reciben los espíritus de vuestros antepasados del culto, que por orgullo les tributáis; su mérito sólo se refleja en vosotros, a medida que os esforzáis en seguir los buenos ejemplos que os dieron, y entonces únicamente puede vuestro recuerdo serles no sólo agradable, sino que también útil».

8. Semejanzas físicas y morales

☞ 207. Con frecuencia los padres transmiten a los hijos la semejanza física. ¿Les transmiten también la moral?

«No; porque tienen almas o espíritus diferentes. El cuerpo procede del cuerpo, pero el espíritu no procede del espíritu. Entre los descendientes de raza no existe más que consanguinidad».

—¿De dónde proceden las semejanzas morales que existen a veces entre padres e hijos?

«Son espíritus simpáticos atraídos por la semejanza de inclinaciones».

☞ 208. ¿No tiene influencia el espíritu de los padres en el del hijo, después de haber nacido éste?

«La tiene, y muy grande, pues, como dejamos dicho, los espíritus deben contribuir a su progreso recíproco. Pues bien: el espíritu de los padres tiene la misión de desarrollar, por medio de la educación, el de sus hijos, lo que les impone una tarea. Si falta en ella, se hace culpable».

☞ 209. ¿Por qué los padres buenos y virtuosos tienen hijos de naturaleza perversa? O, de otro modo, ¿por qué las buenas cualidades de los padres no atraen siempre en virtud de la simpatía, a un buen espíritu que anime al hijo?

«Un espíritu malo puede pedir buenos padres con la esperanza de que sus consejos le llevarán por mejor camino, y a menudo Dios se lo concede».

☞ 210. ¿Pueden los padres con sus pensamientos y súplicas atraer al cuerpo del hijo un espíritu bueno con preferencia a ún espíritu malo?

«No; pero pueden mejorar el espíritu del hijo que han engendrado y que les ha sido confiado, y este es su deber. Los hijos malos son una prueba para los padres».

☞ 211. ¿De dónde procede la semejanza de carácter que existe con frecuencia entre los hermanos, sobre todo si son gemelos?

«Son espíritus simpáticos que se atraen por la semejanza de sus sentimientos y que son felices estando juntos».

☞ 212. ¿Hay dos espíritus, o dicho de otro modo, dos almas en los niños cuyos cuerpos están unidos y que tienen ciertos órganos comunes?

«Sí; pero a menudo su semejanza hace que no os parezcan más que uno».

☞ 213. Puesto que los espíritus se encarnan por simpatía en los gemelos, ¿de dónde procede la aversión que a veces se nota entre éstos?

«No es regla invariable la de que los gemelos tienen espíritus simpáticos, pues también los espíritus malos pueden querer luchar juntos en el teatro de la vida».

☞ 214. ¿Qué debe pensarse de lo que se cuenta de ciertos niños que luchan en el seno materno?

«¡Alegoría! Para demostrar que su odio era inveterado, se le hace datar de época anterior al nacimiento. Generalmente no distinguís bastante las figuras poéticas».

☞ 215. ¿De dónde procede el carácter distintivo que en cada pueblo se observa?

«Los espíritus forman también familias por la semejanza de sus tendencias, más o menos puras, según su elevación. Pues bien, un pueblo es una gran familia donde se reúnen espíritus simpáticos. La tendencia a unirse que tienen los miembros de esas familias es el origen de la semejanza, que existe en el carácter distintivo de cada pueblo. ¿Crees tú que los espíritus buenos y humanitarios acudirán a un pueblo duro y grosero? No, los espíritus simpatizan con las masas, como con los individuos, y aquéllas les proporcionan la esfera que desean».

☞ 216. ¿Conserva el hombre en sus nuevas existencias vestigios del carácter moral de sus anteriores existencias?

«Sí, puede suceder así: pero mejorándose cambia. Puede también no ser la misma su posición social, y si de amo pasa a ser esclavo, sus gustos serán muy diferentes y trabajo tendríais en reconocerlo. Siendo el mismo el espíritu en las diversas encarnaciones, sus manifestaciones pueden tener de la una a la otra, ciertas analogías modificadas, empero, por las costumbres de su nueva posición, hasta que un perfeccionamiento notable cambia completamente su carácter: porque de orgulloso y malvado, puede, si se arrepiente, trocarse en humilde y humano».

☞ 217. En sus diferentes encarnaciones, ¿conserva el hombre vestigios del carácter físico de las existencias anteriores?

«El cuerpo se destruye, y el nuevo ninguna relación tiene con el anterior. El espíritu se refleja, no obstante, en el cuerpo: y aunque es cierto que sólo materia es el cuerpo, éste, sin embargo, está modelado con arreglo a la capacidad del espíritu, que le imprime cierto carácter, especialmente en la cara, por lo que se dice con exactitud que los ojos son el espejo del alma. Quiere esto decir, que la cara particularmente refleja el alma: porque una persona excesivamente fea tiene empero, algo que gusta, cuando sirve de envoltura a un espíritu bueno, prudente y humano, al paso que hay caras muy bonitas que nada dicen, y que hasta inspiran repulsión. Podrías creer que sólo los cuerpos perfectos sirven de envoltura a espíritus perfectos, siendo así que cada día encuentras hombres de bien a pesar de su exterior deforme. Sin tener, pues, una semejanza pronunciada, la de gustos e inclinaciones puede dar lo que se llama aire de familia».

🔖 No teniendo ninguna relación necesaria el cuerpo que reviste el alma en una nueva encarnación con el que ha abandonado, puesto que puede derivar de muy distinto origen, seria absurdo deducir una sucesión de existencias de un parecido que no pasa de ser fortuito. Las cualidades del espíritu modifican, sin embargo, con frecuencia los órganos de sus manifestaciones, e imprimen a la caro, y hasta al conjunto de los gestos, un sello distintivo. Así bajo la más humilde envoltura puede descubrirse la expresión de grandeza y de dignidad, al paso que bajo el traje del caballero encopetado se descubre a veces la de bajeza e ignominia. Ciertas personas procedentes de la más ínfima posición, adquieren sin dificultad las costumbres y modales de la alta sociedad, y parece que en ella vuelven a encontrar su elemento, mientras otras, a pesar de su nacimiento y educación, están siempre en ella como fuera de su centro.

¿Cómo explicar este hecho sino considerándolo como reflejo de lo que ha sido el espíritu?

9. Ideas innatas

☞ 218. ¿El espíritu encarnado no conserva ningún vestigio de las percepciones que tuvo y de los conocimientos que adquirió en sus existencias anteriores?

«Le queda un vago recuerdo, que le da lo que se llama ideas innatas».

—¿La teoría de las ideas innatas no es, pues, una quimera?

«No, puesto que los conocimientos adquiridos en cada existencia no se pierden. El espíritu, desprendido de la materia, los recuerda siempre. Durante la encarnación, puede olvidarlos parcial y momentáneamente; pero la intuición que de ellos conserva, le ayuda en su progreso, sin lo cual tendría que volver a empezar siempre. En cada nueva existencia, el espíritu toma por punto de partida aquel a que había llegado en la existencia precedente».

—¿Debe, pues, haber gran conexión entre dos existencias sucesivas?

«No siempre tan grande como podrías creer; porque a menudo las posiciones son muy diferentes, y porque en el intervalo el espíritu ha podido progresar» (216).

☞ 219. ¿Cuál es el origen de las facultades extraordinarias de los individuos que, sin estudio anterior, parecen tener intuición de ciertos conocimientos, como los idiomas, el cálculo, etcétera?

«Recuerdo del pasado y progreso anterior del alma, del cual ni ellos mismos tienen conciencia. ¿De dónde quieres que procedan? El cuerpo cambia; pero no el espíritu, aun que cambia de vestido».

☞ 220. Cambiando de cuerpo, ¿pueden perderse ciertas facultades intelectuales, por ejemplo, la afición a las artes?

«Si, si se ha manchado esa inteligencia, o se ha usado mal de ella. Por otra parte, una facultad puede dormitar durante una existencia; porque el espíritu quiera ejercitar otra con la cual no se relacione aquella. Entonces permanece en estado latente para reaparecer más tarde».

☞ 221. ¿Debe el hombre, hasta en estado de salvaje, a un recuerdo retrospectivo, el sentimiento instintivo de la existencia de Dios y el presentimiento de la vida futura?

«Es un recuerdo que conserva de lo que sabía como espíritu, antes de encarnarse; pero a menudo el orgullo ahoga ese sentimiento».

— ¿Débense a ese mismo recuerdo ciertas creencias relativas a la doctrina espiritista que en todos los pueblos observamos?

«Esta doctrina es tan antigua como el mundo: hállasela por esto en todas partes, lo cual prueba que es verdadera. Conservando la intuición del estado deespíritu , el espíritu encarnado tiene conciencia instintiva del mundo invisible; pero falseado con frecuencia por las preocupaciones, a las cuales la ignorancia añade la superstición».

CAPITULO V

—

CONSIDERACIONES SOBRE LA PLURALIDAD DE EXISTENCIAS

222. El dogma de la reencarnación, dicen ciertas personas, no es nuevo; es una resurrección de la metempsicosis de Pitágoras. Nunca hemos dicho que la doctrina espiritista sea de moderna invención; siendo una de las leyes de la naturaleza, el espiritismo debe haber existido desde el origen de los tiempos, y siempre nos hemos esforzado en probar que de él se encuentran vestigios en la más remota antigüedad. Pitágoras, como ya se sabe, no es autor del sistema de la metempsicosis sino que lo tomó de los filósofos indios y egipcios entre los cuales existía desde tiempo inmemorial. La idea de la transmigración de las almas era, pues, una creencia vulgar, admitida por los hombres más eminentes. ¿Cómo había llegado a ellos? ¿Por revelación o por intuición? No lo sabemos; pero, como quiera que sea, una idea que no tenga algún aspecto grave, no pasa a través de las edades, ni es aceptada por las inteligencias superiores. La antigüedad de la doctrina es, pues, más que una objeción, una prueba favorable. Hay, sin embargo, como igualmente se sabe, entre la metempsicosis de los antiguos y la moderna doctrina de la reencarnación, la gran diferencia de que los espíritu s rechazan del modo más absoluto la transmigración del hombre en los animales y viceversa.

Al predicar el dogma de la pluralidad de existencias corporales, los espíritus reproducen, pues, una doctrina que nació en las primeras edades del mundo, y que hasta nuestros días, se ha conservado en lo íntimo del pensamiento de muchas personas, sino que nos la ofrecen bajo un aspecto más racional, más conforme con las leyes progresivas de la naturaleza y más en armonía con la sabiduría del Creador, descartándola de todos los accesorios supersticiosos. Es circunstancia digna de notarse la de que no sólo en este libro la han predicado en los tiempos que alcanzamos, sino que, desde antes de su publicación, se han obtenido numerosas comunicaciones de la misma naturaleza en comarcas distintas, comunicaciones que más tarde se han multiplicado considerablemente. Acaso sería esta ocasión de examinar por qué todos los espíritus parecen no estar conformes sobre este punto; pero lo haremos más adelante.

Haciendo abstracción de la intervención de los espíritus, examinemos esta materia bajo otro aspecto; prescindamos de ellos, por un instante; supongamos que esta teoría no dimana de ellos, y también que nunca se haya hablado de espíritus. Coloquémonos, pues, momentáneamente, en terreno neutral, admitiendo como igualmente probables una y otra hipótesis, es a saber: la pluralidad y la unidad de existencias corporales, y veamos a qué lado nos conducirán la razón y nuestro propio interés.

Ciertas personas rechazan la idea de la reencarnación por el único motivo de que no les conviene, y dicen que bastante tienen con una sola existencia y que no quisieran empezar otra semejante. Sabemos que la sola idea de aparecer nuevamente en la tierra basta a exasperar la ira; pero nos contentamos con preguntar a esas personas, si creen que Dios les haya tomado parecer y consultado su gusto para arreglar el universo. Luego, pues, una de estas dos cosas: o la reencarnación existe, o no existe. Si existe, en vano se la combatirá, les será preciso sufrirla, puesto que Dios no les pedirá su consentimiento. Paréceme oír a un enfermo que dice: «Demasiado he sufrido hoy, no quiero sufrir más mañana». Por mucho que sea su mal humor, no dejará de ser preciso sufrir al otro día y en los sucesivos, hasta que esté bueno. Por ella habrán de pasar, siéndoles en vano el rebelarse, como el chiquillo que no quiere ir al colegio, o el prisionero a la cárcel. Semejantes objeciones son demasiado pueriles, para que nos merezcan más serio examen. Les diremos, no obstante, para tranquilizarles, que la doctrina espiritista sobre la reencarnación no es tan terrible como creen, y no se horrorizarían tanto, si la hubiesen estudiado a fondo, pues sabrían que la condición de la nueva existencia depende de ellos; que será feliz o desgraciada según lo que en la tierra haga, y *que pueden elevarse tanto, desde esta vida, que no abrigarán temores de caer nuevamente en el lodazal.*

Suponemos que hablamos con personas que creen en un porvenir cualquiera después de la muerte, y no con aquellas cuya perspectiva es la nada, o que quieren ahogar su alma en un todo universal, sin individualidad, como las gotas de agua en el océano, lo que a corta diferencia es lo mismo. Si creéis, pues, en un porvenir cualquiera, no admitiréis, sin duda, que sea el mismo para todos, pues de lo contrario, ¿cuál seria la utilidad del bien? ¿Para qué violentarse? ¿Por qué, ya que lo mismo daría, no satisfacer todas las pasiones y todos los deseos, aunque fuese en perjuicio de otro? ¿Creéis que semejante porvenir será más o menos feliz o desgraciado según lo que hayamos hecho durante la vida, y desearéis, por consiguiente, que sea lo más feliz posible, puesto que ha de ser eterno? ¿Tendréis, acaso, la pretensión de ser uno de los hombres más perfectos que existen en la tierra y de que gozáis el derecho palmario de merecer la felicidad suprema de los elegidos? No. Luego admitís que hay hombres mejores que vosotros y que tienen derecho a mejor puesto, sin que os contéis por ello entre los réprobos. Pues bien, colocaos por un instante con el pensamiento en esa situación media, que será la vuestra, puesto que acabáis de confesarlo, y suponed que alguno os diga: Sufrís, y no sois tan dichosos como podríais serlo, al paso que tenéis a la vista seres que disfrutan de completa dicha, ¿queréis cambiar vuestra posición por la suya? Sin duda responderéis: ¿y qué debo hacer para lograrlo? Poco menos que nada; volver a empezar lo que habéis hecho mal y procurar hacerlo mejor. ¿Dudaríais en aceptarlo, aunque fuese a costa de muchas existencias de pruebas? Pongamos una comparación más prosaica. Si a un hombre que, sin ser un pordiosero, sufre no obstante, privaciones a consecuencia de la medianía de sus recursos, se le dijese: He allí una fortuna inmensa de la que puedes disfrutar, bastándote para ello trabajar rudamente por espacio de un minuto; aunque fuese el más perezoso de la tierra, diría sin titubear: Trabajemos un minuto, dos, una hora, un día, si es preciso. ¿Qué es todo eso, si puedo concluir mi vida en la abundancia? Y, en efecto, ¿qué es la duración de la vida corporal, comparada con la eternidad? Menos que un minuto, menos que un segundo.

Hemos oído hacer este argumento: Dios, que es soberanamente bueno, no puede condenar al hombre a empezar de nuevo una serie de miserias y tribulaciones. ¿Y se le creerá por ventura más bueno, condenando al hombre a un sufrimiento perpetuo por algunos momentos de error, que ofreciéndole medios de reparar sus faltas?

« Había dos fabricantes, cada uno de los cuales tenía un obrero que podía aspirar a ser socio de su principal. Sucedió que, en cierta ocasión, ambos obreros emplearon muy mal el día, mereciendo por ello ser despedidos. El uno de los dos fabricantes despidió al obrero a pesar de sus súplicas, el cual, no encontrando trabajo, murió de miseria. El otro dijo al suyo: Has perdido un día, y me debes otro en recompensa: has hecho mal tu tarea, y me debes reparación; te permito que vuelvas a empezarla; procura hacerla bien y no te despediré, y podrás continuar aspirando a la posición superior que te había prometido ». ¿Hay necesidad de preguntar cuál de los dos fabricantes ha sido más humano? Y Dios, que es la misma clemencia, ¿será más inexorable que un hombre? La idea de que nuestra suerte queda eternamente decidida por algunos años de prueba, aun cuando no haya dependido siempre de nosotros la consecución de la perfección en la tierra, tiene algo de desconsolador, al paso que la idea contraria es eminentemente consoladora, pues no nos arrebata la esperanza. Así, pues, sin decidirnos ni en pro ni en contra de la pluralidad de las existencias, sin dar predilección a una u otra hipótesis, decimos que, si se nos permitiese escoger, nadie habría que prefiriese un juicio sin apelación. Ha dicho un filósofo, que si no existiese Dios, sería preciso inventarío para dicha del género humano, y otro tanto pudiera decirse de la pluralidad de existencias. Pero, según dejamos sentado, Dios no nos pide nuestro consentimiento; no consulta nuestro gusto, y la pluralidad de existencias es o no es un hecho. Veamos de qué parte están las probabilidades, y examinemos la materia bajo otro aspecto, haciendo siempre abstracción de la enseñanza de los espíritus y considerándola únicamente como estudio filosófico.

Es evidente que, si no existe la reencarnación, sólo tenemos una existencia corporal y si nuestra actual existencia corporal es la única, el alma de cada hombre debe de ser creada al nacer, a menos que no se admita su anterioridad, en cuyo caso preguntaremos lo que era el alma antes del nacimiento, y si el estado en que se encontraba no constituía una existencia, bajo una forma cualquiera. No cabe término medio: o el alma existía, o no existía antes que el cuerpo; si existía, ¿cual era su situación? ¿Tenía o no conciencia de si misma? Si no la tenía, a corta diferencia es como si no existiese, y si tenía individualidad, era progresiva o estacionaria. En uno y otro caso, ¿en qué grado se encontraba al ingresar en el cuerpo? Admitiendo con la creencia vulgar que el alma nace con el cuerpo, o lo que da lo mismo que anteriormente a su encarnación no tiene más que facultades negativas, sentamos los siguientes problemas:

1. ¿Por qué el alma manifiesta aptitudes tan diversas independientes de las ideas proporcionadas por la educación?

2. ¿De dónde proviene la aptitud extranormal de ciertos niños de tierna edad para tal arte, o ciencia, mientras otros no pasan de ser incapaces o medianías durante toda la vida?

3. ¿De dónde proceden las ideas innatas o intuitivas de unos, de las cuales carecen otros?

4. ¿De dónde se originan en ciertos niños esos instintos precoces de vicios o virtudes, esos innatos sentimientos de dignidad o de bajeza que contrastan con la sociedad en que ha nacido?

5. ¿Por qué, haciendo abstracción de la educación, están más adelantados unos hombres que otros?

6. ¿Por qué hay salvajes y hombres civilizados? Si quitándolo del pecho, cogéis un niño hotentote, y lo educáis en uno de nuestros colegios de más fama, ¿haréis nunca de él un Laplace o un Newton?

¿Qué filosofía o teosofía preguntamos, puede resolver tales problemas? No cabe vacilación: o las almas al nacer son iguales, o desiguales. Si lo primero, ¿por qué esas aptitudes tan diversas? Se dirá que depende del organismo; pues entonces esa es la doctrina más monstruosa e inmoral. El hombre, por consiguiente, no es más que una máquina, juguete de la materia; no es responsable de sus actos, y todo puede atribuirlo a sus imperfecciones físicas. Si son desiguales, es porque desiguales las creó Dios, y entonces, ¿por qué conceder a unas esa superioridad innata? ¿ Está conforme semejante parcialidad con su justicia y con el amor que igualmente profesa a sus criaturas?

Admítase, por el contrario, una sucesión de anteriores existencias progresivas, y todo queda explicado. Los hombres nacen con la intuición de lo que ya han aprendido, y están más o menos adelantados según el número de existencias que han recorrido, según estén más o menos lejanos del punto de partida, absolutamente lo mismo que una reunión de individuos de distintas edades, tiene cada uno un desarrollo proporcionado al número de años que haya vivido, viniendo a ser para la vida del alma las existencias sucesivas, lo que los años para la vida del cuerpo. Reunid en un día mil individuos desde uno hasta ochenta años; suponed que un velo cubre todos los días anteriores, y que en vuestra ignorancia los creéis a todos nacidos en un mismo día. Naturalmente os preguntaréis por qué los unos son pequeños y los otros son grandes, viejos los unos y jóvenes los otros, e ignorantes éstos y aquéllos instruidos; pero, si se descorre el velo que os oculta el pasado, si comprendéis que todos han vivido más o menos tiempo, todo quedará explicado. Dios en su justicia no ha podido crear almas más o menos perfectas; pero, dada la pluralidad de existencias, la desigualdad que notamos nada contraria es a la más rigurosa equidad. Depende todo de que sólo vemos el presente, sin fijarnos en el pasado. ¿Se basa este raciocinio en un sistema, en una suposición gratuita? No; partimos de un hecho patente, incontestable, cual es la desigualdad de aptitudes y el desarrollo moral e intelectual, y vemos que semejante hecho es inexplicable por todas las teorías aceptadas, al paso que la explicación es sencilla, natural y lógica, acudiendo a otra teoría. ¿Es racional preferir la que no lo explica a la que lo explica?

Respecto de la sexta pregunta, se dirá que el hotentote es de raza inferior; pero entonces preguntamos si el hotentote es o no hombre. Si lo es, ¿por qué Dios lo ha desheredado a él y a toda su raza de los privilegios concedidos a la raza caucásica? Si no lo es, ¿a qué procurar hacerlo cristiano? La doctrina espiritista es más expansiva que todo eso puesto que para ella no hay varias especies de hombres, sino que el espíritu de éstos está más o menos atrasado, siendo susceptible de progresar. ¿No está esto más conforme con la justicia de Dios?

Acabamos de estudiar el alma en su presente y en su pasado. Si la consideramos respecto de su porvenir, encontramos las mismas dificultades.

1. Si únicamente nuestra existencia actual es la que ha de decidir nuestra suerte futura, ¿cuál es en la otra vida la posición respectiva del salvaje y del hombre civilizado? ¿Están al mismo nivel, o desnivelados en la suma de felicidad eterna?

2. El hombre que ha trabajado toda la vida para mejorarse, ¿ocupa el mismo lugar que aquel que se ha quedado atrás, no por culpa suya, sino porque no ha tenido tiempo ni posibilidad para mejorarse?

3. El hombre que obra mal, porque no ha podido instruirse, ¿es responsable de un estado de cosas ajeno a su voluntad?

4. Se trabaja por instruir, moralizar y civilizar a los hombres, pero por uno que llegue a ilustrarse, mueren diariamente millares antes de que la luz haya penetrado en ellos. ¿Cuál es su suerte? ¿Son tratados como reprobos? En caso contrario, ¿qué han hecho para merecer el mismo lugar que los otros?

5. ¿Cuál es la suerte de los niños que mueren en edad temprana antes de haber hecho mal ni bien? Si moran entre los elegidos, ¿por qué esta gracia sin haber hecho nada para merecerla? ¿Por qué privilegio se les libra de las tribulaciones de la vida?

¿Qué doctrina hay que pueda resolver estas cuestiones? Admitir las existencias consecutivas, y todo se explica conforme con la justicia de Dios. Lo que no ha podido hacerse en una existencia, se hace en otra, y así es como nadie se sustrae a la ley del progreso, cómo cada cual será recompensado según su mérito real, y cómo nadie queda excluido de la felicidad suprema, a la que puede aspirar, cualesquiera que sean los obstáculos que en su camino haya encontrado.

Estas cuestiones podrían multiplicarse hasta el infinito, porque los problemas psicológicos y morales que sólo se resuelven por medio de la pluralidad de existencias son innumerables. Nosotros nos hemos limitado a los más generales. Pero como quiera que sea, se dirá quizá que la doctrina de la reencarnación no es admitida por la Iglesia, y que sería derribar la religión. No es nuestro objeto tratar esta cuestión en este momento, bastándonos haber demostrado que aquella teoría es eminente moral y racional. Lo que es moral y racional no puede ser contrario a una religión que atribuye a Dios la bondad y la razón por excelencia. ¿Qué hubiera sido de la religión, si contra la opinión universal y el testimonio de la ciencia, se hubiese resistido a la evidencia y hubiera echado de su seno a todo el que no creyera en el movimiento del Sol, o en los seis días de la creación? ¿Qué crédito hubiese merecido y qué autoridad hubiera tenido en los pueblos ilustrados una religión fundada en errores manifiestos, consagrados como artículos de fe? Cuando se ha demostrado la evidencia, la Iglesia, procediendo con cordura, se pone del lado de la evidencia. Si está probado que cosas que existen son imposibles sin la reencarnación, y si sólo pueden explicarse ciertos 'puntos del dogma por este medio, preciso será admitirlo, y reconocer que el antagonismo de la doctrina de la reencarnación con los dogmas de la Iglesia no es más que aparente. Más adelante demostraremos que acaso la religión está menos lejos de ella de lo que se cree, y que no sufriría menoscabo alguno, como no lo sufrió con el descubrimiento del movimiento de la Tierra y de los períodos geológicos, que al principio pareció que desmentían los textos sagrados. El principio de la reencarnación se deduce, por otra parte, de muchos pasajes de las Escrituras y se encuentra notoriamente formulado de un modo explícito en el Evangelio.

«Y al bajar del monte (después de la transfiguración) les puso Jesús precepto, diciendo: "No digáis a nadie lo que habéis visto, hasta tanto que el Hijo del Hombre haya resucitado de entre los muertos". Sobre lo cual le preguntaron los discípulos: "¿Pues, cómo dicen los Escribas que debe venir primero Elias?" A esto Jesús les respondió: "En efecto, Elias ha de venir y entonces restablecerá todas las cosas. Pero yo os declaro que Elias ya vino, y no le conocieron sino que hicieron con él todo cuanto quisieron. Así también harán ellos padecer al Hijo del Hombre". Entonces entendieron los discípulos que les había hablado de Juan Bautista». (San Mateo, capitulo XVII, versículos 9, 10,11.)

Puesto que Juan Bautista era Elias, hubo, pues, reencarnación del espíritu o del alma de Elias en el cuerpo de Juan Bautista.

Por lo demás, cualquiera que sea la opinión que se tenga de la reencarnación, ya se la acepte o no, no se dejará de sufrirla, si existiese, a pesar de la creencia contraria. Lo esencial es que la enseñanza de los espíritus es eminentemente cristiana; está basada en la inmortalidad del alma, en las penas y recompensas futuras, en la justicia de Dios, en el libre albedrío del hombre y en la moral de Cristo, y, por lo tanto, no es antirreligiosa.

Como lo prometimos, hemos raciocinado, haciendo abstracción de la enseñanza espiritista, que no es autoridad para ciertas personas. Si nosotros, como otros muchos, hemos adoptado la opinión de la pluralidad de existencias, no es sólo porque procede de los espíritus, sino porque también nos ha parecido más lógica y porque únicamente ella resuelve cuestiones hasta ahora insolubles. Aunque nos hubiese sido sugerida por un simple mortal, la hubiéramos aceptado del mismo modo, sin vacilar mucho tiempo en renunciar a nuestras propias ideas. Demostrado un error, más pierde que gana el amor propio, obstinándose en sustentar una idea falsa. De la misma manera, y aunque procedente de los espíritus, la hubiésemos rechazado, a habernos parecido contraría a la razón, como lo hemos hecho con muchas otras; porque sabemos por experiencia que no debe aceptarse ciegamente todo lo que de ellos procede, como no debemos aceptar todo lo que de los hombres proviene. Ante todo, su primer titulo es para nosotros el de ser lógica, al cual se une el de estar confirmada por los hechos, hechos positivos y por decirlo así, materiales, que el estudio atento y razonado puede revelar a todo el que se tome el trabajo de observar con paciencia y perseverancia, y en presencia de los cuales es imposible dudar. Cuando semejantes hechos se hayan popularizado, como los de la formación y el movimiento de la Tierra, será preciso rendirse a la evidencia, y los impugnadores habrán hecho en vano el gasto de su oposición.

Reconozcamos, pues, en resumen, que la doctrina de la pluralidad de existencias es la única que explica lo que, sin ella, es inexplicable, que es eminentemente consoladora y conforme con las más rigurosa justicia, y que es el áncora salvadora que Dios en su misericordia ha dado al hombre.

Las mismas palabras de Jesús no dejan duda sobre este particular. He aquí lo que se lee en el capitulo III del Evangelio de San Juan:

3. Jesús respondiendo a Nicodemo, dice: «Pues en verdad, en verdad te digo, que quien *no naciese de nueuo,* no puede ver el reino de Dios».

4. Dícele Nicodemo: «¿Cómo puede nacer un hombre, siendo viejo? ¿Puede volver otra vez al seno de su madre para renacer?»

5. «En verdad, en verdad te digo, respondió Jesús, que quien no renaciera del agua y del espíritu, no puede entrar en el reino de Dios. Lo que ha nacido de la carne, carne es: mas lo que ha nacido del espíritu, es espíritu. Por tanto, no extrañes que te haya dicho: os es preciso nacer otra vez» (Véase más adelante el articulo Resurrección de la carne, número 1010).

CAPITULO VI
—
VIDA ESPIRITISTA

1. Espíritus errantes - 2. Mundos transitorios - 3. Percepciones, sensaciones y sufrimientos de los Espíritus - 4. Ensayo teórico sobre la sensación en los Espíritus - 5. Elección de las pruebas - 6. Relaciones de ultratumba - 7. Relaciones simpáticas y antipáticas de los Espíritus - Mitades eternas - 8. Recuerdo de la existencia corporal 9. Conmemoración de los difuntos - Funerales

1. Espíritus errantes

☞ 223.¿El alma se encarna inmediatamente después de su separación del cuerpo?

«A veces inmediatamente, pero con más frecuencia después de intervalos más o menos largos. En los mundos superiores la reencarnación es casi siempre inmediata. Siendo menos grosera la materia corporal, el espíritu en ella encarnado goza de casi todas sus facultades de espíritu, y su estado normal es el de vuestros sonámbulos lúcidos».

☞ 224.¿Qué es el alma en el intervalo de las encarnaciones?

«Espíritu errante que aspira a su nuevo destino; espera».

— ¿Cuál puede ser la duración de esos intervalos?

«Desde algunas horas a algunos miles de siglos. Por lo demás, hablando con exactitud, no hay límite extremo señalado al estado errante, que puede prolongarse mucho tiempo; pero nunca es perpetuo, pues el espíritu puede siempre, tarde o temprano, volver a empezar una existencia que sirve para purificar sus existencias anteriores».

— ¿Esa duración está subordinada a la voluntad del espíritu, o puede serle impuesta como expiación?

«Es consecuencia del libre albedrío. Los espíritus saben perfectamente lo que hacen; pero los hay también para quienes aquélla es un castigo impuesto por Dios. Otros piden la prolongación de semejante estado para proseguir ciertos estudios que sólo los espíritus errantes pueden hacer con provecho».

☞ 225.¿La erraticidad es en sí misma señal de inferioridad del espíritu?

»No; porque hay espíritus errantes de todos los grados. La encarnación es un estado transitorio, como tenemos dicho, y en estado normal el espíritu está desprendido de la materia».

☞ 226.¿Puede decirse que todos los espíritus que no están encarnados están errantes?

«Los que se han de reencarnar, sí; pero los espíritus puros que han llegado a la perfección, no están errantes: su estado es definitivo».

✎ Bajo el aspecto de las cualidades intimas, los espíritus son de diferentes órdenes o grados que sucesivamente recorren, a medida que se purifican. Por su estado, pueden estar: encarnados, es decir, unidos a un cuerpo; errantes, es decir, separados del cuerpo material y esperando una nueva encarnación para mejorarse, y pueden ser espíritus puros, es decir, perfectos y sin necesidad de nuevas encarnaciones.

☞ 227. ¿De qué modo se instruyen los espíritus errantes, pues sin duda no lo hacen de la misma manera que nosotros?

«Estudian su pasado e inquieren los medios de elevarse. Miran y observan lo que ocurre en los lugares que recorren; oyen los discursos de los hombres ilustres y las advertencias de los espíritus más elevados, y todo esto les proporciona ideas de que carecían».

☞ 228. ¿Los espíritus conservan algunas de las pasiones humanas?

«Los espíritus elevados, al dejar su envoltura, dejan las malas pasiones y no conservan más que las buenas; pero los espíritus inferiores no se desprenden de aquéllas, pues de otro modo pertenecerían al primer orden».

☞ 229. ¿Por qué los espíritus, al dejar la tierra, no abandonan todas sus malas pasiones, puesto que ven sus inconvenientes?

«En este mundo hay personas excesivamente celosas, ¿crees que al abandonarlo se desprenden de ese defecto? Después de salir de la tierra, les queda, sobre todo a los que han tenido pasiones dominantes, una especie de atmósfera que les rodea y les conserva todas esas cosas malas; porque el espíritu no está completamente desprendido de ellas, y sólo en ciertos momentos entrevé la verdad, como para enseñarle el buen camino».

☞ 230. ¿ Progresa el espíritu en estado errante?

«Puede mejorarse mucho, siempre según su voluntad y su deseo; pero en la existencia corporal es donde practica las nuevas ideas que ha adquirido».

☞ 231. ¿Son felices o desgraciados los espíritus errantes?

«Más o menos, según su mérito. Sufren las consecuencias de las pasiones cuyo principio han conservado, o bien son felices según están más o menos desmaterializados. En estado errante, el espíritu entrevé lo que le falta para ser más dichoso, y entonces busca los medios para conseguirlo; pero no siempre le es permitido reencarnarse a su gusto, lo que entonces constituye un castigo».

☞ 232. En estado errante, ¿pueden los espíritus ir a todos los mundos?

«Según y cómo. Separado el espíritu del cuerpo, no está por ello completamente desprendido de la materia, y pertenece aún al mundo en que ha vivido, o a otro del mismo grado, a menos que, durante la vida, se haya elevado, y este es el fin a que debe dirigirse, pues sin él no se perfeccionaría nunca. Puede, sin embargo, ir a ciertos mundos superiores; pero estará en ellos como un extraño. Por decirlo así, no hace más que entreverlos, lo que le despierta el deseo de mejorarse, para ser digno de la felicidad que en ellos se goza y poder habitarlos más tarde».

☞ 233.¿Los espíritus purificados vienen a los mundos inferiores?

«Vienen a menudo para ayudarles a progresar, pues, a no ser así, semejantes mundos estarían abandonados a si mismos, sin guías que los dirigiese».

2. Mundos transitorios

☞ 234.¿Existen, como se ha dicho, mundos que sirven a los espíritus errantes de estaciones y lugares de reposo?

«Sí; hay mundos particularmente consagrados a los seres errantes, mundos en que pueden habitar temporalmente, especies de vivaques o campamentos para descansar de una prolongada erraticidad, que siempre es algo penosa. Son posiciones intermedias entre los otros mundos, graduadas según la naturaleza de los espíritus que pueden ir a ellas, los cuales gozan de mayor o menor bienestar».

—Los espíritus que habitan en esos mundos, ¿pueden dejarlos a su antojo?

«Sí, los espíritus que están en esos mundos pueden separarse de ellos para ir a donde deben dirigirse. Imaginad los como aves de paso que se detienen en una isla, esperando recobrar fuerzas para dirigirse al término de su viaje».

☞ 235.¿Progresan los espíritus durante su permanencia en los mundos transitorios?

«Indudablemente, pues los que de tal modo se reúnen lo hacen con objeto de instruirse y de poder obtener más fácilmente permiso para trasladarse a mejores lugares, y llegar a la posición de los elegidos».

☞ 236.¿Los mundos transitorios están por su naturaleza especial perpetuamente consagrados a los espíritus errantes?

«No; su posición es temporal únicamente».

—¿Están habitados al mismo tiempo, por seres corporales?

«No: pues su superficie es estéril. Los que los habitan no sienten necesidades».

—¿Esta esterilidad es permanente y procede de su naturaleza especial?

«No; son estériles por transición».

—¿Esos mundos deben, pues, carecer de bellezas naturales?

«La naturaleza se traduce en las bellezas de la inmensidad, que no son menos admirables que las que llamáis naturales».

—Puesto que el estado de estos mundos es transitorio, ¿pertenecerá el nuestro algún día a ellos?

«Ha pertenecido ya».

—¿En qué época?

«Durante su formación».

✎ Nada hay inútil en la naturaleza; todo tiene su objeto y su destino: nada está desocupado; todo está habitado, y en todas partes reina la vida. Así pues, durante la larga serie de siglos que transcurrieron, antes de que apareciese el hombre en la tierra, durante aquellos lentos períodos de transición, atestiguados por las capas geológicas, antes aun de la formación de los primeros seres orgánicos, no faltaba vida en aquella masa informe, en aquel árido caos donde estaban confundidos los elementos, pues en él encontraban refugio seres que no tenían ni nuestras necesidades, ni nuestras sensaciones físicas. Dios quiso que aun en semejante estado de imperfección, sirviese para algo. ¿Quién, pues, se atreverá a decir que, entre esos miles de mundos que circulan por la inmensidad, tiene el privilegio de estar habitado uno solo, uno de los más pequeños, confundido con la multitud? ¿Cuál sería la utilidad de los otros? ¿Habría los creado Dios sólo para recreo de nuestros ojos? Suposición absurda, incompatible con la sabiduría que en todas sus obras se revela, e inadmisible, cuando se consideran todos los que no podemos distinguir. Nadie negará que en la idea de que existen mundos impropios todavía para la vida material, pero poblados, sin embargo, de seres vivientes apropiados a semejante medio, haya algo de grande y de sublime, en lo cual encontraremos quizá solución a más de un problema.

3. Percepciones, sensaciones y sufrimientos de los Espíritus

☞ 237. Vuelta al mundo de los espíritus, ¿conserva el alma las percepciones que tenía durante la encarnación?

«Sí, y otras que no poseía; porque su cuerpo era como un velo que se las ocultaba. La inteligencia es un atributo del espíritu; pero se manifiesta más libremente, cuando no tiene trabas».

☞ 238. ¿Las percepciones y conocimientos de los espíritus son indefinidas, o, en una palabra, saben éstos todas las cosas?

«Mientras más se aproximan a la perfección, saben más. Si son espíritus superiores, saben mucho, y los inferiores están más o menos ignorantes de todas las cosas».

☞ 239. ¿Conocen los espíritus el principio de las cosas?

«Según su elevación y su pureza. Los espíritus inferiores saben de esto como los hombres».

☞ 240. ¿Comprenden los espíritus la duración como nosotros?

«No, y de aquí depende el que no nos comprendáis siempre, tratándose de fijar fechas o épocas».

✎ Los espíritus viven ajenos al tiempo, tal como lo comprendemos nosotros, y para ellos desaparece la duración; y los siglos, que tan largos nos parecen a nosotros, no son a sus ojos más que instantes que se borran en la eternidad como las desigualdades del terreno para el que se eleva en el espacio.

☞ 241. ¿Los espíritus tienen del presente una idea más precisa y exacta que nosotros?

«Poco más o menos como el que ve tiene más exacta idea de las cosas que el ciego. Los espíritus ven lo que vosotros no veis y juzgan, por lo tanto, de diferente modo; pero, volvemos a repetirlo, siempre según su elevación».

☞ 242. ¿Cómo adquieren los espíritus el conocimiento del pasado? ¿Este conocimiento es limitado en ellos?

«Cuando de él nos ocupamos, el pasado se nos convierte en presente, como te sucede a ti que recuerdas lo que te ha llamado la atención en el curso de tu destierro terrestre. Existe la diferencia de que, como el velo material no oscurece nuestra inteligencia como a la tuya, recordamos cosas que se han borrado de tu memoria; pero los espíritus no lo conocen todo, especialmente su creación».

☞ 243. ¿Conocen los espíritus el porvenir?

«También depende esto de su perfección. Con frecuencia sólo lo entrevén; pero no siempre les es permitido revelarlo. Cuando lo ven, les parece presente, y lo ven más claramente cuanto más se aproximan a Dios. Después de la muerte, el alma ve y abraza de una ojeada sus emigraciones pasadas; pero no puede ver lo que Dios le prepara, para lo cual le es preciso pertenecer le por completo, después de muchas existencias».

—Los espíritus que han llegado a la perfección absoluta, ¿tienen completo conocimiento del porvenir?

«Completo no es la palabra; porque Dios es el señor soberano, y nadie puede igualársele».

☞ 244. ¿Ven los espíritus a Dios?

«Sólo los espíritus superiores lo ven y lo comprenden; los inferiores lo sienten y adivinan».

—Cuando un espíritu inferior dice que Dios le prohib o le permite alguna cosa, ¿cómo sabe que procede de él?

«No ve a Dios; pero siente su soberanía, y cuando no debe hacerse una cosa o decirse algo, percibe como una intuición, como una advertencia invisible que le impide hacerla. ¿No tenéis vosotros mismos presentimientos que son como advertencias secretas de que hagáis o dejéis de hacer tal o cual cosa? Lo mismo nos sucede a nosotros, pero en mayor grado; porque comprenderás que, siendo más sutil que la vuestra la esencia de los espíritus, pueden percibir mejor las advertencias divinas».

—¿El mandato le es directamente transmitido por Dios, o por mediación de otros espíritus?

«No lo recibe directamente de Dios, pues es preciso ser digno de ello para comunicar con él. Dios le transmite sus mandatos por espíritus más elevados en perfección e instrucción».

☞ 245. ¿Está circunscrita la vista de los espíritus como la de los seres corporales?

«No; reside en ellos».

☞ 246. ¿Los espíritus necesitan claridad para ver?

«Ven por si mismos y no necesitan la claridad exterior. Las tinieblas no existen para ellos, fuera de aquéllas en que por expiación pueden estar sumidos».

☞ 247. ¿Tienen necesidad los espíritus de trasladarse de un lugar a otro, para ver lo que pasa en dos puntos distintos? ¿Pueden, por ejemplo abarcar lo que ocurre en los dos hemisferios del globo?

«Como el espíritu se traslada con la rapidez del pensamiento, puede decirse que ve a la vez lo que sucede en todas partes. Su pensamiento puede irradiar y fijarse al mismo tiempo en muchos puntos diferentes; pero esta facultad depende de su pureza, de modo que, mientras menos puro es, más limitada tiene la vista, y sólo los espíritus superiores pueden abarcar el conjunto».

✎ La facultad de ver es en los espíritus una propiedad inherente a su naturaleza que reside en todo su ser, como reside la luz en todas las partes de un cuerpo luminoso; es una especie de lucidez universal que a todo se extiende, que abarca a la vez el espacio, los tiempos y las cosas, y ante la cual desaparecen las tinieblas y obstáculos materiales. Se comprende que así debe suceder. Verificándose la visión en el hombre por el funcionamiento de un órgano al ser impresionado por la luz, faltando ésta aquél permanece en la oscuridad; pero siendo la facultad de ver un atributo de los espíritus con independencia de los agentes exteriores, la visión en ellos es independiente de la luz. (Véase Ubicuidad, número 92.)

☞ 248. ¿El espíritu ve las cosas tan claras como nosotros?

«Más claras aún; porque su vista penetra lo que no la vuestra. Nada la empaña».

☞ 249. ¿Percibe el espíritu los sonidos?

«Sí, y percibe otros que no pueden percibir vuestros sentidos obtusos».

—¿La facultad de oír reside en todo su ser como la de ver?

«Todas las percepciones son atributos del espíritu y forman parte de su ser. Cuando se encuentra revestido del cuerpo material, sólo por conducto de los órganos las recibe; pero en estado de espíritu no las tiene localizadas».

☞ 250. Siendo las percepciones atributos del espíritu, ¿le es posible sustraerse de ellas?

«El espíritu ve y oye lo que únicamente quiere. Esto debe entenderse en general y sobre todo de los espíritus elevados; porque los imperfectos ven y oyen a menudo y a pesar suyo, lo que puede ser útil a su mejoramiento».

☞ 251.¿Son sensibles los espíritus a la música?

«¿Quieres hablar de vuestra música? ¿Qué significa vuestra música comparada con la celeste, con esa armonía de que nada de lo de la tierra puede daros una idea? La una es a la otra lo que el canto del salvaje a las suaves melodías. Los espíritus vulgares pueden, no obstante, experimentar cierto placer oyendo vuestra música, porque no les es dado aún comprender otra más sublime. La música tiene para los espíritus infinitos encantos en razón de estar sus cualidades sensitivas más desarrolladas; entiendo hablar de la música celeste, que es lo que la imaginación espiritual puede concebir de más bello y más suave».

☞ 252.¿Son sensibles los espíritus a las bellezas de la naturaleza?

«Las bellezas naturales de los globos son tan diferentes, que no se está lejos de Conocerlos. Si, son sensibles a ellas según su aptitud para apreciarlas y comprenderlas. Para los espíritus elevados existen bellezas de conjunto, ante las cuales se desvanecen, por decir así, las bellezas de detalle».

☞ 253.¿Experimentan los espíritus nuestras necesidades y sufrimientos físicos?

«Los conocen, porque los han experimentado: pero no los sienten materialmente como nosotros, pues son espíritus».

☞ 254.¿Sienten los espíritus cansancio y necesitan de descanso?

«No pueden sentir cansancio tal como lo entendéis vosotros, y por lo tanto, no han de menester de vuestro descanso corporal, puesto que no tienen órganos cuyas fuerzas hayan de ser recuperadas; pero el espíritu descansa en cuanto no está en constante actividad. No procede de un modo material: su acción es completamente intelectual y totalmente moral su reposo, es decir, que en ciertos momentos su pensamiento cesa de ser tan activo y no se fija en un objeto determinado, lo cual constituye un verdadero reposo, aunque incomparable con el del cuerpo. La especie de cansancio, que pueden sentir los espíritus está en proporción de su inferioridad; porque mientras más elevados son, menos necesario les es el descanso».

☞ 255.Cuando un espíritu dice que sufre, ¿qué clase de sufrimiento experimenta?

«Angustias morales que le atormentan más dolorosamente que los sufrimientos físicos».

☞ 256.¿De dónde proviene, pues, que algunos espíritus se hayan quejado de frío o de calor?

«Recuerdo de lo que habían sufrido durante la vida, tan penoso a veces como la realidad. A menudo es una comparación por medio de la cual, a falta de otra más exacta, expresan su situación. Cuando se acuerdan de su cuerpo, experimentan cierta impresión, como cuando nos quitamos la capa y creemos que la tenemos aún».

4. Ensayo teórico sobre la sensación en los Espíritus

257. El cuerpo, instrumento del dolor, es, si no su causa primera, por lo menos, su causa inmediata. El alma tiene la percepción del dolor, percepción que es el efecto. El recuerdo que de él conserva, aunque puede ser muy penoso, no puede tener acción física. El frío y el calor no pueden, en efecto, desorganizar los tejidos del alma, que no puede helarse, ni abrasarse. ¿Por ventura no vemos cada día que el recuerdo o temor de un mal físico produce el mismo efecto que la realidad, ocasionando hasta la muerte? Todos sabemos que las personas a quienes se ha amputado un miembro continúan sintiendo el dolor en él, aunque no exista el miembro. Ciertamente que no está localizado el dolor en aquel miembro ni que de él parte, sino que es el cerebro el que conserva la impresión. Puede creerse, pues, que sucede algo análogo en los sufrimientos del espíritu después de la muerte. Un estudio más profundo del periespíritu, que tan importantes funciones desempeña en todos los fenómenos espiritistas, las apariciones vaporosas o tangibles, el estado del espíritu en el acto de la muerte, la idea tan frecuente de que vive aún, el sorprendente espectáculo de los suicidas, de los ajusticiados, de las personas que se han entregado a los goces materiales y otros muchos hechos, han venido a hacer luz en este asunto, dando lugar a las explicaciones cuyo resumen pasamos a dar.

El periespíritu es el lazo que une el espíritu a la materia del cuerpo; lo tomamos del medio ambiente, del fluido universal, y participa a la vez de la electricidad, del fluido magnético y hasta cierto punto de la materia inerte. Pudiera decirse que es la quinta esencia de la materia. Es el principio de la vida orgánica; pero no el de la intelectual, ya que ésta reside en el espíritu. Es, por otra parte, el agente de las sensaciones externas. Semejantes sensaciones están localizadas, en el cuerpo, en los órganos que les sirven de conductos. Destruido el cuerpo, las sensaciones se hacen generales, y he aquí por qué no dice el espíritu que la cabeza le duela más que los pies. Es preciso, además, no confundir las sensaciones del periespíritu independiente ya, con las del cuerpo, que sólo podemos tomar como término de comparación y no como analogía. Desprendido el cuerpo, el espíritu puede sufrir, pero este sufrimiento no es el del cuerpo, y sin embargo, no es un sufrimiento exclusivamente moral como el remordimiento, puesto que se queja de frío y de calor. La temperatura no les impresiona, puesto que no sufren más en invierno que en verano y puesto que hemos visto a algunos atravesar las llamas, sin experimentar sufrimiento alguno. El dolor que sienten no es, pues, físico propiamente dicho, sino un vago sentimiento íntimo del que no siempre se da perfecta explicación el mismo espíritu, precisamente porque el dolor no está localizado, ni es producido por agentes extremos, Es más bien un recuerdo de la realidad; pero recuerdo tan penoso como ésta. A veces, sin embargo, es más que un recuerdo, según vamos a ver.

La experiencia nos enseña que, en el acto de la muerte, el periespíritu se desprende más o menos lentamente del cuerpo. Durante los primeros momentos, el espíritu no se explica su situación; no se cree muerto; se siente vivo; ve su cuerpo a un lado, sabe que le pertenece y no comprende que esté separado de él. Semejante estado dura mientras existe un lazo entre el cuerpo y el periespíritu. Un suicida nos decía: «No, no estoy muerto», y añadía: «Y, sin embargo, siento cómo me roen los gusanos». Ciertamente que los gusanos no roían el periespíritu y menos aún el espíritu, sino el cuerpo. Pero como no era aún completa la separación del cuerpo y del periespíritu, resultaba una especie de repercusión moral que le transmitía la sensación de lo que en el cuerpo se realizaba. Quizá repercusión no sea la palabra, porque podría dar la idea de un efecto demasiado material, y más bien la vista de lo que ocurría en su cuerpo, al que le ligaba el periespíritu, le producía una ilusión que tomaba por la misma realidad. Así, pues, no era un recuerdo, porque, durante la vida, no había sido roído de gusanos, sino el sentimiento de su estado actual. De este modo se comprenderán las deducciones que pueden hacerse de, los hechos, cuando atentamente se les observa. Durante la vida, el cuerpo recibe las impresiones externas y las transmite al espíritu por mediación del periespíritu, que probablemente constituye lo que se llama fluido nervioso. Muerto el cuerpo, nada siente, porque carece de espíritu y de periespíritu. Éste, separado del cuerpo, experimenta la sensación; pero, como no la recibe por conducto limitado, se hace general la sensación. Luego, como en realidad no es más que un agente de transmisión, pues que el espíritu es el que siente, resulta que, si pudiese existir un periespíritu sin espíritu, no seria más sensible que el cuerpo después de muerto, del mismo modo que, si el espíritu careciese de periespíritu, seria inaccesible a las sensaciones penosas, lo cual tiene lugar en los espíritus totalmente purificados. Sabemos que, mientras más se purifican, más etérea se hace la esencia del periespíritu, de donde se sigue que la influencia material disminuye a medida que el espíritu progresa, es decir, a medida que el mismo periespíritu se hace menos grosero.

Pero, se dirá, las sensaciones gratas, como las desagradables, son transmitidas al espíritu por el periespíritu, y si el espíritu puro es inaccesible a las unas, debe serlo igualmente a las otras. Indudablemente que sí, respecto de las que provienen únicamente de la materia que conocemos. El sonido de nuestros instrumentos y el perfume de nuestras flores no le causan impresión alguna, y, sin embargo, existen en él sensaciones íntimas y de un indefinible encanto del cual ninguna idea podemos formarnos; porque en este punto somos como los ciegos de nacimiento respecto de la luz. Sabemos que existe; pero, ¿de qué modo? Hasta aquí llega nuestra ciencia. Sabemos que existen en ellos percepciones, sensaciones, audición y visión; que estas facultades son atributos de todo el ser, y no de una parte de éste, como sucede en el hombre; pero volvemos a preguntarlo: ¿por qué medio? No lo sabemos. Los mismos espíritus no pueden explicarlo, porque nuestro idioma no está creado de modo que con él se expresen ideas de que carecemos, como en el de los salvajes no se encuentran términos para expresar las de nuestras artes, ciencias y doctrinas filosóficas.

Al decir que los espíritus son inaccesibles a las impresiones de nuestra materia, queremos hablar de espíritus muy elevados cuya envoltura etérea no tiene análoga en la tierra. No sucede lo mismo en los espíritus que tienen más denso el periespíritu, los cuales perciben los sonidos y olores terrestres, pero no por una parte limitada de su individuo, como cuando vivían. Podría decirse que las vibraciones moleculares se hacen sentir en todo el ser, llegando así al *sensorio común*, que es el mismo espíritu, aunque de un modo diferente y quizá con diferente impresión, lo que produce una modificación en la percepción. Oyen el sonido de nuestra voz y nos entienden sin embargo, sin el auxilio de la palabra, por la sola transmisión del pensamiento. Y viene apoyo de lo que decimos, el hecho de que la penetración es tanto más fácil cuanto más desmaterializado está el espíritu. En cuanto a la vista, es independiente de nuestra luz. La facultad de ver es atributo esencial del alma, para la cual no existe oscuridad; pero es más vasta y penetrante en 'los que están más purificados. El alma o espíritu tiene, pues, en si mismo la facultad de todas las percepciones. Durante la vida corporal están entorpecidas por la imperfección de nuestros órganos, y en la extracorporal disminuye semejante entorpecimiento, a medida que se hace más transpa rente la envoltura semimaterial.

Esta envoltura que tomamos en el medio ambiente, varía según la naturaleza de los mundos. Al pasar de uno a otro, los espíritus cambian de envoltura como nosotros de vestido, al pasar del invierno al verano, o del polo al ecuador. Cuando los espíritus más elevados vienen a visitarnos, revisten, pues, el periespíritu terrestre, realizándose entonces sus percepciones como las de los espíritus vulgares; pero todos ellos, así los inferiores, como los superiores, no oyen y sienten más que lo que quieren. Sin tener órganos sensitivos, pueden a su gusto hacer que sus percepciones sean nativas o nulas, y sólo se ven obligados a oír una cosa: los consejos de los espíritus buenos. La vista es siempre activa en ellos; pero mutuamente pueden hacerse invisibles los unos a los otros. Según el lugar que ocupan, pueden ocultarse a los que les son inferiores; pero no a los superiores. En los momentos subsiguientes a la muerte, la vista del espíritu está siempre turbada y confusa, aclarándose a medida que se desprende y puede adquirir la misma lucidez que durante la vida, independientemente de su penetración a través de los cuerpos que son opacos para nosotros. En cuanto a su extensión a través del espacio indefinido, así para el porvenir como para el pasado, depende del grado de pureza y elevación del espíritu.

Toda esta teoría, se dirá, no es muy tranquilizadora. Nosotros creíamos que una vez desprovistos de nuestra grosera envoltura, instrumento de nuestros dolores, no sufriríamos más, y ahora nos venís Con que aún habremos de sufrir, puesto que poco importa que sea de este o de aquel modo, si al fin y al cabo sufrimos. ¡Ah! Sí, aún podemos sufrir, y mucho y por mucho tiempo; pero también podemos dejar de sufrir, hasta desde el momento de terminar esta vida corporal.

Las sufrimientos de la tierra son a veces independientes de nosotros; pero en muchas ocasiones son consecuencia de nuestra voluntad. Remontémonos a su origen, y se verá que el mayor número es consecuencia de causas que hubiésemos podido evitar. ¿Cuántos males, cuántas dolencias no debe el hombre a sus excesos, a su ambición, a sus pasiones, en una palabra? El hombre que siempre viviese sobriamente, que hubiese sido siempre sencillo en sus gustos modesto en sus deseos, se evitaría no pocas tribulaciones. Lo mismo sucede al espíritu, cuyos sufrimientos son siempre producto del modo cómo ha vivido en la tierra. Ciertamente no padecerá de gota y reumatismo; pero tendrá otros sufrimientos que no le van en zaga. Hemos visto que éstos son resultados de los lazos que aún existen entre él y la materia; que mientras más se desprende de ella, o de otro modo, que mientras más desmaterializado está, menos sensaciones penosas experimenta, dependiendo de él, por lo tanto, librarse de semejante influencia desde esta vida. Tiene su libre albedrío, y, por consiguiente, la elección de hacer o dejar de hacer. Que domine sus pasiones animales; que no tenga odio, ni envidia, ni celos, ni orgullo; que no se deje dominar por el egoísmo; que purifique su alma con buenos sentimientos; que prac tique el bien y que no dé a las cosas de este mundo más importancia de la que merecen, y entonces, hasta bajo la envoltura corporal, estará purificado y desprendido de la materia, y al separarse de ella no sufrirá su influencia. Los padecimientos físicos que haya experimentado no le dejarán recuerdo alguno penoso, no le quedará de ellos impresión alguna desagradable; porque sólo al cuerpo, y no al espíritu, habrán afectado. Se considerará feliz al verse libre de aquella envoltura, y la tranquilidad de la conciencia le emancipará de todo sufrimiento moral. Hemos interrogado sobre el particular a mil y mil, que han pertenecido a todos los órdenes sociales, a todas las posiciones de la sociedad; los hemos estudiado en todos los períodos de su vida espiritista, desde el acto de la muerte; paso a paso los hemos seguido en la vida de ultratumba para observar los cambios que en ellos se operan, así en sus ideas como en sus sensaciones, y sobre semejante asunto, no son los hombres vulgares los que nos han proporcionado los puntos de estudio menos preciosos. Y siempre hemos observado que los sufrimientos están en relación de la conducta, cuyas consecuencias experimentan, y qué aquella nueva existencia es origen de inefable dicha para los que han seguido el buen camino, de donde se deduce que los que padecen, es porque así lo han querido y que sólo a ellos debe culparse, así en éste como en el otro mundo.

5. Elección de las pruebas

☞ 258. En estado errante y antes de tomar una nueva existencia corporal, ¿tiene el espíritu conciencia y previsión de lo que le sucederá durante la vida?

«Elige por si mismo el género de pruebas que quiere sufrir, y en esto consiste su libre albedrío».

—¿No es, pues, Dios quien le impone como castigo las tribulaciones de la vida?

«Nada sucede sin el permiso de Dios; porque él estableció todas las leyes que rigen el universo. ¡Preguntad, pues, por qué ha hecho tal ley y no tal otra! Dejando al espíritu la libertad de elegir, le abandona toda la responsabilidad de sus actos y consecuencias; nada estorba su porvenir, y le pertenece así el camino del bien, como el del mal. Pero le queda, si sucumbe, el consuelo de que no todo ha concluido para él y de que Dios, en su bondad, le deja en libertad de volver a empezar lo que ha hecho mal. Es preciso, por otra parte, distinguir lo que es obra de la voluntad de Dios y lo que procede de la del hombre. Si os amenaza un peligro, no sois vosotros, sino Dios, quien lo ha creado; pero vosotros sois libres de exponeros a él; porque lo consideráis un medio de progreso, y Dios lo ha permitido ».

☞ 259. Si el espíritu elige el género de pruebas que quiere sufrir, ¿síguese de ello que hemos previsto y elegido todas las tribulaciones que en la vida experimentamos?

« Todas no es la palabra; porque no puede decirse que hayáis previsto hasta las cosas más insignificantes de todo lo que os pasa en el mundo. Habéis elegido el género de prueba, y los hechos secundarios son consecuencia de la posición y a menudo de vuestras propias acciones. Si el espíritu ha querido nacer entre malhechores, por ejemplo, sabía a qué peligros se exponía; pero no cada uno de los actos que realizaría, pues éstos son efecto de la voluntad y del libre albedrío. El espíritu sabe que eligiendo tal camino, habrá de arrostrar tal género de lucha, conoce, pues, la naturaleza de las vicisitudes que encontrará, pero no sabe si antes tendrá lugar este acontecimiento que aquel otro.
Los sucesos de detalle nacen de las circunstancias y de la fuerza de las cosas. Sólo están previstos los grandes acontecimientos, los que influyen en el destino. Si eliges un camino lleno de atolladeros, sabes que has de tomar grandes precauciones, porque corres peligro de caer; pero no sabes en qué lugar caerás, y acaso lo evites, si eres prudente. Si pasando por la calle te cae una teja en la cabeza, no creas que estaba escrito como vulgarmente se dice ».

☞ 260. ¿Cómo puede el espíritu querer nacer entre gentes de mal vivir?

« Preciso es que sea enviado a un centro en que pueda sufrir la prueba que haya pedido. Pues bien, es necesaria la analogía, y para luchar con el instinto del bandolerismo, es preciso que encuentre personas de esa calaña ».

—Si no hubiese, pues, gentes de mal vivir en la tierra, ¿el espíritu no podría encontrar la esfera necesaria a ciertas pruebas?

« ¿Y os quejaríais de ello? Lo que tú dices sucede en los mundos superiores donde no tiene acceso el mal, y por esto sólo los habitan espíritus buenos. Procurad que pase pronto lo mismo en vuestra tierra ».

☞ 261. En las pruebas que ha de sufrir para llegar a la perfección, ¿debe el espíritu experimentar todos los géneros de tentaciones? ¿Debe pasar por todas las circunstancias que pueden excitar en él el orgullo, los celos, la avaricia, el sensualismo, etcétera?

« Ciertamente que no, puesto que sabéis que los hay que, desde el principio, toman un camino que los libra de no pocas pruebas; pero el que se deja arrastrar hacia el mal camino, corre todos los peligros de éste. Un espíritu, por ejemplo, puede pedir riquezas que le son concedidas, y siguiendo entonces su camino, puede ser avaro o pródigo, egoísta o generoso, o bien entregarse a todos los goces del sensualismo, sin que quiera esto decir que deba pasar forzosamente por toda la serie de esas inclinaciones ».

☞ 262. ¿Cómo el espíritu, que en su origen es sencillo, ignorante e inexperto, puede escoger una existencia con conocimiento de causa, y ser responsable de esta elección?

«Dios suple su inexperiencia trazándole el camino que debe seguir, como lo hacéis vosotros con el niño desde que nace; pero, poco a poco, le hace dueño de elegir a medida que se desarrolla su libre albedrío, y entonces es cuando a menudo se extravía, tomando el mal camino, si no escucha los consejos de los espíritus buenos. A esto es a lo que puede llamarse la caída del hombre».

—Cuando el espíritu disfruta de su libre albedrío, ¿la elección de la existencia corporal depende siempre exclusivamente de su voluntad, o esa existencia puede serle impuesta como expiación por la voluntad de Dios?

«Dios sabe esperar y no apresura la expiación. Pero puede, sin embargo, imponer una existencia al espíritu, cuando éste, por su inferioridad o mala voluntad, no es apto para comprender lo que le sería más saludable, y cuando se ve que aquella existencia, sobre servirle de expiación, contribuye a su purificación y adelanto».

☞ 263. ¿Hace el espíritu su elección inmediatamente después de la muerte?

«No; muchos creen en las penas eternas, lo cual, según se os ha dicho, es un castigo».

☞ 264. ¿Qué es lo que dirige al espíritu en la elección de las pruebas que quiere sufrir?

«Las que son para él una expiación, dada la naturaleza de sus faltas, y que pueden hacerles progresar más pronto. Los unos pueden, pues, imponerse una vida de miseria y de privaciones para probar de soportarlas con valor; otros pueden querer probarse con las tentaciones de la fortuna y el poderío, mucho más peligrosos por el abuso y mal uso que puede hacerse y por las malas pasiones que engendran, y otros, en fin, quieren probarse con las luchas que han de sostener con el contacto del vicio».

☞ 265. Si hay espíritus que eligen como prueba el contacto del vicio, ¿los hay también que lo eligen por simpatía y deseos de vivir en un centro conforme con sus gustos, o para poder entregarse libremente a sus inclinaciones materiales?

«Cierto que los hay; pero sólo entre aquellos cuyo sentido moral está poco desarrollado aún, y entonces viene por si misma la prueba y la sufren por más largo tiempo. Tarde o temprano comprenden que la saciedad de las pasiones brutales, les reporta deplorables consecuencias, que sufrirán durante un tiempo que les parecerá eterno, y que Dios puede dejarles en este estado hasta que comprendan su falta y soliciten por si mismos redimirla con pruebas provechosas».

☞ 266. ¿No parece natural la elección de las pruebas menos penosas?

«A vosotros, si; pero no al espíritu . Cuando está desprendido de la materia, cesa la ilusión y piensa de distinto modo».

🖎 El hombre en la tierra y bajo la influencia de las ideas materiales, sólo ve el aspecto penoso de las pruebas, y por esto parécele natural elegir aquellas que, a su modo de ver, pueden aliarse con los goces materiales; pero en la vida espiritual compara estos goces fugitivos y groseros con la Inalterable felicidad que entreví, y entonces ¿qué le son algunos sufrimientos pasajeros? El espíritu puede, pues, elegir la más ruda prueba, y, por lo tanto, la existencia más penosa con la esperanza de llegar más pronto a mejor estado, como el enfermo escoge con frecuencia el remedio más desagradable para curarse más pronto. El que desea unir su nombre al descubrimiento de un país desconocido, no escoge un camino sembrado de flores; sabe los peligros que corre; pero también la gloria que le espera, si tiene buen éxito.

La doctrina de la libertad en la elección de nuestras existencias y de las pruebas que hemos de sufrir deja de parecer extraordinaria, si se considera que los espíritus, desprendidos de la materia, aprecian las cosas de muy distinto modo que nosotros. Vislumbran el fin, fin mucho más grave para ellos que los goces fugitivos del mundo; después de cada existencia, ven el paso que han dado y comprenden lo que les falta purificarse aún para conseguirlo, y he aquí por qué se someten voluntariamente a todas las vicisitudes de la vida corporal, pidiendo por sí mismos las que pueden hacerlos llegar más pronto. Sin razón, pues, se admiran algunos de que el espíritu no dé la preferencia a la existencia más placentera. En su estado de imperfección no puede gozar de la vida exenta de amarguras; la entreví, y para conseguirla, procura mejorarse.

¿Acaso no se ofrecen todos los días a nuestros ojos ejemplos de lecciones semejantes? El hombre que trabaja una parte del día sin tregua ni descanso para procurarse el bienestar, ¿no se impone una tarea con la mira de buscar mejor porvenir? El militar que se ofrece para una misión peligrosa, y el viajero que desafía peligros no menores, en interés de la ciencia o de su fortuna, ¿qué hacen sino aceptar pruebas voluntarias que han de redundarles en honra y provecho, si de ellas salen salvos? ¿A qué no se somete y expone el hombre por interés o gloria? Todos los certámenes ¿no son acaso pruebas voluntarias a que nos sometemos con la mira de elevarnos en la profesión que hemos elegido? No se llega a una posición social trascendental cualquiera en las ciencias, en las artes y en la industria, sino pasando por la serie de posiciones inferiores que son otras tantas pruebas. La vida humana está calcada sobre la espiritual, pues encontramos en aquélla, aunque en pequeño, las mismas vicisitudes de ésta. Luego, si en la vida elegimos con frecuencia las más rudas pruebas con la mira de lograr un fin más elevado, ¿por qué el espíritu, que ve más que el cuerpo y para quien la vida corporal no es más que un incidente fugitivo, no ha de elegir una existencia penosa y laboriosa, si le conduce a una felicidad eterna? Los que dicen que si los hombres eligen la existencia pedirán ser príncipes o millonarios, son como los miopes que sólo ven lo que tocan, o como aquellos niños glotones que, al ser preguntados acerca de la profesión que más les gusta, responden: pastelero o confitero.

Un viajero que se encuentra en medio de un valle oscurecido por la bruma, no ve ni la anchura, ni los extremos del camino, pero llega a la cumbre del monte, descubre el que ha recorrido y el que aún le falta recorrer, distingue el fin y los obstáculos que todavía le restan por vencer, y puede combinar con más seguridad entonces los medios de llegar al final. El espíritu encarnado está como el viajero que se encuentra al pie del monte; pero desprendido de los lazos terrestres, domina las cosas como el que ha llegado a la cima. El fin del viajero es el descanso después del cansancio; el del espíritu, la dicha suprema después de las tribulaciones y pruebas.

Todos los espíritus dicen que en estado errante inquieren, estudian y observan para elegir. ¿No tenemos ejemplo de este hecho en la vida material? ¿No buscamos a menudo durante muchos anos la carrera que libremente elegimos, porque la creemos más propicia a nuestro propósito? Si salimos mal a una, buscamos otra, y cada carrera que abrazamos es una fase, un período de la vida. ¿No empleamos el día en buscar lo que haremos mañana? ¿Y qué son las diferentes existencias corporales par el espíritu, sino etapas, períodos, días de su vida espiritista, que, como ya sabemos, es la normal, no siendo la corporal más que transitoria y pasajera?

☞ 267. ¿Podría el espíritu hacer la elección durante el estado corporal?

«Puede influir en ella el deseo, lo que depende de la intención; pero en estado de espíritu ve con frecuencia las cosas de muy diferente modo. Sólo el espíritu hace la elección; pero, lo repetimos, puede hacerla en esta vida material; porque el espíritu tiene siempre momentos en que es independiente de la materia que habita».

—Muchas personas desean la grandeza y la riqueza, y ciertamente no lo hacen ni como expiación, ni como prueba.

«Sin duda la materia es la que desea la grandeza para disfrutarla, y el espíritu para conocer sus vicisitudes».

☞ 268. ¿Sufre el espíritu constantemente pruebas, hasta llegar al estado de pureza perfecta?

«Sí, pero no son como las comprendéis vosotros, que llamáis pruebas a las tribulaciones materiales. El espíritu, cuando llega a cierto grado, sin ser perfecto aún, deja de sufrir; pero siempre tiene deberes que le ayudan a perfeccionarse y que no le son nada penosos, pues a falta de otros, tendría el de ayudar a sus semejantes a perfeccionarse».

☞ 269. ¿Puede equivocarse el espíritu acerca de la eficacia de la prueba que elige?

«Puede escoger una superior a sus fuerzas, y entonces sucumbe, y puede también elegir una que no le aproveche, como, por ejemplo, un género de vida ocioso e inútil; pero vuelto al mundo de los espíritus, conoce que nada ha ganado, y solicita reparar el tiempo perdido».

☞ 270. ¿De qué depende la vocación de ciertas personas a la voluntad de preferir una carrera a otra?

«Me parece que vosotros mismos podéis contestaros la pregunta. ¿Acaso no es consecuencia eso que preguntáis de todo lo que hemos dicho sobre la elección de las pruebas, y del progreso realizado en una existencia anterior?»

☞ 271. Estudiando el espíritu, en estado errante, las diversas condiciones con que podrá progresar, ¿cómo cree poderlo hacer naciendo, por ejemplo, entre caníbales?

«Los espíritus adelantados no nacen entre caníbales, sino los de la misma naturaleza que éstos, o que les son inferiores».

✎ Sabemos que nuestros antropófagos no están en el grado más bajo de la escala, y que hay mundos donde el embrutecimiento y la ferocidad no tienen análogos en la Tierra. Semejantes espíritus son, pues, inferiores a los más inferiores de nuestro mundo, y el nacer entre nuestros salvajes es un progreso para ellos, como lo seria para nuestros antropófagos el desempeñar aquellos oficios que consisten en derramar sangre. Si no tienen más altas miras, es por su Inferioridad moral, que no les permite comprender más completo progreso. Sólo gradualmente puede avanzar el espíritu, y no puede salvar de un salto la distancia que va de la barbarie a la civilización, lo cual nos manifiesta una necesidad de la reencarnación, que está verdaderamente conforme con la justicia de Dios, pues a no ser así, ¿qué sería de esos miles de seres que cada día mueren en el último estado de degradación, si no tuviesen medios de lograr el extremo superior? ¿Por qué habría de desheredárseles de los beneficios concedidos a los otros hombres?

☞ 272. ¿Podrían nacer en nuestros pueblos civilizados espíritus que procediesen de un mundo inferior a la Tierra, o de un pueblo muy atrasado, como los caníbales, por ejemplo?

« Sí, los hay que se extravían queriendo subir muy alto; pero entonces se encuentran fuera de su centro; porque tienen costumbres e instintos contrapuestos a los vuestros ».

🖎 Esos seres nos ofrecen el triste ejemplo de la ferocidad en medio de la civilización, y volviendo a renacer entre caníbales no retrocederán, sino que volverán a ocupar su verdadero puesto, y acaso ganen haciéndolo.

☞ 273. Un hombre perteneciente a una raza civilizada, ¿podría por expiación ser reencarnado en un salvaje?

« Sí, pero esto depende de la clase de expiación. Un amo que ha sido duro con sus esclavos, podrá a su vez ser esclavo, y sufrir los malos tratamientos que ha usado con los demás; el que mandaba en cierta época puede, en una nueva existencia, obedecer a los que antes se humillaban ante su voluntad. Será una expiación, si ha abusado de su poder, y Dios puede imponérsela. Un espíritu bueno puede también, a fin de hacerlos progresar, escoger una existencia influyente entre esos pueblos, y entonces desempeña una misión ».

6. Relaciones de ultratumba

☞ 274. Los diferentes órdenes de espíritus, ¿establecen entre si jerarquía de poderes? ¿Existe entre ellos subordinaciones y autoridad?

« Sí, y muy grande. Unos espíritus ejercen sobre otros autoridad relativa a su superioridad por un ascendiente moral irresistible ».

—Los espíritus inferiores, ¿pueden sustraerse a la autoridad de los que son superiores?

« Irresistible, hemos dicho ».

☞ 275. El poderío y consideración de que goza el hombre en la Tierra, ¿le dan superioridad en el mundo de los espíritus?

«No; porque los pequeños serán ensalzados y los grandes humillados. Lee los salmos».

—¿Cómo hemos de entender esa elevación y humillación?

«¿No sabes que los espíritus son de diferentes órdenes según sus virtudes? Pues bien. Los más grandes de la tierra pueden ocupar el último puesto entre los espíritus, al paso que sus servidores pueden ser los primeros. ¿No lo comprendes? ¿No dijo Jesús: "Todo el que se humille será elevado, y todo el que se eleve será humillado"?»

☞ 276. El que era grande en la Tierra y se encuentra ser inferior en el mundo de los espíritus, ¿siente alguna humillación?

«A menudo muy grande, sobre todo, si era orgulloso y celoso».

☞ 277. El soldado que, después del combate, encuentra a su general en el mundo de los espíritus, ¿le tiene aún por superior?

«El título nada significa; la superioridad real lo es todo».

☞ 278. ¿Están confundidos los espíritus de diferentes órdenes?

«Si y no, es decir, se ven; pero se distinguen los unos de los otros. Se separan o se aproximan, según la analogía o antipatía de sus sentimientos, como sucede entre vosotros. Forman un mundo cuyo reflejo oscurecido es el vuestro. Los del mismo grado se reúnen por una especie de afinidad, forman grupos o familias de espíritus unidos por la simpatía y por el fin que se proponen: los buenos, por el deseo de hacer el bien, y los malos, por el de hacer el mal, por la vergüenza de su falta y por la necesidad de encontrarse entre seres semejantes a ellos».

🖎 Lo mismo sucede en una gran ciudad, donde los hombres de todos los grados y de todas las condiciones se ven y se encuentran, sin confundirse; donde las sociedades se forman por analogía de gustos; donde el vicio y la virtud se codean sin relacionarse.

☞ 279. ¿Pueden todos los espíritus ir por doquiera?

«Los buenos van a todas partes, y preciso es que así sea, para que puedan influir en los malos; pero las regiones habitadas por los buenos están vedadas a los imperfectos, con el fin de que no puedan llevar a ellas la perturbación de sus malas pasiones».

☞ 280. ¿Cuál es la naturaleza de las relaciones de los buenos y malos espíritus?

«Los buenos procuran combatir las malas inclinaciones de los otros con el fin de ayudarles a ascender. Esta es una misión».

☞ 281. ¿Por que se complacen los espíritus inferiores en inducirnos al mal?

«Por celos de no haber merecido estar entre los buenos. Su deseo no es otro que impedir tanto como pueden, a los espíritus inexpertos el llegar al bien supremo. Quieren hacer sufrir a los otros lo que ellos sufren. ¿No observáis lo mismo entre vosotros?»

☞ 282.¿Cómo se comunican entre si los espíritus?

«Se ven y se comprenden. La palabra, reflejo del espíritu, es material. El fluido universal establece entre ellos una comunicación constante, pues aquél es el vehículo de la transmisión del pensamiento, como lo es del sonido el aire entre vosotros; es una especie de telégrafo universal que enlaza a todos los mundos, y permite a los espíritus la mutua correspondencia».

☞ 283.¿Pueden los espíritus simularse mutuamente sus pensamientos y ocultarse los unos a los otros?

«No, para ellos todo está de manifiesto, especialmente cuando son perfectos; pero siempre se ven. Esta no es, empero, una regla absoluta; porque ciertos espíritus pueden perfectamente hacerse invisibles a otros, si consideran útil hacerlo así».

☞ 284.¿Cómo los espíritus, no teniendo cuerpo, pueden evidenciar su individualidad y distinguirse de los otros seres espirituales que los rodean?

«Por medio del periespíritu, que los constituye en seres distintos unos de otros, como el cuerpo entre los hombres».

☞ 285.¿Se conocen los espíritus por haber vivido juntos en la tierra? ¿Conoce el padre a su hijo, y el amigo a su amigo?

«Sí; y así, de generación en generación».

—¿De qué modo se reconocen en el mundo de los espíritus los hombres que en la tierra se han conocido?

«Vemos nuestra vida pasada y leemos en ella como en un libro, y viendo el pasado de nuestros amigos y enemigos, vemos un tránsito de la vida a la muerte».

☞ 286.Al separarse de la envoltura mortal, ¿ve el alma inmediatamente a los parientes y amigos, que antes que ella ingresaron en el mundo de los espíritus?

«Inmediatamente no es siempre la verdadera palabra; porque, como tenemos dicho, necesita cierto tiempo para reconocerse y sacudir el velo material».

☞ 287.¿De qué modo es acogida el alma a su regreso al mundo de los espíritus?

«La del justo, como un hermano querido, a quien de mucho tiempo se esperaba; la del reprobó, como un ser a quien se desprecia».

☞ 288.¿Qué sentimiento experimentan los espíritus impuros a la vista de otro espíritu malo que llega?

«Los malos se complacen en ver seres semejantes y como ellos privados de la dicha infinita; como se complace en la tierra uno de vuestros bribones de estar entre sus iguales».

☞ 289.¿Salen a veces a nuestro encuentro nuestros parientes y amigos, cuando dejamos la tierra?

« Sí, salen al encuentro del alma a quien aman, y la felicitan por su vuelta del viaje, si se ha salvado de los peligros del camino, y la ayudan a desprenderse de los lazos corporales. Es un favor hecho a los buenos el que salga a su encuentro los que les han amado, al paso que es un castigo para el impuro el que permanezca en el aislamiento, o rodeado únicamente de espíritus que le son semejantes ».

☞ 290. ¿Los parientes y amigos están siempre reunidos después de la muerte?

« Esto depende de su elevación y del camino que adoptan para su progreso. Si uno está más adelantado y camina más aprisa que el otro, no pueden estar juntos; podrán verse a veces, pero sólo podrán estar reunidos siempre, cuando puedan caminar juntos o cuando hayan logrado la igualdad de perfección. Y además, la privación de la vista de los parientes y amigos es a veces un castigo ».

7. Relaciones simpáticas y antipáticas de los Espíritus - Mitades eternas

☞ 291. Aparte de la simpatía general de semejanza, ¿tienen entre si los espíritus afectos particulares?

« Sí, lo mismo que los hombres; pero el lazo que une a los espíritus es más estrecho, cuando falta el cuerpo, porque no está expuesto a las vicisitudes de las pasiones ».

☞ 292. ¿Sienten odio entre si los espíritus?

« Sólo entre los espíritus impuros germina el odio, y ellos son los que suscitan vuestras enemistades y disensiones ».

☞ 293. Dos seres que hayan sido enemigos en la tierra, ¿se guardan resentimientos en el mundo de los espíritus?

« No, pues comprenden que el odio era estúpido y la causa pueril. Sólo los espíritus imperfectos conservan una especie de animosidad, hasta que se han purificado. Si únicamente los ha enemistado el interés material, no piensan en él por poco desmaterializados que estén. Si no existe antipatía entre ellos, concluido el motivo de separación, pueden volverse a ver hasta con placer ».

🖎 Lo mismo que dos condiscípulos que, llegados a la edad de la razón, reconocen la puerilidad de las disidencias de la infancia, y cesan de tenerse mala voluntad.

☞ 294. El recuerdo de las malas acciones que dos hombres se hayan hecho, ¿es obstáculo a su simpatía?

« Sí, y los induce a alejarse ».

☞ 295. ¿Qué sentimiento experimentan después de la muerte aquellos a quienes hemos hecho mal en la tierra?

« Si son buenos, perdonan según vuestro arrepentimiento, y si son malos, pueden guardar resentimiento y a veces hasta perseguiros en otra existencia. Dios puede permitirlo por vía de castigo ».

☞ 296. Los afectos individuales de los espíritus, ¿son susceptibles de alteración?

«No, porque no pueden engañarse; no conservan la máscara con que se ocultan los hipócritas, y por esto sus afectos, cuando son puros, son inalterables. El amor que les une es para ellos origen de suprema dicha».

☞ 297. El afecto que dos seres se han profesado en la tierra, ¿se conserva siempre en el mundo de los espíritus?

«Sin duda que sí, estando fundado en una verdadera simpatía; pero si las causas físicas tienen mayor parte que la simpatía, cesa aquél con la causa. Los afectos entre los espíritus son más sólidos y duraderos que en la tierra; porque no están subordinados al capricho de los intereses materiales y del amor propio».

☞ 298. Las almas que han de enlazarse, ¿están predestinadas a este enlace desde su origen, y cada uno de nosotros tiene en alguna parte del universo su mitad, a la cual se unirá fatalmente algún día?

«No; no existe unión particular y fatal entre dos almas. Existe unión entre todos los espíritus; pero en grados diferentes según el lugar que ocupan, es decir, según la perfección que han adquirido. Mientras más perfectos son, más unidos están. De la discordia nacen los humanos males; de la concordia la dicha completa».

☞ 299. ¿En qué sentido debe tomarse la palabra mitad de que se valen ciertos espíritus, para designar a los espíritus simpáticos?

«La expresión es inexacta, pues si un espíritu fuese mitad de otro, separado de éste, sería incompleto».

☞ 300. Reunidos dos espíritus perfectamente simpáticos, ¿lo quedan eternamente, o bien pueden separarse y unirse a otros espíritus?

«Todos los espíritus están unidos entre si: hablo de los que han llegado a la perfección. En las esferas inferiores, cuando un espíritu se eleva, no tiene la misma simpatía hacia los que ha dejado».

☞ 301. ¿Son completamente el uno del otro, dos espíritus simpáticos, o bien la simpatía es resultado de la perfecta identidad?

«La simpatía que atrae un espíritu a otro es resultado de la perfecta concordancia de sus inclinaciones, de sus instintos. Si el uno completase al otro perdería su individualidad».

☞ 302. La identidad necesaria a la simpatía perfecta, ¿consiste sólo en la semejanza de pensamientos y sentimientos, o también en la uniformidad de conocimientos adquiridos?

«En la igualdad de grados de elevación».

☞ 303. Los espíritus que hoy no son simpáticos, ¿pueden llegar a serlo más tarde?

«Sí, todos lo serán. Así el espíritu que se encuentra hoy en tal esfera inferior, perfeccionándose, llegará a la esfera donde reside tal otro. Su encuentro se verificará más pronto, si el espíritu más elevado, soportando mal las pruebas a que se ha sometido, permanece en el mismo estado».

—¿Dos espíritus simpáticos pueden dejar de serlo?

«Sin duda, si es perezoso el uno».

✎ La teoría de las mitades eternas es una figura que representa la unión de dos espíritus simpáticos; es una expresión que hasta en lenguaje vulgar se usa y que no debe tomarse literalmente. Los espíritus que la han empleado ciertamente no pertenecen al orden más elevado; la esfera de sus ideas es necesariamente limitada, y acaso han expuesto su pensamiento en los mismos términos de que se hubieran valido durante la vida corporal. Es preciso, pues, rechazar la idea de que dos espíritus creados el uno para el otro, deben reunirse fatalmente algún día en la eternidad, después de haber estado separados durante un espacio de tiempo más o menos largo.

8. Recuerdo de la existencia corporal

☞ 304. ¿Recuerda el espíritu su existencia corporal?

«Sí; es decir, que habiendo vivido muchas veces Como hombre, recuerda lo que ha sido, y a fe que a veces se ríe con lástima de si mismo».

✎ Como el hombre que, llegado a la edad de la razón, se ríe de las locuras de su juventud, o de las puerilidades de su infancia.

☞ 305. El recuerdo de la existencia corporal, ¿se presenta al espíritu, después de la muerte, de un modo completo e inesperado?

«No, le aparece poco a poco, como algo que sale de entre brumas, y a medida que fija la atención».

☞ 306. ¿Recuerda el espíritu detalladamente todos los sucesos de su vida, o abraza el conjunto de una ojeada retrospectiva?

«Recuerda las cosas en proporción a las consecuencias que producen a su estado de espíritu; pero comprenderás que hay circunstancias de su vida a las que no da importancia alguna, y de las cuales ni siquiera procura acordarse».

—¿Podría acordarse, si quisiese?

«Puede recordar los pormenores más minuciosos, ya de los acontecimientos, ya de sus pensamientos; pero cuando no traen utilidad, no lo hace».

—¿Entrevé el objeto de la vida terrestre con relación a la futura?

«Ciertamente que lo ve y lo comprende mucho mejor que durante la vida del cuerpo; comprende la necesidad de purificarse para llegar al infinito, y sabe que en cada existencia se libra de algunas impurezas».

☞ 307. ¿Cómo se presenta la vida pasada a la memoria del espíritu? ¿Por un esfuerzo de su imaginación o como un cuadro que tiene ante los ojos?

«Lo uno y lo otro sucede, pues todos los actos, cuyo recuerdo le interesa, los tiene como delante, y los otros permanecen más o menos en la vaguedad del pensamiento, o completamente olvidados. Mientras más desmaterializado está el espíritu, menos importancia atribuye a las cosas materiales. A menudo evoca espíritus errantes, que acaban de dejar la tierra y que no recuerdan los nombres de las personas que amaban, ni muchos pormenores que a ti te parecen importantes. Poco se cuidan ellos de eso y lo olvidan. De lo que se acuerdan perfectamente es de los hechos principales que les ayudan a mejorarse».

☞ 308. ¿Recuerda el espíritu todas las existencias precedentes a la última que acaba de vivir?

«Todo su pasado se descorre ante él como las etapas que ha transcurrido el viajero; pero, lo hemos dicho ya, no recuerda de un modo absoluto todos los actos, sino en proporción de la influencia que tienen en su situación presente. Respecto a las primeras existencias, las que pueden considerarse como la infancia del espíritu, se pierden en la vaguedad y desaparecen en la oscuridad del olvido».

☞ 309. ¿Cómo considera el espíritu el cuerpo que acaba de dejar?

«Como un vestido malo que le molestaba, y de cuyo desprendimiento se considera feliz».

— ¿Qué sentimiento le despierta él espectáculo de su cuerpo descomponiéndose?

«Casi siempre indiferencia como una cosa en que no se fija».

☞ 310. Al cabo de cierto tiempo, ¿reconoce el espíritu los huesos u otros objetos que le han pertenecido?

«A veces, lo que depende del punto de vista más o menos elevado desde donde considera las cosas terrestres».

☞ 311. El respeto que tiene a las cosas materiales que quedan del espíritu, ¿llama su atención acerca de ellas, y ve con gusto semejante respeto?

«Siempre se considera feliz el espíritu de que se acuerden de él. Las cosas que de él se conservan le recuerdan a vuestra memoria: pero el pensamiento es quien le atrae a vosotros, y no aquellos objetos».

☞ 312. ¿Conservan los espíritus el recuerdo de los sufrimientos que han experimentado durante su última existencia corporal?

«A menudo se conserva, y ese recuerdo les hace apreciar mejor la felicidad dé que pueden disfrutar como espíritus».

☞ 313. El hombre que ha sido feliz en la tierra, ¿echa de menos sus goces, al dejarla?

«Sólo los espíritus inferiores pueden echar de menos alegrías que simpatizan con la impureza de su naturaleza, y que expían con sus sufrimientos. Para los espíritus elevados es mil veces preferible la dicha eterna a los efímeros placeres de la tierra».

❧ Como el hombre adulto que desprecia lo que encontraba delicioso en su infancia.

☞ 314. El que con un fin útil ha empezado grandes trabajos que ha visto interrumpidos por la muerte, ¿siente en el otro mundo no haberlos concluido?

«No, porque ve que otros están destinados a terminarlos, y procura, por el contrario, influir en otros espíritus humanos para que los continúe. Su objeto en la tierra era el bien de la humanidad y el mismo es en el inundo de los espíritus».

☞ 315. El que ha dejado obras de arte o de literatura, ¿les profesa el mismo amor que durante la vida?

«Según su elevación, las juzga bajo otro punto de vista, y censura muy a menudo lo que antes más admiraba».

☞ 316. ¿Se interesa aún el espíritu en los trabajos de la tierra, en el progreso de las artes y las ciencias?

«Depende de su elevación o de la misión de que pueda estar encargado. Lo que os parece magnifico es con frecuencia insignificante para ciertos espíritus, y lo admiran como el sabio la obra del estudiante. Examina aquello que prueba la elevación de los espíritus encarnados y su progreso».

☞ 317. ¿Conservan los espíritus, después de la muerte, el amor a la patria?

«Siempre repetiremos el mismo principio: para los espíritus elevados la patria es el universo; en la tierra lo es el lugar donde hay más personas que les son simpáticas».

❧ La situación de los espíritus y su modo de apreciar las cosas varia hasta lo Infinito, en proporción al grado de su desarrollo moral e intelectual. Los espíritus de orden elevado se detienen por poco tiempo en la tierra. Todo lo que en ella se hace es tan mezquino, en comparación de la magnificencia de lo infinito, y son tan pueriles a sus ojos las cosas a que los hombres dan la mayor importancia, que pocos atractivos encuentran, a menos que no sean llamados con la mira de que cooperen al progreso de la humanidad. Los espíritus de orden intermedio vienen a la tierra con más frecuencia, aunque consideran las cosas desde más elevado punto de vista que durante la vida. Los espíritus vulgares son en cierto modo sedentarios en ella y constituyen la masa de la población ambiente del mundo invisible. Conservan a corta diferencia las mismas ideas, los mismos gustos y las mismas inclinaciones que tenían balo su envoltura corporal; toman parte en nuestras reuniones, en nuestros asuntos y en nuestras diversiones las cuales intervienen más o menos activamente, según su carácter. No pudiendo satisfacer sus pasiones, gozan con aquellos que a ellas se entregan, y las excitan. Entre estos tales, los hay más graves que miran y observan para instruirse y perfeccionarse.

☞ 318. ¿Se modifican las ideas de los espíritus en estado de espíritu?

«Mucho, pues experimenta grandes modificaciones, a medida que el espíritu se desmaterializa. Puede a veces conservar por largo tiempo las mismas ideas; pero la influencia de la materia disminuye poco a poco, y ve las cosas más claramente. Entonces es cuando busca el medio de mejorarse».

☞ 319. Puesto que el espíritu ha vivido la vida espiritista, antes de su encarnación, ¿de dónde procede su admiración al entrar en el mundo de los espíritus?

«No pasa de ser efecto del primer momento y de la turbación subsiguiente al despertamiento. Mas luego se reconoce perfectamente, a medida que se le presenta el recuerdo del pasado y se borra la impresión de la vida terrestre». (163 y siguientes.)

9. Conmemoración de los difuntos - Funerales

☞ 320. ¿Son sensibles los espíritus al recuerdo de aquellos a quienes amaron en la tierra?

«Mucho más de lo que vosotros podéis creer. Ese recuerdo aumenta su felicidad, si son felices, y les sirve de alivio, si son desgraciados».

☞ 321. El día de la conmemoración de los difuntos, ¿tiene algo de más solemne para los espíritus? ¿Se preparan para venir a visitar a los que van a orar cerca de sus restos?

«Los espíritus acuden al llamamiento del pensamiento lo mismo aquel día que los otros».

— Semejante día, ¿es para ellos una cita en sus sepulcros?

«Son más numerosos aquel día, porque son más las personas que los llaman; pero cada uno de ellos acude por sus amigos únicamente, y no por la multitud de indiferentes».

— ¿Bajo qué forma acuden y cómo se les vería, si pudiesen hacerse visibles?

«Bajo aquélla con que se les conoció durante toda la vida».

☞ 322. Los espíritus olvidados y cuya tumba nadie visita, ¿acuden, a pesar de esto, y experimentan algún sentimiento, al ver que ningún amigo los recuerda?

«¿Qué les importa la tierra? Sólo por el Corazón se relacionan con ella. Si no existe amor, nada hay en aquélla que traiga a los espíritus. Todo el universo les pertenece».

☞ 323. La visita a la tumba, ¿causa más satisfacción al espíritu que la oración hecha en casa?

«La visita a la tumba es un modo de manifestar que se piensa en el espíritu ausente; es una imagen. Ya os he dicho que lo que santifica el recuerdo es la oración, y si ésta se hace de corazón, poco importa el lugar».

☞ 324. Los espíritus de las personas a quienes se erigen estatuas o monumentos, ¿asisten a la inauguración y las miran con satisfacción?

«Muchos, cuando pueden, acuden; pero son menos sensibles al honor que al recuerdo que se les tributa».

☞ 325. ¿De dónde puede proceder el deseo de ciertas personas, que quieren que se las entierre más bien en un lugar que en otro? ¿Acuden a él de mejor grado después de la muerte, y esta importancia atribuida a una cosa material, es señal de inferioridad del espíritu?

«Afecto del espíritu por ciertos lugares; inferioridad moral. ¿Qué importa este o aquel rincón de tierra al espíritu elevado? ¿No sabe que su alma se unirá a los que ama, aunque fuesen desparramados sus huesos?»

—La reunión de los restos mortales de todos los miembros de una misma familia, ¿debe considerarse como cosa fútil?

«No; es un uso piadoso y un testimonio de simpatía hacia aquellos a quienes se ha amado, y si semejante reunión importa poco a los espíritus, es útil a los hombres, pues los recuerdos están más acumulados».

☞ 326. Al regresar de la vida espiritual, ¿es sensible el alma a los honores hechos a sus restos mortales?

«Cuando el espíritu ha llegado ya a cierto grado de perfección no tiene vanidad terrestre, y comprende la futileza de todas esas cosas; pero ten entendido que con frecuencia hay espíritus que, en el primer momento de su muerte material, experimentan sumo placer con los honores que se les tributan, o enojo por el descuido de su envoltura; porque conservan aún algunas de las preocupaciones de la tierra».

☞ 327. ¿Asiste el espíritu a su entierro?

«Con mucha frecuencia; pero a veces no se da cuenta de lo que ocurre, si se encuentra aún en la turbación».

—¿Se envanece de los asistentes a su entierro?

«Más o menos según el sentimiento con que concurren aquéllos».

☞ 328. El espíritu del que acaba de morir, ¿asiste a las reuniones de sus herederos?

«Casi siempre. Dios lo quiere por su propia instrucción y castigo de los culpables, pues entonces juzga lo que valen sus protestas. Para él todos los sentimientos están patentes, y el desengaño que experimentan, viendo la rapacidad de los que se reparten sus ahorros, le ilustra sobre los sentimientos de éstos; pero ya les llegará su hora».

☞ 329. El respeto instintivo que en todos tiempos y pueblos siente el hombre por los muertos, ¿es efecto de la intuición que de la vida futura tiene?

«Es su consecuencia natural, pues a no ser así, ese respeto carecerá de objeto».

CAPITULO VII
—
REGRESO A LA VIDA CORPORAL

**1. Preludios del regreso - 2. Unión del alma y del cuerpo - Aborto
3. Facultades morales e intelectuales del hombre - 4. Influencia del
organismo - 5. Idiotismo, locura - 6. De la infancia - 7. Simpatías y
antipatías terrestres - 8. Olvido del pasado**

1. Preludios del regreso

☞ 330. ¿Los espíritus conocen la época en que se reencarnarán?

«La presienten, como el ciego siente el fuego a que se aproxima. Saben que han de volver a tomar cuerpo, como sabéis vosotros que habéis de morir un dia, sin saber cuándo sucederá». (166)

— ¿Es, pues, la reencarnación una necesidad de la vida espiritista, como la muerte lo es de la vida corporal?

«Justamente es así».

☞ 331. ¿Todos los espíritus se ocupan de su reencarnación?

«Los hay que ni siquiera piensan en ella, ni la comprenden, lo que depende de su naturaleza más o menos adelantada. Para algunos es un castigo la incertidumbre en que están de su porvenir».

☞ 332. ¿Puede el espíritu apresurar o retardar el momento de su encarnación?

«Puede apresurarlo, solicitándolo con sus oraciones y puede también retardarlo, si retrocede ante la prueba; porque entre los espíritus los hay cobardes e indiferentes; pero no lo hace impunemente, pues sufre en consecuencia, como el que retrocede ante un remedio saludable que puede curarle».

☞ 333. Si un espíritu se considerase bastante feliz en una condición mediana entre los espíritus errantes, y si no ambicionase elevarse más, ¿podría prolongar indefinidamente semejante estado?

«Indefinidamente no, pues el progreso es una necesidad que tarde o temprano experimenta el espíritu. Todos deben ascender; este es su destino».

☞ 334. La unión del alma a tal o cual cuerpo, ¿está predestinada, o sólo en el último instante se hace la elección?

«El espíritu está destinado con antelación. Escogiendo la prueba que quiere sufrir, el espíritu solicita encarnarse, y Dios, que lo sabe y ve todo, ha sabido anticipadamente que tal alma se unirá a tal cuerpo».

☞ 335. ¿Tiene el espíritu la elección del cuerpo en que ha de entrar, o solamente la del género de vida que le ha de servir de prueba?

«Puede elegir también el cuerpo; porque las imperfecciones de éste son pruebas que favorecen su progreso, si vence los obstáculos que en él encuentra; pero no siempre depende de él la elección. Puede pedirla».

—¿Podría desistir el espíritu, en el último momento de entrar en el cuerpo elegido por él?

«Si desistiese sufriría por ello mucho más que aquel que ninguna prueba hubiese intentado».

☞ 336. ¿Podría suceder que un niño que hubiera de nacer, no encontrase espíritu que quisiese encarnarse en él?

«Dios proveería entonces. Cuando el niño ha de nacer viable, está siempre predestinado a tener un alma, pues nada ha sido creado sin propósito».

☞ 337. ¿Puede ser impuesta por Dios la unión del espíritu a un cuerpo determinado?

«Puede ser impuesta lo mismo que las otras pruebas, so bre todo, cuando el espíritu no es apto aún para elegir con conocimiento de causa. Por vía de expiación, el espíritu puede ser obligado a unirse al cuerpo de un niño que, por su nacimiento y la posición que ocupará en el mundo, podrá ser objeto de castigo».

☞ 338. Si aconteciese que muchos espíritus se presentasen para el mismo cuerpo que ha de nacer, ¿qué decidirían entre ellos?

«Muchos pueden pedirlo, y Dios juzga en semejante caso el que es más capaz de cumplir la misión a que está destinado el niño; pero, te digo, que el espíritu está designado antes del momento de unirse al cuerpo».

☞ 339. ¿Acompaña al momento de la encarnación una turbación semejante a la que tiene lugar a la salida del cuerpo?

«Mucho mayor y sobre todo más prolongada. Al morir el espíritu sale de la esclavitud, al nacer entra en ella».

☞ 340. ¿El instante en que un espíritu ha de encarnarse es solamente para él? ¿Realiza este acto como cosa grave e importante?

«Viene a ser como un viajero que se embarca para una travesía peligrosa, y que ignora si hallará la muerte en medio de las olas que desafía».

✎ El viajero que se embarca sabe a qué peligros se expone; pero ignora si naufragará. Así sucede al espíritu, conoce la clase de pruebas a que se somete; pero ignora si sucumbirá.

Del mismo modo que la muerte del cuerpo es una especie de renacimiento para el espíritu, la reencarnación es para éste una especie de muerte, o mejor de destierro o clausura. Abandona el mundo de los espíritus por el corporal, como el hombre abandona el mundo corporal por el de los espíritus. El espíritu sabe que se reencarnará, como el hombre que morirá; pero como este último, aquél no tiene conciencia de ello hasta el postrer instante, cuando llega el tiempo deseado. Entonces, en aquel momento supremo, se apodera de él la turbación como del hombre que agoniza, turbación que dura hasta que la nueva existencia está completamente formada. Los preludios de la reencarnación son una especie de agonía para el espíritu.

☞ 341. La incertidumbre del espíritu sobre la eventualidad del éxito de las pruebas que va a sufrir en la vida, ¿es causa de ansiedad antes de la encarnación?

«Ansiedad muy grande, puesto que las pruebas de la existencia no adelantarán o retardarán, según las soporte bien o mal».

☞ 342. En el momento de la reencarnación, ¿está acompañado el espíritu de otros espíritus amigos que asisten a su partida del mundo espiritista, como salen a su encuentro cuando regresa?

«Depende de la esfera en que habita el espíritu. Si se encuentra en la esfera donde reina el afecto, los espíritus que le aman le acompañan hasta el último momento, le animan y a veces hasta le siguen en la vida».

☞ 343. Los espíritus amigos que nos siguen en la vida, ¿son los que a veces vemos en sueños, que nos demuestran afecto y que se nos presentan bajo formas desconocidas?

«A menudo son ellos que vienen a visitarnos como vosotros, vais a ver al prisionero».

2. Unión del alma y del cuerpo - Aborto

☞ 344. ¿En qué momento se une el alma al cuerpo?

«La unión empieza en la concepción; pero no es completa hasta el momento del nacimiento. Desde el instante de la concepción, el espíritu designado para habitar en un cuerpo determinado se une a él por un lazo fluídico, que se va estrechando poco a poco, hasta que el niño sale a luz. El grito que lanza entonces anuncia que pertenece al número de los vivientes y servidores de Dios».

☞ 345. ¿La unión del espíritu y del cuerpo es definitiva desde el momento de la concepción? Durante este primer período, ¿podría el espíritu renunciar a habitar en aquel cuerpo?

«La unión es definitiva en el sentido de que otro espíritu no podría reemplazar al designado para aquel cuerpo; pero, como los lazos que a él le unen son muy débiles, fácilmente se rompen y pueden serlo por la voluntad del espíritu que retrocede ante la prueba que ha elegido; pero entonces no vive el niño».

☞ 346. ¿Qué sucede al espíritu, si el cuerpo que ha escogido muere antes de nacer?

«Escoge otro».

—¿Qué utilidad pueden tener esas muertes prematuras?

«Las imperfecciones de la materia son las más frecuentes causas de semejantes muertes».

☞ 347. ¿Qué utilidad puede tener para el espíritu su encarnación en un cuerpo, que muere pocos días después del nacimiento?

«El ser no tiene conciencia bastante desarrollada de su existencia; la importancia de la muerte es casi nula, y como hemos dicho, es con frecuencia una prueba, para los padres».

☞ 348. ¿Sabe anticipadamente el espíritu que el cuerpo elegido no tiene probabilidades de vida?

«Lo sabe a veces; pero si por este motivo lo escoge, retrocede ante la prueba».

☞ 349. Cuando una encarnación es improductiva para el espíritu, por una causa cualquiera, ¿es suplida inmediatamente por otra existencia?

«No siempre inmediatamente, pues el espíritu necesita tiempo para escoger de nuevo, a menos que la reencarnación instantánea no provenga de una determinación anterior».

☞ 350. Unido el espíritu al cuerpo del niño y no pudiendo ya desistir, ¿siente a veces la elección que ha hecho?

«¿Quieres decir si se queja como hombre de su vida? ¿Si la cambiaría por otra? Si ¿Quieres decir si siente la elección que ha hecho? No, puesto que ignora que la haya elegido. Encarnado el espíritu, no puede sentir una elección de la que no tiene conciencia; pero puede encontrar muy pesada la carga, y si la cree superior a sus fuerzas, entonces acude al suicidio».

☞ 351. En el intervalo de la concepción al nacimiento, ¿disfruta el espíritu de todas sus facultades?

«Más o menos según la época; porque no está aún encarnado, sino ligado. Desde el momento de la concepción, la turbación empieza a apoderarse del espíritu, advirtiendo sele de este modo que ha llegado el momento de tomar una nueva existencia. La turbación va aumentando hasta el nacimiento, y en este intervalo su estado es poco más o menos el de un espíritu encarnado, durante el sueño del cuerpo. A medida que se aproxima el acto del nacimiento, bórranse sus ideas y el recuerdo del pasado, del cual cesa, como hombre, de tener conciencia así que entra en la vida; pero este recuerdo lo recobra poco a poco en su estado de espíritu».

☞ 352. En el acto del nacimiento, ¿recobra inmediatamente el espíritu la plenitud de sus facultades?

«No, se desarrolla gradualmente con los órganos. Se trata de una nueva existencia y es preciso que aprenda a servirse de sus instrumentos. Las ideas le acuden poco a poco, como sucede al hombre que se despierta y que se encuentra en distinta posición de la que tenía antes de dormirse».

☞ 353. No consumándose completa y definitivamente, hasta después del nacimiento, la unión del espíritu y del cuerpo, ¿puede considerarse al feto como dotado de alma?

«El espíritu que debe animarlo existe en cierto modo fuera de él y propiamente hablando, no tiene, pues, un alma, puesto que la encarnación está sólo en vías de operarse; pero está ligado a la que ha de escoger».

☞ 354. ¿Cómo se explica la vida intrauterina?

«Es la vida de la planta que vegeta. El niño vive la vida animal. El hombre reúne en si la vida animal y la vegetal que completa, al nacer, con la espiritual».

☞ 355. ¿Existen, según indica la ciencia, niños que, desde el seno de la madre, no han nacido viables? ¿Con qué objeto sucede así?

«Sucede a menudo, y Dios lo permite como prueba, ya para los padres, ya para el espíritu destinado a aquel cuerpo».

☞ 356. ¿Hay niños que nacen muertos y que no han sido destinados a la encarnación de ningún espíritu?

«Sí, los hay que nunca han tenido un espíritu destinado para su cuerpo, pues nada debía realizarse respecto de ellos. Semejante niño viene únicamente para expiación de sus padres».

—Un ser de esta naturaleza, ¿puede llegar al tiempo normal?

«A veces si pero entonces no vive».

—Todo niño que sobrevive, pues, al nacimiento, ¿tiene necesidad de un espíritu encarnado?

«¿Qué sería si no lo tuviese? No sería un ser humano».

☞ 357. ¿Qué consecuencias tiene el aborto para el espíritu?

«Es una existencia nula que debe volverse a empezar».

☞ 358. ¿Es un crimen el aborto provocado, cualquiera que sea la época de la concepción?

«Desde el momento que violáis la ley de Dios, existe crimen. La madre u otro cualquiera que sea, comete siempre un crimen, quitando la vida al niño antes del nacimiento; porque impide al alma soportar las pruebas, cuyo instrumento había de ser el cuerpo».

☞ 359. En el caso de que corriese peligro la vida de la madre a consecuencia del nacimiento del niño, ¿es un crimen sacrificar a éste para salvar a aquélla?

«Es preferible sacrificar al ser que no existe que no al que existe».

☞ 360. ¿Es racional guardar al feto las mismas consideraciones que al cuerpo de un niño, que hubiese vivido?

«En todo ved la voluntad de Dios y su obra, y no tratéis, pues, con ligereza cosas que debéis respetar. ¿Por qué no se han de respetar las obras de la creación, incompletas a veces por voluntad del Creador? Esto entra en sus designios, y a juzgar de ellos no está llamado nadie».

3. Facultades morales e intelectuales del hombre

☞ 361.¿De dónde vienen al hombre las buenas o malas cualidades morales?

«Son las del espíritu que en él está encarnado. Mientras más puro es, más dado al bien es el hombre».

—¿Parece que resulta de esto que el hombre de bien es la encarnación de un espíritu bueno, y la de uno malo el hombre vicioso?

«Sí; pero di mejor un espíritu imperfecto, pues de otro modo podría creerse en espíritus que son siempre malos, a los que vosotros llamáis demonios».

☞ 362.¿Cuál es el carácter de los individuos en los cuales se encarnan los espíritus duendes ligeros?

«Atolondrados, traviesos y a veces malhechores».

☞ 363.¿Los espíritus tienen otras pasiones además de las de la humanidad?

«No, pues de otro modo os las hubieran comunicado».

☞ 364.¿Es uno mismo el espíritu que da al hombre las cualidades morales y las intelectuales?

«Ciertamente es el mismo, y las da en proporción al grado a donde ha llegado. El hombre no tiene dos espíritus».

☞ 365.¿Por qué los hombres muy inteligentes, los que revelan tener un espíritu superior, a veces son al mismo tiempo los más radicalmente viciosos?

«Depende de que el espíritu encamado no es bastante puro, y el hombre cede a la influencia de otros espíritus más malos aún. El espíritu progresa ascendiendo insensiblemente; pero el progreso no tiene lugar simultáneamente en todos sentidos, y en un período puede adelantar científicamente, y en otro moralmente».

☞ 366.¿Qué debe pensarse de la opinión, según la cual las diferentes facultades intelectuales y morales del hombre son producto de otros tantos espíritus diversos en él encarnados, cada uno de los cuales tiene una aptitud especial?

«Reflexionando, se comprende que es absurda. El espíritu debe tener todas las aptitudes, y para poder progresar, le es precisa una voluntad única. Si el hombre fuese una amalgama de espíritus, aquella voluntad no existiría, y no tendría individualidad; porque a su muerte, los espíritus componentes vendrían a ser como un vuelo de pájaros escapados de la jaula. A menudo se queja el hombre de comprender ciertas cosas, y es curioso el ver cómo multiplica las dificultades, cuando tiene a mano una explicación completamente sencilla y natural. También se toma aquí el efecto por la causa, y se hace con el hombre lo que los paganos con Dios. Creían en tantos dioses cuantos fenómenos hay en el universo: pero entre ellos las gentes sensatas no veían en tales fenómenos más que efectos, cuya causa única era un solo Dios».

✎ El mundo físico y el mundo moral nos ofrecen, bajo este aspecto, numerosos puntos de comparación. Mientras los hombres se han fijado en la apariencia de los fenómenos, se ha creído en la existencia múltiple de la materia; pero hoy se comprende que esos tan variados fenómenos pueden ser muy bien modificaciones únicamente de una sola materia elemental. Las diversas facultades son manifestaciones de una misma causa que es el alma, o espíritu encarnado, y no de muchas almas, como los diferentes sonidos del órgano son producto de una misma especie de aire, y no de tantas cuantos son los sonidos. Resultaría de este sistema que, cuando el hombre pierde o adquiere ciertas aptitudes e inclinaciones, provendría de la venida o marcha de otros tantos espíritus, lo que haría del hombre un ser múltiple sin individualidad e irresponsable, por lo tanto. Lo contradicen, por otra parte, los numerosos ejemplos de manifestaciones por las cuales prueban los espíritus su personalidad e identidad.

4. Influencia del organismo

☞ 367. El espíritu, uniéndose al cuerpo, ¿se identifica con la materia?

« La materia no es más que la envoltura del espíritu, como el vestido lo es del cuerpo. El espíritu, uniéndose al cuerpo, conserva los atributos de la naturaleza espiritual ».

☞ 368. Después de su unión con el cuerpo, ¿el espíritu ejerce con toda su libertad sus facultades?

« La existencia de las facultades depende de los órganos que le sirven de instrumento, y están debilitadas por la rudeza de la materia ».

— Según esto, la envoltura material, ¿es un obstáculo a la libre manifestación de las facultades del espíritu, como un vidrio opaco se opone a la libre emisión de la luz?

« Sí, muy opaco ».

✎ Puede compararse también la acción de la materia grosera del cuerpo sobre el espíritu, a la de un agua cenagosa que priva de libertad en los movimientos al cuerpo, que en ella está sumergido.

☞ 369. El libre ejercicio de las facultades del alma, ¿está subordinado al desarrollo de los órganos?

« Los órganos son los instrumentos de manifestación de las facultades del alma, y la manifestación está subordinada al desarrollo y al grado de perfección de los mismos órganos, como la excelencia de un trabajo, a la de la herramienta ».

☞ 370. ¿De la influencia de los órganos puede inducirse una analogía entre el desarrollo de los órganos cerebrales y el de las facultades morales e intelectuales?

« No confundáis el efecto con la causa. El espíritu tiene siempre las facultades que le son propias, y no son los órganos los que producen las facultades, sino que éstas determinan el desarrollo de los órganos ».

— Según esto, ¿la diversidad de aptitudes en el hombre depende únicamente del estado del espíritu?

«Únicamente no es del todo exacto. Las cualidades del espíritu que puede ser más o menos adelantado, constituyen el principio; pero es preciso tener en cuenta la influencia de la materia, que dificulta el ejercicio de las facultades».

✎ Al encarnarse, el espíritu trae consigo ciertas predisposiciones, y si para cada una de ellas se admite un órgano correspondiente en el cerebro, el desarrollo de los órganos será un efecto y no una causa. Si las facultades tuviesen su principio en los órganos, el hombre seria una máquina sin libre albedrío e irresponsable de sus actos. Sería preciso admitir que los más grandes genios, los sabios, poetas, artistas, no son tales genios sino porque la casualidad les ha dado órganos especiales; de donde se sigue que, sin ellos, no hubieran sido genios, y que el mayor de los imbéciles hubiera podido ser un Newton, un Virgilio o un Rafael, si hubiese estado dotado de ciertos órganos, suposición más absurda aún, cuando se aplica a las cualidades morales. Según este sistema, San Vicente de Paúl, dotado por la naturaleza de tal o cual órgano, hubiera podido ser un malvado, y al mayor de los facinerosos no le faltaría más que un órgano para ser un San Vicente de Paúl. Admitid, por el contrario, que los órganos especiales, si existen, son consecutivos, que se desarrollan con el ejercicio de la facultad, como los músculos con el movimiento, y nada irracional encontraréis. Tomemos una comparación trivial a fuerza de ser exacta. Por ciertas señales fisiognomónicas se conoce el nombre dado a la bebida; pero ¿son aquéllas las que le caracterizan de borracho, o la borrachera la que origina tales señales? Puede decirse que los órganos reciben el sello de las facultades.

5. Idiotismo, locura

☞ 371.¿Es fundada la opinión según la cual los cretinos e idiotas tienen un alma de naturaleza inferior?

«No, tienen un alma humana, con frecuencia más inteligente de lo que creéis, y que sufre por la insuficiencia de los medios que tiene para comunicarse, como sufre el mudo: porque no puede hablar».

☞ 372.¿Qué objeto tiene la Providencia, creando seres desgraciados como los cretinos e idiotas?

«Los espíritus que viven en los cuerpos de los idiotas sufren un castigo. Estos espíritus padecen a consecuencia de la contrariedad que experimentan, y por su impotencia en manifestarse por medio de órganos no desarrollados e imperfectos».

—¿No es, pues, exacto decir que los órganos no influyen en las facultades?

«Jamás hemos dicho que los órganos no influyen; influyen, y mucho, en la manifestación de las facultades: pero no las originan. He aquí la diferencia. Un buen músico con un instrumento malo no ejecutará bien, lo cual, sin embargo, no le privará de ser un buen músico».

✎ Es preciso distinguir el estado normal del patológico. En estado normal, la parte moral se sobrepone al obstáculo que le opone la materia; pero hay casos en que la materia ofrece tal resistencia, que las manifestaciones se ven estorbadas o desnaturalizadas, como en el idiotismo y la locura. Estos son casos patológicos, y disfrutando en este estado de toda su libertad el alma, hasta la ley humana releva al hombre de la responsabilidad de sus actos.

☞ 373. ¿Qué mérito puede tener la existencia de seres que, no pudiendo hacer ni mal ni bien, como los idiotas y los cretinos, no pueden progresar?

«Es una expiación impuesta al abuso que hayan podido hacer de ciertas facultades; es un tiempo de espera».

—Así, pues, el cuerpo de un idiota, ¿puede contener un espíritu que haya animado a un hombre de genio, en una existencia precedente?

«Sí, el genio se convierte a veces en calamidad, cuando de él se abusa».

✏ La superioridad moral no siempre está en proporción de la intelectual, y los más grandes genios pueden tener mucho que expiar. De aquí procede a menudo que tengan que sobrellevar una existencia Inferior a la que ya han vivido, y también la causa de sus sufrimientos. Las trabas que encuentra el espíritu para sus manifestaciones son como cadenas, que dificultan los movimientos al hombre vigoroso. Puede decirse que el cretino y el idiota están lisiados del cerebro, como el cojo de las piernas y el ciego de los ojos.

☞ 374. ¿El idiota tiene en estado de espíritu conciencia de su estado mental?

«Sí, muy a menudo. Comprende que las cadenas que dificultan su vuelo son una prueba y una expiación».

☞ 375. ¿Cuál es la situación del espíritu en la locura?

«El espíritu en estado de libertad, recibe directamente sus impresiones y directamente ejerce su acción en la materia; pero encarnado se encuentra en condiciones muy diferentes, y en la necesidad de hacerlo siempre con la ayuda de los órganos especiales. Si una parte o el conjunto de esos órganos está alterado, su acción o sus impresiones, respecto de aquellos órganos, están interrumpidas. Si pierde los ojos, se queda ciego, si el oído, sordo, etcétera. Imagina ahora que el órgano que preside los efectos de la inteligencia y de la voluntad está parcial o completamente atacado o modificado, y te será fácil el comprender que, no teniendo a su disposición el espíritu más órganos incompletos o desnaturalizados, debe resultar una perturbación de la que el espíritu por sí mismo, y en su fuero interno, tiene conciencia perfecta; pero cuyo curso no puede por sí mismo detener».

—Entonces el que está desorganizado, ¿es siempre el cuerpo y no el espíritu?

«Sí; pero es preciso no perder de vista que, del mismo modo que el espíritu obra en la materia, ésta reacciona sobre aquél hasta cierto punto, y que el espíritu puede encontrarse impresionado momentáneamente por la alteración de los órganos por cuyo medio se manifiesta y recibe sus impresiones. Puede suceder que a la larga, cuando ha durado mucho la locura, la repetición de 198 mismos actos concluya por tener en el espíritu una influencia, de la que no se libra hasta su completa separación de toda impresión material».

☞ 376. ¿De dónde procede que la locura arrastra a veces al suicidio?

«El espíritu sufre por la violencia que experimenta y por su impotencia para manifestarse libremente, y por esta razón busca en la muerte un medio de romper sus ligaduras».

☞ 377. El espíritu del alienado, ¿se resiente, después de la muerte, del desarreglo de sus facultades?

«Puede resentirse algún tiempo después de la muerte, hasta que esté completamente desprendido de la materia, como el hombre que se despierta se resiente algún tiempo de la turbación en que le tenía el sueño».

☞ 378. ¿Cómo puede la alteración del cerebro reaccionar sobre el espíritu, después de la muerte?

«Es un recuerdo. Un peso gravita sobre el espíritu, y como no ha tenido inteligencia de todo lo ocurrido durante su locura, le es preciso siempre cierto tiempo para ponerse al corriente. Por esto, mientras más ha durado la locura, durante la vida, más dura la molestia, la violencia después de la muerte. El espíritu desprendido del cuerpo, se resiente algún tiempo de la impresión de sus ataduras».

6. De la infancia

☞ 379. El espíritu que anima el cuerpo de un niño, ¿está tan desarrollado como el de un adulto?

«Puede estarlo más, si más ha progresado, y sólo la imperfección de los órganos le impide manifestarse. Obra en proporción al instrumento con cuya ayuda puede producirse».

☞ 380. En un niño de poca edad el espíritu, fuera del obstáculo que la imperfección de los órganos opone a su libre manifestación, ¿piensa como un niño, o como un adulto?

«Cuando es niño; natural es que, no estando desarrollados los órganos de la inteligencia, no puedan darle toda la intuición de un adulto, y tiene, en efecto, la inteligencia muy limitada, ínterin la razón es madurada por la edad. La turbación que acompaña a la encarnación, no cesa súbitamente en el acto del nacimiento y sólo gradualmente se disipa el desarrollo de los órganos».

🖎 Una observación viene en apoyo de esta respuesta, y es la de que los sueños de un niño no tienen el carácter de los de un adulto. Su objeto es casi siempre pueril, indicio de la naturaleza de las preocupaciones del espíritu.

☞ 381. A la muerte del niño, ¿recobra el espíritu inmediatamente su vigor primitivo?

«Debe ser así, puesto que está desprendido de su envoltura corporal. No recobra sin embargo, su lucidez primitiva, hasta que la separación es completa, es decir cuando ya no existe lazo alguno entre el espíritu y el cuerpo».

☞ 382.¿El espíritu encarnado sufre, durante la infancia, por la violencia que le hace la imperfección de sus órganos?

«No; este estado es una necesidad, es natural y conforme con las miras de la Providencia. Es un tiempo de descanso para el espíritu».

☞ 383.¿Qué utilidad reporta al espíritu de pasar por el estado de la infancia?

«Encarnándose el espíritu con la mira de perfeccionarse, es más accesible, durante aquel tiempo, a las impresiones que recibe y que pueden favorecer su progreso, al que deben contribuir los que están encargados de su educación».

☞ 384.¿Por qué el llanto es el primer grito del niño?

«Para excitar el interés de la madre y provocar los cuidados que le son necesarios. ¿No comprendes que, si sólo gritase de alegría, nadie se inquietaría por lo que necesita, cuando no sabe hablar aún? Admirad, pues, en todo la sabiduría de la Providencia».

☞ 385.¿De dónde procede el cambio que se opera en el carácter a cierta edad, particularmente al salir de la adolescencia? ¿Es el espíritu el que se modifica?

«Es el espíritu que recupera su naturaleza y se muestra como era.

»Vosotros no sabéis el secreto que en su inocencia ocultan los niños; no sabéis lo que son, lo que han sido, lo que serán, y los amáis sin embargo, los queréis como si fuesen parte de vosotros mismos, de modo que el amor de una madre hacia sus hijos se reputa como el mayor que puede un ser sentir por otro ser. ¿De dónde procede tan dulce afecto, esa tierna benevolencia que hasta los mismos extraños experimentan respecto del niño? ¿Lo sabéis? No. Yo voy a explicároslo.

»Los niños son seres que Dios envía a nuevas existencias, y para que no puedan acusarle de severidad demasiado grande, les concede todas las apariencias de la inocencia. Hasta en un niño de mala índole, se cubren sus maldades con la inocencia de sus actos. Semejante inocencia no es una superioridad real sobre lo que era antes, no; es la imagen de lo que debiera ser, y si no lo son, sobre ellos únicamente recae la culpa.

»Pero no solamente por ellos les da Dios este aspecto, dáselo también, y sobre todo, por sus padres, cuyo amor es necesario a la debilidad de aquéllos, amor que se amenguaría notablemente a la vista de un carácter áspero y acerbo, al paso que, creyendo a sus hijos buenos y afables, les profesan todo su afecto y les rodean de los más exquisitos cuidados.

»Pero cuando los hijos no han menester ya de esta protección, de esta asistencia que se les ha otorgado, durante quince o veinte años, aparece su carácter real e individual en toda su desnudez, y continúa siendo bueno, si esencialmente era bueno; pero se matiza siempre de los colores que estaban ocultos por la primera infancia.

»Ya veis que las miras de Dios son siempre las mejores, y que cuando se tiene un corazón puro, la explicación es fácil de concebir.

»Figuraos, en efecto, que el espíritu de los niños que nacen entre vosotros, puede venir de un mundo donde ha tomado hábitos diferentes, ¿cómo queréis que existiese en medio de vosotros ese nuevo ser, que viene con pasiones esencialmente distintas de las que tenéis vosotros, con inclinaciones y gustos enteramente opuestos a los vuestros, cómo queréis que se uniese a vuestras filas de otro modo que como Dios lo ha querido, es decir, por el tamiz de la infancia? En ella se confunden todos los pensamientos, todos los caracteres y las variedades de seres engendrados por esa multitud de mundos en los que crecen las criaturas. Y vosotros mismos, al morir, os encontráis en una especie de infancia en medio de nuevos hermanos, y en vuestra nueva existencia no terrestre, ignoráis los hábitos, las costumbres y las relaciones de ese mundo nuevo para vosotros, y hablaríais con dificultad una lengua que no estáis acostumbrados a hablar, lengua más viva aún que vuestro pensamiento actual. (319).

»La infancia tiene otra utilidad. Sólo entran los espíritus en la vida corporal para perfeccionarse, para mejorarse, y la debilidad de la edad primera les hace flexibles, accesibles a los consejos la experiencia y de los que deben hacerles progresar. Entonces es cuando puede reformarse su carácter y reprimir sus malas inclinaciones, y esta es la misión que Dios ha confiado a los padres, misión sagrada de la que habrán de rendir cuentas.

»Así es como la infancia es no sólo útil, necesaria e indispensable, sino que también consecuencia natural de las leyes que Dios ha establecido y que rigen el universo».

7. Simpatías y antipatías terrestres

☞ 386. Dos seres que se han conocido y amado, ¿pueden volverse a encontrar en una nueva existencia corporal y reconocerse?

«Reconocerse, no, pero sentirse atraídos el uno al otro, si y a menudo las relaciones íntimas, fundadas en un afecto sincero, no reconocen otra causa. Dos seres son aproximados por circunstancias fortuitas en apariencia; pero que se deben a la atracción de dos espíritus que se buscan por entre la multitud».

— ¿No les sería más agradable reconocerse?

«No siempre. El recuerdo de las existencias pasadas tendría inconvenientes más grandes de lo que creéis. Des pues de la muerte se reconocerán y sabrán el tiempo que han pasado juntos». (392.)

☞ 387. ¿La simpatía tiene siempre por principio un conocimiento anterior?

«No. Dos espíritus que se comprenden se buscan naturalmente, sin que como hombres se hayan conocido».

☞ 388. Los encuentros que a veces tenemos con ciertas personas, y que se atribuyen a la casualidad, ¿no son efecto de una especie de relaciones simpáticas?

«Existen entre los seres pensadores lazos que vosotros no conocéis aún. El magnetismo es la brújula de esta ciencia que comprenderéis mejor más tarde».

☞ 389. ¿De dónde procede la repulsión instintiva que sentimos por ciertas personas a primera vista?

«Espíritus antipáticos que se comprenden y reconocen sin hablarse».

☞ 390. La antipatía instintiva, ¿es siempre una señal de mala índole?

«Dos espíritus no son necesariamente malos; porque no sean simpáticos. La antipatía puede resultar de falta de semejanza en el pensamiento; pero a medida que los espíritus se elevan, se borran las diferencias y desaparece la antipatía».

☞ 391. La antipatía entre dos personas, ¿nace primero en aquella cuyo espíritu es más malo, o en la que lo tiene mejor?

«En la una y en la otra; pero las causas y los efectos son diferentes. Un espíritu malo siente antipatía hacia cualquiera que puede juzgarle y descubrirle. Al ver por vez primera una persona, sabe que va a ser contrariado por ella, su desapego se trueca en odio, en celos y le inspira deseos de hacerle mal. El espíritu bueno siente repulsión hacia el malo; porque sabe que no será comprendido y que no participa de los mismos sentimientos. Por fuerte que sea su superioridad, no siente por el otro ni odio ni celos. Se contenta con esquivarlo y compadecerlo».

8. Olvido del pasado

☞ 392. ¿Por qué pierde el espíritu encarnado el recuerdo de su pasado?

«El hombre no puede ni debe saberlo todo, y así lo quiere Dios en su sabiduría. A no ser por el velo que le oculta ciertas cosas, el hombre sería deslumbrado, como el que pasa sin transición de la oscuridad a la luz. *Gracias al olvido del pasado, es más el mismo*».

☞ 393. ¿Cómo puede ser responsable el hombre de actos y redimir faltas de cuyo recuerdo carece? ¿Cómo puede servirse de la experiencia adquirida en existencias olvidadas? Se concebiría que las tribulaciones de la vida le sirviesen de lección, si recordase lo que pudo inducirle a ellas; pero desde el momento que no lo recuerda, cada existencia le viene a ser como la primera, lo que equivale a tener que empezar siempre. ¿Cómo se concilia esto con la justicia de Dios?

«En cada nueva existencia, el hombre tiene más inteligencia y puede distinguir mejor el bien del mal. ¿Dónde estaría el mérito, si recordase el pasado? Cuando el espíritu regresa a su vida primitiva (la espiritista», toda su vida pasada se descorre ante él; ve las faltas que ha cometido y que son causa de su sufrimiento, y lo que hubiera impedido cometerlas; comprende que la posición que se le ha señalado es justa, e inquiere entonces la existencia que podría reparar la que acaba de transcurrir. Busca pruebas análogas a aquellas porque ya ha pasado o aquellas luchas que cree propicias a su progreso, y suplica a los espíritus superiores a él que le ayuden en la nueva tarea que emprende; porque sabe que el espíritu que le será dado como guía en la nueva existencia, procurará hacerle reparar sus faltas, proporcionándole una especie de intuición de las que ha cometido. Esta intuición es el pensamiento, el deseo criminal que con frecuencia os asalta y al cual os oponéis instintivamente, atribuyendo la mayor parte de las veces vuestra oposición a los principios que de vuestros padres habéis recibido, siendo así que es la voz de la conciencia que os habla, voz que es el recuerdo del pasado, y que os previene para que no volváis a caer en las faltas que ya habéis cometido. Ya en su nueva existencia el espíritu sufre, si sufre con resignación las pruebas y resiste a ellas, se eleva y asciende en la jerarquía de los espíritus, cuando vuelve a encontrarse entre ellos».

🖎 Si no tenemos, durante la vida corporal, un recuerdo exacto de lo que hemos sido y de¡bien o mal que hemos hecho, en nuestras anteriores existencias, tenemos sí, la intuición, y nuestras tendencias instintivas son una reminiscencia de nuestro pasado, a las cuales nuestra conciencia, que es el deseo que hemos concebido de no cometer las mismas faltas, nos previene que resistamos.

☞ 394. En los mundos más adelantados que el nuestro, donde no se vive sujeto a nuestras necesidades físicas y a nuestras enfermedades, ¿comprenden los hombres que son más dichosos que nosotros? La dicha en general es relativa y se la aprecia por comparación con un estado menos feliz. Como en definitiva algunos de esos mundos, aunque mejores que el nuestro, no han llegado a la perfección, los hombres que en ellos habitan deben tener causas especiales de malestar. Entre nosotros, por más que el rico no sienta las angustias de las necesidades materiales como el pobre, no deja de tener tribulaciones que amargan su vida. Pues bien, yo pregunto si en su posición los habitantes de esos mundos se creen tan desgraciados como nosotros, y no se quejan de su suerte, no teniendo el recuerdo de una existencia inferior para término de comparación.

«De dos modos diferentes debe responderse a esta pregunta. Hay mundos, entre esos de que tú hablas, cuyos habitantes tienen un recuerdo muy claro y exacto de sus existencias pasadas y como comprenderás, pueden y saben apreciar la dicha que Dios les permite saborear. Pero otros hay, cuyos habitantes, aunque colocados, como tú dices, en mejores condiciones que vosotros, no dejan de tener tan grandes incomodidades y hasta desgracias, y no aprecian su dicha por lo mismo que no recuerdan un estado más infeliz aún. Pero, si como hombres no la aprecian, la aprecian como espíritus».

🖎 ¿No se ve en el olvido de las existencias pasadas, sobre todo cuando han sido penosas, algo de providencial donde se revela la divina sabiduría? En los mundos superiores, cuando el recuerdo de las existencias desgraciadas no pasa de ser un mal sueño, es donde se presentan a la memoria. ¿Acaso, en los mundos inferiores el recuerdo de las desgracias sufridas no aumentaría las actuales? Concluyamos, pues, de esto, que bien hecho está todo lo que Dios ha hecho, y que no nos incumbe el criticar sus obras y decir el modo cómo debiera haber arreglado el universo.

El recuerdo de nuestras anteriores individualidades traería graves inconvenientes, pues podría, en ciertos casos, humillarnos extraordinariamente, y en otros, exaltar nuestro orgullo y esclavizar por lo mismo nuestro libre albedrío. Para mejorarnos, nos ha dado Dios precisamente lo que nos es necesario y bastante: la voz de la conciencia y las tendencias instintivas, y nos priva de lo que podría perjudicarnos. Añadamos adema que si conservásemos el recuerdo de nuestros actos personales anteriores, conservaríamos igualmente el de los actos de los otros, conocimiento que podría originar las más desagradables consecuencias en las relaciones sociales. No pudiendo gloriamos siempre de nuestro pasado, es una dicha muy a menudo el que sobre él se haya corrido un velo. Esto concuerda perfectamente con la doctrina de los espíritus sobre los mundos superiores al nuestro. En ellos donde el bien impera, nada penoso es el recuerdo del pasado, y por eso allí se recuerda la existencia precedente, como recordamos nosotros lo que hemos hecho el día anterior. En cuanto a la permanencia en los mundos inferiores, no pasa de ser el recordarla más que un mal sueño, según hemos dicho.

☞ 395. ¿Podemos tener revelaciones sobre nuestras existencias anteriores?

«No siempre. Muchos saben, sin embargo, lo que eran y lo que hacían, y si les fuera permitido decirlo públicamente, harían extrañas revelaciones acerca del pasado».

☞ 396. Ciertas personas creen tener un vago recuerdo de un pasado desconocido, que se les presenta como la imagen fugitiva de un sueño, que en vano se procura precisar. Esta idea, ¿no es más que una ilusión?

«A veces es real; pero a menudo es una ilusión contra la cual es preciso prevenirse; porque puede ser efecto de una imaginación sobreexcitada».

☞ 397. En las existencias corporales de naturaleza más elevada que la nuestra, ¿el recuerdo de las existencias anteriores es más claro?

«Sí; pues a medida que el cuerpo es menos material se recuerda mejor. El recuerdo del pasado es más claro para los que habitan en mundos de orden superior».

☞ 398. Siendo una reminiscencia del pasado las tendencias instintivas del hombre, ¿se deduce que por medio del estudio de esas tendencias, puede conocer las faltas que ha cometido?

«Indudablemente hasta cierto punto; pero es preciso tener en cuenta el mejoramiento que ha podido operarse en el espíritu, y las resoluciones que ha tomado en estado errante, pues la existencia actual puede ser mucho mejor que la precedente».

—¿Puede ser más mala, es decir, puede cometer el hombre en una existencia faltas que no ha cometido en la precedente?

«Depende de su adelanto. Si no sabe resistir las pruebas, puede ser arrastrado a nuevas faltas que son consecuencia de la posición que ha elegido; pero en general semejantes faltas acusan un estado antes estacionario que retrógrado; porque el espíritu puede adelantar o detenerse, pero no retroceder».

☞ 399. Siendo las vicisitudes de la vida corporal una expiación de las faltas pasadas y a la vez pruebas para el porvenir, ¿se deduce que de la naturaleza de las vicisitudes puede inducirse el género de la existencia anterior?

«Con mucha frecuencia, puesto que cada uno es castigado por donde ha pecado. Sin embargo, no debe admitirse el principio como regla absoluta. Las tendencias instintivas son un indicio más cierto; porque las pruebas que sufre el espíritu son tanto para el porvenir, como para el pasado».

❧ Llegado el término que señaló la Providencia a la vida errante, el espíritu elige por si mismo las pruebas a que quiere someterse para apresurar su adelanto, es decir, el género de vida que cree que mejor le proporcionará los medios conducentes, pruebas que siempre guardan proporción con las faltas que debe expiar. Si triunfa de ellas, se eleva, si sucumbe, le toca volver a empezar.

El espíritu goza siempre de su libre albedrío, y en virtud de esta libertad elige en estado de espíritu las pruebas de la vida corporal, y en el de encarnación, delibera si hará o dejará de hacer, y escoge entre el bien y el mal. Negar al hombre el libre albedrío, equivaldría a reducirle a una máquina.

Vuelto a la vida corporal, el espíritu pierde momentáneamente el recuerdo de sus existencias anteriores, como si se las ocultase un velo. A veces tiene empero, una conciencia vaga, y hasta pueden serle reveladas en ciertas circunstancias; pero sólo por voluntad de los espíritus superiores que lo hacen espontáneamente, con un fin útil, y nunca para satisfacer vanas curiosidades.

En ningún caso pueden ser reveladas las existencias futuras; porque dependen del modo cómo se viva la existencia presente, y de la elección ulterior del espíritu.

El olvido de las faltas cometidas no es un obstáculo al mejoramiento del espíritu; porque, si no tiene un recuerdo exacto, el conocimiento que de ellas tenía en estado errante y el deseo que ha concebido de repararlas, le guían por medio de la intuición y le sugieren el pensamiento de resistir al mal. Este pensamiento es la voz de la conciencia, secundada por los espíritus que le asisten, si escucha las buenas inspiraciones que le sugieren.

Si el hombre no conoce los mismos actos que realizó en sus anteriores existencias, puede saber siempre la clase de faltas de que se hizo culpable y cuál era su carácter dominante. Bástale estudiarse a si mismo, y puede juzgar de quien ha sido no por ser quien es, sino por sus tendencias.

Las vicisitudes de la vida corporal son a la vez una expiación de las faltas pasadas y pruebas para el porvenir. Nos purifican y nos elevan, si las sufrimos con resignación y sin quejarnos.

La naturaleza de las vicisitudes y de las pruebas que sufrimos puede ilustrarnos también acerca de lo que hemos sido y de lo que hemos hecho, como en la tierra juzgamos los actos del culpable por el castigo que le impone la ley. Asi, pues, tal será castigado en su orgullo por la humillación de una existencia subalterna; el mal rico y el avaro por la miseria, el que ha sido duro para con los otros por las durezas que sufrirá; el tirano, por la esclavitud; el hilo malo por la ingratitud de sus hijos; el perezoso, por el trabajo obligatorio, etcétera.

CAPITULO VIII
EMANCIPACIÓN DEL ALMA

1. El dormir y los sueños - 2. Visitas Espiritistas entre personas vivas 3. Transmisión oculta del pensamiento - 4. Letargo, catalepsia, muertes aparentes - 5. Sonambulismo - 6. Éxtasis - 7. Doble vista - 8. Resumen teórico del sonambulismo, del éxtasis y de la doble vista

1. El dormir y los sueños

☞ 400. ¿El espíritu encarnado vive gustoso en su envoltura corporal?

«Pregúntale al prisionero si goza entre cadenas. El espíritu encarnado aspira sin cesar a la libertad, y mientras más grosera es la envoltura, más desea librarse de ella».

☞ 401. ¿Durante el sueño, descansa el alma como el cuerpo?

«No, el espíritu nunca está inactivo. Durante el sueño, los lazos que le unen al cuerpo se aflojan, y no necesitándolo el cuerpo, recorre el espíritu el espacio y entra en relación más directa con los otros espíritus».

☞ 402. ¿Cómo podemos juzgar de la libertad del espíritu mientras dormimos?

«Por medio de los sueños. Bien puedes creer que cuando reposa el cuerpo, el espíritu posee más facultades que en estado de vela. Tiene el recuerdo del pasado y a veces previsión del'porvenir; adquiere mayor poder y puede ponerse en comunicación con los otros espíritus, ya en este momento, ya en otros. Tú dices con frecuencia: He tenido un sueño estrambótico, horrible; pero inverosímil. Te equivocas, pues a menudo es recuerdo de lugares y cosas que has visto o presentimiento de lo que verás en otra existencia o en otra época. Entorpecido el cuerpo, el espíritu procura romper sus cadenas, inquiriendo el pasado o el porvenir.

»¡Pobres hombres, cuan poco conocéis hasta los más vulgares fenómenos de la vida! Creéis ser muy sabios, y las cosas más insignificantes os ponen en aprietos. A esta pregunta que os dirigen los niños: ¿Qué hacemos cuando dormimos? ¿Qué son los sueños? Os quedáis mudos.

»El sueño libra parcialmente al alma del cuerpo. Cuando uno duerme se encuentra por un momento en el mismo estado en que fijamente se halla después de la muerte. Los espíritus que con prontitud se separan de la materia en el acto de la muerte, han tenido sueños inteligentes. Cuando duermen se unen de nuevo a la sociedad de otros seres superiores a ellos; viajan, hablan y se instruyen con ellos, y hasta trabajan en obras que encuentran completamente hechas al morir. Esto debe enseñaros una vez más a no temer a la muerte, puesto que, según las palabras del santo, morís todos los días.

»Esto respecto de los espíritus elevados. Pero cuando a la mayoría de los hombres que, al morir, han de permanecer durante mucho tiempo en esa turbación, en esa incertidumbre de que os han hablado, van a mundos inferiores a la tierra, a donde les llaman antiguos afectos, o buscan quizá placeres más bajos que los que tienen, y doctrinas más viles aún, más innobles, más nocivas que las que entre vosotros profesan. Y lo que engendra la simpatía en la tierra no es otra cosa que el hecho de sentirse uno al despertar, aproximado por el corazón a aquellos con quienes se acaban de pasar ocho o nueve horas de dicha o de placer. Explica también esas antipatías invencibles el conocer en el fondo del corazón que tales gentes tienen distinta conciencia de la nuestra; porque las reconocemos sin haberlas visto nunca con los ojos. Explica asimismo la indiferencia; porque no nos inclinamos a buscar nuevos amigos, sabiendo que tenemos otros que nos aman y nos quieren. En una palabra, el sueño influye en vuestra vida más de lo que pensáis.

»Por medio del sueño, los espíritus encarnados están siempre en relación con el mundo de los espíritus, y por esto los superiores consienten sin mucha repugnancia en encarnarse entre vosotros. Dios ha querido que, durante su contacto con el vicio, puedan ir en busca de fuerzas al origen del bien, para que ellos, que vienen a instruir a los otros, no falten también. El sueño es la puerta que Dios les ha abierto para con sus amigos del cielo; es el recreo después del trabajo, ínterin llega la libertad final que ha de restituirlos a su verdadero centro.

»El sueño es el recuerdo de lo que ha visto vuestro espíritu mientras dormíais; pero observad que no siempre soñáis; porque no recordáis siempre todo lo que habéis visto. No está vuestra alma en todo su desarrollo, y a menudo el sueño no es más que el recuerdo de la turbación que se une a vuestra partida o a vuestro regreso, al cual se junta el de lo que habéis hecho O que os preocupa en estado de vela. Y de no ser así, ¿cómo explicaríais esos sueños absurdos que tiene así el más sabio, como el más ignorante? Los espíritus malos se aprovechan también de los sueños para atormentar a las almas débiles y pusilánimes.

»Por lo demás, dentro de poco veréis desarrollarse otra especie de sueños, que aunque tan antigua como la que conocéis, la ignoráis ahora. El sueño de Juana de Arco, de Jacob, de profetas judaicos y de adivinos indios, sueño que es el recuerdo que el alma completamente separada del cuerpo, conserva de la segunda vida de que os hablaba hace un momento.

»Procurad distinguir bien estas dos especies de sueños en aquellos que recordéis, pues sin ello caeríais en contradicciones y errores que serían funestos a vuestra fe».

🖎 Los sueños son producto de la emancipación del alma, que se hace más independiente por la suspensión de la vida activa y de relación. De aquí una especie de clarividencia indefinida que se extiende a los más lejanos lugares o nunca vistos, y a veces hasta a otros mundos. De aquí también el recuerdo que representa a la memoria los sucesos realizados en la existencia presente o en las anteriores. La rareza de las imágenes de lo que ocurre o ha ocurrido en mundos desconocidos, entremezcladas con las cosas del mundo actual, forman esos conjuntos estrambóticos y confusos que parece que no tienen sentido ni trabazón.

La incoherencia de los sueños se explica también por los claros que produce el recuerdo incompleto de lo que se nos ha aparecido mientras dormimos. Tal sucedería con un relato del cual se hubiesen quitado al acaso frases o miembros de éstas, pues reunidos los fragmentos restantes carecerían de significación razonable.

☞ 403. ¿Por qué no se recuerdan siempre los sueños?

« Lo que tú llamas dormir no es más que descanso del cuerpo; porque el espíritu está siempre en movimiento. Así recobra algo de su libertad, y se comunica con los que aprecia ya en éste, ya en otros mundos; pero como el cuerpo es materia pesada y grosera, con dificultad conserva las impresiones que ha recibido el espíritu; porque no las ha percibido por medio de los órganos del cuerpo ».

☞ 404. ¿Qué debe pensarse de la significación atribuida a los sueños?

« Los sueños no son verdaderos en el sentido que entienden los que dicen la buenaventura; porque es absurdo creer que soñar tal cosa anuncia tal otra. Pero son verdaderos en el sentido de que presentan imágenes reales al espíritu, pero que con frecuencia no tienen relación con lo que ocurre en la vida corporal. A menudo también, según tenemos dicho, son un recuerdo y pueden ser también y por fin un presentimiento del porvenir, si Dios lo permite, o el espectáculo de lo que ocurre en aquel momento en otro lugar al que transporta el alma. ¿No tenéis numerosos ejemplos de personas que se aparecen en sueños y advierten a sus parientes o amigos lo que les pasa? ¿Qué son esas apariciones sino el alma o espíritu de esas personas que comunica con la vuestra? Cuando tenéis certeza de que realmente ha sucedido lo que habéis visto, ¿no es una prueba de que ninguna parte ha tomado la imaginación, sobre todo si lo ocurrido está muy lejos de vuestro pensamiento, durante la vigilia? »

☞ 405. A menudo se ven en sueños cosas que parecen presentimientos y que no se realizan, ¿de dónde procede esto?

« Pueden realizarse para el espíritu ya que no para el cuerpo, es decir, que el espíritu ve lo que desea, porque camina a su encuentro. Es preciso no olvidarse que, durante el sueño, el alma está más o menos bajo la influencia de la materia, y que por lo tanto nunca se emancipa completamente de las ideas terrestres. Resulta de aquí que las preocupaciones de durante el día pueden dar a lo que se ve, la apariencia de lo que se desea, o teme, lo que puede verdaderamente llamarse efecto de la imaginación. Cuando nos preocupa notablemente una idea, referimos a ella todo lo que vemos ».

☞ 406. Cuando vemos en sueños a personas que viven aún, a quienes conocemos perfectamente, realizando actos en que ni siquiera piensan, ¿no es un efecto de pura imaginación?

« En que ni siquiera piensan, ¿qué sabes tú? Su espíritu puede muy bien venir a visitar el tuyo, como el tuyo puede ir a visitar el suyo, y no siempre sabes lo que piensa. Además de que vosotros aplicáis a personas que no conocéis, y siguiendo vuestros deseos, lo que ha ocurrido u ocurre en otras existencias».

☞ 407. ¿Es necesario el sueño perfecto para la emancipación del espíritu?

«No; el espíritu recobra su libertad cuando los sentidos se entorpecen, y aprovecha para emanciparse todos los momentos que le proporciona el cuerpo. Desde el instante que existe postración de fuerzas vitales, el espíritu se desprende, gozando de mayor libertad a medida que el cuerpo es más débil».

✎ Por esto el dormitar o un simple entorpecimiento de los sentidos, ofrece a veces las mismas imágenes que el sueño.

☞ 408. A veces nos parece oír dentro de nosotros mismos palabras claramente pronunciadas, que ninguna relación tienen con lo que nos ocupa, ¿de dónde procede esto?

«Sí, hasta frases enteras, sobre todo cuando los sentidos empiezan a entorpecerse. A veces es el débil eco de un espíritu que quiere comunicarse contigo».

☞ 409. Con frecuencia en un estado que no es aún el de dormitar, cuando tenemos los ojos cerrados, vemos imágenes distintas, figuras cuyos más mínimos detalles apreciamos. Es esto efecto de visión o de imaginación?

«Entorpecido el cuerpo, el espíritu procura romper sus cadenas. Se transporta y ve; de modo, que si estuviese completamente dormido, soñaría».

☞ 410. A veces mientras dormimos o dormitamos, tenemos ideas que parecen muy buenas, y que a pesar de los esfuerzos que hacemos por recordarlas, se borran de la memoria. ¿De dónde proceden esas ideas?

«Son resultado de la libertad del espíritu que se emancipa y goza de mayores facultades en aquel momento. A menudo son también consejos que dan otros espíritus».

— ¿Para qué sirven esas ideas o consejos, puesto que no los recordamos ni podemos aprovecharlos?

«A veces esas ideas pertenecen más al mundo de los espíritus que al corporal; pero lo más común es que si el cuerpo olvida, el espíritu las recuerda, y la idea acude en el momento oportuno como una inspiración instantánea».

☞ 411. Cuando está desprendido de la materia y obra como espíritu, ¿el encarnado sabe la época de su muerte?

«A menudo la presiente, y a veces la conoce claramente, lo cual en estado de vela le da intuición de ella. De aquí proviene que ciertas personas prevén a veces su muerte con grande exactitud».

☞ 412. La actividad del espíritu durante el descanso o sueño del cuerpo, ¿puede hacer que éste experimente cansancio?

«Sí; porque el espíritu está sujeto al cuerpo, como el globo aerostático al poste de donde está atado, y así como las sacudidas del primero conmueven al segundo, la actividad del espíritu reacciona sobre el cuerpo, y puede hacerle experimentar cansancio».

2. Visitas Espiritistas entre personas vivas

☞ 413. Del principio de la emancipación del alma durante el sueño, parece resultar que tenemos una doble existencia simultánea; la del cuerpo que nos da la vida de relación externa, y la del alma que nos da la vida de relación oculta. ¿Es exacto esto?

«En el estado de emancipación, la vida del cuerpo cede a la del alma; pero propiamente hablando no son dos existencias. Mejor son dos fases de la misma existencia; porque el hombre no vive doblemente».

☞ 414. Dos personas que se conocen, ¿pueden visitarse mientras duermen?

«Sí, y muchos otros que no creen conocerse se reúnen y se hablan. Sin sospecharlo, tú puedes tener amigos en otros países. El hecho de visitar, durante el sueño, a personas que pueden seros útiles, amigos, parientes y conocidos es tan frecuente, que casi todas las noches lo verificáis».

☞ 415. ¿Cuál puede ser la utilidad de esas visitas nocturnas, puesto que no las recordamos?

«Generalmente al despertar se conserva la intuición, y con frecuencia originan ciertas ideas espontáneas que no se explican, y son las mismas que se han adquirido durante aquellas conversaciones».

☞ 416. ¿Puede por medio de la voluntad provocar el hombre las visitas espiritistas? ¿Puede, por ejemplo, decir al dormirse: «Quiero encontrarme esta noche en espíritu con tal persona, hablarle y decirle tal cosa»?

«He aquí lo que ocurre. El hombre se duerme, su espíritu se desprende, y con frecuencia lejos está este último de seguir lo que el hombre había resuelto; porque la vida del hombre interesa poco al espíritu cuando está desprendido de la materia. Esto ocurre respecto de los hombres algún tanto elevados, pues los otros pasan de muy distinto modo su existencia espiritual, se entregan a sus pasiones o permanecen inactivos. Puede suceder, pues, que, según el motivo que se proponga, el espíritu vaya a visitar a las personas que desea visitar; pero aunque tenga esta voluntad estando despierto, no es una razón para que así suceda».

☞ 417. Un cierto número de espíritus encarnados, ¿pueden reunirse y formar asambleas?

«Sin duda alguna. Los lazos de amistad antiguos o recientes, reúnen con frecuencia de este modo a diversos espíritus que son felices estando juntos».

🖎 Por la palabra antiguos deben entenderse los lazos de amistad contraída en anteriores existencias. Al despertarnos, tenemos intuición de las ideas que hemos adquirido en esas conversaciones ocultas; pero cuyo origen ignoramos.

☞ 418. Una persona que creyese muerto a uno de sus amigos, no estando lo, ¿podría encontrarse con él en espíritu y saber de este modo que está vivo? ¿Podría en semejante caso tener intuición al despertar?

«Como espíritu puede, ciertamente, verlo y conocer su suerte; si la creencia de que está muerto su amigo, no la tiene impuesta como una prueba, tendrá un presentimiento de su existencia, como puede tener el de su muerte».

3. Transmisión oculta del pensamiento

☞ 419. ¿De dónde procede que una misma idea, la de un descubrimiento, por ejemplo, surge en muchos puntos a la vez?

«Ya hemos dicho que, durante el sueño, los espíritus se comunican entre si Pues bien, cuando el cuerpo se despierta, el espíritu recuerda lo que ha aprendido, y el hombre cree haberlo inventado. Así es como muchos pueden encontrar a la vez una misma cosa. Cuando decís que una idea está en el aire, cometéis una figura más exacta de lo que creéis, y cada uno contribuye a propagarla sin sospecharlo».

✎ De este modo nuestro espíritu revela a menudo por si mismo y sin saberlo, a otros lo que le ocupaba mientras estaba despierto el cuerpo.

☞ 420. ¿Los espíritus pueden comunicarse, estando completamente despierto el cuerpo?

«El espíritu no está encerrado en el cuerpo como en una caja; irradia a su alrededor, y por esto puede comunicarse con otros, aun en estado de vela, aunque lo haga con mayor dificultad entonces».

☞ 421. ¿De dónde procede que dos personas, perfectamente despiertas, con frecuencia tienen instantáneamente el mismo pensamiento?

«Son espíritus simpáticos que se comunican y ven recíprocamente su pensamiento, aun cuando no duerma el cuerpo».

✎ Hay entre los espíritus que se encuentran una comunicación de pensamientos que hace que dos personas se vean y se comprendan sin acudir a los signos externos del lenguaje. Podría decirse que se hablan en el lenguaje de los espíritus.

4. Letargo, catalepsia, muertes aparentes

☞ 422. Los letárgicos y catalépticos ven y oyen generalmente lo que pasa alrededor de ellos; pero no pueden manifestarlo. ¿Ven y oyen con los ojos y oídos del cuerpo?

«No; con el espíritu, que se reconoce; pero no puede comunicarse».

—¿Por qué no puede comunicarse?

«Se opone a ello el estado del cuerpo. Este estado particular de los órganos os sirve de prueba de que hay en ej hombre algo más que el cuerpo, pues que, a pesar de no funcionar el cuerpo, obra el espíritu».

☞ 423. En el letargo, ¿puede el espíritu separarse enteramente del cuerpo, de modo, que dé a éste todas las apariencias de la muerte, y volver después a él?

«En el letargo no está muerto el cuerpo, puesto que desempeña funciones. La vitalidad está en estado latente, como en la crisálida; pero no está anonadada, y el espíritu permanece unido al cuerpo, mientras éste vive. Una vez rotos los lazos por la muerte real y la disgregación de los órganos, la separación es perfecta y no vuelve más el espíritu. Cuando un hombre aparentemente muerto vuelve en sí, señal es de que la muerte no era completa».

☞ 424. Por medio de cuidados prestados a tiempo, ¿se pueden reanudar los lazos que están a punto de romperse, y volver la vida a un ser que moriría definitivamente por falta de auxilios?

«Sin duda que sí, y cada día tenéis la prueba de ello. Con frecuencia el magnetismo es en este caso un poderoso medio; porque restituye al cuerpo el fluido vital que le falta, y que no era bastante a mantener el juego de los órganos».

✎ El letargo y la catalepsia tienen el mismo principio, que es la pérdida momentánea de la sensibilidad y del movimiento por una causa fisiológica inexplicada aún. Se diferencian en que en el letargo la suspensión de las fuerzas vitales es general y da al cuerpo todas las apariencias de la muerte. En la catalepsia está localizada y puede afectar una parte más o menos extensa del cuerpo, de modo que deje a la inteligencia en libertad de manifestarse, lo que impide que se la confunda con la muerte. El letargo siempre es natural; la catalepsia a veces es espontánea, pero puede ser provocada y destruida artificialmente por la acción magnética.

5. Sonambulismo

☞ 425. El sonambulismo natural, ¿tiene relación con los sueños? ¿Cómo puede explicarse?

«Es una independencia del alma más completa que la del sueño, y entonces están más desarrolladas las facultades; tiene el alma percepciones que no tenía en el sueño, estado imperfecto de sonambulismo».

✎ En el sonambulismo el espíritu se pertenece a si mismo completamente, y estando hasta cierto punto en estado cataléptico los órganos, no reciben las impresiones externas. Este estado se manifiesta especialmente durante el sueño, momento en que puede el espíritu abandonar provisionalmente el cuerpo, entregado como está éste al descanso indispensable a la materia. Cuando se producen los hechos sonambúlicos, débense a que el espíritu, ocupado de este o aquel asunto, se entrega a alguna acción que requiere el emplee del cuerpo, del cual se sirve de un modo análogo ni uso que se hace de una mesa o cualquiera otro objeto material en el fenómeno de las manifestaciones físicas, o de la mano en el de las comunicaciones escritas. En los sueños de que se tiene conciencia, los órganos, incluso los de la memoria, comienzan a despertarse; reciben imperfectamente las impresiones producidas por los objetos o causas externas, y las comunican al espíritu que, reposando también entonces, no recibe más que sensaciones confusas e incoherentes con frecuencia y sin ninguna razón aparente de ser, mezcladas como están de vagos recuerdos, ya de esta existencia, ya de las anteriores. Fácil es entonces comprender por qué los sonámbulos no tienen ningún recuerdo y por qué los sueños cuyo recuerdo conservamos, no tienen sentido alguno las más de las veces. Digo las más de las veces, porque sucede que son consecuencia de un recuerdo exacto de acontecimientos de una vida anterior, y alguna vez hasta una especie de intuición del porvenir.

☞ 426. El sonambulismo llamado magnético, ¿tiene relación con el natural?

« Es uno mismo, sino que el primero es provocado ».

☞ 427. ¿Cuál es la naturaleza del agente llamado fluido magnético?

« Fluido vital; electricidad animalizada, que son modificaciones del fluido universal ».

☞ 428. ¿Cuál es la causa de la clarividencia sonambúlica?

« Ya lo hemos dicho: *es el alma que ve* ».

☞ 429. ¿Cómo puede ver el sonámbulo a través de los cuerpos opacos?

« Sólo para vuestros órganos groseros existen cuerpos opacos. ¿Acaso no hemos dicho que para el espíritu no es un obstáculo la materia, puesto que libremente la penetra? A menudo os dice que ve con la frente, con la rodilla, etcétera; porque sujetos vosotros completamente a la materia, no comprendéis que pueda ver sin auxilio de los órganos, y hasta el mismo, en virtud de vuestro deseo, cree tener necesidad de esos órganos. Pero si le dejaseis en libertad, comprendería que ve por todas las partes de su cuerpo, o por mejor decir, ve fuera de su cuerpo ».

☞ 430. Puesto que la clarividencia del sonámbulo es la de su alma o espíritu, ¿por qué no lo ve todo y por qué se equivoca con frecuencia?

« Ante todo no es dado a los espíritus imperfectos verlo y conocerlo todo. Bien sabes que participan aún de vuestros errores y preocupaciones, y además, cuando están ligados a la materia no gozan de todas las facultades del espíritu. Dios ha dado al hombre esta facultad con un fin útil y grave, y no para enseñarle lo que no debe saber. He aquí por qué los sonámbulos no pueden decirlo todo ».

☞ 431. ¿Cuál es el origen de las ideas innatas del sonámbulo, y cómo puede hablar con exactitud de cosas que ignora, estando despierto, y que son hasta superiores a su capacidad intelectual?

« Sucede que el sonámbulo posee más conocimientos de los que tú sabes, sólo que dormita; porque su envoltura es demasiado imperfecta para que pueda recordarlos. Pero, ¿qué es en definitiva? Como nosotros, un espíritu encarnado en la materia para cumplir su misión, y el estado en que entra le despierta de su letargo. Te hemos dicho con frecuencia que revivimos muchas veces, y este cambio es el que le hace perder materialmente lo que ha podido aprender en una existencia precedente. Cuando se encuentra en el estado que tú llamas crisis, lo recuerda; pero no siempre de un modo completo. Sabe, pero no podría decir dónde ha aprendido, ni cómo posee los conocimientos. Pasada la crisis, desaparece todo recuerdo, y el sonámbulo vuelve a la oscuridad».

🖎 La experiencia demuestra que los sonámbulos reciben también comunicaciones de otros espíritus que le transmiten lo que debe decir, y suplen su insuficiencia. Observase sobre todo esto en las prescripciones medicinales el espíritu del sonámbulo ve la enfermedad, y otro le indica el remedio. Esta doble acción es patente a veces, y se revela además por estas expresiones bastante frecuentes se me dice que diga, o se me prohíbe que diga tal cosa. En este último caso siempre es peligroso insistir en obtener una revelación que se niega; porque entonces se da pie a los espíritus ligeros que de todo charlan sin escrúpulo y sin cuidarse de la exactitud.

☞ 432. ¿Cómo se explica la vista a distancia dé ciertos sonámbulos?

«¿No se transporta el alma durante el sueño? Pues lo mismo sucede con el sonámbulo».

☞ 433. El desarrollo mayor o menor de la clarividencia sonambúlica, ¿depende de la organización física, o de la naturaleza del espíritu encarnado?

«De la una y de la otra, puesto que hay disposiciones físicas que permiten al espíritu desprenderse más o menos fácilmente de la materia».

☞ 434. Las facultades de que goza el sonámbulo, ¿son las mismas que las del espíritu después de la muerte?

«Hasta cierto punto; porque es preciso tener en cuenta la influencia de la materia a que está aún sujeto».

☞ 435. ¿Puede ver el sonámbulo a los otros espíritus?

«La mayor parte los ven perfectamente. Esto depende del grado y naturaleza de su lucidez, pero a veces no saben explicárselo al principio, y los toman por seres corporales, lo que sucede especialmente a los que ningún conocimiento tienen del espiritismo. No comprenden aún la esencia de los espíritus, les maravilla su presencia y por esto creen ver personas vivas».

🖎 El mismo efecto se produce en el acto de la muerte, en los que aún se creen vivos. Nada de lo de su alrededor encuentran cambiado, paré celes que los espíritus tienen cuerpos semejantes a los nuestros, y toman la apariencia del suyo por un cuerpo real.

☞ 436. El sonámbulo que ve a distancia, ¿ve desde el punto en que está su cuerpo, o desde aquél donde está su alma?

«¿A qué esta pregunta, siendo el alma la que ve y no el cuerpo?»

☞ 437. Puesto que es el alma la que se transporta, ¿cómo puede el sonámbulo experimentar en su cuerpo las sensaciones de calor o frío del lugar donde se encuentra su alma y que está a veces muy lejos de su cuerpo?

«El alma no ha abandonado completamente al cuerpo, del cual depende siempre por el lazo que a él le liga. Este lazo es el conductor de las sensaciones. Cuando dos personas se comunican de una a otra ciudad por medio de la electricidad, ésta es el lazo de los pensamientos de aquéllas. Por esta razón se comunican como si estuviesen una al lado de la otra».

☞ 438. El uso que hace un sonámbulo de su facultad ¿influye en el estado de su espíritu después de la muerte?

«Mucho, como el bueno y el mal uso de todas las facultades que Dios ha dado al hombre».

6. Éxtasis

☞ 439. ¿Qué diferencia hay entre el éxtasis y el sonambulismo?

«El éxtasis es un sonambulismo más depurado; el alma del extático es más independiente aún».

☞ 440. El espíritu de los extáticos, ¿penetra realmente en los mundos superiores?

«Sí, los ve y comprende la dicha de los que en ellos se encuentran, y por esto quisiera permanecer allí; pero hay mundos inaccesibles a los espíritus que no están bastante purificados».

☞ 441. Cuando el extático manifiesta deseos de abandonar la tierra, ¿habla sinceramente sin que le detenga el instinto de conservación?

«Depende del grado de purificación del espíritu. Si ve que su posición futura es mejor que la vida presente, se esfuerza en romper los lazos que le sujetan a la tierra».

☞ 442. ¿Si se abandonase el extático a si mismo, su alma podría abandonar definitivamente el cuerpo?

«Sí, puede morir, y por esto es preciso atraerle con todo aquello que puede ligarle a la tierra, y haciéndole comprender sobre todo que, si rompiese la cadena que le sujeta, seria este medio bastante a que no permaneciese en el lugar donde comprende que sería feliz».

☞ 443. Hay cosas que el extático pretende ver y que evidentemente son producto de una imaginación dominada por las creencias y preocupaciones terrestres. ¿No es, pues, real todo lo que ve?

«Lo que ve es real para él; pero como su espíritu está siempre bajo la influencia de las ideas terrestres, puede verlo a su modo o, por mejor decirlo, expresarlo en un lenguaje apropiado a sus preocupaciones y a las ideas en que se ha educado, o a las vuestras a fin de darse a comprender mejor. En este sentido especialmente puede equivocarse».

☞ 444. ¿Qué grado de confianza puede prestarse a las revelaciones de los extáticos?

«El extático puede equivocarse con mucha frecuencia, sobre todo cuando quiere penetrar lo que debe ser un misterio para el hombre; porque entonces se entrega a sus propias ideas, o bien es ludibrio de espíritus mentirosos que aprovechan su entusiasmo para fascinarle».

☞ 445. ¿Qué consecuencias puede sacarse de los fenómenos del sonambulismo y del éxtasis? ¿No serán acaso una especie de iniciación en la vida futura?

«Mejor dicho, el hombre entrevé la vida pasada y la futura. Que estudie esos fenómenos, y en ellos encontrará solución a más de un misterio que en vano procura penetrar su razón».

☞ 446. ¿Los fenómenos del éxtasis y del sonambulismo pueden armonizarse con el materialismo?

«El que los estudia de buena fe y sin prevención, no puede ser ni materialista ni ateo».

7. Doble vista

☞ 447. El fenómeno designado con el nombre de doble vista, ¿tiene relación con los sueños y el sonambulismo?

«Todo es lo mismo. Lo que llamas doble vista es también el espíritu gozando de mayor libertad, aunque no esté dormido el cuerpo. La doble vista es la vista del alma».

☞ 448. ¿Es permanente la doble vista?

«La facultad, si el ejercicio, no. En mundos menos materiales que el vuestro, los espíritus se desprenden más fácilmente y se comunican sólo por el pensamiento sin excluir, empero, el lenguaje articulado, siendo para la mayor parte de ellos una facultad permanente la doble vista. Puede compararse su estado al de vuestros sonámbulos lúcidos, y esta es también la razón de que se os manifiesten más fácilmente que los que están encarnados en cuerpos groseros».

☞ 449. ¿La doble vista se desarrolla espontáneamente o a voluntad del que está de ella dotado?

«Lo más frecuente es que sea espontánea; pero a menudo también la voluntad toma mucha parte. Toma por ejemplo a ciertas gentes a quienes se llama pronosticadores de la buenaventura y algunos de los cuales tiene la facultad que nos ocupa, y verás que es la voluntad quien les ayuda a desarrollar la doble vista, y lo que tú llamas visión».

☞ 450. ¿La doble vista es susceptible de desarrollo por medio del ejercicio?

«Sí; el trabajo conduce siempre al progreso, y el velo que cubre las cosas se hace transparente».

—¿Depende esta facultad de la organización física?

«Cierto que la Organización toma parte, pues las hay que son refractarias».

☞ 451. ¿De dónde procede que la doble vista parece hereditaria en ciertas familias?

«Semejanza de organización que se transmite como las otras cualidades físicas, y desarrollo de la facultad por una especie de educación que también se transmite».

☞ 452. ¿Es cierto que circunstancias dadas desarrollan la doble vista?

«Una enfermedad, la proximidad de un peligro y de una gran conmoción pueden desarrollarla. El cuerpo se halla a veces en un estado particular que permite al espíritu ver lo que no podéis ver vosotros con los ojos del cuerpo».

✎ Los tiempos de crisis y calamidades, las grandes emociones y todas las causas en fin que sobreexcitan la parte moral provocan a veces el desarrollo de la doble vista. Parece que la Providencia, en vista del peligro, nos da el modo de conjurarlo. Todas las sectas y partidos perseguidos ofrecen numerosos ejemplos.

☞ 453. ¿Las personas dotadas de doble vista tienen conciencia de ello?

«No siempre. Para ellas es una cosa natural, y muchos creen que si todos se observasen, serían lo mismo».

☞ 454. ¿Podría atribuirse a una especie de doble vista la perspicacia de ciertas personas que, sin tener nada de extraordinario, juzgan de las cosas con más exactitud que las otras?

«Siempre es el alma que irradia más libremente y que juzga mejor que bajo el velo de la materia».

— ¿Puede esta facultad dar en ciertos casos la presciencia de las cosas?

«Sí, y da también los presentimientos; porque hay muchos grados en esta facultad, y el mismo sujeto puede tenerlos todos o algunos solamente».

8. Resumen teórico del sonambulismo, del éxtasis y de la doble vista

455. Los fenómenos del sonambulismo natural se producen espontáneamente y son independientes de toda causa externa conocida; pero en ciertas personas dotadas de una organización especial, pueden ser provocados artificialmente por la acción del agente magnético.

El estado designado con el nombre de *sonambulismo magnético* no difiere del sonambulismo natural más que, en que el uno es provocado al paso que el otro es espontáneo.

El sonambulismo natural es un hecho notorio que nadie piensa poner en dula, a pesar de los maravillosos fenómenos que ofrece. ¿Qué tiene, pues, de más extraordinario o de más irracional el sonambulismo magnético, porque es producido artificialmente como otras tantas cosas? Se dice que los charlatanes lo han explotado; razón de más para no abandonarlo en sus manos. Cuando la ciencia se lo haya apropiado, el charlatanismo tendrá mucho menos crédito en las masas; pero en el ínterin como el sonambulismo natural o artificial es un hecho, y como contra éste no son posibles razonamientos, se acredita a pesar de la mala voluntad de algunos, y hasta en la misma ciencia, en la cual entra por una multitud de puertecillas, en vez de hacerlo por la principal. Mas cuando haya penetrado del todo, preciso será concederle derecho de ciudadanía.

Para el espiritismo, el sonambulismo es algo más que un fenómeno fisiológico, es una luz que refleja en la psicología. En él se puede estudiar el alma; porque se presenta a las claras, y uno de los fenómenos que la caracterizan es la clarividencia independiente de los órganos ordinarios de la vista. Los que impugnan el fenómeno, se fundan en que el sonámbulo no ve siempre y a voluntad del experimentador, como con los ojos. Pero, ¿hemos de admirarnos de que, siendo diferentes los medios, no sean los mismos los efectos? ¿Es racional el pedir efectos idénticos, no existiendo el instrumento? El alma tiene sus propiedades como el ojo las suyas, y debe juzgárselas en sí mismas y no por analogía.

La causa de la clarividencia del sonámbulo magnético y del sonámbulo natural es idénticamente la misma: *es un atributo del alma*, una facultad inherente a todas las partes del ser incorporal que reside en nosotros y que no tiene más límites que los señalados a la misma alma. Ve todos los puntos a donde puede transportarse su alma, cualquiera que sea la distancia.

En la vista a distancia el sonámbulo no ve las cosas desde el punto donde está su cuerpo, y como por un efecto telescópico. Las ve presentes, y como si estuviese en el lu gar donde se encuentran; porque allí está en realidad su alma, y por esto su cuerpo está como anonadado y parece hallarse privado de sentimiento hasta que el alma vuelve a posesionarse de él. Esta separación parcial del alma y del cuerpo es un estado anormal que puede durar más o menos, pero no indefinidamente; motivo por el cual el cuerpo experimenta fatiga después de cierto tiempo, sobre todo cuando el alma se consagra a un trabajo activo.

No estando circunscrita la vista del alma o del espíritu y no teniendo lugar determinado, queda explicado el por qué los sonámbulos no pueden señalarle órgano especial. Ven, porque ven, sin saber cómo ni por qué, no teniendo para ello como espíritus lugar determinado la vista. *Si se refiere a su cuerpo*, paréceles que ese lugar está en los centros en que es mayor la actividad vital, principalmente en el cerebro, en la región epigástrica, o en el órgano que, según ellos, es el punto de unión *más tenaz* entre el espíritu y el cuerpo.

La potencia de la lucidez sonambúlica no es indefinida. Hasta el espíritu completamente libre está limitado en sus facultades y en sus conocimientos según el grado de perfección a que ha llegado, y lo está más, cuando está ligado a la materia cuya influencia siente. Esta es la causa de que la clarividencia sonambúlica no es universal, ni infalible. Menos puede aún fiarse en su infalibilidad, cuando se la aparta del fin que se ha propuesto la naturaleza, y se la constituye en objeto de curiosidad y de *experimentación*.

En el estado de desprendimiento en que se encuentra el espíritu del sonámbulo entra más fácilmente en comunicación con los otros espíritus *desencarnados* o *encarnados*. Establécese esta comunicación por medio del contacto de los fluidos que componen los periespíritus y sirven de conductores al pensamiento como el hilo eléctrico. El sonámbulo no necesita, pues, de que el pensamiento sea articulado por la palabra: lo siente y lo adivina, lo cual le hace eminentemente impresionable y accesible a las influencias de la atmósfera moral en que se halla colocado. Por esto también un concurso numeroso de espectadores, y especialmente de curiosos más o menos malévolos, perjudica esencialmente el desarrollo de sus facultades, que se repliegan, por decirlo así, en si mismas, y no se despliegan con completa libertad más que en la intimidad y en un centro simpático. *La presencia, de personas malévolas o antipáticas produce en él, el mismo efecto del contacto de la mano en la sensitiva.*

El sonámbulo ve a la vez su espíritu y su cuerpo. Son, por decirlo así, dos seres que le representan la doble existencia espiritual y corporal que se confunden, por lo tanto, por los lazos que los unen. No siempre se da el sonámbulo cuenta de esta situación, y semejante *dualismo* hace que hable a menudo de él como de un extraño, y es que tan pronto el ser corporal habla al espiritual, como el espiritual al corporal.

El espíritu adquiere un aumento de conocimientos y de experiencia en cada una de sus existencias corporales. Los olvida parcialmente durante su encarnación en una materia demasiado grosera; *pero los recuerda como espíritu.* Por esto ciertos sonámbulos revelan conocimientos superiores a su grado de instrucción y hasta su aparente capacidad intelectual. La inferioridad intelectual y científica del sonámbulo estando despierto, nada prejuzga, pues, sobre los conocimientos que pueda revelar en estado lúcido. Según las circunstancias y el fin que nos propongamos, puede tomarlos de su propia experiencia, de la clarividencia de las cosas presentes o de los consejos que de otros espíritus recibe; pero como el suyo puede estar más o menos adelantado, puede decir cosas más o menos exactas.

Por los fenómenos del sonambulismo ya natural, ya magnético, la Providencia nos da la prueba irrecusable de la existencia e independencia del alma, y nos hace asistir al sublime espectáculo de su emancipación, abriéndonos de este modo el libro de nuestro destino. Cuando el sonámbulo describe lo que ocurre a distancia, es evidente que lo ve, y no con los ojos del cuerpo; se ve a si mismo, se siente transportado, hay, pues, allí algo suyo, y no siendo este algo su cuerpo, no puede ser otra cosa que su alma o su espíritu. Mientras el hombre se extravía entre las sutilezas de una metafísica abstracta e ininteligible, corriendo en busca de las causas de nuestra existencia moral, Dios pone diariamente en sus manos y ante sus ojos, los más sencillos y patentes medios para el estudio de la psicología experimental.

El éxtasis es el estado en que la independencia del alma y del cuerpo se manifiesta del modo más sensible y se hace hasta cierto punto palpable.

En el sueño y en el sonambulismo el alma vaga por los mundos terrestres; en el éxtasis penetra en un mundo desconocido, en el de los espíritus etéreos con los cuales se comunica, sin poder, empero, salvar ciertos límites que no podría franquear sin romper completamente los lazos que le unen al cuerpo. Un brillo resplandeciente, nuevo del todo la rodea, armonias desconocidas en la tierra la arrebatan, y la penetra un bienestar indefinible: goza anticipadamente de la beatitud celeste *y puede decir&e*

que pone un pie en el umbral de la eternidad.

En el estado de éxtasis es casi completo el anonadamiento del cuerpo, no goza, por decirlo así que de la vida orgánica, y se conoce que no está unida a él el alma más que por un hilo que bastaría a romper definitivamente un esfuerzo más.

En semejante estado desaparecen todos los pensamientos terrestres para ceder su puesto al sentimiento puro que es la misma esencia de nuestro ser inmaterial. Entregado totalmente a esta sublime contemplación, el extático considera la vida como una parada momentánea. Los bienes y los males, las alegrías groseras y las miserias de este mundo no son más que incidentes fútiles de un viaje, de cuya terminación se consideraría feliz.

Sucede con los extáticos lo mismo que con los sonámbulos: su lucidez puede ser más o menos perfecta y su mismo espíritu es más o menos apto para conocer y comprender las cosas, según que sea más o menos elevado. A veces es en ellos mayor la exaltación que la lucidez verdadera, o por mejor decir, su exaltación perjudica a la lucidez, y por esto sus revelaciones son con frecuencia una mezcla de verdades y errores, de cosas sublimes y de cosas absurdas y hasta ridículas. Los espíritus inferiores se aprovechan a menudo de esa exaltación, que siempre es causa de debilidad, cuando no se sabe dominarla para gobernar al extático, y a este fin toman a sus ojos *apariencias* que mantienen sus ideas y preocupaciones vulgares. Este es un escollo; pero todos los extáticos no son iguales, y tócanos a nosotros juzgar fríamente y pesar sus revelaciones en la balanza de la razón.

La emancipación del alma se manifiesta a veces en estado de vela, y produce el fenómeno designado con el nombre de *doble vista*, que da a los que de ella están dotados la facultad de ver, de oír o sentir *más allá del límite de nuestros sentidos*. Perciben las cosas de todos los puntos a que el alma extiende su acción, y las ven, por decirlo así, a través de la vista ordinaria y como por una especie de espejismo.

En el momento en que se produce el fenómeno de la doble vista, el estado físico esta sensiblemente modificado, hay algo de vaguedad en los ojos, miran sin ver, y toda la fisonomía refleja una especie de exaltación. Se prueba que los órganos de la vista son extraños al fenómeno; porque la visión persiste, a pesar de cerrar los ojos.

Esta facultad parece a los que de ella gozan, natural como la de ver, y es para ellos un atributo de un ser que no les parece excepcional. Sucede lo más comúnmente el olvido a esta lucidez pasajera, cuyo recuerdo más y más vago, concluye por borrarse como el de un sueño.

La potencia de la doble vista varía desde la sensación confusa, hasta la percepción clara y neta de las cosas presentes o ausentes. En estado rudimentario da a ciertas personas el tacto, la perspicacia y una especie de seguridad en sus actos, que puede llamarse *la exactitud del golpe de vista moral*. Más desarrollada, despierta el presentimiento, y más aún, ofrece los acontecimientos realizados o a punto de realizarse.

El sonambulismo natural y artificial, el éxtasis y la doble vista son variedades o modificaciones de una misma causa. Estos fenómenos, lo mismo que los sueños, son naturales, y por esto han existido en todas las épocas. La historia nos dice que fueron conocidos, y hasta explotados, desde la más remota antigüedad, y en ellos se encuentra la explicación de una multitud de hechos que las preocupaciones han hecho considerar como sobrenaturales.

CAPITULO IX
—
INTERVENCIÓN DE LOS ESPÍRITUS EN EL MUNDO CORPORAL

1. Penetración de nuestro pensamiento por los Espíritus - 2. Influencia oculta de los Espíritus en nuestros pensamientos y acciones 3. De los poseídos - 4. Convulsionarios - 5. Afecto de los Espíritus hacia ciertas personas - 6. Ángeles guardianes, Espíritus protectores, familiares o simpáticos - 7. Presentimientos - 8. Influencia de los Espíritus en los acontecimientos de la vida - 9. Acción de los Espíritus en los fenómenos de la naturaleza - 10. Los Espíritus durante las batallas 11. De los pactos - 12. Poder oculto, talismanes, hechiceros 13. Bendición y maldición

1. Penetración de nuestro pensamiento por los Espíritus

☞ 456.¿Los espíritus ven todo lo que nosotros hacemos?

«Pueden verlo, porque os rodean sin cesar; pero cada uno no ve más que las cosas en que fija su atención; porque no se ocupan de las cosas que les son indiferentes».

☞ 457.¿Los espíritus pueden conocer nuestros más recónditos pensamientos?

«Conocen a menudo hasta aquellos que quisierais ocultaros a vosotros mismos. No podéis ocultarles ni vuestros actos ni vuestros pensamientos».

— Según esto, ¿parece que sería más fácil ocultar una cosa de una persona que aún vive, que no después que ha muerto?

«Indudablemente, y cuando más a solas os creéis, tenéis a vuestro alrededor una multitud de espíritus que os ven».

☞ 458.¿Qué piensan de nosotros los espíritus que nos rodean y observan?

«Según y cómo. Los duendes se ríen de las travesuras que os hacen y se burlan de vuestra impaciencia. Los espíritus graves compadecen vuestros infortunios y procuran ayudaros».

2. Influencia oculta de los Espíritus en nuestros pensamientos y acciones

☞ 459.¿Influyen los espíritus en nuestros pensamientos y acciones?

«Bajo este aspecto su influencia es mayor de lo que creéis; porque a menudo son ellos quienes os dirigen».

☞ 460.¿Tenemos pensamientos propios y otros que nos son sugeridos?

«Vuestra alma es un espíritu que piensa, y ya sabéis que con frecuencia tenéis a la vez varios pensamientos sobre un mismo punto, y a menudo muy contradictorios entre sí. Pues bien, siempre los tenéis propios y nuestros, y esto es lo que os hace andar inciertos; porque tenéis dos ideas que se contradicen».

☞ 461. ¿Cómo podemos distinguir los pensamientos que nos son propios de los que nos son sugeridos?

«Cuando un pensamiento os es sugerido, viene a ser como una voz que os habla. Los pensamientos propios son en general los del primer instante. Por lo demás, no os es muy interesante esta distinción, y a menudo es útil no conocerla, pues el hombre obra más libremente. Si se decide por el bien, lo hace de mejor grado, y si toma el camino del mal, aumenta su responsabilidad».

☞ 462. ¿Los hombres de talento y genio toman siempre sus ideas de si mismos?

«A veces las ideas proceden de su propio espíritu, pero a menudo le son sugeridas por otros espíritus que los juzgan capaces de comprenderlas y dignos de transmitirlas. Cuando no las encuentran en sí mismos, acuden a la inspiración, y hacen una evocación sin saberlo».

✎. Si hubiese sido útil que pudiéramos distinguir claramente nuestras proprias ideas de las que nos son sugeridas, Dios nos hubiera proporcionado medios para conseguirlo, como nos los da para distinguir la noche del dia. Cuando una cosa se nos ofrece vagamente, es porque así debe ser para nuestro bien.

☞ 463. A veces se dice que siempre es bueno el primer impulso. ¿Es exacto?

«Puede ser bueno o malo según la naturaleza del espíritu encarnado. Siempre es bueno en aquel que escucha las buenas inspiraciones».

☞ 464. ¿Cómo podemos distinguir si un pensamiento que nos es sugerido, procede de un espíritu bueno o malo?

«Examinadlo; los espíritus buenos sólo el bien aconsejan. A vosotros os toca distinguir».

☞ 465. ¿Con qué objeto nos impelen al mal los espíritus imperfectos?

«Para haceros sufrir con ellos».

— ¿Disminuyen así sus sufrimientos?

«No, pero lo hacen celosos de ver seres más dichosos que ellos».

— ¿Qué clase de sufrimiento quieren ocasionar?

«Los que resultan de pertenecer a un orden inferior y de estar alejado de Dios».

☞ 466. ¿Por qué permite Dios que los espíritus nos exciten al mal?

«Los espíritus imperfectos son instrumentos destinados a probar la fe y constancia de los hombres en el bien. Tú, como espíritu, debes progresar en la ciencia de lo infinito, y por esto pasas por las pruebas del mal para llegar al bien. Nuestra misión es la de ponerte en el buen camino, y cuando malas influencias obran en ti, es porque te las atraes con el deseo del mal; porque los espíritus inferiores vienen a cooperar al mal, cuando deseas hacerlo. Sólo queriéndolo tú, pueden ayudarte en el mal. Si tienes propensión al homicidio, estarás rodeado de una nube de espíritus que fomentarán en ti esa idea; pero otros te rodearán también que influirán en sentido del bien, lo que equilibra la balanza, abandonándote a tu libre albedrío».

✎ Así Dios deja a nuestra conciencia la elección del camino que hemos de seguir, y libertad de ceder a una u otra de las contrarias influencias que en nosotros obran.

☞ 467. ¿Podemos librarnos de la influencia de los espíritus que solicitan al mal?

«Sí; porque no se adhieren más que a los que los solicitan por sus deseos o los atraen con sus pensamientos».

☞ 468. ¿Los espíritus cuya influencia rechazamos por medio de la voluntad, renuncian a sus tentativas?

«¿Qué quieres que hagan? Cuando nada pueden hacer, ceden su puesto; pero atisban, sin embargo, el momento favorable, como el gato atisba al ratón».

☞ 469. ¿Por qué medio puede neutralizarse la influencia de los espíritus malos?

«Haciendo bien y poniendo toda vuestra confianza en Dios, rechazáis la influencia de los espíritus inferiores y destruís el imperio que quieren tomar sobre vosotros. Guardaos de escuchar las sugestiones de los espíritus que os suscitan malos pensamientos, que promueven discordias entre vosotros y que os excitan a todas las malas pasiones. Desconfiad sobre todo de los que exaltan vuestro orgullo; porque os atacan por el lado débil. He aquí por qué os hace decir Jesús en la oración dominical: ¡Señor! no nos dejes caer en la tentación, mas líbranos del mal».

☞ 470. Los espíritus que procuran inducimos al mal, probando así nuestra firmeza en el bien, ¿han recibido la misión de hacerlo, y si cumplen una misión son responsables de ella?

«Ningún espíritu recibe la misión de hacer mal; cuando lo hace, es por su propia voluntad, y sufre por lo tanto, las consecuencias. Dios puede dejarle hacer para probaros; pero no se lo manda, y a vosotros toca rechazarlo».

☞ 471. Cuando experimentamos un sentimiento de angustia, de indefinible ansiedad o de satisfacción interior sin causa conocida, ¿depende únicamente de la disposición física?

«Casi siempre es un efecto de las comunicaciones que a pesar vuestro tenéis con los espíritus, o que habéis tenido con ellos durante el sueño».

☞ 472. Los espíritus que quieren excitarnos al mal, ¿se reducen a aprovecharse de las circunstancias en que nos encontramos, o pueden producirlas?

«Se aprovechan de las circunstancias; pero a menudo las provocan impulsándoos sin saberlo vosotros hacia el objeto que codiciáis. Así, por ejemplo, un hombre encuentra en su camino una suma de dinero: no creas que son los espíritus los que allí la han colocado; pero pueden sugerir al hombre la idea de pasar por aquel lugar, despertándole entonces la intención de apoderarse del dinero, al paso que otros le sugieren el pensamiento de entregarlo a quien pertenece. Lo mismo sucede con todas las otras tentaciones».

3. De los poseídos

☞ 473. ¿Puede un espíritu revestir momentáneamente la envoltura de una persona viva, es decir, introducirse en un cuerpo animado y obrar en vez y en lugar del que en él está encarnado?

« El espíritu no penetra en un cuerpo como tú en una casa, sino que se asimila con el espíritu encamado que tiene los mismos defectos y las mismas cualidades para obrar de consuno; pero siempre es el encarnado quien obra como quiere sobre la materia de que está revestido. Un espíritu no puede sustituirse al que está encarnado; porque el espíritu y el cuerpo están ligados hasta el tiempo señalado para término de la existencia material».

☞ 474. Si no hay posesión propiamente dicha, es decir, cohabitación de los dos espíritus en un mismo cuerpo, ¿puede el alma estar bajo la dependencia de otro espíritu, de modo, que esté *subyugada* u *obsesada* hasta el punto de hallarse su voluntad hasta paralizada en cierto modo?

« Sí, y esos son los verdaderos poseídos; pero entiende que semejante dominación nunca tiene lugar sin participación del que la sufre, *ya por su debilidad*, ya por su deseo, A menudo se han tomado por poseídos a epilépticos o a locos que más necesitaban remedios que exorcismos».

✎ La palabra poseído, en su acepción vulgar, supone la existencia de demonios, es decir, de una categoría de seres de mala naturaleza, y la cohabitación de uno de ellos con el alma en el cuerpo del individuo. Puesto que en aquel sentido, no hay tales demonios y puesto que dos espíritus no pueden habitar simultáneamente en el mismo cuerpo, no existen poseídos en el sentido vulgar de la palabra. La voz poseído debe sólo entenderse en el sentido de la dependencia absoluta en que puede encontrarse el alma respecto de espíritus imperfectos que la subyugan.

☞ 475. ¿Puede uno por si mismo alejar a los malos espíritus y emanciparse de su dominación?

«Teniendo la necesaria firmeza de voluntad, siempre se puede sacudir el yugo».

☞ 476. ¿No puede acontecer que la fascinación que ejerce el espíritu malo sea tal, que la persona subyugada no la aperciba? ¿Puede entonces un tercero poner término a la sujeción, y en este caso, qué condiciones debe reunir?

« Si es un hombre de bien, su voluntad puede cooperar impetrando el concurso de los espíritus buenos; porque mientras más hombre de bien es uno, mayor imperio se tiene sobre los espíritus imperfectos para alejarlos y sobre los buenos para atraerlos.

Seria, no obstante, impotente, si el que está subyugado no se presta a ello, y personas hay que se gozan en la dependencia que halaga a sus gustos y deseos. En todo caso aquel que no es puro de corazón ninguna influencia puede tener. Los espíritus buenos la desprecian y no le temen los malos».

☞ 477. Las fórmulas de exorcismo, ¿tienen alguna eficacia sobre los espíritus malos?

«No, y cuando estos espíritus ven que alguien toma la cosa por lo serio, se ríen y se obstinan».

☞ 478. Hay personas de buenas intenciones que son, empero, obsesadas, ¿cuál es el mejor medio de librarse de los espíritus obsesores?

«Acabarles la paciencia, no hacer caso alguno de sus sugestiones y hacerles comprender que pierden el tiempo. Entonces, conociendo que nada pueden hacer se van».

☞ 479. ¿La oración es un medio eficaz de curar la obsesión?

«Para todo es un poderoso auxiliar la oración; pero sabed que no basta murmurar algunas palabras para lograr lo que se desea. Dios asiste a los que practican, y no a los que se limitan a pedir. Preciso es, pues, que el obsesado haga por su parte lo necesario para destruir la causa que en si mismo atrae a los espíritus malos».

☞ 480. ¿Qué hemos de pensar de la expulsión de demonios de que habla el Evangelio?

«Eso depende de la interpretación. Si llamáis demonio a un espíritu malo que subyuga a un individuo, destruida su influencia, habrá sido realmente expulsado. Si atribuís una enfermedad al demonio, curada ésta, diréis también que lo habéis expulsado. Una cosa puede ser verdadera o falsa, según el sentido que se dé a las palabras. Las mayores verdades pueden parecer absurdas, si no se mira más que la forma y si se toma lo alegórico por lo real. Comprended y recordad esto; porque es de aplicación general».

4. Convulsionarios

☞ 481. ¿Toman alguna parte los espíritus en los fenómenos que se producen en los individuos, designados con el nombre de convulsionarios?

«Sí, y muy grande; lo mismo que el magnetismo que es su origen primitivo, pero a menudo el charlatanismo ha explotado y exagerado esos efectos, lo que ha puesto en ridículo».

—¿De qué naturaleza son por lo general los espíritus que cooperan a esa especie de fenómenos?

«Poco elevados. ¿Creéis que los espíritus superiores se divierten en tales cosas?»

☞ 482. ¿Cómo puede desarrollarse súbitamente en toda una población el estado anormal de los convulsionarios y crisíacos?

«Efecto simpático. Las disposiciones morales se comunican muy fácilmente en ciertos casos. No eres tan extraño a los efectos magnéticos para no comprender esto, y la parte que ciertos espíritus deben tomar en ello por simpatía hacia los que los provocan».

✎ Entre las raras facultades que se observan en los convulsionarios, se reconocen sin trabajo algunas de que ofrecen numerosos ejemplos el sonambulismo y el magnetismo: tales son, entre otras, la insensibilidad física, el conocimiento del pensamiento, la transmisión simpática de los dolores, etc. No puede, pues, dudarse de que esos crisíacos estén en una especie de estado de sonambulismo despierto, provocado por la influencia que ejercen los unos en los otros. Son a la vez magnetizadores y magnetizados a pesar suyo.

☞ 483.¿Cuál es la causa de la insensibilidad física que se nota en ciertos convulsionarios, o en otras personas sujetas a los más rudos tormentos?

«En algunos es un efecto exclusivamente magnético que obra sobre el sistema nervioso del mismo modo que ciertas sustancias. En otros la exaltación del pensamiento embota la sensibilidad; porque parece que la vida se ha retirado del cuerpo para reconcentrarse en el espíritu. ¿No sabéis que cuando el espíritu se ocupa atentamente de algo, el cuerpo no ve, ni siente, ni oye nada?»

✎ La exaltación fanática y el entusiasmo ofrecen a menudo en los suplicios, el ejemplo de una calma y sangre fría que no podrían sobreponerse a un dolor agudo, si no se admitiese que la sensibilidad se encuentra neutralizada por una especie de afecto anestésico. Sabido es que en el ardor del combate no se apercibe uno con frecuencia de una herida grave, al paso que, en circunstancias ordinarias, un rasguño haría temblar.

Puesto que estos fenómenos dependen de una causa física y de la acción de ciertos espíritus, puede preguntarse de que ha dependido que la autoridad los haya hecho cesar en ciertos casos. La razón es obvia. La acción de los espíritus en este caso no es más que secundaria, y se reduce a aprovecharse de tina disposición natural. La autoridad no ha suprimido esta última, sino la causa que la sostenía y exaltaba; de activa que era, la ha hecho latente, y razón ha tenido para proceder así; porque originaba abuso y escándalo. Por lo demás, se sabe que semejante intervención es impotente cuando la acción de los espíritus es directa y espontánea.

5. Afecto de los Espíritus hacia ciertas personas

☞ 484.¿Los espíritus aman preferentemente a ciertas personas?

«Los espíritus buenos simpatizan con los hombres de bien o susceptibles de mejorarse; los espíritus inferiores con los hombres viciosos o que pueden llegar a serlo, y de aquí su adhesión resultado de la semejanza de sensaciones».

☞ 485.¿El afecto de los espíritus hacia ciertas personas es exclusivamente moral?

«El afecto verdadero no es nada carnal; pero cuando un espíritu se aficiona a una persona, no siempre es por afecto, y alguna parte puede tomar en ello un recuerdo de las pasiones humanas».

☞ 486. ¿Los espíritus participan de nuestras desgracias y prosperidades? ¿Los que nos aprecian se afligen por los males que experimentamos durante la vida?

«Los espíritus buenos hacen todo el bien posible y gozan de todas vuestras alegrías. Se afligen por vuestros males, cuando no los soportáis con resignación; porque entonces no os producen resultado, pues venís a ser como el enfermo que rehúsa por amarga la poción que ha de salvarle».

☞ 487. ¿Cuáles de nuestros males afligen más a los espíritus, los físicos o los morales?

«Vuestro egoísmo y vuestra dureza de corazón, pues de ahí se origina todo. Se ríen de todos esos males imaginarios que nacen del orgullo y de la ambición, y se regocijan por los que han de abreviar vuestro periodo de prueba».

✎ Sabiendo los espíritus que no es más que transitoria la vida corporal, y que las tribulaciones que la acompañan son medios para llegar a mejor estado, deploran más las causas morales que de éste nos alejan, que los males físicos que sólo son pasajeros. Los espíritus se cuidan poco de las desgracias que afectan únicamente a nuestras ideas mundanas, como nosotros de los pesares pueriles de la infancia.

El espíritu que ve en las aflicciones de la vida un medio para nuestro progreso, las considera como la crisis momentánea que ha de salvar al enfermo. Compadece nuestros sufrimientos como nosotros los de un amigo; pero mirando las cosas desde más exacto punto de vista, las aprecia de distinto modo que nosotros, y mientras los buenos nos reaniman en sentido propicio a nuestro porvenir, los otros, para comprometerlo, nos excitan a la desesperación.

☞ 488. Nuestros amigos y parientes muertos antes que nosotros, ¿nos tienen más simpatías que los espíritus que nos son extraños?

«Sin duda, y con frecuencia Os protegen como espíritus, con arreglo a su poder».

—¿Son sensibles al afecto que aún les conservamos?

«Muy sensibles; pero olvidan a los que los olvidan».

6. Ángeles guardianes, Espíritus protectores, familiares o simpáticos

☞ 489. ¿Hay espíritus que se unen particularmente a un individuo para protegerle?

«Sí; el hermano espiritual, al que vosotros llamáis el espíritu bueno, o el buen genio».

☞ 490. ¿Qué debe entenderse por ángel guardián?

«El espíritu protector de un orden elevado».

☞ 491. ¿Cuál es la misión del espíritu protector?

«La de un padre respecto a sus hijos; llevar a su protegido al buen camino, ayudarle con sus consejos, consolarle en sus aflicciones y sostenerle en las pruebas de la vida».

☞ 492. ¿El espíritu protector está unido al individuo desde el nacimiento de éste?

«Desde el nacimiento hasta la muerte, y a menudo aun después de ésta, le sigue en la vida espiritista y hasta en muchas existencias corporales; porque éstas no son más que fases muy breves, comparadas con la vida del espíritu».

☞ 493. ¿Es voluntaria u obligatoria la misión del espíritu protector?

«El espíritu está obligado a cuidar de vosotros; porque ha aceptado esta tarea; pero elige los seres que le son simpáticos. Para unos es un placer, para otros una misión o un deber».

—Uniéndose a una persona, ¿el espíritu renuncia a proteger a otros individuos?

«No; pero lo hace menos exclusivamente».

☞ 494. ¿El espíritu protector está fatalmente unido al ser a quien guarda?

«Sucede a menudo que ciertos espíritus abandonan su posición para cumplir diversas misiones; pero entonces se verifica un cambio».

☞ 495. ¿El espíritu protector abandona a veces a su protegido cuando se muestra rebelde a sus avisos?

«Se aleja cuando ve que son inútiles sus consejos, y que es más imperante el deseo de sufrir la influencia de los espíritus inferiores; pero jamás le abandona del todo y siempre le deja oir su voz. El hombre es quien entonces cierra el oído; pero el espíritu protector vuelve apenas se le llama.

»Hay una doctrina que por su encanto y su dulzura, debiera convertir hasta a los más incrédulos. Esta doctrina es la de los ángeles guardianes. ¿No es acaso una idea muy consoladora la de pensar que siempre tenéis a vuestro lado seres que os son superiores, que allí están siempre para aconsejaros, fortaleceros y ayudaros a gravitar la áspera montaña del bien, seres que son amigos más firmes que los más íntimos que podéis tener en la tierra? Allí están por orden de Dios que los ha puesto a vuestro lado, y lo están por amor suyo, cumpliendo respecto de vosotros una bella, pero penosa misión. Sí dondequiera que estéis está vuestro ángel guardián: las cárceles, los hospitales, los lugares de depravación, la soledad, nada os separa de ese amigo a quien no podéis ver, pero cuyos más dulces impulsos siente vuestra alma y cuyos sabios consejos oye.

»¡Lástima que no conozcáis mejor esta verdad! Cuántas veces os ayudaría en vuestros momentos de crisis y cuántas os libraría de los espíritus malos. Pero en el día supremo este ángel de bien os habrá de decir con frecuencia: "¿No te dije tal cosa, y no la hiciste? ¿No te enseñé el abismo y te hundiste en él? ¿No dejé oír en tu conciencia la voz de la verdad, y tú seguiste los consejos de la mentira?" ¡Ah!, interrogad a vuestros ángeles guardianes y estableced entre ellos y vosotros la tierna intimidad que entre los mejores amigos existe. No intentéis ocultarles nada; porque tienen la mirada de Dios, y no podéis engañarlos. Pensad en el porvenir; procurad adelantar en esta vida y vuestras pruebas serán más cortas y más felices vuestras existencias. Adelante, ¡oh!, hombres; desechad de una vez pata siempre preocupaciones y segundas intenciones; penetrad en el nuevo camino que se os abre. ¡Adelante! ¡Adelante! Tenéis guías, seguidlos; el objeto final no se os escapará, porque ese objeto es el mismo Dios.

»A los que creen que es imposible que espíritus verdaderamente elevados se entreguen a tan laboriosa y tan incesante tarea, les diremos que influimos en vuestras almas, a pesar de que nos separen de vosotros millones de leguas; nada es para nosotros el espacio, y aunque vivan en otros mundos, nuestros espíritus mantienen sus relaciones con los vuestros. Gozamos de cualidades que no podéis compren der; pero sabed que Dios no os ha abandonado solos en la tierra sin amigos y sostén. Cada ángel guardián tiene su protegido a quien vigila como un padre a su hijo. Es feliz, cuando le ve seguir el buen camino, y gime, cuando ve despreciados sus consejos.

»No temáis cansamos con preguntas, sino que debéis estar, por el contrario, en continua relación con nosotros y así seréis más fuertes y felices. Estas comunicaciones del hombre con su espíritu familiar son las que hacen a todos los hombres médiums, médiums desconocidos hoy; pero que manifestándose más tarde, se extenderán como el océano sin límites para anonadar la incredulidad y la ignorancia. Instruid, hombres instruidos; educad a vuestros hermanos, hombres de talento. No sabéis la obra que realizáis haciéndolo; realizáis la obra de Cristo, la que Dios os impone. ¿Para qué os dio la inteligencia y la ciencia, sino para que hagáis participes de ella a vuestros hermanos, a fin de que progresen en el camino de la dicha y de la felicidad eterna?».

SAN LUIS, SAN AGUSTÍN

✎ La doctrina de los ángeles guardianes que vigilan a sus protegidos, a pesar de la distancia que separa los mundos, nada tiene que deba sorprendernos y es, por el contrario, grande y sublime. ¿Acaso no vemos en la tierra a un padre vigilar a su hijo, aunque esté de él alejado, y ayudarle con sus consejos por medio de la correspondencia? ¿Qué habría, pues, de admirable en que los espíritus pudiesen guiar a los que toman bajo su protección, desde uno a otro mundo, dado que la distancia que separa a los mundos es menor para ellos que la que separa a los continentes de la Tierra? ¿Y no tienen además el fluido universal que enlaza a todos los mundos y los hace solidarios; inmenso vehículo de la transmisión del pensamiento, como, lo es para nosotros el, aire de la transmisión del sonido?

☞ 496. El espíritu que abandona a su protegido, ya que no le hace bien, ¿puede hacerle mal?

«Los espíritus buenos nunca hacen mal, dejan que lo hagan los que ocupan su puesto, y entonces acusáis de vuestras desgracias a la suerte, siendo así que vosotros tenéis la culpa».

☞ 497. ¿El espíritu protector puede dejar a su protegido a merced de un espíritu que podría tenerle mala voluntad?

«Los espíritus malos se unen para neutralizar la acción de los buenos; pero si el protegido lo quiere, devolverá toda su fuerza a su espíritu bueno. El espíritu bueno quizá ve en otra parte una buena voluntad a quien ayudar, y aprovecha la ocasión esperando el momento de regresar al lado de su protegido».

☞ 498. Cuando el espíritu protector deja que su protegido se extravíe en la vida, ¿es por impotencia para luchar con los espíritus malévolos?

«No es porque no puede, sino porque no quiere; su protegido sale entonces de las pruebas más perfecto e instruido, y el espíritu protector le asiste con sus consejos y con los buenos pensamientos que le sugiere, los cuales por desgracia no siempre son oídos. Sólo la debilidad, la incuria o el orgullo del hombre dan fuerza a los espíritus malos, y sólo procede su poder sobre vosotros de que no les oponéis resistencia».

☞ 499. ¿El espíritu protector está constantemente con su protegido? ¿No hay circunstancias en que, sin abandonarle, le pierde de vista?

«Las hay en que la presencia del espíritu protector no es necesaria a su protegido».

☞ 500. ¿Llega un momento en que el espíritu no ha menester de ángel guardián?

«Sí; cuando llega al grado de poder conducirse por sí mismo, cuando llega un momento en que el discípulo no ha menester de maestro; pero no acontece esto en vuestro planeta».

☞ 501. ¿Por qué la acción de los espíritus en nuestra existencia es oculta, y por qué cuando nos protegen, no lo hacen de un modo ostensible?

«Si contaseis con su apoyo, no obraríais por vosotros mismos y vuestro espíritu no progresaría. Para que pueda adelantar necesita experiencia, y preciso es que a menudo la adquiera a su costa. Es necesario que ejercite sus fuerzas, sin lo cual vendría a ser como el niño a quien no se deja andar solo. La acción de los espíritus que os quieren bien, está dispuesta de modo que deje siempre a salvo vuestro libre albedrío; porque, si no fueseis responsables, no adelantaríais en el camino que ha de, conduciros a Dios. No viendo el hombre a su sostenedor, se entrega a sus propias fuerzas; pero su guía le vigila empero, y de vez en cuando le avisa que desconfíe del peligro».

☞ 502. El espíritu protector que consigue llevar a su protegido al buen camino, ¿experimenta algún bien para sí mismo?

«Es un mérito que se le tiene en cuenta, ya para su propio adelanto, ya para su felicidad. Es feliz cuando el éxito corona sus esfuerzos, y triunfa como un profesor con los progresos de su discípulo».

—¿Es responsable si no triunfa?

«No; porque ha hecho todo lo que de él dependía».

☞ 503. El espíritu protector que ve que su protegido sigue un mal camino a pesar de sus avisos, ¿experimenta sufrimiento y encuentra en ello una causa de turbación en su felicidad?

«Deplora sus errores y le compadece; pero semejante aflicción no tiene las angustias de la paternidad terrestre, porque sabe que el mal tiene remedio y que lo que no hace hoy lo hará mañana».

☞ 504. ¿Podemos saber siempre el nombre de nuestro espíritu protector o ángel guardián?

«¿Cómo queréis saber nombres que no existen para vosotros? ¿Creéis que no existen entre los espíritus más que los que vosotros conocéis?»

— ¿Cómo, pues, lo invocaremos, si no lo conocemos?

«Dadle el nombre que queráis, el de un espíritu superior a quien tengáis simpatía y veneración. El espíritu protector acudirá al llamamiento; porque todos los espíritus buenos son hermanos y se auxilian».

☞ 505. Los espíritus protectores que toman nombres conocidos, ¿son siempre realmente los de las personas que tenían aquellos nombres?

«No; pero espíritus que les son simpáticos y que vienen a menudo por orden suya. Necesitáis nombres, y entonces toman uno que os inspire confianza. Cuando vosotros no podéis cumplir personalmente una misión, enviáis un comisionado que haga vuestras veces».

☞ 506. Cuando estemos en la vida espiritista, ¿reconoceremos a nuestro espíritu protector?

«Sí; porque a menudo le conocíais antes de encarnaros».

☞ 507. ¿Todos los espíritus protectores pertenecen a la clase de espíritus superiores? ¿Pueden ser de los grados intermedios? Un padre, por ejemplo, ¿puede llegar a ser el espíritu protector de su hijo?

«Puede serlo; pero la protección supone cierto grado de elevación y además un poder y una virtud concedida por Dios. Un padre que protege a su hijo puede a su vez estar asistido por un espíritu más elevado».

☞ 508. Los espíritus que han abandonado en buenas condiciones la tierra, ¿pueden siempre proteger a los que aman y les sobreviven?

«Su poder es más o menos restringido, y la posición en que se encuentran no siempre los deja en completa libertad de obrar».

☞ 509. Los hombres en estado salvaje o de inferioridad moral, ¿tienen igualmente sus espíritus protectores, y en este caso son de orden tan elevado como los de los hombres muy adelantados?

«Todo hombre tiene un espíritu que vela por él; pero las misiones son relativas a su objeto. Vosotros no confiáis un niño que aprende a leer a un profesor de filosofía. El progreso del espíritu familiar corresponde al del espíritu protegido. Teniendo un espíritu protector que os vigila, podéis a vuestra vez llegar a ser el protector de un espíritu que os es inferior, y los progresos que le ayudéis a realizar contribuirán a vuestro adelanto. Dios no pide al espíritu más de lo que le permiten sus fuerzas y el grado a que ha llegado».

☞ 510. Cuando el padre que vela por su hijo se reencarna, ¿continúa velando por él?

«Es más difícil; pero suplica, en un momento de emancipación, a un espíritu simpático que le asista en semejante misión. Por otra parte, los espíritus no admiten más misiones que las que pueden cumplir hasta el fin.

»El espíritu encarnado, sobre todo en los mundos en que es material la existencia, está demasiado ligado a su cuerpo para poderse consagrar del todo, es decir, asistirle personalmente. Por esto los que no son bastante elevados están asistidos a su vez por espíritus que les son superiores, de modo, que si uno falta por una causa cualquiera, es suplido por otro».

☞ 511. Además del espíritu protector, ¿está unido un espíritu malo a cada individuo para impelerle al mal y proporcionarle ocasión de luchar entre el bien y el mal?

«Unido no es la palabra. Es cierto que los espíritus malos procuran separar del buen camino, cuando se les presenta ocasión, pero cuando uno de ellos se aficiona a un individuo, lo hace por si mismo; porque espera que se le escuchará. Entonces se traba lucha entre el bueno y el malo, y vence aquél a quien el hombre deja que le domine».

☞ 512. ¿Podemos tener muchos espíritus protectores?

«Todo hombre tiene siempre espíritus simpáticos más o menos elevados que le aprecian y se interesan por él, como también los hay que le asisten en el mal».

☞ 513. ¿Los espíritus simpáticos obran en virtud de una misión?

«A veces pueden tener una misión temporal; pero lo más frecuente es que son solicitados únicamente por la semejanza de pensamientos y de sentimientos, así en el bien como en el mal».

— ¿Parece resultar de esto que los espíritus simpáticos pueden ser buenos o malos?

«Sí; el hombre encuentra siempre espíritus que simpatizan con él, cualquiera que sea su carácter».

☞ 514. ¿Los espíritus familiares son los mismos que los simpáticos y protectores?

«Hay muchos matices en la protección y en la simpatía. Dadles el nombre que queráis. El espíritu familiar corresponde más bien al amigo del hogar».

✎ De las anteriores explicaciones y de las observaciones hechas sobre la naturaleza de los espíritus que se unen al hombre, puede deducirse lo siguiente:

El espíritu protector, ángel guardián o genio bueno es el que tiene la misión de seguir al hombre durante la vida y ayudarle a progresar. Siempre es de naturaleza relativamente superior a la del protegido.

Los espíritus familiares se unen a ciertas personas por lazos más o menos duraderos con objeto de serles útiles dentro de los limites de su poder, con frecuencia bastante limitado. Son buenos; pero a veces poco adelantados y hasta un poco ligeros. Se ocupan gustosos de los pormenores de la vida íntima, y sólo obran con permiso de los espíritus protectores o por orden suya.

Los espíritus simpáticos son aquellos que nos atraen afectos particulares y cierta semejanza de gustos y sentimientos, así en el bien como en el mal. La duración de sus relaciones está siempre subordinada a las circunstancias.

El mal genio es un espíritu imperfecto o perverso que se une al hombre con la mira de alejarle del bien; pero obra por voluntad propia y no en virtud de una misión. Su tenacidad está en relación del acceso más o menos fácil que halla. El hombre es libre siempre de escuchar su voz o de rechazarla.

☞ 515. ¿Qué pensar de esas personas que parecen unirse a ciertos individuos para arrastrarlos fatalmente a su perdición, O para guiarlos por el buen camino?

«Ciertas personas ejercen, en efecto, en otras una especie de fascinación que parece irresistible. Cuando esto se verifica para el mal, es que los espíritus malos se sirven de otros malos para subyugar mejor. Dios puede permitirlo para probaros».

☞ 516. Nuestros espíritus, bueno y malo, ¿podrían encamarse para acompañarnos durante la vida de una manera más directa?

«Así sucede a veces; pero a menudo también encargan esta misión a otros espíritus encarnados que les son simpáticos».

☞ 517. ¿Hay espíritus que se unen a toda una familia para protegerla?

«Ciertos espíritus se unen a los miembros de una misma familia que viven juntos y unidos por el afecto; pero no creáis en espíritus protectores del orgullo de razas».

☞ 518. Siendo atraídos los espíritus por sus simpatías hacia los hombres, ¿lo son igualmente hacia las reuniones de individuos por causas particulares?

«Los espíritus acuden con preferencia a donde están sus semejantes, pues allí están más a sus anchas y más seguros de ser escuchados. El hombre atrae a los espíritus en razón de sus tendencias, ya esté solo, ya forme un todo colectivo, como una sociedad, una ciudad o un pueblo. Hay, pues, sociedades, ciudades y pueblos que están asistidos por espíritus más o menos elevados, según el carácter y las pasiones que en ellos dominan. Los espíritus imperfectos se alejan de los que los rechazan y resulta que el perfeccionamiento moral de los *todos colectivos,* como el de los individuos, tiende a descartar a los espíritus malos y a atraer a los buenos, que excitan y mantienen el sentimiento del bien de las masas, como pueden otros atizar las malas pasiones».

☞ 519. Las aglomeraciones de individuos, como las sociedades, ciudades y naciones, ¿tienen sus espíritus protectores especiales?

«Sí; porque esas reuniones son individualidades colectivas que caminan hacia un fin común y que han menester de una dirección superior».

☞ 520. Los espíritus protectores de las masas, ¿son de naturaleza más elevada que los que se unen a los individuos?

«Todo es relativo al grado de adelanto de las masas como al de los individuos».

☞ 521.¿ Pueden ciertos individuos cooperar al progreso de las artes, protegiendo a los que las cultivan?

«Hay espíritus protectores especiales, y que asisten a los que los invocan, cuando los consideran dignos; pero, ¿qué queréis que hagan por los que se creen ser lo que no son? No hacen que los ciegos vean, ni que oigan los sordos».

✎ Los antiguos habían hecho de los espíritus protectores divinidades especiales; las musas no eran más que la personificación alegórica de aquéllos respecto de las ciencias y de las artes, como designaban balo el nombre de lares y penates a los espíritus protectores de la familia. Entre los modernos, las artes, las diferentes industrias, las ciudades y comarcas tienen también sus patronos protectores, que no son más que espíritus superiores; pero bajo otros nombres.

Teniendo cada hombre sus espíritus simpáticos, resulta que en los todos colectivos la generalidad de los espíritus simpáticos está en relación con la generalidad de los individuos; que los espíritus extraños son atraídos por la identidad de gustos y de pensamientos, en una palabra, que esas reuniones, lo mismo que los Individuos, están melor o peor rodeadas, asistidas e influidas según la naturaleza de los sentimientos de la multitud.

En los pueblos las causas de atracción de los espíritus son las costumbres, los hábitos, el carácter dominante y sobre todo las leyes; porque el carácter de la nación se refleja en sus leyes. Los hombres que hacen imperar entre ellos la justicia, combaten la influencia de los malos espíritus. Donde quiera que las leyes consagran cosas injustas, contrarias a la humanidad, están en minoría los espíritus buenos, y la masa de los malos que afluyen mantiene a las naciones en semejantes ideas, y paraliza las buenas influencias parciales que se pierden entre la multitud, como la espiga aislada entre las ortigas. Estudiando las costumbres de los pueblos o de toda reunión de hombres, es, pues, fácil formarse una idea de la población oculta que se inmiscuye en sus pensamientos y acciones.

7. Presentimientos

☞ 522. El presentimiento, ¿es siempre una advertencia del espíritu protector?

«El presentimiento es el consejo íntimo y oculto de un espíritu que os quiere bien. Se halla también en la intuición de la elección que se ha hecho; es la voz del instinto. El espíritu antes de encarnarse, tiene conocimiento de las principales fases de su existencia, es decir, de la clase de pruebas a que se compromete. Cuando tiene un carácter predominante, el espíritu conserva una especie de impresión en su fuero interno, y esta impresión, que es la voz del instinto, acentuándose cuando se aproxima el momento, se convierte en presentimiento».

☞ 523. El presentimiento y la voz del instinto tienen siempre algo de vago, ¿qué debemos hacer en la incertidumbre?

«Cuando estés incierto, invoca a tu espíritu bueno, o suplica al Señor de todo, a Dios, que te envíe a uno de sus mensajeros, a uno de nosotros».

☞ 524. Las advertencias de nuestros espíritus protectores, ¿tienen por objeto único la dirección moral, o también la conducta que debemos observar en las cosas de la vida privada?

«Todo, pues procuran haceros vivir lo mejor posible; pero a menudo vosotros cerráis el oído a las buenas advertenciar, y sois infelices por culpa vuestra».

✎ Los espíritus protectores nos ayudan con sus consejos por medio de la voz de la conciencia, que hacen hablar dentro de nosotros; pero como no siempre le damos la necesaria importancia, nos los dan más directos, valiéndose de las personas que nos rodean. Examine cada cual las diversas circunstancias felices o desgraciadas de su vida, y verá cómo en muchas ocasiones ha recibido consejos que no siempre ha puesto en práctica y que, de haberlos escuchado, le hubieran evitado muchas desazones.

8. Influencia de los Espíritus en los acontecimientos de la vida

☞ 525. ¿Ejercen los espíritus alguna influencia en los acontecimientos de la vida?

«Ciertamente, puesto que te aconsejan».

—¿Ejercen esta influencia de otro modo que por los pensamientos que sugieren, es decir, tienen una acción directa en la realización de las cosas?

«Sí; pero nunca se apartan de las leyes de la naturaleza».

✎ Nosotros nos figuramos equivocadamente que la acción de los espíritus no debe manifestarse más que por fenómenos extraordinarios; quisiéramos que nos ayudasen por medio de milagros, y siempre nos los representamos provistos de una varita mágica. No hay tal cosa, y he aquí por qué su intervención nos aparece oculta y lo que con su concurso se verifica nos parece muy natural. Así, por ejemplo, provocarán el encuentro de dos personas que creerán encontrarse por casualidad; inspirarán a alguien la idea de pasar por un lugar determinado; llamarán su atención sobre tal cosa, si ha de conducir al resultado que quieren obtener, de modo, que creyendo el hombre seguir su propio impulso, conserva siempre su libre albedrío.

☞ 526. Teniendo los espíritus una acción directa en la materia, ¿pueden provocar ciertos efectos con objeto de que se realice un acontecimiento? Por ejemplo, un hombre debe morir: sube una escalera, ésta se rompe y el hombre muere. ¿Son los espíritus quienes lían hecho que se rompiese la escalera, para cumplir el destino de aquel hombre?

«Es muy cierto que los espíritus tienen una acción en la materia, pero para el cumplimiento de las leyes de la naturaleza y no para derogarías, haciendo surgir a un punto un acontecimiento inesperado y contrario a aquellas leyes. En el ejemplo propuesto se ha roto la escalera; porque estaba corroída o no era bastante fuerte para resistir el peso del hombre. Si el destino de éste era el de perecer de semejante modo, los espíritus le inspiraron la idea de subir la escalera que había, de romperse con su peso, y su muerte será un efecto natural sin que haya sido preciso un milagro para lograrlo».

☞ 527. Pongamos otro ejemplo en que no intervenga el estado natural de la materia.

Un hombre debe morir de un rayo, se refugia debajo de un árbol, cae el rayo y muere el hombre. ¿Han podido los espíritus provocar aquél y dirigirlo a éste?

«Es lo mismo que en el caso anterior. Cayó el rayo en aquel árbol y en aquel momento; porque así entraba en las leyes de la naturaleza. No ha sido dirigido al árbol, porque el hombre estaba debajo de él; pero inspirósele a aquél la idea de refugiarse debajo de un árbol que recibiría un rayo. Mas éste no hubiese dejado de caer, aunque allí no se hubiese encontrado el hombre».

☞ 528. Un hombre mal intencionado lanza sobre alguien un proyectil que le roza sin herirle, ¿puede haberlo desviado un espíritu bienhechor?

«Si el individuo no debe ser herido, el espíritu bienhechor le inspirará la idea de separarse, o bien podrá ofuscar a su enemigo de modo que no apunte bien; porque el proyectil, una vez lanzado, sigue la línea que debe recorrer».

☞ 529. ¿Qué debe pensarse de las balas encantadas de que se habla en ciertas leyendas, y que tocan infaliblemente en un punto dado?

«Pura imaginación. El hombre es aficionado a lo maravilloso, y no se contenta con las maravillas de la naturaleza».

— Los espíritus que dirigen los acontecimientos de la vida, ¿pueden ser contrariados por otros espíritus que deseen lo contrario?

«Lo que Dios quiere debe ser, y si existen detenciones o impedimentos, es por su voluntad».

☞ 530. ¿No pueden los espíritus ligeros y burlones suscitar esos pequeños obstáculos, que dificultan nuestros proyectos y desvían nuestras previsiones, en una palabra, son ellos los autores de lo que vulgarmente se llaman miserias de la vida humana?

«Se complacen en esos enredos que son pruebas para ejercitar vuestra paciencia, pero se cansan cuando ven que no obtienen resultado. No sería, sin embargo, justo ni exacto achacarles todos vuestros tropiezos, de los que vosotros sois los principales autores gracias a vuestra precipitación; porque si se te rompe la vajilla, se debe más a tu poco tino que a la acción de los espíritus».

— Los espíritus que suscitan enredos, ¿obran a consecuencia de animosidad personal, o bien se fijan en el que se les antoja sin algún motivo determinado y sólo por malicia?

«Lo uno y lo otro. A veces son enemigos que os habéis creado en esta u otras vidas y que os persiguen, y en otras ocasiones no existe motivo».

☞ 531. ¿La malevolencia de los seres que nos han hecho mal en la tierra termina con la vida corporal?

«A menudo reconocen su injusticia y el mal que han hecho; pero a menudo también su animosidad os persigue, si Dios lo permite, para continuar probándoos».

— ¿Puede ponérsele término, y de qué modo?

«Sí; se puede orar por ellos, y devolviéndoles bien por mal, acaban por comprender sus faltas. Por lo demás, sabiendo uno hacerse superior a sus maquinaciones, conclúyenlas viendo que nada consiguen».

✎ La experiencia prueba que ciertos espíritus continúan su venganza de una a otra existencia, y que tarde o temprano expiamos las faltas que hemos cometido respecto de alguien.

☞ 532. ¿Tienen los espíritus poder de alejar los males de alguna persona y de atraerle prosperidades?

«No del todo, porque hay males comprendidos en los decretos de la Providencia; pero aminoran vuestros dolores, dándoos paciencia y resignación.

»Sabed también que a menudo depende de vosotros el alejar esos males, o por lo menos atenuarlos. Dios os ha dado la inteligencia para que os sirváis de ella, y en este punto especialmente vienen en vuestra ayuda los espíritus, sugiriéndoos pensamientos propicios; pero no asisten más que a los que a si mismo saben asistirse, y tal es el sentido de estas palabras: Buscad y encontraréis, llamad y se os abrirá.

»Sabed más aún; sabed que lo que os parece un mal no lo es siempre, pues a menudo ha de resultar de él un bien que será más grande que el mal, y esto es lo que no comprendéis; porque sólo pensáis en el presente y en vuestra persona».

☞ 533. ¿Los espíritus pueden hacer que obtengamos los bienes de fortuna, si se los pedimos?

«A veces como prueba; pero lo rehúsan con frecuencia, como se rechaza la petición inconsiderada de un niño».

— ¿Los que conceden estos beneficios son espíritus buenos o malos?

«Unos y otros. Depende de la intención; pero generalmente son espíritus que quieren arrastraros al mal, y que encuentran un medio fácil de conseguirlo en los goces que proporciona la fortuna».

☞ 534. Cuando parece que los obstáculos se oponen fatalmente a nuestros proyectos, ¿es por influencia de algún espíritu?

«A veces se debe a los espíritus, otras, y son las más, a que os equivocáis. La posición y el carácter influyen mucho. Si os obstináis en una tarea que no os corresponde, ninguna influencia tienen los espíritus, y sois vosotros vuestros genios malos».

☞ 535. Cuando logramos alguna felicidad, ¿debemos dar por ello gracias a nuestro espíritu protector?

«Dad las gracias a Dios sobre todo, sin cuyo permiso nada se realiza, y después a los espíritus buenos que han sido sus agentes».

— ¿Qué sucedería si dejásemos de hacerlo?

«Lo que sucede a los ingratos».

— ¿Personas hay, sin embargo, que ni oran, ni dan gracias y todo les va bien?

«Si; pero es preciso esperar el fin. Pagarán muy cara esa dicha pasajera que no merecen; porque mientras más hayan recibido más les será exigido».

9. Acción de los Espíritus en los fenómenos de la naturaleza

☞ 536. Los grandes fenómenos de la naturaleza, los que se consideran como una perturbación de los elementos, ¿se deben a causas fortuitas o tienen un objeto providencial?

«Todo tiene su razón de ser, y nada acontece sin permiso de Dios».

—¿Estos fenómenos tienen siempre al hombre por objeto?

«A veces tienen una razón directa de ser para el hombre, pero a menudo no tienen otro objeto que el restablecimiento del equilibrio y de la armonía de las fuerzas físicas de la naturaleza».

—Concebimos perfectamente que la voluntad de Dios sea la causa primera en esto como en todas las cosas; pero, ¿cómo sabemos que los espíritus tienen acción en la materia y que son agentes de la voluntad de Dios, preguntamos si algunos de ellos ejercen una influencia determinada en los elementos para agitarlos, calmarlos o dirigirlos?

«Claro es que no puede ser de otro modo. Dios no se entrega a una acción directa en la materia y tiene sus agentes en todos los grados de la escala de los mundos».

☞ 537. La mitología de los antiguos está completamente fundada en las ideas espiritistas con la única diferencia de que aquéllos veían divinidades en los espíritus y nos representaban aquellos dioses o espíritus con atribuciones especiales, de modo, que unos estaban encargados de los vientos, otros del rayo, éstos de presidir a la vegetación, etcétera; ¿está destituida de fundamento esta creencia?

«Está tan poco destituida de fundamento como lejana aún de la verdad».

—¿Por la misma razón podría, pues, haber espíritus que habitan en el interior de la tierra y presiden a los fenómenos geológicos?

«Esos espíritus no habitan realmente en la tierra, sino que presiden y dirigen según sus atribuciones. Algún día tendréis la explicación de todos esos fenómenos y los comprenderéis mejor».

☞ 538. ¿Los espíritus que presiden los fenómenos de la naturaleza forman una categoría especial en el mundo espiritista, son seres excepcionales o espíritus que han estado encarnados como nosotros?

«Que lo están o lo han estado».

—¿Esos espíritus pertenecen a los órdenes superiores o inferiores de la jerarquía espiritista?

«Depende de que sus funciones sean mas o menos materiales o inteligentes. Los unos mandan; los otros ejecutan y los que ejecutan las cosas materiales son siempre de orden inferior así entre los espíritus, como entre los hombres».

☞ 539. Para la producción de ciertos fenómenos, las tempestades, por ejemplo, ¿obra un espíritu solo o se reúnen en masas?

«En innumerables masas».

☞ 540. Los espíritus que ejercen acción en los fenómenos de la naturaleza, ¿obran con conocimiento de causa en virtud de su libre albedrío, o por un impulso instintivo e irreflexivo?

«Los unos, sí y los otros, no. Pongamos una comparación: Figúrate esas minadas de animales que paulatinamente hacen surgir de los mares islas y archipiélagos, ¿crees que no hay en ello un fin providencial y que semejante transformación de la superficie del globo no es necesaria a la armonía general? Aquéllos, empero, no son más que animales del ínfimo grado que realizan tales cosas, proveyendo a sus necesidades y sin sospechar' que son instrumentos de Dios. Pues bien; de la misma manera son útiles al conjunto los espíritus más atrasados. Mientras se ensayan para la vida y antes de tener plena conciencia de sus actos y de su libre albedrío, obran en ciertos fenómenos cuyos agentes son a pesar suyo. Lo hacen así al principio, y más tarde, cuando esté más desarrollada su inteligencia, ordenarán y dirigirán las cosas del mundo material, y más tarde aún, podrán dirigir las del moral. Así todo sirve, todo se encadena en la naturaleza desde el átomo primitivo hasta el arcángel, que a su vez ha empezado por el átomo. Admirable ley de armonía cuyo conjunto no puede apreciar vuestro espíritu limitado».

10. Los Espíritus durante las batallas

☞ 541. ¿En una batalla hay espíritus que asisten a ella y sostienen a cada bando?

«Sí, y estimulan su valor».

✎ Así en otros tiempos nos representaban los antiguos a los dioses tomando parte a favor de tal o cual pueblo. Estos dioses no eran más que espíritus representados bajo figuras alegóricas.

☞ 542. En una guerra siempre está la justicia de parte de uno de los beligerantes, ¿cómo los espíritus se interesan por el que no tiene razón?

«Ya sabes perfectamente que hay espíritus que sólo procuran la discordia y la destrucción. Para ellos la guerra es la guerra, y poco se curan de la justicia de la causa».

☞ 543. ¿Ciertos espíritus pueden influir en el general para la concepción de sus planes de campaña?

«Sin duda alguna pueden los espíritus influir para este objeto como para todas las concepciones».

☞ 544. ¿Los espíritus malos podrían sugerirle malas combinaciones para perderle?

«Sí; ¿pero no tiene su libre albedrío? Si su juicio no le permite distinguir la idea exacta de la falsa, sufre las consecuencias, y mejor le sentaría obedecer que mandar».

☞ 545. ¿Puede a veces ser guiado el general por una especie de doble vista, vista intuitiva que le presente anticipadamente el resultado de sus combinaciones?

« Así sucede generalmente en el hombre de genio, a lo que llama su inspiración y hace que obre con cierta exactitud. Esa inspiración procede de los espíritus que le dirigen y aprovechan las facultades de que está dotado ».

☞ 546. En la confusión del combate, ¿qué se hace de los espíritus de los que sucumben? ¿Continúan interesándose en la acción después de la muerte?

« Algunos se interesan, otros se alejan ».

🖎 En los combates sucede lo que en todos los casos de muerte violenta; en el primer momento el espíritu está sorprendido y como aturdido, y no se cree muerto. Parécele que aún toma parte en la acción, y sólo poco a poco encuentra la realidad.

☞ 547. Los espíritus que combatían cuando vivos, ¿se reconocen después de muertos como enemigos y están aún encolerizados entre sí?

« En semejantes momentos nunca está apacible el espíritu y en el primer instante puede aún acometer a su enemigo y hasta perseguirle; pero cuando recobra las ideas, ve que su animosidad carece de objeto. Puede, no obstante conservar vestigios mas o menos pronunciados según su carácter ».

— ¿Percibe aún el ruido de las armas?

« Si, perfectamente ».

☞ 548. ¿El espíritu que asiste impasible como espectador a un combate, es testigo de la separación del alma y el cuerpo, y cómo se le presenta este fenómeno?

« Hay pocas muertes completamente repentinas. La mayor parte de las veces el espíritu cuyo cuerpo acaba de ser mortalmente herido no tiene de pronto conciencia de ello; cuando empieza a reconocerse, es cuando puede distinguirse al espíritu agitándose alrededor del cuerpo, lo que le parece tan natural que la presencia del cadáver no le ocasiona efecto alguno desagradable. Reconcentrada toda la vida en el espíritu, sólo él llama la atención, con él se habla o a él es a quien se manda ».

11. De los pactos

☞ 549. ¿Hay algo de cierto en los pactos con los espíritus malos?

« No; no existen tales pactos, sino una naturaleza mala que simpatiza con los espíritus malos. Por ejemplo quieres' martirizar a tu vecino y no sabes cómo hacerlo; entonces te atraes espíritus inferiores que, como tú, sólo quieren el mal, y para ayudarte quieren que secundes sus malos designios; pero no se sigue de aquí que tu vecino no pueda librarse de ellos por medio de una conjuración contraria y de su voluntad. El que quiere cometer una mala acción, por este mero hecho atrae espíritus malos que le ayudan, y vese obligado entonces a servirlos como ellos lo hacen respecto de él: porque también lo necesitan para el mal que desean hacer. En esto únicamente consiste el pacto ».

🖎 La dependencia en que a veces está el hombre de los espíritus inferiores proviene de que se entrega a los malos pensamientos que le sugieren, y no de estipulaciones entre ellos y él. El pacto, en el sentido vulgar de la palabra es la alegoría de una naturaleza mala que simpatiza con espíritus malhechores.

☞ 550. ¿Qué sentido tienen las leyendas fantásticas según las cuales ciertos individuos han vendido su alma a Satanás, para lograr de él determinados favores?

«Todas las fábulas contienen una enseñanza y un sentido moral, y vuestro error consiste en tomarlas literalmente. La que nos ocupa es una alegoría que puede explicarse así: El que llama en su ayuda a los espíritus para lograr de ellos bienes de fortuna u otro cualquier favor, murmura de la Providencia; renuncia a la misión que ha recibido y a las pruebas que debe sufrir en la tierra, y experimentará las consecuencias en la vida futura. No quiere esto decir que su alma esté para siempre consagrada a la desgracia, sino que, puesto que en vez de desprenderse de la materia, se ha engolfado más en ella, las alegrías que habrá tenido en la tierra no las tendrá en el mundo de los espíritus, hasta que no se haya rehabilitado por medio de nuevas pruebas, quizá mayores y más penosas. Por su amor a los goces materiales se pone bajo la dependencia de los espíritus impuros, lo que constituye entre ambos un pacto oculto que le conduce a su pérdida, pero que siempre puede romper fácilmente, si lo quiere firmemente, con el auxilio de los espíritus buenos».

12. Poder oculto, talismanes, hechiceros

☞ 551. ¿Un hombre malvado puede, con ayuda de un espíritu malo a quien está sometido, hacer mal a su prójimo?

«No; Dios no lo permitiría».

☞ 552. ¿Qué debemos pensar de la creencia de que ciertas personas tienen poder para echar las suertes?

«Ciertas personas tienen un poder magnético muy grande, del que pueden hacer mal uso, si es malo su propio espíritu, en cuyo caso pueden estar secundadas por otros espíritus malos; pero no creáis en ese supuesto poder magnético que sólo existe en la imaginación de las gentes supersticiosas, ignorantes de las verdaderas leyes de la naturaleza. Los hechos que se citan son naturales, mal observados y sobre todo mal comprendidos».

☞ 553. ¿Qué efecto pueden tener las fórmulas y prácticas, a cuyo beneficio pretenden ciertas personas disponer a su antojo de los espíritus?

«El efecto de ponerlas en ridículo, si lo hacen de buena fe, y en el caso contrario, son embaucadores dignos de castigo. Todas las fórmulas son charlatanismo; no hay ninguna palabra sacramental, ningún signo cabalístico, ningún talismán que tenga acción en los espíritus; porque éstos sólo por el pensamiento, y no por cosas materiales, son atraídos».

—¿Ciertos espíritus no han dictado por si mismos fórmulas cabalísticas?

«Sí; tenéis espíritus que os indican signos, palabras extrañas, o que os prescriben ciertos actos a cuyo favor hacéis lo que llamáis conjuros; pero estad muy seguros de que los tales son espíritus que se burlan de vosotros y abusan de vuestra credulidad».

☞ 554. Aquel que a todo trance tiene confianza en lo que llama la virtud del talismán, ¿no puede por esa misma confianza atraerse un espíritu, siendo entonces el pensamiento quien obra, y el talismán no más que un signo que favorece la dirección de aquél?

«Es cierto; pero la naturaleza del espíritu atraído depende de la pureza de la intención y de la elevación de sentimientos, y es extraño que el que es bastante sencillo para creer en la virtud de un talismán, no tenga por objeto un fin más material que moral. En todo caso, eso acusa una pequeñez y una debilidad de ideas, que dan acceso a los espíritus imperfectos y burlones».

☞ 555. ¿Qué sentido debe darse a la calificación de hechicero?

«Los que llamáis hechiceros son personas, cuando proceden de buena fe, que están dotadas de ciertas facultades, tales como el poder magnético y la doble vista, y como hacen cosas que no comprendéis, las creéis dotadas de un poderío sobrenatural. ¿Vuestros sabios no han pasado con frecuencia por hechiceros a los ojos de los ignorantes?»

✎ El espiritismo y el magnetismo nos dan la clave de una multitud de fenómenos sobre los cuales ha forjado la ignorancia una infinidad de fábulas, en las que la imaginación ha exagerado los hechos. El conocimiento esclarecido de esas dos ciencias que, por decirlo así, no son más que una, mostrando la realidad de las cosas y su verdadera causa, es el mejor preservativo contra las ideas supersticiosas; porque demuestra lo posible y lo imposible, lo que entra en las leyes de la naturaleza y lo que no pasa de ser una creencia ridícula.

☞ 556. ¿Ciertas personas tienen verdaderamente el don de curar por el simple tacto?

«Hasta a eso puede llegar la potencia magnética, cuando está secundada por la pureza de sentimientos y un deseo ardiente de hacer bien; pero entonces los espíritus buenos vienen en su auxilio. Pero es preciso prevenirse contra el modo como son contadas las cosas por personas demasiado crédulas o entusiastas, dispuestas siempre a ver maravillas en las cosas más naturales y sencillas. Y también es preciso desconfiar de los relatos interesados de las personas que explotan en provecho suyo la credulidad».

13. Bendición y maldición

☞ 557. ¿La bendición y la maldición pueden atraer el bien o el mal en aquellos sobre quienes recaen?

«Dios no oye una maldición injusta, y el que la pronuncia es culpable ante él. Como tenemos dos genios opuestos, el bien y el mal, puede existir una influencia momentánea, hasta en la materia; pero sólo se verifica siempre por la voluntad de Dios, y como añadidura de prueba para aquel que es objeto de ella. Por lo demás, a quien se maldice con frecuencia es a los malvados y a quien se bendice es a los buenos. La bendición y la maldición no pueden nunca desviar a la Providencia del camino de la justicia; ni hiere al maldecido sino cuando es malvado y su protección sólo cubre al que la merece».

CAPITULO X
—
OCUPACIONES Y MISIONES DE LOS ESPÍRITUS

☞ 558.¿Los espíritus tienen algo más que hacer que mejorarse personalmente?

«Concurren a la armonía del universo ejecutando los mandamientos de Dios, cuyos ministros son. La vida espiritista es una operación continua, pero nada penosa como las de la tierra; porque no existe cansancio corporal, ni angustias de la necesidad».

☞ 559.¿Los espíritus inferiores e imperfectos desempeñan también funciones útiles en el universo?

«Todos tienen deberes que cumplir. ¿Por ventura el último de los peones no contribuye como el arquitecto a levantar el edificio?». (540)

☞ 560.¿Cada uno de los espíritus tiene atributos especiales?

«Es decir que debemos habitar todas las partes y adquirir conocimiento de todas las cosas, presidiendo sucesivamente todas las partes del universo. Pero, como se dice en el Eclesiastés, todo tiene su tiempo, y así, éste cumple hoy su destino en ese mundo, aquél lo cumplirá o lo ha cumplido en otro tiempo en la tierra, en el agua, en el aire, etcétera».

☞ 561.¿Las funciones que desempeñan los espíritus en el orden de las cosas son permanentes para cada uno, y de las atribuciones exclusivas de ciertas clases?

«Todos deben recorrer los diferentes grados de la escala para perfeccionarse. Dios que es justo no ha podido querer dar a unos la ciencia sin trabajo, al paso que sólo con fatiga la adquieren otros».

🖎 De la misma manera entre los hombres, nadie llega al supremo grado de destreza en un arte cualquiera, sin haber adquirido los necesarios conocimientos en la práctica de las más ínfimas ocupaciones del arte en cuestión.

☞ 562.No teniendo nada que adquirir los espíritus del orden más elevado, ¿están en reposo absoluto, o tienen ocupaciones?

«¿Qué quieres que hicieran durante la eternidad? La eterna ociosidad sería un suplicio eterno».

—¿Cuál es la naturaleza de sus ocupaciones?

«Recibir directamente las órdenes de Dios, transmitirlas a todo el universo y velar por su ejecución».

☞ 563.¿Las ocupaciones de los espíritus son incesantes?

«Incesantes, si se entiende que su pensamiento está siempre activo, porque con el pensamiento viven. Pero no se han de asimilar las ocupaciones de los espíritus a las materiales de los hombres. La misma actividad de que hablamos es un placer, porque tienen así conciencia de que son útiles».

—Concíbese esto de los espíritus buenos; pero, ¿sucede lo mismo con los inferiores?

«Los espíritus inferiores tienen ocupaciones apropiadas a su naturaleza. ¿Confiáis al peón y al ignorante los trabajos del hombre de inteligencia?»

☞ 564. ¿Entre los espíritus los hay ociosos o que no se ocupan de ninguna cosa útil?

«Sí: pero este estado es temporal y está subordinado al desarrollo de su inteligencia. Ciertamente que los hay, como entre los hombres, que sólo viven para si mismos; pero esta ociosidad les pesa y tarde o temprano el deseo de progresar les hace sentir la necesidad de la actividad, y son felices pudiendo ser útiles. Hablamos de los espíritus que han llegado al punto de tener conciencia de si mismos y libre albedrío; porque en su origen son como los niños que acaban de nacer, y que obran más por instinto que por voluntad deliberada».

☞ 565. ¿Los espíritus examinan nuestros trabajos artísticos y se interesan en ellos?

«Examinan lo que puede probar la elevación de los espíritus y su progreso».

☞ 566. Un espíritu que ha cultivado una especialidad en la tierra, un pintor, un arquitecto, por ejemplo, ¿se interesa preferentemente en los trabajos que le han sido predilectos durante la vida?

«Todo se confunde en el fin general. Si es bueno, se interesa tanto como se lo permite la ocupación de ayudar a las almas a elevarse hacia Dios. Olvidáis, además, que un espíritu que ha practicado un arte en la existencia que le conocéis, puede haber practicado otro en otra existencia; porque preciso es que lo sepa todo para ser perfecto, y así, según su grado de adelanto, puede no haber especialidades para él, y esto entiendo decir cuando digo que todo se confunde en el fin general. Notad también lo siguiente: lo que es sublime para vosotros en vuestro mundo atrasado, son puerilidades en mundos más adelantados. ¿Cómo queréis que los espíritus que habitan mundos donde existen artes desconocidas de vosotros, admiren lo que para ellos es una obra de aprendiz? Ya lo he dicho, examinad lo que puede probar el progreso».

—Concebimos que así suceda en espíritus muy adelantados; pero hablamos de espíritus más vulgares y que no se han hecho superiores aún a las ideas terrestres.

«En cuanto a éstos, es diferente. Su punto de vista es más limitado, y pueden admirar lo que vosotros admiráis».

☞ 567. ¿Los espíritus participan a veces de nuestras ocupaciones y placeres?

«Los espíritus vulgares, como tú dices, sí, los cuales están sin cesar a vuestro alrededor y en lo que hacéis toman a veces una parte muy activa, según su naturaleza. Y esto es muy necesario para impeler a los hombres en los diferentes senderos de la vida, excitar o moderar sus pasiones».

✎ Los espíritus se ocupan de las cosas de este mundo en proporción de su superioridad o inferioridad. Las espíritus superiores tienen sin duda la facultad de considerarlas en sus más pequeños detalles; pero no lo hacen sino en cuanto es útil al progreso. Sólo los espíritus inferiores le consagran una importancia relativa a los recuerdos presentes aún en su memoria, y a las ideas materiales no olvidadas aún.

☞ 568. ¿Los espíritus que tienen misiones que cumplir, las cumplen en estado de erraticidad o de encarnación?

«Pueden tenerlas en ambos estados, y para ciertos espíritus errantes las misiones son una gran ocupación».

☞ 569. ¿En qué consisten las misiones que pueden tener a su cargo los espíritus errantes?

«Son tan variadas, que sería imposible describirlas, y además las hay que no podéis comprender. Los espíritus ejecutan la voluntad de Dios, y no podéis penetrar todos sus designios».

✎ Las misiones de los espíritus siempre tienen el bien por objeto. Ya como espíritus, ya como hombres están encargados de favorecer el progreso de la humanidad, de los pueblos o de los individuos en un circulo de ideas más o menos extenso, mas o menos especial, de preparar el camino a ciertos acontecimientos y velar por la realización de ciertas cosas. Algunos tienen misiones más restringidas y en cierto modo personales o del todo locales, como asistir a los enfermos, a los agonizantes, a los afligidos, velar por aquellos cuyos guías y protectores son, y dirigirlos por medio de sus consejos o sugiriéndoles buenos pensamientos. Puede decirse que hay tantas especies de misiones como clases de intereses que vigilar, ya en el mundo físico, ya en el moral. El espíritu adelanta según el modo como cumple su tarea.

☞ 570. ¿Los espíritus penetran siempre los designios que están encargados de ejecutar?

«No; los hay que son instrumentos ciegos; pero otros saben muy bien el fin con que obran».

☞ 571. ¿Sólo los espíritus elevados cumplen misiones?

«La importancia de las misiones está en proporción de la capacidad y elevación del espíritu. El correo que lleva un despacho cumple también una misión; pero muy distinta de la del general».

☞ 572. ¿La misión es impuesta al espíritu, o depende de su voluntad?

«La pide, y es feliz obteniéndola».

—¿Una misma misión puede ser solicitada por muchos espíritus?

«Sí, y a menudo hay muchos candidatos; pero no todos son admitidos».

☞ 573. ¿En qué consiste la misión de los espíritus encarnados?

«Instruir a los hombres; favorecer su progreso; mejorar sus instituciones por medios directos y materiales. Pero las misiones son más o menos generales e importantes, pues el que cultiva la tierra cumple una misión, lo mismo que el que gobierna o instruye. Todo se encadena en la naturaleza, y al mismo tiempo que el espíritu se purifica en la encarnación, concurre, bajo esta forma, al cumplimiento de las miras de la Providencia. Cada cual tiene su misión en la tierra; porque cada cual puede ser útil en algo».

☞ 574. ¿Cuál puede ser la misión de las personas voluntariamente inútiles en la tierra?

«Hay efectivamente personas que sólo para si viven y no saben hacerse útiles para nada. Son pobres seres a quienes se ha de compadecer; porque expiarán cruelmente su voluntaria inutilidad, y a menudo empieza su castigo en la tierra por medio del disgusto y cansancio de la vida».

— Puesto que podían elegir, ¿por qué prefirieron una vida que de nada les sirve?

«Entre los espíritus los hay también perezosos que retroceden ante una vida laboriosa. Dios les deja en libertad, pues comprenderán más tarde y a expensas suyas, los inconvenientes de su inutilidad, y serán los primeros en pedir que se les permita reparar el tiempo perdido. Acaso también escogieron una vida más útil; pero una vez en ella, retroceden, y se dejan llevar de las sugestiones de los espíritus que les solicitan a la ociosidad».

☞ 575. Las ocupaciones vulgares antes nos parecen deberes que misiones propiamente dichas. La misión, según el sentido que se le da a esta palabra, tiene un carácter de importancia menos exclusiva y sobre todo menos personal. Bajo este aspecto, ¿cómo puede conocerse que un hombre tiene una misión real en la tierra?

«Por las grandes cosas que realiza y por los progresos que hace que hagan sus semejantes».

☞ 576. Los hombres que tienen una misión importante ¿están predestinados para ella antes de su nacimiento, y la conocen?

«A veces, Sí; pero la mayor parte de las veces lo ignoran. Al venir a la tierra, sólo tienen un fin vago, y su misión se deja entrever después de su nacimiento, y según las circunstancias. Dios los impele hacia el camino por donde han de cumplir sus designios».

☞ 577. Cuando un hombre hace algo útil, ¿es siempre en virtud de una misión anterior y predestinada, o puede recibir una misión imprevista?

«Todo lo que el hombre hace no es resultado de una misión predestinada, y a menudo es instrumento de que se sirve un espíritu para hacer ejecutar una cosa que cree útil. Un espíritu, por ejemplo, juzga que sería oportuno escribir un libro que él mismo escribiría si estuviese encarnado, busca el escritor más apto para comprender y ejecutar su pensamiento, sugiérele la idea de hacerlo, y le dirige en la ejecución. Aquí este hombre no ha venido a la tierra con la misión de escribir esa obra. Lo mismo puede decirse de ciertos trabajos artísticos o descubrimientos. Preciso es decir también que durante el sueño de su cuerpo, el espíritu encarnado comunica directamente con el espíritu errante, y que se conviene para la ejecución».

☞ 578.¿El espíritu puede por culpa suya faltar a su misión?

«Sí; cuando no es un espíritu superior».

—¿Qué consecuencias le resultan de ello?

«Le es preciso renovar la tarea, tal es su castigo, y además sufrirá las consecuencias del mal que haya causado».

☞ 579.Puesto que el espíritu recibe su misión de Dios, ¿cómo puede éste confiar una misión importante y de interés general a un espíritu que podía faltar a ella?

«¿No sabe Dios si un general alcanzará la victoria o será vencido? Estad seguros que lo sabe, y sus planes, cuando son importantes, no son confiados a aquellos que han de abandonar la obra a medio hacer. Toda la cuestión se reduce para vosotros al conocimiento del porvenir que Dios posee; pero que no os es dado distinguir a vosotros».

☞ 580.El espíritu que se encarna para cumplir una misión, ¿tiene el mismo temor que aquel que lo hace para prueba?

«No; porque tiene experiencia».

☞ 581.Los hombres que son las lumbreras del género humano, que lo ilustran con su genio, tienen en realidad una misión; pero entre ellos los hay que se engañan y que, junto a grandes verdades, esparcen grandes errores. ¿Cómo debe considerarse su misión?

«Como falseada por ellos mismos. Son inferiores a la tarea que han emprendido. Preciso es, sin embargo, tener en cuenta las circunstancias. Los hombres de genio han tenido que hablar según los tiempos, y tal enseñanza que parece errónea o pueril en una época adelantada, podía bastar a su siglo».

☞ 582.¿Puede considerarse la paternidad como una misión?

«Sin duda es una misión y al mismo tiempo un deber muy grande que compromete para el porvenir la responsabilidad mía de lo que el hombre se imagina. Dios ha puesto al niño balo la tutela de sus padres para que estos le guíen en la senda del bien, y les ha facilitado la tarea dando a aquél una organización endeble y delicada, que le hace accesible a todas las impresiones. Pero padres hay que se ocupan mía de enderezar los árboles de su jardín y en hacerlos dar mucho fruto, que en enderezar el carácter de su hijo. Si este sucumbe por falta de aquéllos, sufrirán la pena y los padecimiento del hijo en la vida futura recaerán sobre ellos; porque no hicieron lo que estaba en sus manos por su adelanto en el camino del bien».

☞ 583.Si un niño es malo, a pesar de los cuidados de sus padres, ¿son responsables estos?

«No; pero mientras mía malas sean las disposiciones del hilo, mía pesada es la tarea, y mayor será el mérito si consiguen separarle del mal camino».

—Si un niño se hace bueno, a pesar de la negligencia o malos ejemplos de sus padres, ¿obtienen éstos algún provecho?

«Dios es Justo».

☞ 584. ¿Cuál puede ser la naturaleza de la misión del conquistador que sólo ha tratado de satisfacer su ambición, y que, para lograr este objeto, no retrocede ante ninguna de las calamidades que arrastra en pos de sí?

«Lo más a menudo es que sea un instrumento de que se sirve Dios para el cumplimiento de sus designios, y esas calamidades son a veces el medio de hacer que un pueblo progrese mía aprisa».

—El que es instrumento de, semejantes calamidades pasajeras es extraño al bien que de ellas puede resultar, puesto que sólo un objeto personal se había propuesto; ¿le aprovechará, sin embargo, el tal bien?

«Cada uno es recompensado según sus obras, el bien que ha querido y la rectitud de sus intenciones».

✎ Los espíritus encarnados tienen ocupaciones inherentes a su existencia corporal. En estado errante, o de desmaterialización, esas ocupaciones son proporcionadas a su grado de adelanto.

Las unos recorren los mundos, se instruyen y se preparan para una nueva encarnación. Otros más adelantados se ocupan del progreso, dirigiendo los acontecimientos y sugiriendo pensamientos propicios; asisten a los hombres de genio que concurren al adelanto de la humanidad.

Otros se encarnan con una misión de progreso.

Otros toman bajo su tutela a los individuos, familias, reuniones, ciudades y pueblos de los que son ángeles guardianes, genios protectores y espíritus familiares.

Otros, en fin, presiden a los fenómenos de la naturaleza, cuyos agentes directos son.

Los espíritus vulgares se mezclan en nuestras ocupaciones y diversiones. Los espíritus impuros o imperfectos esperan, entre angustias y tormentos, el momento en que le placerá a Dios procurarles los medios de progreso. Si hacen el mal, es por despecho del bien que no pueden aún gozar.

CAPITULO XI
—
LOS TRES REINOS

1. Los minerales y las plantas - 2. Los animales y el hombre
3. Metempsicosis

1. Los minerales y las plantas

☞ 585. ¿Qué Concepto formáis de la división de la naturaleza en tres reinos, o bien en dos clases: los seres orgánicos y los seres inorgániros? Algunos hacen de la especie humana una cuarta clase. ¿Cuál de estas divisiones es preferible?

« Todas son buenas, pues dependen del aspecto en que se las tome. En el material, sólo hay seres orgánicos e inorgánicos: pero bajo el punto de vista moral, evidentemente hay cuatro grados ».

✎ Estos cuatro grados tienen en efecto caracteres marcados, aunque parezca que se confunden sus límites. La materia inerte, que constituye el reino mineral, sólo tiene una fuerza mecánica; las plantas, compuestas de materia inerte, están dotadas de vitalidad; los animales, compuestos de materia inerte, dotados de vitalidad, tienen además una especie de inteligencia instintiva limitada con conciencia de su existencia y de su individualidad. El hombre, teniendo todo lo que hay en las plantas y en los animales, domina todas las otras clases por una inteligencia especial, indefinida, que le da conciencia de su porvenir, percepción de las cosas extramateriales y conocimiento de Dios.

☞ 586. ¿Las plantas tienen conocimiento de su existencia?

« No; no piensan y sólo tienen vida orgánica ».

☞ 587. ¿Las plantas experimentan sensaciones? ¿Sufren cuando se las mutila?

« Las plantas reciben impresiones físicas que obran en la materia; pero no tienen percepciones, y por consiguiente no tienen sentimiento de dolor ».

☞ 588. La fuerza que atrae unas plantas a otras, ¿es independiente de su voluntad?

« Sí, puesto que no piensan. Es una fuerza mecánica de la materia que obra en la materia, y no podrían oponerse a ella ».

☞ 589. Ciertas plantas, tales como la sensitiva y la dionea, por ejemplo, tienen movimientos que revelan una gran sensibilidad, y en ciertos casos, una especie de voluntad, como la última cuyos lóbulos apresan a las moscas que se posan en ellos para chuparles el jugo, y a las cuales parece que tiende una red para matarlas. ¿Estas plantas están dotadas de la facultad de pensar? ¿Tienen voluntad y forman una clase intermedia entre la naturaleza vegetal y la animal? ¿Son una transición de la una a la otra?

«Todo es transición en la naturaleza, por el hecho de que nada es semejante y todo se enlaza. Las plantas no piensan, y por consiguiente no tienen voluntad; La ostra que se abre y todos los otros zoófitos no piensan, sólo tienen instinto ciego y natural».

🖎 La organización humana nos ofrece ejemplos de movimientos análogos sin intervención de la voluntad, como en las funciones digestivas y circulatorias. El píloro se cierra al contacto de ciertos cuerpos para negarles el paso. Lo mismo debe suceder en la sensitiva, en la cual los movimientos no implican en manera alguna la necesidad de una percepción y menos aún de la voluntad.

☞ 590. ¿No tienen las plantas, como los animales, un instinto de conservación que las conduce a buscar lo que les es útil, y a huir de lo que puede serles nocivo?

«Si se quiere es una especie de instinto, lo cual depende de la acepción que se dé a la palabra; pero es puramente mecánico. Cuando en las operaciones químicas veis cómo se reúnen dos cuerpos, es porque se conviene, es decir, porque existe afinidad entre ellos; mas no lo llamáis instinto».

☞ 591. ¿En los mundos superiores, las plantas son, come los otros seres, de naturaleza más perfecta?

«Todo es más perfecto; pero las plantas siempre son plantas, como los animales animales y siempre hombres los hombres».

2. Los animales y el hombre

☞ 592. Si en punto a inteligencia comparamos al hombre y a los animales, parece difícil de establecer la línea demarcatoria; porque ciertos animales, bajo aquel aspecto, son notoriamente superiores a ciertos hombres. ¿Semejante línea puede ser establecida con precisión?

«Acerca de este punto no están muy acordes vuestros filósofos, queriendo los unos, que el hombre sea un animal y otros que el animal sea un hombre. Todos se equivocan; el hombre es un ser especial que se rebaja mucho a veces o que puede elevarse también mucho. En lo físico, el hombre es como los animales, y está mucho menos provisto que muchos de ellos, pues la naturaleza ha dado a éstos todo lo que aquél se ve obligado a inventar con su inteligencia para su conservación y satisfacción de sus necesidades. Su cuerpo se destruye como el de los animales, es cierto; pero su espíritu tiene un destino, que sólo él puede comprender; porque sólo él es completamente libre. ¡Pobres hombres que os rebajáis hasta el bruto! ¿No sabéis distinguiros de él? Reconoced al hombre en el pensamiento de Dios».

☞ 593. ¿Puede decirse que los animales no obran más que por instinto?

«He ahí otro de vuestros sistemas. Cierto es que el instinto domina en la mayor parte de los animales; ¿pero no ves que los hay que obran con voluntad determinada? Tienen, pues, inteligencia; pero limitada».

🖎 Además del instinto, no podria negarse a ciertos animales actos combinados, que denotan una voluntad de obrar en un sentido determinado y según las circunstancias. Hay, pues, en ellos una especie de inteligencia; pero cuyo ejercicio está más exclusivamente concentrado ea los medios de satisfacer sus necesidades físicas y de atender a su conservación. En ellos nada de creación se ve, nada de mejoramiento. Cualquiera que sea el arte que en sus trabajos admiremos, lo que antes hacían, lo hacen actualmente, ni mejor, ni peor siguiendo formas y proporciones constantes e invariables. El pequeñuelo, alejado de los de su especie, no deja de construir su nido conforme al mismo modelo, sin haber recibido instrucción alguna. Si algunos son susceptibles de cierta educación, su desarrollo intelectual, siempre encerrado en estrechos límites, débese a la acción del hombre sobre una naturaleza flexible; porque no tienen ningún progreso propio, y aun aquél es efímero y puramente individual, pues el animal abandonado a sí mismo, no tarda en regresar a los límites marcados por la naturaleza.

☞ 594.¿Los animales tienen un lenguaje?

« Si quieres decir un lenguaje formado de palabras y de silabas, no; pero un medio de comunicarse, si y se dicen muchas más cosas dejas que vosotros creéis. Su lenguaje, empero, está limitado, como sus ideas, a sus necesidades ».

—Hay animales que carecen de voz. ¿Parece que éstos no tienen lenguaje?

« Se comprenden por otros medios. ¿No tenéis vosotros más que la palabra para comunicaros? ¿Qué dices de los mudos? Dotados los animales de la vida de relación, tienen medios de advertirse y de manifestar las sensaciones que experimentan. ¿Crees que los peces no se entienden entre sí? El hombre no tiene, pues, el privilegio exclusivo del lenguaje; pero el de los animales es muy distinto y está limitado por el círculo de sus necesidades e ideas, al paso que el hombre es perfectible y se presta a todas las concepciones de su inteligencia ».

✎ En efecto, los peces que emigran en masa, como las golondrinas que obedecen al jefe que las guía, deben tener medios de avisarse, entenderse y concretarse. Acaso lo hagan a merced de una vista más penetrante que les permite distinguir las señales que se hacen; acaso la misma agua sea un vehículo que les transmite ciertas vibraciones. Cualquiera que sea, es incontestable que tienen un medio de entenderse, lo mismo que todos los otros animales privados de la voz y que trabajan en comunidad. Y después de esto, ¿hemos de admirarnos de que los espíritus puedan comunicarse entre si, sin el empleo de la palabra articulada? (282)

☞ 595.¿Los animales tienen el libre albedrío de sus actos?

« No son simples máquinas, como creéis vosotros, pero su libertad de acción está limitada a sus necesidades, y no puede compararse con la del hombre. Siendo en mucho inferiores a él, no tienen los mismos deberes. Su libertad está restringida a los actos de la vida material ».

☞ 596.¿De dónde procede la aptitud de ciertos animales para imitar el lenguaje del hombre, y por qué semejante actitud se observa más en las aves que en los monos, por ejemplo, cuya conformación es la más análoga a la de aquél?

«Conformación particular de los órganos de la voz, secundada por el instinto de imitación. El mono imita los gestos, y ciertas aves la voz».

☞ 597. Puesto que los animales tienen una inteligencia que les da cierta libertad de acción, ¿existe en ellos un principio independiente de la materia?

«Sí, y sobrevive al cuerpo».

—¿Este principio es un alma semejante a la del hombre?

«Si así lo queréis, también es un alma, esto depende del sentido que se dé a esta palabra; pero es inferior a la del hombre. Del alma de los animales a la del hombre, va tanta diferencia como del alma humana a Dios».

☞ 598. ¿El alma de los animales conserva, después de la muerte, su individualidad y conciencia de sí misma?

«Su individualidad, sí; pero no la conciencia de su yo. La vida inteligente permanece en estado latente».

☞ 599. ¿El alma de las bestias tiene elección para encarnarse con preferencia en un animal que en otro?

«No, pues no tiene libre albedrío».

☞ 600. Sobreviviendo al cuerpo el alma del animal, ¿está después de la muerte, en un estado errante, como la del hombre?

«Es una especie de erraticidad; porque no está unida a un cuerpo, pero no es un espíritu errante. El espíritu errante es un ser que piensa y obra por su libre voluntad; el de los animales no tiene la misma facultad. La conciencia de si mismo es el atributo Drincipal del espíritu. El espíritu del animal es clasificado después de la muerte por los espíritus, que de ello están encargados, y casi en seguida utilizado. No tiene tiempo de ponerse en relación con otras criaturas».

☞ 601. ¿Siguen los animales una ley progresiva como el hombre?

«Sí, y por esto en los mundos superiores, donde están más adelantados los hombres, lo están también los animales que tienen medios más desarrollados de comunicación; pero son siempre inferiores y están sometidos al hombre. Son sus servidores inteligentes».

✎ Nada hay en esto de extraordinario. Supongamos a nuestros más inteligentes animales, al caballo, al perro, al elefante, dotados de una conformación apropiada a los trabajos manuales, ¿qué de cosas no harían bajo la dirección del hombre?

☞ 602. ¿Los animales progresan, como el hombre, en virtud de su voluntad o por la fuerza de las cosas?

«Por la fuerza de las cosas, y por esto no existe expiación para ellos».

☞ 603. ¿En los mundos superiores conocen a Dios los animales?

«No, el hombre es para ellos un dios, como en otro tiempo los espíritus fueron dioses para el hombre».

☞ 604. Siendo siempre inferiores al hombre los animales, aunque perfeccionados en los mundos superiores, resultaría que Dios ha creado seres intelectuales perpetuamente condenados a la inferioridad, lo que parece no estar conforme con la unidad de miras y de progreso que en todas sus obras se observa.

«Todo se encadena en la naturaleza por lazos que no podéis ver aún, y las cosas en apariencia más disparatadas tienen puntos de contacto que nunca llegará a comprender el hombre en su actual estado. Puede entreverías por un esfuerzo de su inteligencia, pero sólo cuando ésta haya adquirido todo su desarrollo y se haya emancipado de las preocupaciones del orgullo y de la ignorancia, podrá ver claramente la obra de Dios. Hasta entonces sus ideas limitadas le harán ver las cosas bajo un aspecto mezquino y restringido. Entended bien que Dios no puede contradecirse, y que en la naturaleza todo se armoniza por medio de leyes generales, que nunca se separan de la sublime sabiduría del Creador»

—¿La inteligencia es, pues, una propiedad común, un punto de contacto entre el alma de las bestias y la del hombre?

«Sí; pero los animales sólo tienen la inteligencia de la vida material. En el hombre la inteligencia da la vida moral».

☞ 605. Si se consideran todos los puntos de contacto que existen entre el hombre y los animales, ¿no pudiera creerse que el hombre posee dos almas: él alma animal y el alma espiritista, y que si no contase con esta última, podría vivir, pero como el bruto: o dicho de otro modo, que el animal es un ser semejante al hombre, exceptuando el alma espiritista? ¿Y de aquí resultaría que los instintos buenos y malos del hombre serían efecto del predominio de una de estas dos almas?

«No; el hombre no tiene dos almas, sino que el cuerpo tiene sus instintos que son resultado de la sensación de los órganos. Sólo existe en él una naturaleza doble: la animal y la espiritual. Por el cuerpo participa de la naturaleza de los animales y de sus instintos; por su alma, de la de los espíritus».

—Así, pues, además de sus propias impresiones de que ha de despojarse el espíritu, ¿debe luchar también con la influencia de la materia?

«Sí; y mientras más inferior es, más estrechos son los lazos entre el espíritu y la materia. ¿Acaso no io estáis viendo? No, el hombre no tiene dos almas, pues ésta es siempre única en un solo ser. El alma del animal y la del hombre son distintas entre sí, de modo, que el alma del uno no puede animar el cuerpo creado para el otro. Pero si el hombre no tiene alma animal que le ponga por sus pasiones al nivel de los animales, tiene el cuerpo que con frecuencia le rebaja hasta ellos; porque el cuerpo es un ser dotado de vitalidad que tiene instintos, pero ininteligentes y limitados al cuidado de su conservación».

✎ Encarnándose el espíritu en el cuerpo del hombre, le trae el principio intelectual y moral que le hace superior a los animales. Las dos naturalezas que en el hombre existen dan a sus pasiones dos orígenes diferentes: provienen las unas de los instintos de la naturaleza animal, y las otras de las impurezas del espíritu, que simpatizan más o menos con los groseros apetitos animales. Purificándose el espíritu, se emancipa poco a poco de la influencia de la materia. Bajo semejante influencia, se aproxima al bruto; y libre de ella, se eleva a su verdadero destino.

☞ 606. ¿De dónde toman los animales el principio inteligente que constituye la especie particular de alma de que están dotados?

«Del elemento inteligente universal».

—La inteligencia del hombre y la de los animales, ¿dimanan, pues, de un principio único?

«Sin duda alguna; pero en el hombre ha experimentado una elaboración que la hace superior a la que anima al bruto»

☞ 607. Se ha dicho que el alma del hombre en su origen, es el estado de infancia en la vida corporal, que apenas destella su inteligencia y que se ensaya en la vida (190); ¿dónde pasa el espíritu por esta primera fase?

«En una serie de existencias que precede al período que llamáis humanidad».

—¿Parece, pues, que el alma ha sido el principio inteligente de los seres inferiores de la creación?

«¿No hemos dicho, que todo se encadena y tiende a la unidad de la naturaleza? En esos seres que estáis muy lejos de conocerlos en su totalidad, se elabora el principio inteligente, se individualiza poco a poco y se ensaya en la vida, como hemos dicho. Este es, hasta cierto punto, un trabajo preparatorio como el de la germinación, después del cual el principio inteligente experimenta una transformación y se convierte en espíritu. Entonces empieza para él el período de la humanidad, y con él la conciencia de su porvenir, la distinción del bien y del mal y la responsabilidad de sus actos, como después del período de la infancia viene el de la adolescencia, luego la juventud, y en fin la edad madura. Por lo demás, nada de humillante tiene este origen para el hombre. ¿Se creen humillados los grandes genios por haber sido fetos informes en el seno de su madre? Si algo debe humillarle, es su inferioridad ante Dios, y su impotencia para sondear la profundidad de sus designios y la sabiduría de las leyes que arreglan la armonía del universo. En esa admirable armonía que hace que todo sea solidario en la naturaleza, reconoced la grandeza de Dios. Creer que él haya podido hacer algo sin objeto y crear seres inteligentes sin porvenir, sería blasfemar de su bondad, que se extiende a todas sus criaturas».

—¿Ese período de la humanidad empieza en nuestra Tierra?

«La Tierra no es el punto de partida de la primera encarnación humana. El periodo de la human¡dad empieza generalmente en mundos más inferiores aún, lo cual, sin embargo, no es una regla absoluta, y podría ser que un espíritu, desde su principio humano, fuese apto para vivir en la Tierra. Este caso no es frecuente y constituye más bien una excepción».

☞ 608. ¿El espíritu del hombre tiene, después de la muerte, conciencia de las existencias que han precedido a su período de humanidad?

«No; porque sólo desde este período empieza para él su vida de espíritu, y apenas se acuerda de sus primeras existencias como hombre, absolutamente lo mismo como el hombre no se acuerda de los primeros tiempos de su infancia y menos aún del tiempo que ha pasado en el seno de su madre. He aquí por qué os dicen los espíritus que no saben cómo han principiado». (78)

☞ 609. Una vez entrado en el período de la humanidad el espíritu, ¿conserva vestigios de lo que era anteriormente, es decir, del estado en que se encontraba en el período que podría llamarse antehumanitario?

«Según la distancia que separa los dos períodos y el progreso realizado. Durante algunas generaciones, puede haber un reflejo más o menos pronunciado del estado primitivo; porque nada se verifica en la naturaleza por transición brusca. Siempre existen eslabones que ligan las extremidades de la serie de seres y acontecimientos: pero semejantes vestigios se borran con el desarrollo del libre albedrío. Los primeros progresos se realizan lentamente; porque no están aún secundados por la voluntad, y siguen una progresión más rápida a medida que el espíritu adquiere más perfecta conciencia de si mismo».

☞ 610. ¿Se han engañado los espíritus que han dicho que el hombre es un ser excepcional en el orden de la creación?

«No; pero la cuestión no había sido desenvuelta, y hay, por otra parte, cosas que sólo a su tiempo deben llegar. El hombre es, en efecto, un ser excepcional; porque tiene facultades que le distinguen de todos los otros y tiene otro destino. La especie humana es la que Dios ha elegido para la encarnación de los seres que pueden comprenderle».

3. Metempsicosis

☞ 611. La comunidad de origen en el principio inteligente de los seres vivientes, ¿no es la consagración de la doctrina de la metempsicosis?

«Dos cosas pueden tener el mismo origen y más adelante pueden no parecerse en nada. ¿Quién reconocería el árbol con sus hojas, flores y frutos en el germen informe, contenido en la simiente de donde ha salido? Desde el momento en que el principio inteligente logra el grado necesario para ser espíritu y entrar en el período de la humanidad, cesa de tener relación con su estado primitivo y deja de ser el alma de la bestia, como el árbol la simiente. No le resta al hombre del animal más que el cuerpo, y las pasiones que nacen de la influencia de éste y del instinto de conservación inherente a la materia. No puede, pues, decirse que tal hombre es la encarnación del espíritu de tal animal, y por consiguiente, la metempsicosis, tal como se entiende, no es exacta».

☞ 612. El espíritu que ha animado el cuerpo de un hombre, ¿podría encarnarse en un animal?

«Eso equivaldría a retrogradar, y el espíritu no retrograda. El río no remonta hacia su curso». (118)

☞ 613. Por errónea que sea la idea atribuida a la metempsicosis, ¿no será el resultado del sentimiento intuitivo de las diferentes existencias del hombre?

«Este sentimiento intuitivo se descubre en esa como en otras muchas creencias, pero el hombre la ha desnaturalizado, como ha hecho con la mayor parte de sus ideas intuitivas».

🖎 La metempsicosis seria verdadera, si se entendiese por ella el progreso del alma de un estado inferior a otro superior, en el que hallaría desarrollos que transformarían su naturaleza; pero es falsa en el sentido de transmigración directa del animal en el hombre y viceversa, lo que implicaría idea de retroceso o fusión, y no pudiendo verificarse semejante fusión entre los seres corporales de las dos especies, es indicio de que están en grados inasimilables, y que lo mismo debe suceder con los espíritus que los animan. Si el mismo espíritu pudiese animarlos alternativamente, se seguiría de ello una identidad de naturaleza que se traduciría en la posibilidad de la reproducción material. La reencarnación enseñada por los espíritus está fundada, por el contrario, en la marcha ascendente de la naturaleza y en el progreso del hombre en su propia especie, lo que en nada amengua su dignidad. Lo que le rehala, es el mal uso que hace de las facultades que Dios le ha dado para su adelanto. Como quiera que sea, la antigüedad y universalidad de la doctrina de la metempsicosis, y los hombres eminentes que la han profesado, prueban que el principio de la reencarnación tiene sus raíces en la misma naturaleza, y son por lo tanto argumentos en su favor y no en contra.

El punto de partida del espíritu es una de esas cuestiones que se refieren al principio de las cosas, y pertenece a los secretos de Dios.

No es dado al hombre conocerlo de una manera absoluta, y en este punto, ha de limitarse a suposiciones y a sistemas más o menos probables. Los mismos espíritus están muy lejos de conocerlo todo, y sobre lo que no saben pueden también tener opiniones personales más o menos sensatas.

Así, por ejemplo, no todos piensan lo mismo respecto de las relaciones que existen entre el hombre y los animales. Según algunos, el espíritu no llega al período humano sino después de haberse elaborado e individualizado en los diferentes grados de los seres inferiores de la creación. Según otros, el espíritu del hombre ha pertenecido siempre a la raza humana, sin haber pasado por la serie animal. El primero de estos sistemas tiene la ventaja de dar un objeto al porvenir de los animales, que formarían de este modo los primeros eslabones de la cadena de los seres pensantes; el segundo está más conforme con la dignidad humana, y puede resumirse de la manera siguiente:

Las diferentes especies de animales no proceden intelectualmente las unas de las otras por vía de progresión, y así el espirita de la ostra no pasa a ser sucesivamente el del pez, del ave, del cuadrúpedo y del cuadrumano. Cada especie es un tipo absoluto física y moralmente, cada uno de cuyos individuos toma en la fuente universal la suma de principio inteligente que le es necesario, según la perfección de sus órganos, y el trabajo que ha de realizar en los fenómenos de la naturaleza, suma de principio vital que a la muerte, vuelve a la masa. Las de los mundos más adelantados que el nuestro (véase el 188) son igualmente razas distintas, apropiadas a las necesidades de aquellos mundos y al grado de adelanto de los hombres cuyos auxiliares son; pero que, espíritualmente hablando, no proceden en modo alguno de los de la tierra. No sucede lo mismo en el hombre. Bajo el punto de vista fijo, forma evidentemente un eslabón de la cadena de los seres vivientes; pero balo el punto de vista moral, entre el animal y el hombre, existe solución de continuidad. El hombre posee en propiedad e! alma o espíritu, destello divino que le da el sentido moral y un alcance intelectual que falta a los animales; es para él un ser principal preexistente, que sobrevive al cuerpo y que conserva su individualidad. ¿Cuál es el origen del espíritu? ¿Dónde está su punto de partida? ¿Se forma del principio inteligente individualizado? Este es un misterio que en vano trataríamos de penetrar, y acerca del cual, según tenemos dicho, sólo podemos emitir sistemas. Lo que es constante y resulta del raciocinio y de la experiencia, es la supervivencia del espíritu, la conservación de su individualidad después de la muerte, su facultad progresiva, su estado feliz o desgraciado proporcional a su adelanto en el camino del bien, y todas las verdades morales, que son consecuencias de este principio. En cuanto a las relaciones misteriosas que existen entre el hombre y los animales, volvemos a repetir que son un secreto de Dios, como muchas otras cosas cuyo conocimiento actual no importa a nuestro progreso, y sobre las cuales seria inútil insistir.

LIBRO TERCERO
LEYES MORALES

CAPÍTULO I
—
LEY DIVINA O NATURAL

1. Caracteres de la ley natural - 2. Origen y conocimiento de la ley natural - 3. El bien y el mal - 4. División de la ley natural

1. Caracteres de la ley natural

☞ 614.¿Qué debe entenderse por ley natural?

«La ley natural es la ley de Dios y la única verdadera para la dicha del hombre. Le indica lo que debe hacer o dejar de hacer, y es desgraciado aquel porque de ella se separa».

☞ 615.¿Es eterna la ley de Dios?

«Es eterna e inmutable como el mismo Dios».

☞ 616.¿Ha podido Dios prescribir en una época a los hombres lo que les hubiese prohibido en otra?

«Dios no puede engañarse, y únicamente los hombres se ven obligados a cambiar sus leyes, porque son imperfectas; pero las de Dios son perfectas. La armonía que arregla al universo material y al moral está fundada en las leyes que Dios ha establecido para siempre».

☞ 617.¿Qué objetos abrazan las leyes divinas? ¿Conciernen a algo más que a la conducta moral?

«Todas las leyes de la naturaleza son divinas, puesto que Dios es autor de todas las cosas. El sabio estudia las leyes de la materia, el hombre de bien las del alma, y las practica».

— ¿Es dado al hombre profundizar las unas y las otras?

«Sí,pero no basta una sola existencia».

✎¿Qué son, en efecto, algunos años para adquirir todo lo que constituye al ser perfecto, si no se considera más que la distancia que separa al salvaje del hombre civilizado? La más larga existencia posible es insuficiente, y con mayor razón aún cuando es abreviada, como sucede en un gran número de casos.

Entre las leyes divinas, las unas reglamentan el movimiento y las relaciones de la materia bruta, tales son las leyes físicas, cuyo estudio es del dominio de la ciencia.

Las otras conciernen especialmente al hombre en si mismo y en sus relaciones con Dios y sus semblantes, y comprenden así las regias de la vida del cuerpo, como las de la del alma. Tales son las leyes morales.

☞ 618.¿Las leyes divinas son unas mismas para todos los mundos?

«La razón dice que deben ser apropiadas a la naturaleza de cada mundo y proporcionadas al grado de adelanto de los seres que los habitan».

2. Origen y conocimiento de la ley natural

☞ 619.¿Dios ha dado a todos los hombres medios de conocer su ley?

«Todos pueden conocerla; pero no todos la comprenden. Los que mejor la comprenden son los hombres de bien y los que quieren buscarla. Todos no obstante, la conocerán un día, porque es preciso que se realice el progreso».

✎ La justicia de las diversas encarnaciones del hombre es consecuencia de este principio; porque a cada nueva existencia su inteligencia está más desarrollada, y comprende mejor lo bueno y lo malo. Si todo para él debiese efectuarse en una sola existencia ¿cuál seria la suerte de tantos miles de seres que mueren cada día en el embrutecimiento del estado salvaje, o en las tinieblas de la ignorancia, no habiendo dependido de ellos el ilustrarse? (171-222)

☞ 620.Antes de su unión con el cuerpo, ¿comprende el alma mejor la ley de Dios que después de su encarnación?

«La comprende con arreglo al grado de perfección a que ha llegado y conserva el recuerdo intuitivo después de su unión con el cuerpo; pero los malos instintos del hombre se la hacen olvidar con frecuencia».

☞ 621.¿Dónde está escrita la ley de Dios?

«En la conciencia».

—Puesto que el hombre lleva en la conciencia la ley de Dios, ¿qué necesidad tenía de revelársela?

«La había olvidado y desconocido, y Dios quiso que le fuese recordada».

☞ 622.¿Dios ha dado a ciertos hombres la misión de revelar su ley?

«Ciertamente que si y en todos los tiempos ha habido encargados de esa misión. Son espíritus superiores encarnados al objeto de hacer progresar a la humanidad».

☞ 623.Los que han pretendido instruir a los hombres en la ley de Dios, ¿no se han engañado a veces, y no los han extraviado frecuentemente con principios falsos?

«Los que no estaban inspirados por Dios y que por ambición se han atribuido una misión que no tenían, pudieron ciertamente extraviarlos. No obstante, como eran en definitiva hombres de genio, en medio de los mismos errores que han enseñado, se encuentran con frecuencia grandes verdades».

☞ 624.¿Cuál es el carácter del verdadero profeta?

«El verdadero profeta es un hombre de bien inspirado por Dios. Puede conocérsele por sus palabras y por sus hechos. Dios no puede servirse de los labios del mentiroso para enseñar la verdad».

☞ 625. ¿Cuál es el tipo más perfecto que Dios ha ofrecido al hombre, para que le sirviese de guía y modelo?

«Contemplad a Jesús».

✎ Jesús es para el hombre el tipo de la perfección moral a que puede aspirar la humanidad en la tierra. Dios nos lo ofrece como el modelo más perfecto, y la doctrina que enseñó es la más pura expresión de su ley; porque estaba animado del espíritu divino y es el ser más puro que ha venido a la tierra.

Si algunos de los que han pretendido instruir al hombre en la ley de Dios lo han extraviado a veces con principios falsos, es porque ellos mismos se han dejado dominar por sentimientos demasiado terrestres, y por haber confundido las leyes que rigen las condiciones de la vida del alma con las que rigen la vida del cuerpo. Muchos han dado como leyes divinas las que sólo eran leyes humanas, creadas para favorecer las pasiones y dominar a los hombres.

☞ 626. ¿Las leyes divinas y naturales sólo han sido reveladas a los hombres por Jesús, y antes de él no las conocieron más que por intuición?

«¿No hemos dicho que están escritas en todas partes? Los hombres que han meditado sobre la sabiduría han podido, pues, comprenderlas y enseñarlas desde los más remotos siglos, y con su enseñanza, aunque incompleta, han preparado el terreno para recibir la semilla. Estando escritas las leyes divinas en el libro de la naturaleza, el hombre ha podido conocerlas, cuando ha querido buscarlas, y por esto los preceptos que ella consagra han sido proclamados en todas las épocas por los hombres de bien, y por esto también se encuentran sus elementos en la doctrina moral de todos los pueblos que han salido de la barbarie, aunque incompletos o alterados por la ignorancia y la superstición».

☞ 627. Puesto que Jesús enseñó las verdaderas leyes de Dios, ¿cuál es la utilidad de la enseñanza dada por los espíritus? ¿Tienen algo nuevo que enseñarnos?

«La palabra de Jesús era a veces alegórica y en forma de parábola; porque hablaba con arreglo a los tiempos y lugares. Hoy es preciso que la verdad sea inteligible para todos. Es necesario explicar y desarrollar esas leyes, puesto que hay pocas personas que las comprendan y menos aún que las practiquen. Nuestra misión es la de impresionar los ojos y los oídos para confundir a los orgullosos y desenmascarar a los hipócritas, a los que practican las exterioridades de la virtud y de la religión para encubrir sus vicios. La enseñanza de los espíritus debe ser clara e inequívoca, a fin de que nadie pueda pretextar ignorancia y de que sea posible a cada uno juzgarla y apreciarla con su propia razón. Estamos encargados de preparar el reino del bien anunciado por Jesús, y por esto no ha de ser lícito que pueda cada cual interpretar la ley de Dios a gusto de sus pasiones, ni falsear el sentido de una ley que es toda amor y caridad».

☞ 628. ¿Por qué la verdad no ha sido puesta siempre al alcance dé todo el mundo?

«Es preciso que todo llegue a su tiempo. La verdad es como la luz, a la cual es necesario acostumbrarse poco a poco, pues de otra manera deslumbra».

«Nunca ha sucedido que Dios haya permitido al hombre recibir comunicaciones tan completas e instructivas como las que hoy recibe. Como sabéis, habla en los antiguos tiempos algunos individuos que poseían lo que consideraban como una ciencia sagrada, y de la cual hacían un misterio para los que reputaban profanos. Por lo que conocéis de las leyes que rigen esos fenómenos, debéis comprender que no recibían más que algunas verdades diseminadas en medio de un conjunto equívoco y emblemático la mayor parte de las veces. Sin embargo, para el hombre estudioso no hay ningún sistema filosófico antiguo, ninguna tradición, ni ninguna religión que deba despreciarse; porque todo contiene gérmenes de grandes verdades que, aunque parezcan contradictorias entre sí, aunque esparcidas en medio de infundados accesorios, son fáciles de coordinar, gracias a que el espiritismo os da la clave de una multitud de cosas que, hasta ahora, pudieron pareceros irracionales, y cuya realidad os es demostrada actualmente de un modo irrecusable. No dejéis, pues, de tomar en esos materiales asuntos de estudio, puesto que son muy abundantes y pueden contribuir notablemente a vuestra instrucción».

3. El bien y el mal

☞ 629. ¿Qué definición puede darse de la moral?

«La moral es la regla para portarse bien, es decir, la distinción entre el bien y el mal. Está fundada en la observación de la ley de Dios. El hombre se porta bien cuando todo lo hace con la mira y para bien de todos; porque entonces observa la ley de Dios».

☞ 630. ¿Cómo puede distinguirse el bien del mal?

«El bien es todo lo que está conforme con la ley de Dios, y el mal todo lo que de ella se separa. Así, pues, hacer el bien es conformarse con la ley de Dios; hacer el mal es infringirla».

☞ 631. ¿El hombre tiene por si mismo medios de distinguir lo que es bueno de lo que es malo?

«Sí, cuando cree en Dios y quiere saberlo. Dios le ha dado la inteligencia para discernir lo uno de lo otro».

☞ 632. El hombre sujeto al error como está, ¿no puede equivocarse en la apreciación del bien y del mal, y creer que obra bien cuando en realidad obra mal?

«Jesús os lo dijo: mirad lo que quisierais que se os hiciese o no se os hiciese; todo se reduce a esto. No os engañaréis nunca».

☞ 633. La regla del bien y del mal que podría llamarse de reciprocidad o de solidaridad, no puede aplicarse a la conducta del hombre para consigo mismo. ¿Le sirve la ley natural de regla para esa conducta y de guía seguro?

«Cuando coméis mucho os indigestáis. Pues bien, Dios es quien os da la medida de lo que os es necesario, y cuando la traspasáis, sois castigados. En todo sucede lo mismo. La ley natural traza al hombre el limite de sus necesidades, y cuando lo salva, es castigado con el sufrimiento. Si el hombre escuchase en todo, esa voz que le dice basta, se excusaría la mayor parte de los males que achacan a la naturaleza».

☞ 634. ¿Por qué está el mal en la naturaleza de las cosas? Hablo del moral. ¿No podría Dios haber creado a la humanidad en mejores condiciones?

«Ya te lo hemos dicho: Los espíritus fueron creados sencillos e ignorantes. (115) Dios deja al hombre la elección del camino, y tanto peor para él, si toma el malo, pues será más larga su peregrinación. Si no existiesen montes, el hombre no podría comprender que se puede subir y bajar, y si no existiesen rocas, no comprendería que hay cuerpos duros. Es preciso que el espíritu adquiera experiencia, y paraello ha de conocer el bien y el mal. De aquí que haya unión entre el espíritu y el cuerpo». (119)

☞ 635. Las diferentes posiciones sociales crean nuevas necesidades que no son las mismas para todos los hombres. ¿Parece, pues, que la ley natural no es una regla uniforme?

«Las diferentes posiciones son naturales y están conformes con la ley del progreso, lo que no quebranta la unidad de la ley natural que se aplica a todos.

🖎 Las condiciones de la existencia del hombre cambian según los tiempos y los lugares, y resultan de ello necesidades diferentes y posiciones sociales apropiadas a estas necesidades. Puesto que semejante diversidad está en el orden de las cosas, es conforme a la ley de Dios, que no deja de ser una en su principio. A la razón toca distinguir las necesidades reales de las ficticias o de convención.

☞ 636. ¿El bien y el mal son absolutos para todos los hombres?

«La ley de Dios es igual para todos; pero el mal depende especialmente de la voluntad de hacerlo. El bien siempre es bien y el mal es siempre mal, cualquiera que sea la posición del hombre. La diferencia está en el grado de responsabilidad».

☞ 637. ¿El salvaje que, cediendo a su instinto, se alimenta de carne humana, es culpable?

«He dicho que el mal depende de la voluntad. Pues bien, el hombre es más culpable, cuanto mejor sabe lo que hace».

🖎 Las circunstancias dan al bien y al mal una gravedad relativa. El hombre comete a veces faltas, que no por ser consecuencia de la posición en que le ha colocado la sociedad, son menos reprensibles; pero la responsabilidad está en proporción de los medios que tiene de comprender el bien y el mal. Así es que el hombre ilustrado que comete una simple injusticia es más culpable ante Dios que el salvaje ignorante que se entrega a sus instintos.

☞ 638. El mal parece a veces ser una consecuencia de la fuerza de las cosas, y tal sucede, por ejemplo, en ciertos casos, cuando es necesaria la destrucción hasta de nuestro prójimo. ¿Puede decirse entonces que hay infracción de la ley de Dios?

«Aunque necesario, no deja de ser un mal; pero semejante necesidad desaparece a medida que el alma se purifica pasando de una existencia a otra, y entonces el hombre es más culpable, cuando falta, porque comprende mejor».

☞ 639. El mal que hacemos, ¿no es a menudo resultado de la posición que nos han creado los otros hombres, y quienes son en este caso los más culpables?

«El mal recae en quien lo causa. Así el hombre que es llevado al mal por la posición que le han creado sus semejantes, es menos culpable que los que lo han causado; porque cada uno sufrirá la pena no sólo del mal que haya hecho, sino que también del que haya provocado».

☞ 640. El que no hace el mal, pero que se aprovecha del que otro ha hecho, ¿es culpable en el mismo grado?

«Es como si lo cometiera, porque el que se aprovecha participa de él. Quizá hubiese retrocedido ante la ejecución; pero, si encontrándola realizada, la aprovecha, es porque la aprueba y porque hubiese hecho otro tanto, si hubiese podido, o si se hubiese atrevido».

☞ 641. ¿El deseo del mal es tan reprensible como el mal mismo?

«Según y cómo: hay virtud en resistir voluntariamente al mal cuyo deseo siente, sobre todo cuando se tiene posibilidad de realizarlo. Pero si sólo se deja de hacer por falta de ocasión, se es culpable».

☞ 642. ¿Basta no hacer mal para ser grato a Dios y asegurar su posición futura?

«No; es preciso hacer el bien según la posibilidad; porque cada uno responderá de todo el mal que haya sido hecho a consecuencia del bien que no haya hecho».

☞ 643. ¿Hay personas que por su posición no tengan posibilidad de hacer el bien?

«No hay nadie que no pueda hacer el bien, sólo el egoísta carece siempre de ocasión. Basta estar en relación con otros hombres para tener ocasión de hacer el bien, y cada día de la vida ofrece la posibilidad todo el que no esté cegado por el egoísmo; porque hacer el bien no consiste únicamente en ser caritativo, sino en ser útil con arreglo a la posibilidad, siempre que vuestro socorro pueda ser necesario».

☞ 644. El centro en que se encuentran ciertos hombres, ¿no es para ellos el primitivo origen de muchos vicios y crímenes?

«Sí; pero también esta es una prueba escogida por el espíritu en estado de libertad, quien ha querido exponerse a la tentación para adquirir mérito resistiéndole».

☞ 645. Cuando el hombre está en cierto modo sumergido en la atmósfera del vicio, ¿no viene a ser el mal para él una atracción casi irresistible?

«Atracción, sí; irresistible, no; porque en medio de esa atmósfera de vicio encuentras a veces grandes virtudes. Estos son espíritus que han tenido fuerzas para resistir, y que al mismo tiempo han tenido la misión de ejercer una buena influencia en sus semejantes ».

☞ 646. El mérito del bien que se hace, ¿está subordinado a ciertas condiciones, o de otro modo, hay diferentes grados en el mérito del bien?

« El mérito del bien está en la dificultad, y no lo hay en hacerlo sin trabajo y cuando nada cuesta. Dios atiende más al pobre que parte su único pedazo de pan, que no al rico, que sólo da lo superfluo. Jesús lo dijo con motivo del donativo de la viuda ».

4. División la ley natural

☞ 647. ¿Toda la ley de Dios está contenida en la máxima del amor al prójimo enseñada por Jesús?

« Ciertamente que esta máxima contiene todos los deberes de los hombres entre si pero es preciso enseñarles la aplicación, pues de otro modo la descuidarían como hoy lo hacen. Además, la ley natural comprende todas las circunstancias de la vida, y esta máxima no es más que una parte. Son necesarias al hombre reglas precisas, pues los preceptos generales y muy vagos dejan demasiadas puertas abiertas a la interpretación ».

☞ 648. ¿Qué pensáis de la división de la ley moral en diez partes, comprendiendo las leyes sobre la adoración, el trabajo, la reproducción, la conservación, la destrucción, la sociedad, el progreso, la igualdad, la libertad, y en fin, las leyes de justicia, amor y caridad?

« Esta división de la ley de Dios en diez partes es la de Moisés, y puede abarcar todas las circunstancias de la vida, lo cual es esencial. Puedes, pues, adoptarla, sin que por ello tenga nada de absoluto lo mismo que todos los otros sistemas de clasificación, que dependen del aspecto bajo el cual se considera una cosa. La última ley es la más importante, y por su medio es como más puede adelantar el hombre en la vida espiritual, porque las resume todas ».

CAPITULO II
—
LEY DE ADORACIÓN

1. Objeto de la adoración - 2. Adoración externa - 3. Vida contemplativa - 4. De la oración - 5. Politeísmo - 6. Sacrificios

1. Objeto de la adoración

☞ 649.¿En qué consiste la adoración?

« Es la elevación del pensamiento a Dios. Por medio de la adoración se aproxima el alma a Él ».

☞ 650.¿La adoración es resultado de un sentimiento innato, o producto de una enseñanza?

« Sentimiento innato como el de la Divinidad. La conciencia de la propia debilidad induce al hombre a inclinarse ante aquel que puede protegerle ».

☞ 651.¿Ha habido pueblos desprovistos de todo sentimiento de adoración?

« No, porque nunca ha habido pueblos ateos. Todos comprenden que hay por encima de ellos un Ser supremo ».

☞ 652.¿Puede considerarse que la adoración tiene su origen en la ley natural?

« Está en la ley natural, puesto que es resultado de un sentimiento innato en el hombre, y por esto se la encuentra en todos los pueblos, aunque bajo diferentes formas ».

2. Adoración externa

☞ 653.¿Necesita la adoración de manifestaciones externas?

« La verdadera adoración reside en el corazón. Siempre que hagáis algo, pensad que el Señor os está mirando »

—¿La adoración externa es útil?

« Sí, cuando no es un vano simulacro. Siempre es útil dar buenos ejemplos: pero los que sólo lo hacen por afectación y amor propio y cuya conducta desmiente la piedad aparente, dan más bien mal ejemplo que bueno, y causan más mal del que creen ».

☞ 654.¿Da preferencia Dios a los que le adoran de tal o cual manera?

« Dios prefiere a los que le adoran desde lo intimo del corazón con sinceridad, haciendo el bien y evitando el mal, a aquellos que creen honrarle con ceremonias que no les hacen mejores para con sus semejantes.

»Todos los hombres son hermanos e hijos de Dios, quien llama así a todos los que siguen sus leyes, cualquiera que sea la forma en que las exprese.

»El que sólo tiene apariencias de piedad es un hipócrita, y aquel cuya adoración no pasa de ser afectada y está en contradicción con su conducta, da mal ejemplo.

»El que hace profesión de adorar a Cristo y es orgulloso, envidioso, celoso, duro e implacable para con los otros o ambicioso de los bienes de este mundo, es religioso, os lo aseguro, de boca y no de corazón. Dios que todo lo ve dirá: El que conoce la verdad es cien veces más culpable del mal que hace que el salvaje ignorante del desierto, y será castigado con arreglo a este principio el día del juicio. Si al pasar un ciego tropieza con vosotros, le disculpáis: pero si es un hombre que tiene completa vista, os quejaréis y con razón.

»No preguntéis, pues, si existe una forma de adoración más conveniente que otra: porque es lo mismo que preguntar si es más grato a Dios que se le adore antes en este que en aquel idioma. Vuelvo a deciros, que sólo por la puerta del corazón se elevan hasta él los cánticos».

☞ 655. ¿Es, pues, censurable uno porque practique una religión en la cual no cree en el fondo de su alma, cuando se hace por humano respeto y para no escandalizar a los que piensan de distinto modo?

«En esta como en otras muchas cosas, la regla es la intención. El que no tiene otra mira que respetar las creencias ajenas, no hacen mal, y procede mejor que el que las ridiculice, porque éste no sería caritativo; pero el que las practica por interés y ambición, es despreciable a los ojos de Dios y de los hombres. No pueden ser gratos a Dios aquellos que sólo aparentan humillarse ante él para captarse la aprobación de los hombres».

☞ 656. ¿La adoración en común es preferible a la individual?

«Los hombres reunidos por la comunidad de pensamientos y sentimientos tienen más fuerza para atraerse a los espíritus buenos. Lo mismo sucede cuando se reúnen para adorar a Dios. Mas no creáis por esto que sea menos buena la adoración particular puesto que cada uno puede adorar a Dios pensando en Él».

3. Vida contemplativa

☞ 657. Los hombres que se entregan a la vida contemplativa, sin hacer mal alguno y sólo pensando en Dios, ¿son meritorios a sus ojos?

«No; porque si no hacen mal, tampoco hacen bien y son inútiles y dejar de hacer bien es ya un mal. Dios quiere que se piense en él: pero no quiere que sólo en él se piense, porque ha señalado al hombre deberes que cumplir en la tierra. El que se consume en la meditación y en la contemplación nada meritorio hace para Dios; porque su vida es completamente personal e inútil a la humanidad, y Dios le pedirá cuentas del bien que no haya hecho». (640)

4. De la oración

☞ 658.¿La oración es agradable a Dios?

«La oración es agradable a Dios cuando la dicta el corazón porque todo para él se reduce a la intención, y la oración que sale del corazón es preferible a la que puede leerse, por bella que sea, si se lee más con los labios que con el pensamiento. La oración es agradable a Dios cuando es hecha con fe, fervor y sinceridad; pero no creas que le conmueve la del hombre vano, orgulloso y egoísta, a menos que no constituya un acto de sincero arrepentimiento y de verdadera humildad».

☞ 659.¿Cuál es el carácter general de la oración?

«La oración es un acto de adoración. Rogar a Dios, es pensar en él, acercarse a él, ponerse en comunicación con él. Tres cosas puede uno proponerse en la oración: alabar, pedir y dar gracias».

☞ 660.¿La oración hace mejor al hombre?

«Sí; porque el que ora con fervor y confianza es más fuerte contra las tentaciones del mal, y Dios le envía buenos espíritus para que le asistan. La oración es un auxilio que nunca se niega, cuando es pedido con sinceridad».

—¿A qué se debe que ciertas personas que oran mucho, tienen sin embargo, muy mal carácter, son celosas, envidiosas, acres, carecen de benevolencia, de indulgencia y hasta llegan a ser viciosas a veces?

«Lo esencial no es orar mucho, sino orar bien. Esas personas creen que todo el mérito está en la extensión de la oración, y cierran los ojos a sus propios defectos. La oración es para ellas una ocupación, un empleo de tiempo, pero no un estudio de sí mismas. Lo ineficaz no es el remedio, sino el modo de emplearlo».

☞ 661.¿Puede suplicarse con provecho a Dios que nos perdone nuestras faltas?

«Dios sabe discernir el bien del mal; la oración no encubre las faltas. El que pide a Dios el perdón de las que ha cometido, no lo obtiene sino mudando de conducta. Las buenas acciones son la mejor oración; porque valen más los actos que las palabras».

☞ 662.¿Puede orarse con provecho por otro?

«El espíritu del que ora obra en virtud de la voluntad de hacer bien. Por medio de la oración atrae a los espíritus buenos que se asocian al bien que quieren hacer»,

✎ Poseemos en nosotros mismos por medio del pensamiento y de la voluntad, una potencia de acción que se extiende mucho más allá de los límites de nuestra esfera corporal. La oración hecha para otro es un acto de esa voluntad. Si es ardiente y sincera, puede atraer en ayuda de aquél a los espíritus buenos, a fin de sugerirle buenos pensamientos y darle la fuerza de cuerpo y alma que necesita. Pero también en este caso la única valedera es la oración del corazón, no significando nada la de labios afuera.

☞ 663. Las oraciones que hacemos para nosotros mismos, ¿pueden cambiar la naturaleza de nuestras pruebas y su curso?

«Vuestras pruebas están en manos de Dios y las hay que deben ser sufridas hasta lo último; pero Dios entonces toma siempre en cuenta la resignación. La oración os atrae a los espíritus buenos que os dan fuerzas para soportarlas con valor, y os parecen menos duras. Lo hemos dicho, nunca es inútil la oración cuando se hace bien; porque da fuerzas, lo cual es de por si un gran resultado. Ya lo sabes, ayúdate y el Cielo te ayudará. Por otra parte, Dios no puede cambiar el orden de la naturaleza a gusto de cada uno; porque lo que es un gran mal desde vuestro punto de vista mezquino y desde vuestra efímera vida, es con frecuencia un gran bien en el orden general del universo. Y además; ¡cuántos males no hay cuyo autor es el mismo hombre por causa de su imprevisión o de sus faltas! El hombre es así castigado por donde él mismo ha pecado. Las peticiones justas son, empero, más escuchadas de lo que creéis; os figuráis que Dios no os ha oído, porque no os ha regalado un milagro, mientras él os asiste por medios de tal modo naturales, que os parecen resultado de la casualidad o de la fuerza de las cosas, y a menudo también, y es lo más frecuente, os sugiere aquel pensamiento que necesitáis para salir por vosotros mismos del aprieto».

☞ 664. ¿Es inútil orar por los muertos y por los espíritus que sufren, y en caso afirmativo, cómo pueden aliviarlos nuestras oraciones y abreviar sus padecimientos? ¿Tienen la fuerza para hacer que se desvíe la justicia de Dios?

«La oración no puede producir el efecto de cambiar los designios de Dios; pero el alma por la cual se ora, experimenta alivio; porque la oración es una prueba del interés que se le da, y el desgraciado se siente aliviado siempre que halla almas caritativas que compadecen sus dolores. Por otra parte, por medio de la oración se le excita al arrepentimiento y al deseo de hacer aquello que es necesario para ser feliz. En este sentido es como puede abreviarse su pena, si a su vez secunda con su buena voluntad. El deseo de mejorarse, excitado por la oración, atrae al espíritu que sufre, espíritus mejores que vienen a ilustrarle, a consolarle y a darle esperanza. Jesús oraba por las ovejas descarriadas, y os enseña de este modo que seríais culpables, si no lo hicieseis por aquellos que más lo necesitan».

☞ 665. ¿Qué debe pensarse de la opinión que rechaza la oración por los muertos, porque no está prescrita en el Evangelio?

«Cristo dijo a los hombres: "Amaos los unos a los otros", recomendación que envuelve la de emplear todos los medios posibles de demostrarles afecto, sin descender a los pormenores para el logro de semejante objeto. Si es cierto que nada puede apartar al Creador de aplicar la justicia, cuyo tipo es, a todas las acciones del espíritu, no lo es menos que la oración que le dirigís por aquel que os inspira afecto, es para éste una prueba de que le recordáis, la cual no puede menos de aliviar sus sufrimientos y consolarle. Desde el momento en que da seriales del más leve arrepentimiento, y solamente entonces, es socorrido; pero nunca se le hace ignorar que un alma simpática se ha ocupado de él, y se le concede el grato pensamiento de que aquella intercesión le ha sido útil. Resulta necesariamente un sentimiento de gratitud y de afecto hacia el que le ha dado la prueba de simpatía o de piedad, y por consiguiente, el amor recomendado por Cristo a los hombres que se ha acrecentado entre ellos; ambos han obedecido a la ley de amor y de unión entre todos los seres, ley divina que ha de producir la unidad, objeto y fin del espíritu».[9]

☞ 666. ¿Puede suplicarse en oración a los espíritus?

«Puede suplicarse a los espíritus buenos porque son mensajeros de Dios y ejecutores de su voluntad; pero su poder está siempre en proporción de su superioridad y depende siempre del Señor de todas las cosas, sin cuyo permiso nada se hace, y por esto las oraciones que se les dirigen son eficaces únicamente cuando merecen la aprobación de Dios».

5. Politeísmo

☞ 667. ¿Por qué el politeísmo es una de las creencias más antiguas y más esparcidas, siendo falsa?

«El hombre no podía concebir el pensamiento de un Dios único, sino a consecuencia del desarrollo de sus ideas. Incapaz en su ignorancia de concebir un ser inmaterial, sin forma determinada y obrando en la materia, le había dado los atributos dé la naturaleza corporal, es decir, una forma y una figura, y desde entonces todo lo que le parecía que traspasaba las proporciones de la inteligencia vulgar era para él una divinidad. Todo lo que no comprendía debía ser obra de un poder sobrenatural, y de esto a creer en tantos poderes distintos cuantos efectos veía, no había más que un paso. Pero en todos tiempos ha habido hombres ilustrados que han comprendido la imposibilidad de esa multitud de poderes para el gobierno del mundo sin una dirección superior, y se han elevado al pensamiento de un Dios único».

☞ 668. Habiéndose producido los fenómenos espiritistas en todos los tiempos y siendo conocidos desde las primeras edades del mundo, ¿no han podido hacer creer en la pluralidad de los dioses?

«Indudablemente; porque llamando los hombres dios a todo lo que era sobrehumano, los espíritus eran dioses para ellos, y por esto cuando un hombre se distinguía por sus acciones de todos los otros, por su genio, o por un poder oculto incomprensible para el vulgo, se le hacía un dios y se le tributaba culto después de muerto». (603)

✎ La palabra dios tenía entre los antiguos una acepción muy lata. No era, como en nuestros días, una personificación del autor de la naturaleza, sino una calificación genérica dada a todo ser que estuviese fuera de las condiciones de la humanidad. Habiéndoles, pues, revelado las manifestaciones espiritistas la existencia de seres incorporales que obraban como fuerzas de la naturaleza, los habían llamado dioses, asi como nosotros los llamamos espíritus, —simple cuestión de palabra, aunque con la

---

9. Respuesta dada por el espíritu de M. Monod, pastor protestante de París, muerto en abril de 1856. La precedente respuesta, número 664, es del espíritu de San Luis.

diferencia de que en su ignorancia, sostenida expresamente por los que tenían interés en ello, les elevaban templos y altares muy lucrativos, al paso que para nosotros no son más que simples criaturas más o menos perfectas, despojadas de su envoltura terrestre. Si se estudian con atención los diversos atributos de las divinidades paganas, sin trabajo se reconocerán en ellos todos los de los espíritus que ocupan los grados de la escala espiritista, su estado físico en los mundos superiores, todas las propiedades del periespíritu y la parte que toman en las cosas de la tierra.

El cristianismo, al derramar sobre el mundo su divina luz, no pudo destruir una cosa que está en la naturaleza; pero hizo que se dirigiese la adoración a Aquél a quien pertenece. Respecto de los espíritus, su recuerdo se ha perpetuado bajo diferentes nombres, según los pueblos, y sus manifestaciones, que jamás han faltado, han sido diversamente interpretadas y explotadas con frecuencia bajo el prestigio de lo misterioso, y al paso que la religión ha visto en ellas fenómenos milagrosos, los incrédulos han visto supercherías. Hoy, gracias a un estudio más serio, hecho públicamente, el espiritismo, libre de las ideas supersticiosas que lo han oscurecido durante muchos siglos nos revela uno de los más grandes y sublimes principios de la naturaleza.

6. Sacrificios

☞ 669. El uso de los sacrificios humanos data de la más remota antigüedad. ¿Cómo pudo el hombre ser inducido a creer que semejantes cosas pudiesen ser gratas a Dios?

«Ante todo, porque no comprendía a Dios como origen de toda bondad. En los pueblos primitivos la materia se sobrepone al espíritu; se entregan a los instintos del bruto, y de aquí que sean generalmente crueles; porque aún no se ha desarrollado en ellos el sentimiento moral. Además, los hombres primitivos debían creer naturalmente que una criatura animada era de mucho más valor a los ojos de Dios que un cuerpo material. Esto fue lo que les indujo a inmolar en un principio animales y más tarde hombres, puesto que, siguiendo su falsa creencia, creían que el valor del sacrificio estaba en relación con la importancia de la víctima. En la vida material, tal como la practicáis la mayor parte, si hacéis un regalo a alguien, lo elegís siempre de tanto más valor cuanta más simpatía y consideración queréis demostrar a la persona. Lo mismo, con respecto de Dios, hacían los hombres ignorantes»

—¿De modo que los sacrificios de animales precedieron a los humanos?

«No es dudoso».

—Según esta explicación, ¿los sacrificios humanos no tienen su origen en un sentimiento de crueldad?

«No, sino en una idea falsa de agradar a Dios. Contemplad a Abraham. Con el tiempo los hombres abusaron inmolando a sus enemigos, hasta a sus enemigos particulares. Por lo demás, Dios nunca ha exigido sacrificios, ni de animales, ni de hombres, y no puede honrársele con la destrucción inútil de su propia criatura».

☞ 670. Los sacrificios humanos llevados a cabo con intención piadosa, ¿han podido ser a veces agradables a Dios?

«No, nunca; pero Dios juzga la intención. Siendo ignorantes los hombres podían creer que hacían un acto laudable inmolando a uno de sus semejantes, y en este caso, Dios no se fijaba más que en él pensamiento y no en el hecho. Mejorándose los hombres, debían reconocer su error y reprobar esos sacrificios que no habían de formar parte de las ideas de las inteligencias ilustradas. Y digo ilustradas, porque las inteligencias estaban envueltas entonces en el velo material; pero por medio del libre albedrío podían tener una noción de su origen y de su fin, y muchos comprendían ya por intuición el mal que hacían; pero, por satisfacer sus pasiones, no dejaban de hacerlo».

☞ 671. ¿Qué hemos de pensar de las guerras llamadas sagradas? El sentimiento que induce a los pueblos fanáticos a exterminar lo más que les es posible, con la mira de ser agradables a Dios, a los que no participan de sus creencias, ¿parece que tienen el mismo origen que el que en otros tiempos les excitaba al sacrificio de sus semejantes?

«Son impelidos por los espíritus malos, y al hacer la guerra a sus semejantes, se oponen a la voluntad de Dios, que dice que debe amarse al hermano como a sí mismo. Todas las religiones, o mejor, todos los pueblos, adoran a un mismo Dios ya sea con éste, ya con aquel nombre, ¿y por qué, pues, hacerles una guerra de exterminio, porque su religión es diferente o no ha llegado al progreso de la religión de los pueblos civilizados? Los pueblos son excusables de que no creen la palabra de aquel que estaba animado del espíritu de Dios y fue por él enviado, sobre todo los que no le vieron, ni fueron testigos de sus actos, ¿y cómo queréis que crean esa palabra de paz, cuando se la lleváis espada en mano? Deben ilustrarse y nosotros debemos procurar hacerles conocer la doctrina de Aquél por medio de la persuasión y dulzura, y no por medio de la fuerza y de la, sangre. La mayor parte de vosotros no creéis en las comunicaciones que tenemos con ciertos mortales, ¿cómo queréis, pues, que los extraños crean vuestras palabras, cuando vuestros actos desmienten la doctrina que predicáis?»

☞ 672. La ofrenda de frutos de la tierra hecha a Dios, ¿era más meritoria a sus ojos que los sacrificios de animales?

«Ya os he respondido diciéndoos que Dios juzgaba la intención y que el hecho tenía poca importancia para él. Evidentemente érale más agradable ver que le ofrecían los frutos de la tierra en vez de la sangre de las víctimas. Como os hemos dicho, y siempre os repetimos, la oración que sale de lo íntimo del corazón es cien veces más grata a Dios que todas las ofrendas que podéis hacerle. Repito que todo lo es la intención y nada el hecho».

☞ 673. ¿No seria un medio de hacer esas ofrendas más agradables a Dios consagrándolas al alivio de los que carecen de lo necesario, y en este caso, el sacrificio de animales, hecho con un fin útil, no seria más meritorio, al paso que era abusivo cuando para nada servia, o sólo era provechoso a personas a quienes nada hacia falta? ¿No habría algo de piadoso verdaderamente en consagrar a los pobres las primicias de los bienes que Dios nos concede en la tierra?

«Dios bendice siempre a los que hacen bien, y el mejor medio de honrarle es el de aliviar a los pobres y afligidos. No quiero decir con esto que Dios desapruebe las ceremonias que hacéis para suplicarle: pero mucho dinero hay que podría emplearse con más utilidad de la que se emplea. Dios aprecia la sencillez en todo. El hombre que se apega a las exterioridades y no al espíritu es una inteligencia de mezquinas aspiraciones. Juzgad, pues, si Dios ha de fijarse más en la forma que en el fondo».

CAPITULO III
—
LEY DEL TRABAJO

1. Necesidad del trabajo - 2. Limite del trabajo, descanso

1. Necesidad del trabajo

☞ 674. ¿La necesidad del trabajo es una ley de la naturaleza?

«El trabajo es una ley natural por lo mismo que es una necesidad, y la civilización obliga al hombre a mayor trabajo, porque aumenta sus necesidades y sus goces».

☞ 675. ¿Sólo deben entenderse por trabajo las ocupaciones materiales?

«No, el espíritu trabaja como el cuerpo. Toda ocupación útil es trabajo».

☞ 676. ¿Por qué es impuesto el trabajo al hombre?

«Es consecuencia de su naturaleza corporal; una expiación y al mismo tiempo un medio de perfeccionar su inteligencia. Sin el trabajo, el hombre no saldría de la infancia de la inteligencia y por esto sólo a su trabajo y actividad debe su subsistencia, su seguridad y su bienestar. Al que es débil de cuerpo Dios le da, en cambio, la inteligencia, pero siempre es trabajo».

☞ 677. ¿Por qué la naturaleza provee por si misma a todas las necesidades de los animales?

«Todo trabaja en la naturaleza, los animales trabajan corno tú, pero su trabajo, como su inteligencia, está limitado a las atenciones de su conservación, y he aquí por qué no es progresivo en ellos, al paso que en el hombre tiene un doble objeto: la conservación del cuerpo y el desarrollo del pensamiento que también es una necesidad, y que le eleva por encima de sí mismo. Cuando digo que el trabajo de los animales está limitado a las atenciones de su conservación, entiendo hablar del objeto que se proponen al trabajar, pero a su pesar, y al mismo tiempo que proveen a sus necesidades materiales, son agentes que secundan las miras del Creador, y su trabajo no deja de concurrir al objeto final de la naturaleza, aunque, con mucha frecuencia, no descubráis vosotros el resultado inmediato».

☞ 678. En los mundos más perfeccionados, ¿el hombre está sometido a las mismas necesidades del trabajo?

«La naturaleza del trabajo es relativa a la de las necesidades, y cuanto menos materiales son éstas, menos lo es también aquél. No creas, sin embargo, que el hombre permanezca inactivo e inútil, pues la ociosidad sería un suplicio en vez de ser un beneficio».

☞ 679. El hombre que posee bienes suficientes para asegurarse la existencia, ¿está libre de la ley del trabajo?

«Del trabajo material, quizá; pero no de la obligación de hacerse útil según sus medios, de perfeccionar su inteligencia o la de otros, lo que también es trabajo. Si el hombre a quien Dios ha confiado bienes suficientes para asegurarse la existencia, no está obligado a mantenerse con el sudor de su frente, la obligación de ser útil a sus semejantes es tanto mayor para él en cuanto la parte que anticipadamente le ha sido asignada, le concede más desahogo para hacer bien».

☞ 680. ¿No hay hombres impotentes para toda clase de trabajo y cuya vida es inútil?

«Dios es justo y no condena más que aquel cuya existencia es voluntariamente inútil; porque éste vive a expensas del trabajo ajeno. Quiere que cada uno se haga útil según sus facultades». (643)

☞ 681. ¿La ley natural impone a los hijos la obligación de trabajar por sus padres?

«Ciertamente, como los padres deben trabajar por sus hijos, y por esto Dios ha hecho del amor filial y del paternal en sentimiento natural, con el fin de que por medio de este afecto reciproco los miembros de una misma familia fuesen inducidos a ayudarse mutuamente, lo cual se olvida con frecuencia en vuestra actual sociedad». (205)

2. Límite del trabajo, descanso

☞ 682. Siendo natural el descanso después del trabajo, ¿no es una ley natural?

«Sin duda, el descanso sirve para reparar las fuerzas del cuerpo, y es necesario también para dejar un poco de libertad a la inteligencia con el fin de que se levante por encima de la materia».

☞ 683. ¿Cuál es el limite del trabajo?

«El límite de las fuerzas. Por lo demás, Dios deja al hombre en libertad».

☞ 684. ¿Qué debemos pensar de los que abusan de su autoridad para imponer a sus inferiores un trabajo excesivo?

«Es una de las acciones más malas. Todo hombre que tiene mando es responsable del exceso de trabajo que impone a sus inferiores, porque viola la ley de Dios». (273)

☞ 685. ¿Tiene el hombre derecho al descanso en la vejez?

«Sí, pues sólo está obligado según sus fuerzas».

—Pero, ¿qué recurso tiene el anciano que ha de trabajar para vivir y no puede hacerlo?

«El fuerte ha de trabajar por el débil, y a falta de familia, la sociedad ha de hacer sus veces. Esta es la ley de caridad».

No basta decir al hombre que ha de trabajar, sino que también es preciso que el que cifra la existencia en su trabajo encuentre ocupación, lo cual no sucede siempre. Cuando la suspensión del trabajo se generaliza, toma las proporciones de una calamidad como la miseria. La ciencia económica busca el remedio en el equilibrio de la producción y el consumo; pero este equilibrio, aun suponiendo que sea posible, tendrá siempre intermitencias, durante cuyos intervalos no deja de tener necesidades de vivir el obrero. Hay un elemento con el cual no se ha contado bastante y sin él, la ciencia económica no pasa de ser una teoría. Este elemento es la educación, no la intelectual, sino la moral, y tampoco la educación moral que enseñan los libros, sino la que consiste en el arte de formar el carácter, la educación que da costumbres; porque la educación es el conjunto de costumbres adquiridas. Cuando u piensa en la masa de individuos lanzados diariamente al torrente de la población, sin freno y sin principios y entregados a sus propios instintos, ¿hay que admirarse de sus desastrosas consecuencias? Cuando se conozca, comprenda y practique aquel arte, el hombre llevará a la sociedad costumbres de orden y de previsión para sí y los suyos, de respeto hacia lo respetable, costumbres que le permitirán pasar menos penosamente los malos días inevitables. El desorden y la imprevisión son dos cánceres que sólo una educación bien entendida puede curar; este es el punto de partida, el elemento, real del bienestar, la prenda de seguridad para todos.

CAPITULO IV
—
LEY DE REPRODUCCIÓN

**1. Población del globo - 2. Sucesión y perfeccionamiento de las rasas
3. Obstáculos de la reproducción - 4. Matrimonio y celibato - 5. Poligamia**

1. Población del globo

☞ 686. ¿La reproducción de los seres vivientes es una ley natural?

« Es evidente, pues sin la reproducción perecería el mundo corporal».

☞ 687. Si la población sigue siempre la progresión creciente que se observa, ¿llegará el día en que sea exuberante en la tierra?

«No; Dios provee siempre a ello y mantiene, el equilibrio. Nada hace inútil, y el hombre que sólo ve un retazo del cuadro de la naturaleza, no puede apreciar la armonía del conjunto».

2. Sucesión y perfeccionamiento de las razas

☞ 688. En la actualidad hay razas humanas que disminuyen evidentemente, ¿llegará el día en que desaparezcan de la tierra?

«Cierto; pero otras han ocupado su puesto, como otras ocuparán el vuestro algún día».

☞ 689. Los hombres actuales, ¿son de nueva creación, o los descendientes perfeccionados de los seres primitivos?

«Son los mismos espíritus que han vuelto para perfeccionarse en cuerpos nuevos, pero que están lejos aún de la perfección. De este modo la raza humana actual que con su aumento tiende a invadir toda la tierra y a reemplazar a las razas que desaparecen, tendrán su período de descenso y desaparición. Otras más perfeccionadas la reemplazarán, razas descendientes de la actual como los hombres civilizados de hoy descienden de los seres rudos y salvajes de los tiempos primitivos».

☞ 690. Bajo el aspecto puramente físico, ¿los cuerpos de la raza actual son de creación especial o proceden de los primitivos por vía de reproducción?

«El origen de las razas se pierde en la oscuridad de los tiempos; pero como todas ellas pertenecen a la gran familia humana, cualquiera que sea el origen primitivo de cada una, han podido cruzarse y producir nuevos tipos».

☞ 691. Bajo el aspecto físico, ¿cuál es el carácter distintivo y dominante de las razas primitivas?

«Desarrollo de la fuerza brutal a expensas de la intelectual. Hoy sucede lo contrario: el hombre hace más con la inteligencia que con la fuerza del cuerpo, y hace más, porque ha aprovechado las fuerzas de la naturaleza, lo que no hacen los animales».

☞ 692. El perfeccionamiento por medio de la ciencia, de las razas animales y vegetales, ¿es contraria a la ley natural? ¿Sería más conforme a esta ley dejar seguir las cosas un curso normal?

«Todo debe hacerse para llegar a la perfección, y el mismo hombre es un instrumento de que se sirve Dios para lograr sus fines. Siendo la perfección el objeto a que tiende la naturaleza, se responde a sus miras cuando se favorece esa perfección».

—Pero generalmente el hombre no se esfuerza en el mejoramiento de la raza sino por un sentimiento personal, y no tiene otro objeto que el aumento de sus goces, ¿no disminuye esto su mérito?

«¿Qué importa que sea nulo su mérito, siempre que se realice el progreso? A él le toca hacer meritorio su trabajo por medio de la intención. Por otra parte, con semejante trabajo ejerce y desarrolla su inteligencia, y en este concepto es en el que sale más beneficiado».

3. Obstáculos de la reproducción

☞ 693. Las leyes que tienen por objeto o producen el efecto de crear obstáculos a la reproducción, ¿son contrarias a la ley natural?

«Todo lo que entorpece a la naturaleza en su marcha es contrario a la ley general».

—Hay, no obstante, especies de seres vivientes, animales y plantas, cuya reproducción indefinida sería perjudicial a otros, y de los cuales sería víctima el mismo hombre en poco tiempo, ¿comete un acto reprensible, conteniendo esa reproducción?

«Dios ha dado al hombre sobre todos los seres vivientes un poder del cual debe usar para el bien, pero no abusar. Puede reglamentar la reproducción según las necesidades, mas no debe entorpecería sin necesidad. La acción inteligente del hombre es un contrapeso establecido por Dios a fin de equilibrar las fuerzas de la naturaleza, y esto también le distingue de los animales, porque lo hace con conocimiento de causa; pero los mismos animales concurren a este equilibrio; porque el instinto de destrucción que les ha sido dado hace que, al mismo tiempo que atienden a su propia conservación, contienen el desarrollo excesivo, y acaso peligroso, de las especies animales y vegetales de que se alimentan».

☞ 694. ¿Qué debemos pensar de los usos que tienen por efecto contener la reproducción con la mira de satisfacer la sensualidad?

«Prueban el predominio del cuerpo sobre el alma y lo material que es el hombre».

4. Matrimonio y celibato

☞ 695. El matrimonio, es decir, la unión permanente de dos seres, ¿es contrario a la ley natural?

« Es un progreso en la marcha de la humanidad ».

☞ 696. ¿Qué efecto producirla en la sociedad humana la abolición del matrimonio?

« El regreso a la vida de los brutos ».

✎ La unión libre y fortuita de los sexos es el estado natural. El matrimonio es uno de los primeros actos de progreso en las sociedades humanas; porque establece la solidaridad fraternal y se halla en todos los pueblos, aunque en diversas condiciones. La abolición del matrimonio sería, pues, el regreso a la infancia de la humanidad, y haría al hombre inferior a ciertos animales que le dan ejemplo de uniones constantes.

☞ 697. La indisolubilidad absoluta del matrimonio, ¿es de ley natural o únicamente humana?

« Es una ley humana muy contraria a la natural, pero los hombres pueden cambiar sus leyes. Sólo las naturales son inmutables ».

☞ 698. El celibato voluntario, ¿es un estado de perfección meritorio ante Dios?

« No, y los que viven así por egoísmo desagradan a Dios y engañan a todo el mundo ».

☞ 699. Respecto de ciertas personas, ¿no es el celibato un sacrificio con el fin de consagrarse más completamente al servicio de la humanidad?

« Esto es muy diferente. Yo he dicho por egoísmo. Todo sacrificio personal es meritorio cuando es por el bien, y mientras mayor es aquél, mayor es el mérito ».

✎ Dios no puede contradecirse ni encontrar malo lo que él ha hecho, y no puede, pues, ver un mérito en la violación de su ley; pero si el celibato no es por si mismo un estado meritorio, no sucede lo mismo cuando constituye, por renuncia de los goces de la familia, un sacrificio hecho en provecho de la humanidad. Todo sacrificio personal con la mira del bien, y sin premeditación de egoísmo, eleva al hombre por encima de su condición material.

5. Poligamia

☞ 700. La igualdad numérica que aproximadamente existe entre los sexos, ¿es un indicio de la proporción en que han de unirse?

« Sí, porque todo tiene un objeto en la naturaleza ».

☞ 701. De la poligamia y de la monogamia, ¿cuál está más conforme con la ley natural?

« La poligamia es una ley humana cuya abolición señala un progreso social. El matrimonio, según las miras de Dios, debe estar fundado en el afecto de los seres que se unen. En la poligamia no hay afecto verdaderamente real, sino sensualidad ».

✎ Si la poligamia fuera conforme a la ley natural, debiera poder ser universal, lo que sería materialmente imposible, vista la igualdad numérica de los sexos.

La poligamia debe ser considerada como un uso, o una legislación particular apropiada a ciertas costumbres, y que el perfeccionamiento social va haciendo desaparecer poco a poco.

CAPITULO V
—
LEY DE CONSERVACIÓN

1. Instinto de conservación - 2. Medios de conservación
3. Goce de los bienes de la tierra - 4. Necesario y superfluo
5. Privaciones voluntarias, mortificaciones

1. Instinto de conservación

☞ 702. ¿El instinto de conservación es una ley natural?

« Sin duda. Ha sido dada a todos los seres vivientes, cualquiera que sea su grado de inteligencia; en los unos es puramente maquinal y en los otros racional ».

☞ 703. ¿Con qué objeto ha dado Dios a todos los seres vivientes el instinto de conservación?

« Porque todos deben concurrir a las miras de la Providencia, y, por esto Dios les ha dado la necesidad de vivir. Y además, la vida es necesaria al perfeccionamiento de los seres, que lo sienten instintivamente sin darse cuenta de ello ».

2. Medios de conservación

☞ 704. Al dar Dios al hombre la necesidad de vivir, ¿le ha proporcionado siempre los medios?

« Sí, y si no los encuentra, es porque no los comprende. Dios no ha podido dar al hombre la necesidad de vivir sin proporcionarle los medios, y por esto hace producir a la tierra lo que es necesario a todos sus habitantes; porque sólo lo necesario es útil, lo superfluo no lo es nunca ».

☞ 705. ¿Por qué la tierra no produce siempre lo bastante para proporcionar lo necesario al hombre?

« Es porque el hombre, ¡ingrato!, la descuida, y sin embargo, es una excelente madre. Con frecuencia también acusa a la naturaleza de lo que es efecto de su impericia o de su imprevisión. La tierra produciría siempre lo necesario, si el hombre supiese contentarse con ello. Si no basta a todas las necesidades, es porque el hombre emplea en lo superfluo lo que pudiera darse a lo necesario. Mira al árabe del desierto, siempre encuentra con qué vivir, porque no se crea necesidades ficticias; pero cuando la mitad de los productos se malbarata en satisfacer caprichos, ¿debe admirarse el hombre de no encontrar nada al día siguiente, y tiene razón para quejarse de encontrarse desprovisto cuando viene el tiempo de la escasez? En verdad os digo, que no es la naturaleza la imprevisora, sino el hombre que no sabe gobernarse ».

☞ 706. ¿Los bienes de la tierra no se reducen más que a los productos del suelo?

« El suelo es el origen primero de donde emanan todos los otros recursos; porque en definitiva éstos no son más que una transformación de los productos del suelo, y de aquí que por bienes de la tierra deben entenderse todos aquellos de que el hombre puede gozar en este mundo ».

☞ 707. Con frecuencia faltan a ciertos individuos los medios de subsistencia, aun en medio de la abundancia que les rodea, ¿de quién deben quejarse?

« Del egoísmo de los hombres, que no siempre hacen lo que deben, y luego y lo más frecuentemente, de ellos mismos. Buscad y encontraréis: estas palabras no quieren decir que basta mirar al suelo para encontrar lo que se desea, sino que se ha de buscar con ardor y perseverancia, y no con molicie, sin desanimarse ante los obstáculos que con mucha frecuencia no son más que medios de poner a prueba vuestra constancia, paciencia y firmeza ». (534)

🖋 Si la civilización multiplica las necesidades, multiplica también los orígenes de trabajo y los medios de vivir; pero preciso es convenir en que bajo este aspecto, mucho le resta aún por hacer. Cuando haya redondeado su obra, nadie podrá decir que carece de lo necesario, a no ser por culpa suya. La desgracia de muchos consiste en que van por un camino que no es el que les ha trazado la naturaleza, y entonces es cuando les falta inteligencia para llegar al término. Para todos hay lugar, pero con la condición de que cada uno ocupe el suyo, y no el de los otros. La naturaleza no puede ser responsable de los vicios de la organización social y de las consecuencias de la ambición y del amor propio.

Preciso es, sin embargo, ser ciego para no conocer el progreso realizado bajo este aspecto en los pueblos más adelantados. Gracias a los laudables esfuerzos que la filantropía y las ciencias reunidas no cesan de hacer para el mejoramiento del estado material de los hombres, y a pesar del acrecentamiento incesante de las poblaciones, es atenuada la insuficiencia de la producción, en gran parte, por lo menos, y los años más calamitosos no tienen comparación con los de otros tiempos. La higiene pública, ese elemento tan esencial de la fuerza y de la salud, desconocido de nuestros padres, es objeto de una solicitud esclarecida, el infortunio y el sufrimiento encuentran asilos, y en todas partes se beneficia la ciencia para el acrecentamiento del bienestar. ¿Quiere esto decir que se haya llegado a la perfección? Oh! ciertamente que no; pero lo que se hace da la medida de lo que puede hacerse con perseverancia, si el hombre es bastante prudente para buscar su dicha en las cosas positivas y graves, y no en utopías que le retrasan en vez de adelantarle.

☞ 708. ¿No hay posiciones en las que los medios de subsistencia no dependen en modo alguno de la voluntad del hombre, y la privación de lo más indispensablemente necesario es consecuencia de la fuerza de las cosas?

« Es una prueba con frecuencia cruel que debe sufrir y a la cual sabía que estaría expuesto, y su mérito consiste en someterse a la voluntad de Dios, si su inteligencia no le ofrece medio alguno de salir del apuro. Si debe morir, ha de resolverse sin murmurar, pensando que le ha llegado la hora de la verdadera libertad y que la desesperación del último momento puede hacerle perder el fruto de su resignación».

☞ 709. Los que en ciertas situaciones criticas, se han visto precisados a sacrificar a sus semejantes para alimentarse con ellos, ¿han cometido un crimen, y siendo así, es atenuado por la necesidad de vivir que les da el instinto de conservación?

«Ya he respondido, diciendo que lo más meritorio es sufrir todas las pruebas de la vida con dolor y abnegación. Existe un homicidio y un crimen de lesa naturaleza, falta que debe ser doblemente castigada».

☞ 710. En los mundos donde está más depurada la organización, ¿tienen necesidad de alimentación los seres vivientes?

«Sí, pero su alimentación está en relación con su naturaleza. Estos alimentos no serían bastante sustanciosos para vuestros estómagos groseros, lo mismo que ellos no podrían digerir los vuestros».

3. Goce de los bienes de la tierra

☞ 711. ¿Tienen derechos todos los hombres a usar de los bienes de la tierra?

«Este derecho es consecuencia de la necesidad de vivir. Dios no puede haber impuesto un deber sin haber dado los medios de cumplirlo».

☞ 712. ¿Con qué objeto ha dado Dios atractivos a los goces de los bienes materiales?

«Para excitar al hombre al cumplimiento de su misión, y también para probarle por medio de la tentación».

— ¿Qué objeto tiene esta tentación?

«Desarrollar su razón que debe preservarle de los excesos».

🖎 Si el hombre no hubiese sido excitado al uso de los bienes de la tierra más que con la mira de su utilidad, su indiferencia hubiera podido comprometer la armonía del universo. Dios le ha dado el atractivo del placer que le solicita al cumplimiento de las miras de la Providencia. Pero por este mismo atractivo, Dios ha querido además probarle con la tentación que le arrastra al abuso, de que su razón ha de preservarle.

☞ 713. ¿Los goces tienen límites fijados por la naturaleza?

«Sí, para indicaros el límite de lo necesario; pero con vuestros excesos llegáis a la saciedad y vosotros mismos os castigáis».

☞ 714. ¿Qué hemos de pensar del hombre que busca en los excesos de todas clases un refinamiento de sus goces y placeres?

«¡Pobre naturaleza, que debe compadecerse y no envidiarse, porque está muy cercana a la muerte!»

— ¿Se acerca a la muerte física o a la moral?

«A ambas».

🖎 El hombre que busca en los excesos de todas clases un refinamiento de los goces se hace inferior al bruto; porque éste sabe limitarse a la satisfacción de la necesidad. Abdica de la razón que Dios le ha dado por guía, y mientras mayores son sus excesos, mayor imperio da a su naturaleza animal sobre la espiritual Las enfermedades, los achaques, la misma muerte, consecuencia de los abusos, son al mismo tiempo castigo de la transgresión de la ley de Dios.

4. Necesario y superfluo

☞ 715.¿Cómo puede conocer el hombre el limite de lo necesario?

« El prudente lo conoce por intuición, y muchos por experiencia adquirida a sus expensas ».

☞ 716.¿La naturaleza no ha trazado límites a nuestras necesidades por medio de nuestra organización?

« Sí, pero el hombre es insaciable. La naturaleza ha trazado el límite de sus necesidades por medio de la organización; pero los vicios han alterado su constitución y le han creado necesidades que no son reales ».

☞ 717.¿Qué debe pensarse de los que amontonan bienes terrestres para conseguir lo superfluo, en perjuicio de los que carecen de lo necesario?

« Desconocen la ley de Dios y habrán de responder de las privaciones que hayan hecho sufrir ».

✎ El limite de lo necesario y de lo superfluo nada tiene de absoluto. La civilización ha creado necesidades de que carece el salvaje, y los espíritus que han dictado estos preceptos no pretenden que el hombre civilizado deba vivir como el salvaje. Todo es relativo, y a la razón toca hacer la justa distribución. La civilización desarrolla el sentido moral y al mismo tiempo el sentimiento de caridad que introduce a los hombres a prestarse mutuo apoyo. Las que viven a expensas de las privaciones de los otros, explotan en provecho suyo los beneficios de la civilización; no tienen de ésta más que un barniz, como hay gentes que de la religión sólo tienen el antifaz.

5. Privaciones voluntarias, mortificaciones

☞ 718.¿La ley de conservación obliga a atender a las necesidades del cuerpo?

« Sí pues sin fuerza y salud es imposible trabajar ».

☞ 719.¿ Es censurable que el hombre busque el bienestar?

« El bienestar es un deseo natural, y Dios no prohíbe más que el abuso, porque éste es contrario a la conservación. No mira como un crimen el que se busque el bienestar, si no es adquirido a expensas de otro, y si no ha contribuido a mermar vuestras fuerzas morales y físicas ».

☞ 720. Las privaciones voluntarias con la mira de una expiación voluntaria también, ¿tiene mérito ante Dios?

«Haced bien a los otros y tendréis más méritos».

—¿Hay privaciones voluntarias que son meritorias?

«Sí, la privación de los goces inútiles; porque desprende al hombre de la materia y eleva su alma. Lo meritorio es, resistir a la tentación que solicita a los excesos o al goce de las cosas inútiles; disminuir lo necesario para dar a los que no tienen bastante. Si la privación no es más que un vano simulacro, es una irrisión».

☞ 721. La vida de mortificaciones ascéticas ha sido practicada desde muy antiguo y en diferentes pueblos, ¿es meritoria bajo algún aspecto?

«Preguntad a quien aprovecha y tendréis la contestación. Si no aprovecha más que al que la practica y le impide hacer el bien, es egoísmo, cualquiera que sea su pretexto. La verdadera mortificación, según la caridad cristiana, consiste en privarse y en trabajar por los otros».

☞ 722. ¿Está fundada en la razón la abstención de ciertos alimentos prescrita en diversos pueblos?

«Todo aquello de que pueda alimentarse el hombre sin perjuicio de su salud, está permitido; pero los legisladores han podido prohibir ciertos alimentos con un fin útil, y para dar más crédito a sus leyes, las han presentado como emanadas de Dios».

☞ 723. ¿La alimentación animal es contraria en el hombre a la ley natural?

«En vuestra constitución física la carne alimenta a la carne, pies de otro modo el hombre se deterioraría. La ley de conservación constituye al hombre en el deber de mantener sus fuerzas y su salud para realizar la ley del trabajo. Debe, pues, alimentarse según lo exija su organización».

☞ 724. ¿Es meritoria la abstención de la alimentación animal o de otra clase por vía de expiación?

«Si se priva por los otros, si pero Dios no puede fijarse en la mortificación cuando no existe privación seria y útil, y de aquí que digamos que son hipócritas los que sólo se privan en apariencia». (720)

☞ 725. ¿Qué debemos pensar de las mutilaciones del cuerpo del hombre o de los animales?

«¿A qué semejante pregunta? Preguntad otra vez si una cosa es útil. Lo inútil no puede ser agradable a Dios, y lo nocivo le es siempre desagradable; porque sabedlo, Dios es sensible únicamente a los sentimientos que hacia él elevan las almas. Practicando su ley, y no violándola, podréis sacudir vuestra materia terrestre».

☞ 726. Si los sufrimientos de este mundo nos elevan según el modo como se soportan, ¿nos elevamos por los que voluntariamente nos creamos?

«Los únicos sufrimientos que elevan son los naturales, porque proceden de Dios; los sufrimientos voluntarios para nada sirven cuando ningún bien reportan a los otros. ¿Crees tú que los que acortan su vida con rigores sobrehumanos, como los bonzos, los fakires y ciertos fanáticos de muchas sectas, adelantan en su camino? ¿Por qué no trabajan mejor en bien de sus semejantes? Que vistan al indigente, que consuelen al que llora, que trabajen por el enfermo, que sufran privaciones para alivia a los desgraciados, y entonces su vida será útil y agradable a Dios. Cuando en los sufrimientos voluntarios que se experimentan, no se mira más que a sí mismo, es egoísmo; cuando se sufre por los otros, es caridad. Estos son los preceptos de Cristo».

☞ 727. Si no se deben crear sufrimientos voluntarios, que no tienen utilidad alguna para los otros, ¿se debe procurar preservarse de los que se prevén o amenazan?

«El instinto de conservación ha sido dado a todos los seres contra los peligros y sufrimientos. Castigad vuestro espíritu y no vuestro cuerpo, mortificad vuestro orgullo, ahogad vuestro egoísmo semejante a una serpiente que os roe el corazón, y haréis más por vuestro adelanto que no con rigores que ya no son de este siglo»

CAPITULO VI
—
LEY DE DESTRUCCIÓN

1. Destrucción necesaria y destrucción abusiva - 2. Calamidades destructoras - 3. Guerras - 4. Asesinato - 5. Crueldad 6. Duelo - 7. Pena de muerte

1. Destrucción necesaria y destrucción abusiva

☞ 728. ¿La destrucción es una ley natural?

« Es preciso que todo sea destruido para que renazca y sea regenerado, porque lo que vosotros llamáis destrucción no es más que una transformación, cuyo objeto es la renovación y mejoramiento de los seres vivientes ».

— ¿El instinto de destrucción ha sido, pues, dado a los seres vivientes con miras providenciales?

« Las criaturas de Dios son instrumentos de que se sirve para llegar a sus fines. Para alimentarse, los seres vivientes se destruyen entre sí, con el doble objeto de mantener el equilibrio en la reproducción, que pudiera llegar a ser excesiva, y de utilizar los restos de la envoltura exterior. Pero siempre es destruida únicamente la envoltura, envoltura que sólo es lo accesorio y no la parte esencial del ser pensante, pues este es el principio inteligente indestructible, y que se elabora en las diferentes metamorfosis que experimenta ».

☞ 729. Si la destrucción es necesaria para la regeneración de los seres, ¿por qué la naturaleza los rodea de medios de preservación y de conservación?

« Para que la destrucción no tenga lugar antes del tiempo necesario. Toda destrucción anticipada estorba el desarrollo del principio inteligente, y por esto Dios ha dado a cada ser la necesidad de vivir y reproducirse ».

☞ 730. Puesto que la muerte ha de conducirnos a mejor vida, nos libra de los males de ésta, y puesto que en consecuencia es más de desear que de temer, ¿por qué el hombre le tiene un horror instintivo que la hace temer?

« Ya lo hemos dicho, el hombre debe tratar de prolongar su vida para cumplir su tarea, y por esto le ha dado Dios el instinto de conservación, instinto que le sostiene en las pruebas, y sin el cual se abandonaría a menudo al decaimiento. La voz secreta que le hace rechazar la muerte le dice, que algo puede hacer aún por su adelantamiento. Cuando le amenaza algún peligro, se le advierte con él que aproveche el tiempo que Dios le concede; pero el ingrato lo agradece con frecuencia más a su estrella que a su Creador ».

☞ 731. ¿Por qué junto a los medios de conservación, la naturaleza ha colocado al mismo tiempo los agentes destructores?

«Junto al mal, el remedio. Ya lo hemos dicho, para mantener el equilibrio y para que sirva de contrapeso».

☞ 732. ¿La necesidad de destrucción es la misma en todos los mundos?

«Es proporcional al estado más o menos material de los mundos, y cesa en un estado físico y moral más depurado. En los mundos más adelantados que el vuestro, son totalmente diferentes las condiciones de existencia».

☞ 733. ¿La necesidad de destrucción existirá siempre entre los hombres de la tierra?

«La necesidad de destrucción se debilita en el hombre a medida que el espíritu se sobrepone a la materia, y por esto veis que el horror a la destrucción sigue el desarrollo intelectual y moral».

☞ 734. En su actual estado, ¿tiene el hombre derecho ilimitado de destrucción sobre los animales?

«Este derecho está reglamentado por la necesidad de atender a su alimentación y seguridad. El abuso nunca ha sido un derecho».

☞ 735. ¿Qué ha de pensarse de la destrucción que traspasa los limites de las necesidades y de la seguridad, de la caza, por ejemplo, cuando no tiene otro objeto que el placer de destruir sin utilidad?

«Predominio de la bestialidad sobre la naturaleza espiritual. Toda destrucción que traspasa los límites de la necesidad es una violación de la ley de Dios. Los animales no destruyen más que para satisfacer sus necesidades; pero el hombre, que tiene libre albedrío, destruye sin necesidad y dará cuenta del abuso de la libertad que se le ha dado, porque cede entonces a los malos instintos».

☞ 736. Los pueblos que llevan al extremo el escrúpulo relativo a la destrucción de los animales, ¿tienen un mérito particular?

«Es un exceso de un sentimiento laudable en sí mismo, pero que llega a ser abusivo, y cuyo mérito queda neutralizado por abusos de otras muchas clases. Mas es en ellos el miedo supersticioso que la verdadera bondad».

2. Calamidades destructoras

☞ 737. ¿Con qué objeto castiga Dios a la humanidad con calamidades destructoras?

«Para hacerla adelantar con más rapidez. ¿No hemos dicho que la destrucción es necesaria para la regeneración moral de los espíritus, que adquieren en cada nueva existencia un nuevo grado de perfección? Es preciso ver el fin para apreciar los resultados. Vosotros no los juzgáis más que desde vuestro punto de vista personal, y los llamáis calamidades a consecuencia del perjuicio que os ocasionan; pero estos trastornos son necesarios a veces para hacer que se establezca más prontamente un orden de cosas mejor, y en algunos años lo que hubiese exigido muchos siglos». (744)

☞ 738.¿No podría emplear Dios otros medios que las calamidades destructoras para el mejoramiento de la humanidad?

«Sí, y los emplea cada día, puesto que ha dado a cada uno los medios de progresar con el conocimiento del bien y del mal. El hombre es quien no los aprovecha, y es preciso castigarle en su orgullo y hacerle comprender su debilidad».

—Pero en esas calamidades sucumbe lo mismo el hombre de bien que el perverso, ¿es esto justo?

«Durante la vida, el hombre lo refiere todo al cuerpo; pero después de la muerte, piensa de distinto modo, y según hemos dicho, la vida del cuerpo es poca cosa. Un siglo de vuestro mundo es un relámpago en la eternidad, y los sufrimientos que llamáis de algunos meses o de algunos días no son nada, son para vosotros una enseñanza que os aprovecha en el porvenir. Los espíritus, he aquí el mundo real, preexistente y sobreviviente a todo. (85) Ellos son los hijos de Dios y objeto de toda su predilección; los cuerpos no son más que los disfraces con que aquéllos aparecen en el mundo. En las grandes calamidades que diezman a los hombres, resulta lo que un ejército que, durante la guerra, ve sus vestidos gastados, rotos o perdidos. El general cuida más de sus soldados que de sus vestidos».

—Pero las víctimas de esas calamidades, ¿no dejan de ser víctimas?

«Si se considera la vida tal como es, y cuan poca cosa es con relación al infinito, se le daría menos importancia. Esas víctimas hallarán en otras existencias la completa compensación de sus sufrimientos, si saben soportarlos sin murmurar».

✎ Que muramos a consecuencia de una calamidad, o de una causa ordinaria, no deja de sernos indispensable morir, cuando nos toca la hora de marchar; sólo hay la diferencia de que marcha a la vez mayor número.

Si pudiéramos elevarnos con el pensamiento, de modo que dominásemos la humanidad y la abrazásemos en su conjunto, esas terribles calamidades no nos parecerían más que huracanes pasajeros en el destino del mundo.

☞ 739.¿Las calamidades destructoras tienen una utilidad físicamente consideradas a pesar de los males que ocasionan?

«Sí; pues a veces cambian el estado de una comarca; pero el bien que de ellas resulta no es apreciado con frecuencia más que por las generaciones futuras».

☞ 740.¿No serán igualmente las calamidades pruebas morales para el hombre, que le ponen en lucha con las más duras necesidades?

«Las calamidades son pruebas que proporcionan al hombre ocasión de ejercer su inteligencia, de probar su paciencia y resignación a la voluntad de Dios, y le ponen en condición de desplegar sus sentimientos de abnegación, de desinterés y de amor al prójimo, si no está dominado por el egoísmo».

☞ 741. ¿Es dado al hombre conjurar las calamidades que le afligen?

«Por una parte, sí; pero no como generalmente se entiende. Muchas calamidades son consecuencia de su imprevisión, y a medida que adquieren conocimientos y experiencias, puede conjurarlas, es decir, prevenirlas, si sabe buscar sus causas. Pero entre los males que afligen a la humanidad, los hay generales que pertenecen a los secretos de la Providencia, y cuyas consecuencias afectan más o menos a todos los individuos. A éstos el hombre no puede oponer más que resignación a la voluntad de Dios, pero aun estos mismos males son agravados por la incuria humana».

✎ Entre las calamidades destructoras, naturales e independientes del hombre, deben colocarse, en primer término, la peste, la carestía, las inundaciones, las intemperies fatales a los productos de la tierra. Pero en la ciencia, en los trabajos, del arte, en el perfeccionamiento de la agricultura, en las amelgas y regadíos y en el estudio de las condiciones higiénicas, ¿no ha encontrado el hombre medios de neutralizar, o por lo menos, de atenuar muchos desastres? Ciertas comarcas en otros tiempos asoladas por terribles calamidades, ¿no están hoy libres de ellas? ¿Qué no conseguirá, pues, el hombre para su bienestar, cuando sepa aprovechar todos los recursos de su inteligencia, y cuando a los cuidados de su conservación personal sepa unir el sentimiento de una verdadera caridad para con sus semejantes? (707)

3. Guerras

☞ 742. ¿Qué causa arrastra al hombre a la guerra?

«Predominio de la naturaleza animal sobre la espiritual y dominación de las pasiones. En estado de barbarie, los pueblos no conocen otro derecho que el del más fuerte, y de aquí que la guerra sea su estado normal. A medida que el hombre progresa, se hace menos frecuente aquélla; porque éste evita sus causas, y cuando la guerra es necesaria, el hombre la hace con humanidad».

☞ 743. ¿Desaparecerá algún día la guerra de la tierra?

«Sí, cuando los hombres comprendan la justicia, y practiquen la ley de Dios; entonces serán hermanos todos los pueblos».

☞ 744. ¿Cuál ha sido el objeto de la Providencia, haciendo necesaria la guerra?

«La libertad y el progreso».

—Si la guerra ha de producir el efecto de llegar a la libertad, ¿a qué se debe que tenga con frecuencia por fin y resultado la dominación?

«Dominación momentánea para cansar a los pueblos, a fin de hacerles llegar más pronto».

☞ 745. ¿Qué debemos pensar del que suscita la guerra en beneficio suyo?

«Este es el verdadero culpable, y le serán precisas muchas existencias para expiar todos los asesinatos, que con su conducta habrá originado, porque responderá de cada hombre cuya muerte haya causado por satisfacer su ambición».

4. Asesinato

☞ 746. ¿El asesinato es un crimen a los ojos de Dios?

« Sí, un gran crimen; porque el que quita la vida a su semejante corta una vida de expiación o de misión, y en esto consiste el mal ».

☞ 747. ¿El asesinato tiene siempre el mismo grado de culpabilidad?

« Ya lo hemos dicho, Dios es justo, y juzga más la intención que el hecho ».

☞ 748. ¿Dios excusa el asesinato en caso de legítima defensa?

« Sólo la necesidad puede excusarlo; pero, si se puede salvar la vida sin atentar a la del agresor, debe hacerse ».

☞ 749. ¿Es culpable el hombre de los asesinatos que comete en la guerra?

« No, cuando se ve obligado a ello; pero es culpable de las crueldades que comete, y le será tomada en cuenta su humanidad ».

☞ 750. ¿Cuál es más culpable ante Dios, el infanticidio o el parricidio?

« Ambos lo son igualmente; porque todo crimen es un crimen ».

☞ 751. ¿De dónde procede que en ciertos pueblos, ya adelantados bajo el punto de vista intelectual, sea una costumbre el infanticidio y esté consagrado por la legislación?

« El desarrollo intelectual no lleva consigo la necesidad del bien, y el espíritu superior en inteligencia puede ser malo. Así sucede al que ha vivido mucho sin mejorarse: sabe ».

5. Crueldad

☞ 752. ¿Puede referirse el sentimiento de crueldad al instinto de destrucción?

« Es el instinto de destrucción en lo que tiene de más malo; porque si la destrucción es a veces una necesidad, no lo es nunca la crueldad, que siempre es resultado de una mala naturaleza ».

☞ 753. ¿De dónde procede que la crueldad es el carácter dominante de los pueblos primitivos?

« En los pueblos primitivos, como tú los llamas, la materia predomina sobre el espíritu; se entregan a los instintos del bruto, y como no tienen otras necesidades que las de la vida del cuerpo, sólo piensan en su conservación personal, y esto es lo que les hace generalmente crueles. Y además los pueblos, cuyo desarrollo es imperfecto, están bajo el dominio de los espíritus igualmente imperfectos, que les son simpáticos, hasta que otros pueblos más adelantados destruyen o amenguan esa influencia ».

☞ 754.¿La crueldad no se origina en la ausencia del sentido moral?

«Di que el sentido moral no está desarrollado; pero no que está ausente, puesto que existe en principio en todos los hombres, y este sentido moral es el que más tarde los convierte en seres buenos y humanitarios. Existe, pues, el salvaje; pero reside en él como el principio del perfume está en el germen de la flor antes de que ésta se abra».

☜Todas las facultades existen en el hombre en estado rudimentario o latente, y se desarrollan según que las circunstancias les son más o menos favorables. El desenvolvimiento excesivo de las unas contiene o neutraliza el de las otras. La sobre excitación de los instintos materiales ahoga, por decirlo así, el sentido moral, como el desarrollo de éste debilita poco a poco las facultades puramente animales.

☞ 755 ¿A qué se debe que en el seno de la más adelantada civilización, se encuentren seres tan crueles a veces como los salvajes?

«Como en un árbol cargado de buen fruto se encuentran abortos. Esos tales son, si así lo quieres, salvajes que sólo tienen la capa de la civilización, lobos extraviados en medio de los corderos. Espíritus de un orden inferior y muy atrasados pueden encarnarse entre hombres adelantados con la esperanza de progresar; pero, si la prueba es muy pesada, la índole primitiva domina».

☞ 756.¿La sociedad de los hombres de bien estará purificada algún día de esos seres malhechores?

«La humanidad progresa. Esos hombres dominados por el instinto del mal y que están fuera de su centro, hallándose entre las gentes de bien, desaparecerán poco a poco, como el grano malo es separado del bueno, cuando éste ha sido echado; pero para renacer bajo otra envoltura y como tendrán más experiencias, comprenderán mejor el mal y el bien. Tienes un ejemplo en las plantas y los animales que el hombre tiene el arte de perfeccionar, y en los cuales desarrolla nuevas cualidades. Pues bien, el perfeccionamiento no es completo hasta después de muchas generaciones. Esta es la imagen de las diferentes existencias del hombre».

6. Duelo

☞ 757.¿El duelo puede considerarse como un caso de legítima defensa?

«No; es un asesinato y una costumbre absurda digna de bárbaros. Con una civilización más avanzada y moral, el hombre comprenderá que el duelo es tan ridículo como los combates, que en otros tiempos se; miraban como juicios de Dios».

☞ 758.¿El duelo puede ser considerado como un asesinato por parte de aquel que, conociendo su propia debilidad, está casi seguro de sucumbir?

«Es un suicidio».

—Y cuando son Iguales las probabilidades, ¿es un asesinato o un suicidio?

«Lo uno y lo otro».

✎ En todos los casos, aun en aquel que son iguales las probabilidades, el duelista es culpable, ante todo, porque atenta fríamente y de intento deliberado a la vida de su semejante, y después, porque expone su propia vida inútilmente y sin provecho de nadie.

☞ 759. ¿Qué valor tiene lo que en materia de duelo se llama el punto de honor?

«Orgullo y vanidad; dos plagas de la humanidad».

— ¿Pero no hay casos en que verdaderamente se encuentra comprometido el honor, y en los cuales sería una cobardía no aceptar el duelo?

«Eso depende de los usos y costumbres; cada país y cada siglo tienen sobre el particular distinta manera de ver. Cuando los hombres sean mejores y estén más adelantados en moral, comprenderán que el verdadero punto de honor está por encima de las pasiones terrestres, y que no se reparan agravios matando o haciéndose matar».

✎ Hay más grandeza y verdadero honor en confesarse culpable si uno lo es, o en perdonar, si se tiene razón; y en todos los cnsos, en despreciar los insultos que no pueden alcanzarnos.

7. Pena de muerte

☞ 760. ¿La pena de muerte desaparecerá algún día de la legislación humana?

«La pena de muerte desaparecerá incuestionablemente, y su supresión marcará un verdadero progreso en la humanidad. Cuando los hombres estén más ilustrados, la pena de muerte será completamente abolida en la tierra, y los hombres no tendrán necesidad de ser juzgados por los hombres. Hablo de un tiempo que aún está bastante lejano de vosotros».

✎ El progreso social deja sin duda mucho que desear aún; pero seria uno injusto respecto de la sociedad moderna, si no viese un progreso de las restricciones puestas a la pena de muerte en los pueblos más adelantados, y en la naturaleza de los crímenes a los cuales se limita su aplicación. Si se comparan las garantías de que en esos mismos pueblos, se esfuerza la justicia en rodear al acusado, la humanidad con que le trata, aun cuando le considera culpable, con lo que se practicaba en tiempos que todavía no están muy lelos, no puede desconocerse el camino progresivo porque marcha la humanidad.

☞ 761. ¿La ley de conservación da al hombre derecho de preservar su propia vida, y no usa de él cuando quita de la sociedad un miembro peligroso?

«Hay otros medios de preservarse del peligro sin matarle. Es preciso, además abrir al criminal la puerta del arrepentimiento, y no cerrársela».

☞ 762. Si la pena de muerte puede ser desterrada de las sociedades civilizadas, ¿no ha sido necesaria en tiempos menos adelantados?

«Necesaria no es la palabra. El hombre cree siempre necesaria una cosa, cuando no encuentra nada mejor. A medida que se ilustra, comprende mejor lo justo y lo injusto y repudia los excesos cometidos a nombre de la justicia en épocas de ignorancia».

☞ 763. La restricción de casos en que se aplica la pena de muerte, ¿es un indicio de progreso en la civilización?

«¿Puedes dudarlo? ¿No se subleva tu espíritu, leyendo el relato de las carnicerías humanas, realizadas en otros tiempos a nombre de la justicia, y con frecuencia en honor de la divinidad, de los tormentos que se imponían al condenado, y hasta al acusado para arrancarle, con el exceso de sufrimientos, la confesión de un crimen que a menudo no había cometido? Pues bien, si tú hubieses vivido en aquellos tiempos, todo eso lo hubieses encontrado muy natural, y quizá como juez hubieras hecho lo mismo. Así es como lo que parecía justo en un tiempo, parece bárbaro en otro. Sólo las leyes divinas son eternas, las humanas cambian con el progreso, y cambiarán aún hastai que estén armonizadas con las divinas».

☞ 764. Jesús lo dijo: El que matase con espada morirá por espada. ¿No son estas palabras la consagración de la pena del talión, y la muerte impuesta al asesino no es la aplicación de aquella pena?

«Andad con cuidado; porque os habéis equivocado acerca de estas palabras como acerca de otras muchas. La pena del talión es la justicia de Dios, y él es quien la aplica. Todos vosotros la sufrís a cada instante; porque sois castigados por donde habéis pecado en esta o en otra vida. El que ha hecho sufrir a sus semejantes, se encontrará en posición en que sufrirá lo mismo que ha hecho sufrir. Tal es el sentido de las palabras de Jesús; pero también os dijo: Perdonad a vuestros enemigos y os enseño a pedir a Dios que os perdone vuestras ofensas como vosotros las habréis perdonado, es decir en la misma proporción en que hayáis perdonado. Entended bien esto».

☞ 765. ¿Qué ha de pensarse de la pena de muerte impuesta a nombre de Dios?

«Eso es hacer las veces de Dios respecto de la justicia. Los que así obran demuestran cuan lejos están de comprender a Dios, y que han de expiar aún muchas cosas. La pena de muerte, aplicada a nombre de Dios, es un crimen, y a los que la imponen se les imputarán las veces que lo hagan, como otros tantos asesinatos».

CAPITULO VII
—
LEY DE SOCIEDAD

1. Necesidad de la vida social - 2. Vida de aislamiento - Voto de silencio - 3. Lazos de familia

1. Necesidad de la vida social

☞ 766.¿La vida social es natural?

«Indudablemente. Dios ha hecho al hombre para vivir en sociedad, y no le ha dado inútilmente la palabra y todas las otras facultades necesarias a la vida de relación».

☞ 767.El aislamiento absoluto, ¿es contrario a la ley natural?

«Sí; puesto que los hombres buscan por instinto la sociedad y puesto que todos deben concurrir al progreso ayudándose mutuamente».

☞ 768.El hombre, al buscar la sociedad, ¿obedece únicamente a un sentimiento personal, o bien tiene ese sentimiento un fin providencial más general?

«El hombre debe progresar. Solo, no puede hacerlo; porque no tiene todas las facultades, y le es preciso el contacto de los otros hombres. En el aislamiento se embrutece y languidece».

✎ Ningún hombre tiene facultades completas. Por medio de la unión social se completan los unos a los otros para asegurarse el bienestar y progresar. De aquí que, necesitándose unos a otros, han sido hechos para vivir en sociedad y no aislados.

2. Vida de aislamiento - Voto de silencio

☞ 769.Se concibe que en tesis general, la vida social sea natural; pero como también son naturales todos los gustos, ¿por qué ha de ser punible el del aislamiento absoluto, si en él halla el hombre su satisfacción?

«Satisfacción egoísta. También hay hombres que hallan placer en embriagarse, ¿se les aprueba semejante gusto? Dios no puede admitir como agradable una vida por la cual se condena uno a no ser útil a nadie».

☞ 770.¿Qué hemos de pensar de los hombres que viven en reclusión absoluta, para huir del contacto pernicioso del mundo?

«Doble egoísmo».

—Pero si esa reclusión tiene por objeto una expiación, imponiéndose una privación penosa, ¿no es meritoria?

«La mejor expiación consiste en hacer más bien que mal se ha hecho. Evitando un mal, cae en otro, pues olvida la ley de amor y de caridad».

☞ 771. ¿Qué pensar de los que se alejan del mundo para consagrarse al alivio de los desgraciados?

«Éstos se elevan, humillándose. Tienen el doble mérito de colocarse por encima de los goces materiales y de hacer el bien, cumpliendo la ley del trabajo».

—¿Y los que buscan en el retiro la tranquilidad que requieren ciertos trabajos?

«Este no es el retiro absoluto del egoísta. No se aislan de la sociedad, puesto que trabajan por ella».

☞ 772. ¿Qué debe pensarse del voto de silencio prescrito desde la más remota antigüedad, por ciertas sectas?

«Preguntad si es natural la palabra y para qué la ha dado Dios. Éste condena el abuso, pero no el uso de las facultades que ha concedido. El silencio, empero, es útil, porque en el silencio te recoges; tu espíritu se hace más libre y puede entrar entonces en comunicación con nosotros; pero el voto de silencio es una majadería. Es indudable que los que consideran esas privaciones voluntarias como actos de virtud, tienen buena intención; pero se engañan, porque no comprenden bastante las verdaderas leyes de Dios».

🖎 El voto absoluto de silencio, como el aislamiento, priva al hombre de las relaciones sociales que pueden ofrecerle ocasión de hacer bien y cumplir la ley del progreso.

3. Lazos de familia

☞ 773. ¿Por qué entre los animales, no se conocen entre sí padres e hijos, cuando éstos no necesitan los cuidados de aquéllos?

«Los animales viven la vida material y no la moral. La ternura de la madre hacia sus pequeños reconoce como principio el instinto de conservación de los seres a quienes ha dado a luz. Cuando éstos pueden bastarse a si mismos, su misión está cumplida y la naturaleza no le exige más. Por esto los abandona para ocuparse de otros nuevos».

☞ 774. Hay personas que del abandono de los animalillos por sus padres, infieren que en el hombre los lazos de la familia no son más que resultado de las costumbres sociales, y no una ley natural. ¿Qué debemos pensar de esto?

«El hombre tiene diferente destino que los animales; ¿por qué, pues, querer siempre asimilarlo a ellos? En él hay algo más que necesidades físicas, hay la necesidad del progreso, al cual son necesarios los lazos sociales, y los de familia estrechan a aquéllos. He aquí por qué los lazos sociales son una ley natural. Dios ha querido que los hombres aprendiesen así a mirarse como hermanos». (205.)

☞ 775. Respecto de la sociedad, ¿qué resultado daría la relación de los lazos de familia?

«Una recrudescencia de egoísmo».

CAPITULO VIII
—
LEY DEL PROGRESO

**1. Estado natural - 2. Marcha del progreso - 3. Pueblos degenerados
4. Civilización - 5. Progreso de la legislación humana
6. Influencia del Espiritismo en el progreso**

1. Estado natural

☞ 776.¿Son una misma cosa el estado natural y la ley natural?

«No; el estado natural es el estado primitivo. La civilización es incompatible con el estado natural, al paso que la ley natural contribuye al progreso de la humanidad».

✎ El estado natural es la infancia de la humanidad y el punto de partida de su desarrollo intelectual y moral. Siendo perfectible el hombre y llevando en si el germen de su mejoramiento no está destinado a vivir perpetuamente en estado natural, como no está destinado a vivir perpetuamente en la infancia. El estado natural es transitorio y el hombre sale de el por medio del progreso y de la civilización. La ley natural por el contrario, rige a la humanidad entera, y el hombre se mejora a medida que la comprende y practica mejor.

☞ 777.Teniendo el hombre menos necesidades en estado natural, no siente todas las tribulaciones que se crea en estado más adelantado; ¿qué debe pensarse de la opinión de los que miran a aquél como el de más perfecta felicidad en la tierra?

«¿Qué quieres que te diga? Es la felicidad del bruto, y hay gentes que no comprenden otra. Eso es ser feliz a la manera de las bestias. También los niños son más felices que los hombres hechos».

☞ 778.¿Puede el hombre retroceder al estado natural?

«No; el hombre debe progresar incesantemente, y no puede volver al estado de infancia. Si progresa, es porque Dios así lo quiere, y creer que pueda retrogradar hacia su condición primitiva, sería negar la ley del progreso».

2. Marcha del progreso

☞ 779.¿El hombre toma en si mismo la fuerza progresiva, o es el progreso producto de una enseñanza?

«El hombre se desarrolla naturalmente a sí mismo, pero no todos progresan al mismo tiempo y de la misma manera. Entonces es cuando los más adelantados ayudan al progreso de los otros por medio del contacto social».

☞ 780.¿El progreso moral sigue siempre al intelectual?

«Es su consecuencia, pero no siempre le sigue inmediatamente». (192-365)

— ¿Cómo puede conducir el progreso intelectual al moral?

«Haciendo resaltar la diferencia entre el bien y el mal; el hombre puede entonces elegir. El desarrollo del libre albedrío sigue al de la inteligencia y aumenta la responsabilidad de los actos».

— ¿A qué se debe entonces que los pueblos más ilustrados sean a menudo los más pervertidos?

«El progreso completo es el objeto; pero los pueblos, como los individuos no llegan a él más que paso a paso. Mientras no esté desarrollado en ellos el sentido moral, hasta pueden servirse de su inteligencia para hacer mal, La m9ral y la inteligencia son dos fuerzas que sólo a la larga se equilibran». (365-751)

☞ 781. ¿Es dado al hombre poder detener la marcha del progreso?

«No; pero si estorbarlo a veces».

— ¿Qué debe pensarse de los hombres que intentan detener la marcha del progreso, y hacer retrogradar a la humanidad?

«Pobres seres, a quienes Dios castigará, serán arrastrados por la corriente que quieren detener».

🖎 Siendo el progreso una condición de la naturaleza humana, no es posible a nadie oponerse a él. Es una fuerza viva que pueden retardar, pero no ahogar, las malas leyes. Cuando éstas son incompatibles con él, las barrena y arrastra con ellos a todos los que intentan mantenerlas, y sucederá asi hasta que el hombre haya puesto sus leyes en relación con la justicia divina, que quiere el bien para todos, y no leyes hechas por el fuerte en perjuicio del débil.

☞ 782. ¿No hay hombres que retardan de buena fe el progreso, creyendo favorecerlo, porque lo consideran desde su punto de vista, y con frecuencia donde no está?

«Piedrecita colocada bajo la rueda de un gran coche, que no le impide avanzar».

☞ 783. ¿El perfeccionamiento de la humanidad sigue siempre una marcha progresiva y lenta?

«Existe el progreso regular y lento; pero cuando un pueblo no avanza bastante aprisa, Dios le suscita de vez en cuando una sacudida física o moral que lo transforma».

🖎 El hombre no puede permanecer perpetuamente en la ignorancia; porque debe llegar al fin marcado por la Providencia. Se ilustra por la fuerza de las cosas. Las revoluciones morales, como las sociales, se infiltran poco a poco en las ideas; germinan durante siglos enteros y luego, estallan de repente y hacen que se hunda el carcomido edificio del pasado, que no está ya en armonía con las nuevas necesidades y las aspiraciones nuevas.

A menudo el hombre no descubre en esas conmociones más que la confusión y el desorden momentáneos que lastiman sus intereses materiales, mas, el que levanta su pensamiento por cima de la personalidad, admira los designios de la Providencia que del mal hace salir el bien. Es la tempestad y el huracán que sanean la atmósfera, después de haberla agitado.

☞ 784: La perversidad del hombre es muy grande, ¿y no parece que retrocede en vez de adelantar, por lo menos desde el punto de vista moral?

«Te engañas. Observa bien el conjunto y verás como avanza, pues comprende mejor lo que es malo y cada día reforma abusos, El exceso del mal es necesario para hacer comprender la necesidad del bien y de las reformas».

☞ 785. ¿Cuál es el mayor obstáculo del progreso?

«El orgullo y el egoísmo. Hablo del progreso moral, pues el intelectual avanza siempre, y al principio parece que da a aquellos vicios un aumento de actividad, desarrollando la ambición y el amor de las riquezas que, a su vez, excitan al hombre a las investigaciones que ilustran su espíritu. Así es como todo se eslabona en el mundo moral y en el físico, y como del mismo mal puede salir el bien. Pero semejante estado de cosas no tendrá más que una época, y cambiará a medida que el hombre comprenda mejor que, fuera del goce de los bienes terrenos, hay una dicha infinitamente más grande y duradera». (Véase Egoísmo, capítulo XII.»

🖋 Hay dos especies de progresos que se prestan mutuo apoyo y que sin embargo, no caminan paralelos, tales son el progreso Intelectual y el moral. El primero cuenta en los pueblos civilizados y en el siglo actual con todas las emulaciones qué pueden desearse, y de aqui que haya logrado un desarrollo desconocido hasta nuestros días. Mucho falta para que el otro se encuentre al mismo nivel, y si se comparan, no obstante, las costumbres sociales con las de siglos algo distantes, seria preciso ser ciego para negar el progreso. ¿Por qué, pues, la marcha ascendente ha de detenerse antes respecto de la moral que de la inteligencia? ¿Por qué no ha de haber entre el siglo diez y nueve y el vigésimo cuarto tanta diferencia, como entre el décimo cuarto y el diez y nueve? Dudar de ello equivaldría a pretender que la humanidad ha llegado al apogeo de la perfección, lo que seria absurdo, o que no es moralmente perfectible, lo que desmiente la experiencia.

3. Pueblos degenerados

☞ 786. La historia nos señala una multitud de pueblos que, después de los sacudimientos que los han trastornado, han vuelto a caer en la barbarie. ¿Dónde está el progreso?

«Cuando amenaza ruina tu casa, la derribas para levantarla más sólida y más cómoda; pero hasta que está terminada todo es turbación y confusión en tu morada. »Comprende también esto: eras pobre y vivías en una casucha, llegas a rico y la abandonas para habitar en un palacio. Después un pobre diablo como eras tú, ocupa tu casucha de lo que está muy contento, porque antes no tenía albergue. Pues bien, sabe que los espíritus encarnados en ese pueblo degenerado, no son los que lo formaban en los tiempos de su esplendor. Los anteriores que estaban adelantados, han ido a ocupar habitaciones más perfectas y han progresado, al paso que otros menos adelantados han ocupado su puesto que también abandonarán a su vez».

☞ 787. ¿No hay razas por naturaleza rebeldes al progreso?

«Sí, pero cada día se anonadan corporalmente».

—¿Cuál será la suerte venidera de las almas que animan esas razas?

«Como todas las otras llegarán a la perfección, pasando por otras existencias. Dios no deshereda a nadie».

—¿Así, pues, los hombres más civilizados han podido ser salvajes y antropófagos?

«Tú mismo lo has sido más de una vez, antes de ser lo que eres».

☞ 788. Los pueblos son individualidades colectivas que, como los individuos, pasan por la infancia, la madurez y la decrepitud. Esta verdad demostrada por la historia, ¿no puede dar lugar a creer que los pueblos más adelantados de este vigío tendrán su decadencia y fin, como los de la antigüedad?

«Los pueblos que sólo viven la vida del cuerpo, aquellos cuya grandeza está únicamente fundada en la fuerza y la extensión, nacen, crecen y mueren; porque la fuerza de un pueblo se agota como la de un hombre. Aquellos cuyas leyes egoístas pugnan con el progreso de las luces y la caridad, mueren; porque la luz disipa las tinieblas y la caridad mata al egoísmo. Pero existe para los pueblos, como para los individuos, la vida del alma, y aquellos cuyas leyes se armonizan con las leyes eternas del Creador, vivirán y serán la lumbrera de los otros pueblos».

☞ 789. ¿El progreso unirá un día a todos los pueblos de la tierra en una sola nación?

«En una sola nación no, es imposible; porque de la diversidad de climas nacen costumbres y necesidades diferentes, que constituyen las nacionalidades, y por esto les serán siempre precisas leyes apropiadas y sus costumbres y necesidades. Pero la caridad no reconoce latitudes y no establece distinciones entre los colores de los hombres. Cuando la ley de Dios sea en todas partes la base de la ley humana, los pueblos practicarán entre si la caridad, como los hombres entre ellos, y entonces vivirán felices y en paz; porque nadie procurará perjudicar a su vecino, ni vivir a sus expensas».

✎. La humanidad progresa por medio de los individuos que se mejoran poco a poco y se ilustran, y cuando estos últimos son mayores en número, se hacen superiores y arrastran en pos de si a los otros. De tiempo en tiempo, surgen entre ellos hombres de genio que dan el impulso, y luego vienen otros revestidos de autoridad, instrumentos de Dios, que en algunos atios la hacen progresar en muchos siglos.

El progreso de los pueblos hace resaltar la justicia de la reencarnación. Los hombres de bien se esfuerzan porque una nación adelante moral e intelectualmente; la nación transformada será más dichosa en este mundo y en el otro, convenido; pero durante su marcha lenta a través de los siglos, mueren cada día millares de individuos, ¿cuál es la suerte de todos los que sucumben por el camino? ¿Su inferioridad relativa les priva de la reservada a los últimos que han llegado? ¿O bien es relativa su felicidad? La justicia divina no podria consagrar tamaña injusticia. Por medio de la pluralidad de existencias, el derecho a la felicidad es uno para todos; porque nadie es desheredado del progreso, pues, pudiendo volver en tiempo de la civilización, ya al mismo pueblo, ya a otro, los que vivieron en tiempos de barbarie, resulta que todos disfrutan de la marcha ascendente.

Pero el sistema de la unidad de existencias ofrece en este punto otra dificultad. Según él, el alma es creada en el instante del nacimiento, y por lo tanto, si un hombre está más adelantado que otro, es porque Dios le crea un alma más adelantada. ¿Por qué este favor? ¿Qué mérito tiene, el que no ha vivido más que otro, menos acaso, para estar dotado de un alma superior? Pero no es esta la principal dificultad. En mil años, una nación pasa de la barbarie a la civilización. Si los hombres viviesen mil años, se concibe que, durante ese intervalo, hubiesen tenido tiempo de progresar; pero cada día mueren a todas las edades, y se renuevan sin cesar, de tal modo, que cada día aparecen y desaparecen hombres. Al cabo de los mil años, no queda vestigio de los antiguos habitantes, y la nación de bárbara que era, se ha trocado en civilizada. ¿Quiénes han progresado? ¿Los individuos bárbaros en otro tiempo? pero éstos murieron ya. ¿Los nuevamente nacidos? pero, si sus almas son creadas en el instante de su nacimiento, no existían en los tiempos de la barbarie, y entonces se hace preciso admitir que los esfuerzos que se hacen para civilizar un pueblo tienen el poder, no de mejorar almas imperfectas, sino de hacer que Dios cree almas más perfectas.

Comparemos esta teoría del progreso con la dada por los espíritus. Las almas llegadas en tiempos de civilización han tenido su infancia como todas las otras; pero han vivido ya, y han llegado adelantadas a consecuencia de un progreso anterior. Vienen a traídas por un medio que les es simpático, y que está en relación con su estado actual, de modo, que los cuidados empleados en la civilización de un pueblo no producen el efecto de hacer crear para el porvenir almas más perfectas, sino el de atraer a las que ya han progresado, ora hayan vivido en el mismo pueblo en sus tiempos de barbarie, ora vengan de otra parte. Esta es también la clave del progreso de toda la humanidad. Cuando todos los pueblos estén al mismo nivel respecto del sentimiento del bien, la tierra será el asilo de espíritus buenos únicamente, que vivirán entre si en unión fraternal, y encontrándose repelidos los malos y fuera de su esfera, irán a buscar en mundos inferiores el centro que les conviene, hasta que sean dignos de volver al nuestro transformado ya. También es consecuencia de la teoría vulgar, que los trabajos de mejoramiento social sólo son provechosos a las generaciones presentes y futuras, siendo nulo su resultado para las pasadas, que cometieron el error de venir demasiado pronto y que son lo que pueden ser, cargadas como están de sus actos de barbarie. Según la doctrina de los espíritus, los progresos ulteriores son igualmente provechosos a estas últimas generaciones, que reviven en condiciones mejores, y pueden así perfeccionarse en el seno de la civilización. (222)

4. Civilización

☞ 790. ¿Es un progreso la civilización o, según algunos filósofos, una decadencia de la humanidad?

«Progreso incompleto. El hombre no pasa de súbito de la infancia a la madurez».

—¿Es racional condenar a la civilización?

«Condenad más bien a los que abusan de ella, y no la obra de Dios».

☞ 791. ¿La civilización llegará a depurarse, hasta que desaparezcan los males que haya producido?

«Sí; cuando la moralidad esté tan desarrollada como la inteligencia. El fruto no puede aparecer antes que la flor».

☞ 792. ¿Por qué la civilización no realiza inmediatamente todo el bien que podría producir?

«Porque los hombres no están aún prestos y dispuestos a obtener ese bien».

—¿No será también porque, creando nuevas necesidades, sobreexcita nuevas pasiones?

«Sí, y porque todas las facultades del espíritu no progresan a un mismo tiempo. Todo requiere tiempo. No podéis esperar frutos perfectos de una civilización incompleta». (751-780)

☞ 793. ¿En qué señales puede reconocerse la civilización completa?

«La reconoceréis en el desarrollo moral. Os creéis muy adelantados; porque habéis hecho grandes descubrimientos e inventos maravillosos; porque estáis mejor alojados y vestidos que los salvajes; pero no tendréis verdadero derecho a llamaros civilizados, hasta que no hayáis desterrado de vuestra sociedad los vicios que la deshonran, y hasta que viváis como hermanos, practicando la caridad cristiana. Hasta entonces no seréis más que pueblos ilustrados, y no habréis recorrido más que la primera fase de la civilización».

✎ La civilización tiene sus grados como todas las cosas. Una civilización incompleta es un estado de transición que engendra males especiales, desconocidos en el estado primitivo; pero no deja de constituir un progreso natural, necesario, que lleva en sí el remedio del mal que produce. A medida que la civilización se perfecciona, hace cesar algunos de los males que ha engendrado, males que desaparecerán con el progreso moral.

De dos pueblos llegados a la cima de la escala social, aquel únicamente puede llamarse más civilizado, en la verdadera acepción de la palabra, en que se encuentra menos egoísmo, codicia y orgullo; donde los hábitos son más intelectuales y morales que materiales; donde la inteligencia puede desarrollarse con mayor libertad; donde hay más bondad, buena fe, benevolencia y generosidad recíprocas; dónde están menos arraigadas las preocupaciones de casta y nacimiento, pues esas preocupaciones son incompatibles con el verdadero amor al prójimo; donde las leyes no consagran ningún privilegio, y son las mismas así para el último, como para el primero, donde se distribuye la justicia con menos parcialidad; donde el débil encuentra siempre apoyo contra el fuerte; donde mejor se respeta la vida, creencias y opiniones del hombre; donde menos infelicidad hay y donde, en fin, todo hombre de buena voluntad está siempre seguro de no carecer de lo necesario.

5. Progreso de la legislación humana

☞ 794. ¿Podría estar regida la sociedad sólo por las leyes naturales, sin el concurso de las humanas?

«Podría estarlo, si se las comprendiese bien, y si se tuviese el deseo de practicarlas, ellas bastarían. Pero la sociedad tiene sus exigencias, y le son necesarias leyes particulares».

☞ 795.¿Cuál es la causa de la inestabilidad de las leyes humanas?

«En tiempo de barbarie son los más fuertes los que hacen las leyes, y las hacen en provecho suyo. Ha sido preciso modificarlas a medida que los hombres han comprendido mejor la justicia. Las leyes humanas son más estables, a medida que se aproximan a la verdadera justicia, es decir, a medida que son hechas en provecho de todos, y que se identifican con la ley natural».

🖎 La civilización ha creado nuevas necesidades al hombre, y aquellas son relativas a la posición social que éste se ha labrado. Ha debido arreglar los derechos y los deberes de semejante posición por las leyes humanas; pero bajo la Influencia de sus pasiones, ha creado con frecuencia derechos y deberes imaginarios que la ley natural condena, y que borran de sus códigos los pueblos a medida que progresa. La ley natural es inmutable y la misma para todos; la ley humana es variable y progresiva, y sólo ella ha podido consagrar en la infancia de las sociedades el derecho del más fuerte.

☞ 796.La severidad de las leyes penales, ¿no es necesaria en el estado actual de la sociedad?

«Una sociedad depravada ciertamente necesita leyes más severas. Por desgracia esas leyes se dirigen más a castigar el mal hecho ya, que a cegar la fuente del mismo mal. Sólo la educación puede reformar a los hombres, y entonces no se necesitarán leyes tan rigurosas».

☞ 797.¿Cómo podrá ser llevado el hombre a la reforma de sus leyes?

«Esto viene naturalmente per la fuerza de las cosas y el influjo de las gentes honradas, que le guían por el camino del progreso. Muchas ha reformado ya y aún reformará muchas otras. ¡Espera!»

6. Influencia del Espiritismo en el progreso

☞ 798.¿Llegará el espiritismo a ser una creencia vulgar o continuará siendo patrimonio de algunas personas?

«Ciertamente llegará a ser una creencia vulgar, y señalará una nueva era en la historia de la humanidad; porque está en la naturaleza, y porque ha llegado el tiempo en que debe ingresar en los conocimientos humanos. Habrán de sostenerse, empero, grandes luchas, más contra el interés que contra la convicción; porque es preciso convencerse de que hay gentes interesadas en combatirlo, las unas por amor propio y las otras por causas completamente materiales. Pero hallándose cada día más aislados los contradictores, se verán obligados a pensar como todo el mundo, so pena de ponerse en ridículo».

❧ Sólo a la larga y nunca súbitamente se transforman las ideas. Se debilitan de generación en generación y concluyen por desaparecer poco a poco con los que las profesan, y que son reemplazados por otros individuos imbuidos de los nuevos principios, lo mismo que acontece con las ideas políticas. Recordad el paganismo, ciertamente no existen personas hoy que profesen las ideas religiosas de aquellos tiempos, y no obstante, muchos siglos después del advenimiento del cristianismo se encontraban aún vestigios de ellas que sólo la completa renovación de razas pudo borrar. Lo mismo acontecerá con el espiritismo. Hace muchos progresos, pero aún habrá por espacio de dos o tres generaciones un resto de incredulidad, que sólo disipará el tiempo. Como quiera que sea, su marcha será más rápida que la del cristianismo; porque este mismo le abre el camino y en él se apoya aquél. El cristianismo tenia que destruir; el espiritismo sólo tiene que edificar.

☞ 799.¿De qué modo puede coadyuvar el espiritismo al progreso?

«Destruyendo el materialismo, que es una de las plagas de la sociedad, hacer ver a los hombres donde está su verdadero interés. No estando el porvenir velado por la duda, el hombre comprenderá mejor que puede asegurarlo por medio del presente. Destruyendo las preocupaciones de secta, de castas y de colores, enseñará a los hombres la gran solidaridad que ha de unirlos como hermanos».

☞ 800.¿No es de temer que el espiritismo no pueda triunfar de la negligencia de los hombres y de su apego a las cosas materiales?

«Se conocería muy poco a los hombres, pensando que una causa cualquiera puede transformarlos como por encanto. Las ideas se modifican poco a poco según los individuos y se necesitan generaciones para borrar completamente los vestigios de los hábitos antiguos. Sólo a la larga puede, pues, operarse la transformación, gradualmente y poco a poco. A cada generación desaparece una parte del velo, el espiritismo viene a rasgarlo del todo. Pero, mientras llega este caso, aunque no produjese otro efecto respecto de un hombre que el de corregirle un solo defecto, sería un paso que le habría hecho dar, y por lo mismo un gran bien; porque este primer paso le hará más fáciles los restantes».

☞ 801.¿Por qué los espíritus no han enseñado en todos los tiempos lo que enseñan ahora?

«Vosotros no enseñáis a los niños lo que a los adultos, ni dais al recién nacido un alimento que no podría digerir. Cada cosa a su tiempo. Han enseñado muchas cosas que los hombres no han comprendido o desnaturalizado; pero que pueden comprender ahora. Por medio de su enseñanza, imperfecta aún, prepararon el terreno para recibir la semilla que actualmente fructificará».

☞ 802.Puesto que el espiritismo ha de señalar un progreso en la humanidad, ¿por qué los espíritus no apresuran ese progreso por medio de manifestaciones tan generales y patentes, que produjesen convencimiento en los más incrédulos?

«Vosotros quisierais milagros. Dios los derrama a manos llenas ante vosotros, y aun tenéis hombres que reniegan de él. ¿El mismo Cristo convenció a sus contemporáneos con los prodigios que hizo? ¿No veis hombres que niegan los hechos más patentes que ocurren a su presencia? ¿No los tenéis que dicen que no creerían, aunque viesen? No, no por medio de prodigios conducirá Dios a los hombres. En su bondad, quiere dejarles el mérito de que se convenzan por la razón».

CAPITULO IX
—
LEY DE IGUALDAD

1. Igualdad natural - 2. Desigualdad de aptitudes - 3. Desigualdades sociales - 4. Desigualdad de riquezas - 5. Pruebas de la riqueza y de la miseria - 6. Igualdad de los derechos del hombre y la mujer - 7. Igualdad ante la tumba

1. Igualdad natural

☞ 803. ¿Todos los hombres son iguales ante Dios?

« Sí: todos tienden a un mismo fin, y Dios ha hecho sus leyes para todos. Vosotros decís con frecuencia: El sol sale para todos, y decís una verdad más grande y general de lo que creéis ».

🖎 Todos los hombres están sometidos a las mismas leyes naturales; todos nacen igualmente débiles, están expuestos a los mismos dolores, y el cuerpo del rico se destruye lo mismo que el del pobre. Dios no ha dado, pues, a ningún hombre superioridad natural, ni en cuanto al nacimiento, ni en cuanto a la muerte. Todos son iguales ante Él.

2. Desigualdad de aptitudes

☞ 804. ¿Por qué no ha dado Dios a todos los hombres las mismas aptitudes?

« Dios ha creado iguales a todos los espíritus; pero cada uno de ellos ha vivido más o menos, y por consiguiente ha adquirido más o menos. La diferencia proviene de su grado de experiencia y de su voluntad que es el libre albedrío. De aquí que unos se perfeccionan más rápidamente, lo cual les da aptitudes diversas. La mezcla de aptitudes es necesaria, a fin de que cada uno pueda concurrir a las miras de la Providencia, en el límite del desarrollo de sus fuerzas físicas e intelectuales. Lo que no hace uno lo hace otro, y así es como cada uno tiene su misión útil. Además, siendo los mundos *solidarios unos a otros,* preciso es que los habitantes de los superiores, y que en su mayor parte fueron creados antes que el vuestro, vengan a habitar a éste para daros ejemplo ». (361)

☞ 805. Al pasar de un mundo superior a otro inferior, ¿conserva el espíritu la integridad de las facultades adquiridas?

« Sí, ya lo hemos dicho; el espíritu que ha progresado no vuelve a descender. Puede elegir en estado de espíritu una envoltura más pesada, o una posición más precaria que la que tuvo; pero todo ello para que le sirva de enseñanza y le ayude a progresar ». (180)

Así, pues, las diversas aptitudes del hombre no dependen de la naturaleza íntima de su creación, sino del grado de perfeccionamiento a que han llegado los espíritus encarnados en él. Dios no ha creado, por lo tanto, la desigualdad de facultades; pero ha permitido que los diferentes grados de desarrollo estuviesen en contacto, a fin de que los más adelantados pudiesen favorecer el progreso de los más atrasados, y también a fin de que los hombres, necesitándose unos a otros, comprendiesen la ley de caridad que ha de unirlos.

3. Desigualdades sociales

☞ 806. ¿La desigualdad de condiciones sociales es una ley natural?

«No; es obra del hombre y no de Dios».

—¿Esta desigualdad desaparecerá algún día?

«Sólo las leyes de Dios son eternas. ¿No ves cómo cada día se borra poco a poco? Semejante desigualdad desaparecerá junto con el predominio del orgullo y del egoísmo, y no subsistirá más que la desigualdad de mérito. Día vendrá en que los miembros de la gran familia de los hijos de Dios no se mirarán como de sangre más o menos pura. Sólo el espíritu es más o menos puro, y esto no depende de la posición social».

☞ 807. ¿Qué debe pensarse de los que abusan de la superioridad de su posición social, para oprimir, en provecho suyo, al débil?

«Merecen ser anatematizados. ¡Infelices de ellos! Serán oprimidos a su vez, y renacerán a una existencia en que sufrirán todo lo que han hecho sufrir». (684)

4. Desigualdad de riquezas

☞ 808. ¿La desigualdad de riquezas no tiene por origen la desigualdad de facultades, que da a unos más medios de adquirir que a otros?

«Sí, y no: ¿Qué me dices de la astucia y del robo?»

—La riqueza hereditaria, ¿no es, empero, fruto de malas pasiones?

«¿Qué sabes tú? Remóntate hasta su origen y verás si siempre es puro. ¿Sabes tú si en su principio no fue fruto de una expoliación o de una injusticia? Pero sin hablar del origen que puede ser malo, ¿crees tú que la codicia del bien, aun del mejor adquirido, los deseos secretos que se conciben de poseerlo más antes, son sentimientos laudables? Esto es lo que Dios juzga, y te aseguro que su juicio es más severo que el de los hombres».

☞ 809. Si una fortuna ha sido mal adquirida en su origen, ¿los que más tarde la heredan son responsables?

«Es indudable que no lo son del mal que otros hicieron, tanto más cuando pueden ignorarlo; pero sabe que con mucha frecuencia no le sobreviene la fortuna al hombre, más que para ofrecerle ocasión de reparar una injusticia. ¡Dichoso de él, si así lo comprende! Y si lo hace en nombre dé aquel que la ha cometido, a ambos se les tendrá en cuenta la reparación: porque con frecuencia este último es quien la provoca».

☞ 810. Sin apartarse de la legalidad, uno puede disponer de sus bienes de un modo más o menos equitativo. ¿Es uno responsable, después de la muerte, de las disposiciones que ha dictado?

«Cada acción produce sus frutos: los de las buenas son dulces y siempre amargos los de las otras. Siempre, entiéndelo bien».

☞ 811. ¿Es posible la igualdad absoluta de riquezas, y ha existido en alguna ocasión?

«No: no es posible. La diversidad de facultades y caracteres se opone a ella».

— Hay, sin embargo, hombres que creen que este es el remedio de los males de la sociedad. ¿Qué pensáis sobre él particular?

«Esos tales son sistemáticos o ambiciosos celosos, y no comprenden que la igualdad que sueñan sería muy pronto destruida por la fuerza de las cosas. Combatid el egoísmo, que es vuestra plaga social, y no busquéis quimeras».

☞ 812. Si la igualdad de riquezas no es posible! ¿sucede lo mismo con el bienestar?

«No; pero el bienestar es relativo, y cada cual podría disfrutar de él, si os entendieseis; porque el verdadero bienestar consiste en el empleo del tiempo a gusto de cada uno, y no en trabajos que no son de su agrado, y corno cada cual tiene aptitudes diferentes, ningún trabajo útil se quedaría por hacer. Todo está equilibrado, y el hombre es quien quiere desequilibrarlo».

— ¿Es posible entendernos?

«Los hombres se entenderán cuando practiquen la ley de justicia».

☞ 813. Hay gentes que caen en la infelicidad y en la miseria por culpa suya. ¿No puede ser responsable de ello la sociedad?

«Sí, ya lo hemos dicho, ella es con frecuencia la primera responsable de esas faltas. ¿Acaso no debe velar por su educación moral? A menudo la mala educación es la que ha falseado el juicio, en vez de ahogar las tendencias perniciosas». (685)

5. Pruebas de la riqueza y de la miseria

☞ 814. ¿Por qué ha dado Dios a unos las riquezas y el poder y a otros la miseria?

«Para probar a cada uno de un modo diferente. Ya sabéis, por otra parte, que los mismos espíritus son los que han elegido esas pruebas, en las cuales sucumben con frecuencia».

☞ 815. ¿Cuál de las dos pruebas es más laboriosa para el hombre, la de la desgracia o la de la fortuna?

«Tanto lo es una como la otra. La miseria provoca la murmuración contra la

Providencia, la riqueza excita a todos los excesos».

☞ 816. Si al rico le rodean más tentaciones, ¿no tiene también más medios de hacer bien?

«Justamente eso es lo que no hace siempre; se convierte en egoísta, orgulloso e insaciable; sus necesidades aumentan con su fortuna, y nunca cree tener bastante para si solo».

✎ La elevación en este mundo y la autoridad sobre sus semejantes, son pruebas tan peligrosas y grandes como la desgracia; porque míen tras más rico y poderoso es un hombre, más obligaciones tiene que cumplir, y mayores son los medios de hacer bien y mal. Dios prueba al pobre por medio de la resignación, y al rico por el uso que hace de sus bienes y poderío.

La riqueza y el poder engendran todas las pasiones que nos apegan a la materia y nos alelan de la perfección espiritual, y por esto dijo Jesús: «En verdad os digo, que es más fácil el pasar un camello por el ojo de una aguja, que entrar un rico en el reino de Dios». (266.)

6. Igualdad de los derechos del hombre y la mujer

☞ 817. ¿El hombre y la mujer son iguales ante Dios, y tienen los mismos derechos?

«¿No ha dado Dios a ambos la inteligencia del bien y del mal y la facultad de progresar?»

☞ 818. ¿De dónde procede la inferioridad moral de la mujer en ciertas comarcas?

«Del imperio injusto y cruel que el hombre se ha tomado sobre ella. Es resultado de las instituciones sociales y del abuso de la fuerza respecto de la debilidad. Entre hombres poco avanzados moralmente, la fuerza es el derecho».

☞ 819. ¿Con qué objeto la mujer es más débil físicamente que el hombre?

«Para señalarle funciones particulares. El hombre es para los trabajos rudos, como más fuerte que es; la mujer para los trabajos ligeros, y ambos para ayudarse mutuamente a pasar las pruebas de una vida llena de amarguras».

☞ 820. ¿La debilidad física de la mujer no la pone naturalmente bajo la dependencia del hombre?

«Dios ha dotado a unos de fuerza para que protejan al débil, y no para que lo esclavicen».

✎ Dios ha apropiado la organización de cada ser a las funciones que ha de desempernar. Si ha dado a la mujer menos fuerza física, la ha dotado al mismo tiempo de mayor sensibilidad, en relación con la delicadeza de las funciones materiales, y con la debilidad de los seres confiados a su guarda.

☞ 821. Las funciones a que está destinada la mujer por la naturaleza, ¿tienen tanta importancia como las reservadas al hombre?

«Sí, y aún mayor. Ella es quien le da las primeras nociones de la vida».

☞ 822. Siendo iguales los hombres ante la ley de Dios, ¿deben serlo así mismo ante la de los hombres?

«Este es el primer principio de justicia: No hagáis a los otros lo que no quisierais que se os hiciese».

—Según esto, una legislación, para ser perfectamente justa, ¿debe consagrar la igualdad de derechos entre el hombre y la mujer?

«De derechos sí; de funciones, no. Es preciso que cada uno tenga su lugar señalado, que el hombre se ocupe de lo exterior y la mujer de lo interior, cada cual según su aptitud. Para ser equitativa la ley humana, debe consagrar la igualdad de derechos entre la mujer y el hombre, y todo privilegio concedido al uno o a la otra es contrario a la justicia. La emancipación de la mujer sigue el progreso de la civilización. Su esclavitud camina con la barbarie. Por otra parte, los sexos no se deben más que a la organización física, y puesto que los espíritus pueden tomar uno u otro, no existe diferencia entre ellos sobre este particular, y por lo tanto, deben gozar de los mismos derechos».

7. Igualdad ante la tumba

☞ 823. ¿De dónde procede el deseo de perpetuar su memoria con monumentos fúnebres?

«Ultimo acto de orgullo».

—Pero la suntuosidad de los monumentos fúnebres, ¿no se debe con frecuencia más a los parientes, que quieren honrar la memoria del difunto, que al mismo difunto?

«Orgullo de los parientes que quieren glorificarse a si mismos. ¡Oh!, no siempre se hacen esas demostraciones por consideración al muerto, sino por amor propio y por consideración al mundo, y para hacer alarde de riquezas. ¿Crees que el recuerdo de un ser querido sea menos duradero en el corazón de un pobre, porque no puede depositar más que una flor en la tumba? ¿Crees tú que los mármoles salvan del olvido al que ha sido útil en la tierra?»

☞ 824. ¿Censuráis en absoluto la pompa de los funerales?

«No, y cuando es en honor de la memoria de un hombre de bien, es justa y ejemplar».

✎ La tumba es la reunión de todos los hombres, y en ella terminan despiadadamente todas las distinciones humanas. En vano quiere el rico perpetuar su memoria con fastuosos monumentos; el tiempo los destruirá como el cuerpo, pues asi lo quiere la naturaleza. El recuerdo de sus buenas y de sus malas acciones será menos perecedero que su tumba; la pompa de sus funerales no le lavará sus impurezas, ni le hará ascender un escalón en la jerarquía espiritual. (320 y siguiente)

CAPITULO X
—
LEY DE LIBERTAD

1. Libertad natural - 2. Esclavitud - 3. Libertad de pensar - 4. Libertad de conciencia - 5. Libre albedrío - 6. Fatalidad - 7. Conocimiento del porvenir - 8. Resumen teórico del móvil de las acciones del hombre

1. Libertad natural

☞ 825. ¿Hay posiciones en el mundo en que el hombre pueda vanagloriarse de gozar de una libertad absoluta?

« No; porque todos, así los grandes como los pequeños os necesitáis unos a otros ».

☞ 826. ¿Cuál sería la condición en que el hombre podría gozar de libertad absoluta?

« El ermitaño en el desierto. Desde el momento en que se reúnen dos hombres, tienen derechos que respetar, y no tienen, por consiguiente, libertad absoluta ».

☞ 827. La obligación de respetar derechos ajenos, ¿quita al hombre el derecho de pertenecerse a si mismo?

« De ningún modo, pues es un derecho que procede de la naturaleza ».

☞ 828. ¿Cómo pueden conciliarse las opiniones liberales de ciertos hombres con el despotismo que a menudo ejercen en su casa con sus subordinados?

« Tienen la inteligencia de la ley natural; pero está neutralizada por el orgullo y el egoísmo. Comprenden lo que debe ser, cuando sus principios no son una comedia hecha por interés, pero no lo hacen ».

— ¿Les serán tomados en cuenta en la otra vida los principios que han profesado en la tierra?

« Mientras más inteligente es uno para comprender un principio, menos excusable es de no aplicársele a si mismo. En verdad os digo, que el hombre sencillo, pero sincero, está más adelantado en el camino de Dios que el que quiere parecer lo que no es ».

2. Esclavitud

☞ 829. ¿Hay hombres que están por la naturaleza condenados a ser propiedad de otros hombres?

« Toda sujeción absoluta de un hombre a otro es contraria a la ley de Dios. La esclavitud es un abuso de fuerza, que desaparece con el progreso, como desaparecerán poco a poco todos los abusos ».

La ley humana que consagra la esclavitud es contraria a la naturaleza, puesto que asimila el hombre al bruto y le degrada moral y físicamente.

☞ 830. Cuando la esclavitud forma parte de las costumbres de un pueblo, ¿los que se aprovechan de ella son responsables, ya que se limitan a conformarse con un uso que les parece natural?

«El mal siempre es mal, y todos vuestros sofismas no lograrán que una mala acción se trueque en buena; pero la responsabilidad del mal es relativa a los medios que se tienen para comprenderlo. El que saca provecho de la ley de esclavitud es siempre culpable de una violación de la ley natural; pero en esto, como en todo, la culpabilidad es relativa. Habiendo llegado la esclavitud a ser costumbre en algunos pueblos, el hombre ha podido aprovechar de buena fe una cosa que le parecía natural; pero, desde que su razón más desarrollada, e ilustrada sobre todo por las luces del cristianismo, le ha hecho ver en el esclavo un igual suyo ante Dios, no tiene disculpa».

☞ 831. La natural desigualdad de aptitudes, ¿no pone a ciertas razas humanas bajo la dependencia de las más inteligentes?

«Sí, para ilustrarías y no para embrutecerías más aún con lá servidumbre. Los hombres han considerado, durante mucho tiempo, a ciertas razas humanas, como animales trabajadores, dotados de brazos y manos, a quienes tenían derecho a vender como bestias de carga. Se creen de mejor sangre, insensatos que sólo ven la materia! No es la sangre la más o menos pura, sino el espíritu». (361-803)

☞ 832. Hay hombres que tratan a sus esclavos con humanidad; que no permiten que carezcan de nada, y que creen que la libertad les expondría a mayores privaciones. ¿Qué decís de ellos?

«Digo que comprenden mejor sus intereses. También cuidan mucho sus bueyes y caballos, a fin de venderlos a mejor precio. No son tan culpables como los que los maltratan, pero no dejan de disponer de ellos como de una mercancía, privándoles del derecho de pertenecerse».

3. Libertad de pensar

☞ 833. ¿Hay algo en el hombre que se sustraiga a toda violencia, y por lo cual disfrute de libertad absoluta?

«Por el pensamiento disfruta el hombre de libertad sin limites, puesto que no reconoce trabas. Puede contenerse su manifestación, pero no anonadarlo».

☞ 834. ¿Es responsable el hombre de su pensamiento?

«Lo es ante Dios, y pudiendo él sólo conocerlo, lo condena o absuelve según su justicia».

4. Libertad de conciencia

☞ 835. La libertad de conciencia, ¿es consecuencia de la del pensar?

«La conciencia es un pensamiento íntimo que pertenece al hombre, como todos los otros pensamientos».

☞ 836. ¿Tiene el hombre derecho a poner trabas a la libertad de conciencia?

«Lo mismo que a la de pensar, pues sólo a Dios pertenece el derecho de juzgar la conciencia. Si el hombre con sus leyes arregla las relaciones de los hombres entre sí, Dios con las leyes de la naturaleza arregla las relaciones del hombre con Dios».

☞ 837. ¿Cuál es el resultado de las trabas puestas a la libertad de conciencia?

«Obligar a los hombres a obrar de otro modo que piensan, es hacer hipócritas. La libertad de conciencia es uno de los caracteres de la verdadera civilización y del progreso».

☞ 838. ¿Toda creencia, aunque fuese notoriamente falsa, es respetable?

«Toda creencia es respetable, cuando es sincera y conduce a la práctica del bien. Las creencias censurables son las que conducen al mal».

☞ 839. ¿Somos reprensibles por escandalizar en su creencia a aquel que no piensa como nosotros?

«Es faltar a la caridad y atentar a la libertad de pensar».

☞ 840. ¿Se atenta a la libertad de conciencia, poniendo trabas a creencias capaces de perturbar la sociedad?

«Se pueden reprimir los actos; pero la creencia íntima es inaccesible».

🖎 Reprimir los actos externos de una creencia, cuando perjudican en cualquier sentido a otro, no es atentar a la libertad de conciencia; porque semejante represión deja la creencia en completa libertad.

☞ 841. ¿Se debe, por respeto a la libertad de conciencia, dejar que se propaguen doctrinas perniciosas, o bien se puede, sin atentar aquella libertad, procurar atraer al camino de la verdad a los que están fuera de él por falsos principios?

«Ciertamente que se puede y se debe; pero enseñad a ejemplo de Cristo, por medio de la dulzura y de la persuasión, y no de la fuerza, lo cual sería peor que la creencia de aquel a quien se quisiera convencer. Si es permitido imponer algo es el bien y la fraternidad; pero no creemos que el medio de hacerlos admisibles sea el de obrar con violencia: la convicción no se impone».

☞ 842. Teniendo todas las doctrinas la pretensión de ser la única expresión de la verdad, ¿en qué señales puede reconocerse la que tiene derecho de presentarse como tal?

«Será la que haga más hombres de bien y menos hipócritas, es decir, que practiquen la ley de amor y de caridad en su mayor pureza y en su más alta aplicación. En esto conoceréis que una doctrina es buena; porque toda la que produjese la consecuencia de sembrar la desunión y establecer una demarcación entre los hijos de Dios, no puede menos de ser falsa y perniciosa».

5. Libre albedrío

☞ 843. ¿Tiene el hombre libre albedrío de sus actos?

«Puesto que tiene libertad de pensar, tiene la de obrar. Sin libre albedrío, el hombre sería una máquina».

☞ 844. ¿Disfruta el hombre libre albedrío desde su nacimiento?

«Tiene libertad de obrar desde que tiene voluntad de hacer. En los primeros tiempos de la vida, la libertad es casi nula; se desarrolla y cambia de objeto con las facultades. Teniendo el niño pensamientos en relación con las necesidades de su edad, aplica su libre albedrío a las cosas que le son necesarias».

☞ 845. Las predisposiciones instintivas que trae el hombre, al nacer, ¿no son obstáculos al ejercicio de su libre albedrío?

«Las predisposiciones instintivas son las que tenía el espíritu antes de su encarnación. Según que sea más o menos adelantado, pueden solicitarle a actos reprensibles, en lo cual será secundado por los espíritus que simpatizan con aquellas disposiciones; pero no existe solicitación irresistible, cuando se tiene voluntad de resistir. Recordad que querer es poder». (361)

☞ 846. ¿No tiene influencia la organización en los actos de la vida, y si alguna tiene, no se ejerce a expensas del libre albedrío?

«El espíritu sufre ciertamente la influencia de la materia, que puede entorpecerle en sus manifestaciones. He aquí por qué, en los mundos menos materiales que la tierra, las facultades se desarrollan con más libertad;, pero el instrumento no da la facultad. Por lo demás, deben distinguirse aquí las facultades morales de las intelectuales. Si un hombre tiene el instinto del asesinato, seguramente es su propio espíritu quien lo posee y quien se lo da; pero no sus órganos. El que anonada su pensamiento para no ocuparse más que de la materia, se hace semejante al bruto y peor aún; porque no piensa prevenirse contra el mal, y en esto es en lo que falta, puesto que obra así voluntariamente». (Véanse el 367 y siguientes, *Influencia del organismo.*)

☞ 847. La aberración de las facultades, ¿quita al hombre el libre albedrío?

«Aquel cuya inteligencia está turbada por una causa cualquiera, no es dueño de su pensamiento, y por lo tanto carece de libertad. Esta aberración es a menudo un castigo para el espíritu que, en otra existencia, puede haber sido vano y orgulloso, y hecho mal uso de sus facultades. Puede renacer en el cuerpo de un idiota, como el déspota en el de un esclavo y el mal rico en el de un pordiosero; pero el espíritu sufre con esta violencia, de la cual tiene perfecto conocimiento. Tal es la acción de la materia». (371 y siguiente)

☞ 848. La aberración de las facultades intelectuales a consecuencia de la embriaguez, ¿excusa los actos reprensibles?

«No; porque el ebrio se ha privado voluntariamente de su razón por satisfacer pasiones brutales. En vez de una sola, comete dos faltas».

☞ 849. ¿Cuál es la facultad dominante en el hombre salvaje, el instinto o el libre albedrío?

«El instinto, lo cual no le priva de obrar con entera libertad respecto de ciertas cosas; pero, como el niño, aplica esa libertad a sus necesidades, y se desarrolla con la inteligencia. 'Por consiguiente, tú que eres más ilustrado que un salvaje, eres más responsable de lo que haces, que él».

☞ 850. La posición social, ¿no es a veces un obstáculo a la entera libertad de los actos?

«La sociedad tiene sus exigencias sin duda. Dios es justo, y todo lo toma en cuenta; pero os hace responsables de vuestros escasos esfuerzos para vencer los obstáculos».

6. Fatalidad

☞ 851. Existe fatalidad en los acontecimientos de la vida, según el sentido dado a aquella palabra, es decir, todos los sucesos están determinados anticipadamente, y si es así, ¿qué se hace el libre albedrío?

«La fatalidad existe sólo en virtud de la elección que ha hecho el espíritu, al encarnarse, de sufrir tal o cual prueba. Eligiéndola, se constituye una especie de destino, consecuencia de la misma posición en que se encuentra colocado. Hablo de las pruebas físicas; porque en cuanto a las morales y a la tentación, conservando el espíritu su libre albedrío en el bien y en el mal, es siempre dueño de ceder o de resistir. Un espíritu bueno, viéndole flaquear, puede venir en su ayuda; pero no influir en él hasta el punto de dominar su voluntad. Un espíritu malo, esto es, inferior, enseñándole y exagerándole un peligro físico, puede conmoverle y espantarle; pero no dejará por ello de quedar libre de toda traba a la voluntad del espíritu encarnado».

☞ 852. Hay personas a quienes parece perseguir la fatalidad, independientemente de su manera de obrar, ¿no forma parte de su destino la desgracia?

«Acaso son pruebas que deben sufrir y que han elegido; pero, os lo repito, vosotros achacáis al destino lo que a menudo no es más que una consecuencia de vuestra propia falta. Cuando te aflijan males, procura que tu conciencia esté pura, y estarás medio consolado».

Las ideas falsas o exactas que nos formamos de las cosas, nos hacen triunfar o sucumbir según nuestro carácter y posición social. Encontramos más sencillo y menos humillante nuestro amor propio atribuir nuestros descalabros a la suerte o al destino que a nuestra propia falta. Si a veces contribuye a ello la influencia de los espíritus, podemos siempre substraemos a esa influencia, rechazando las ideas que nos sugieren, cuando son, malas.

☞ 853. Ciertas personas se libran de un peligro mortal para caer en otro, y parece que no podían escapar de la muerte. ¿No es esto la fatalidad?

«Sólo es fatal, en el verdadero sentido de la palabra, el instante de la muerte, llegado el cual, ya por uno, ya por otro medio, no podéis substraeros a él».

—Así, pues, cualquiera que sea el peligro que nos amenace, ¿no moriremos si no ha llegado aún nuestra hora?

«No, no perecerás, y de ello tienes miles de ejemplos; pero llegada tu hora de marchar, nada puede librarte. Dios sabe anticipadamente de qué clase de muerte sucumbirás, y a menudo también lo sabe tu espíritu; porque le es revelado, cuando elige tal o cual existencia».

☞ 854. ¿Síguese de la infalibilidad de la hora de la muerte que son inútiles las precauciones que se toman para evitarla?

«No; porque las precauciones que tomáis, os son sugeridas con la mira de evitar la muerte que os amenaza. Son uno de los medios para que no se verifique».

☞ 855. ¿Cuál es el objeto de la Providencia, haciéndonos correr peligros, que no han de producirnos consecuencias?

«El peligro que tu vida ha corrido es una advertencia que tú mismo has deseado, con el fin de alejarte del mal, y volverte mejor. Cuando te libras de él, estando aún bajo la influencia del peligro que has corrido, piensas más o menos decididamente, según la acción más o menos caracterizada de tus espíritus buenos, hacerte mejor de lo que eres. Al sobrevenir los espíritus malos (digo malos sobreentendiendo el mal que aún en ellos existe), te figuras que saldrás igualmente ileso de otros peligros, y dejas que tus pasiones se desenfrenen nuevamente. Por medio de los peligros que corréis, Dios os recuerda vuestra debilidad y la fragilidad de vuestra existencia. Si se examina la causa y naturaleza del peligro, se verá que, la mayor parte de las veces, sus consecuencias hubieran sido castigo de una falta cometida o de un deber descuidado. De este modo Dios os amonesta a que os reconcentréis en vosotros mismos y os corrijáis». (526-532)

☞ 856. ¿Sabe el espíritu de antemano la clase de muerte de que ha de sucumbir?

«Sabe que la clase de vida que ha elegido le expone a morir de este modo antes que de aquel otro; pero sabe igualmente las luchas que habrá de sostener para evitarlo, y que, si Dios lo permite, no sucumbirá».

☞ 857. Hay hombres que desafían los peligros de los combates, en la persuasión de que aún no ha llegado su hora, ¿tiene algún fundamento esa creencia?

« El hombre tiene con mucha frecuencia presentimiento de su fin, como puede tener el de que no morirá aún. Este presentimiento procede de sus espíritus protectores, que quieren avisarle de que esté presto a partir, o que fortalecen su ánimo en los momentos en que más lo necesita. Puede proceder también de la intuición que tiene de la existencia que ha elegido, o de la misión que ha aceptado y que sabe que ha de cumplir ». (411-522)

☞ 858. ¿De dónde procede que los que presienten su muerte la temen generalmente menos que los otros?

« El hombre, y no el espíritu es quien teme la muerte, y el que la presiente piensa más como espíritu que como hombre. Comprende su emancipación, y la espera ».

☞ 859. Si la muerte no puede ser evitada, cuando ha de tener lugar, ¿sucede lo mismo con todos los accidentes que nos sobrevienen durante el curso de la vida?

« A menudo son cosas bastante pequeñas para que podamos preveniros, y evitároslas a veces, dirigiendo vuestro pensamiento, porque nos disgusta el sufrimiento material; pero esas cosas importan poco a la vida que habéis elegido. La fatalidad no consiste más que en la hora en que debéis aparecer y desaparecer de la tierra ».

— ¿Existen hechos que forzosamente han de acontecer, y que no pueden conjurar la voluntad de los espíritus?

« Sí; pero tú, en estado de espíritu, los viste y presentiste cuando hiciste tu elección. No creas, sin embargo, que todo lo que suceda está escrito, como se dice. Un acontecimiento es a menudo consecuencia de una cosa que has hecho por un acto de tu libre voluntad, de modo, que si no la hubieses hecho, el acontecimiento no hubiera tenido lugar. Si te quemas un dedo, eso no es nada; es consecuencia de tu imprudencia y de la materia. Sólo los grandes dolores y los acontecimientos importantes y que pueden influir en la moral, están previstos por Dios; porque son útiles a tu purificación e instrucción ».

☞ 860. ¿Puede el hombre, mediante su voluntad y sus actos, lograr que ciertos acontecimientos que debían tener lugar, no lo tengan y viceversa?

« Lo puede, si esa desviación aparente puede entrar en la vida que ha elegido. Y además, para hacer bien, como así debe ser, y como este es el único objeto de la vida, puede impedir el mal, sobre todo aquel que podría contribuir a un mal mayor ».

☞ 861. El hombre que comete un asesinato, ¿sabe, al escoger su existencia, que llegará a ser asesino?

« No, sabe que, eligiendo una vida de lucha, corre riesgo de matar a uno de sus semejantes, pero ignora si lo hará; porque casi; siempre delibera antes de cometer el crimen, y aquel que delibera sobre algo es siempre libre de hacerlo o no hacerlo. Si el espíritu supiese de antemano que, como hombre debe cometer un asesinato, sería porque estaba predestinado para ello. Sabed, pues, que nadie está predestinado para un crimen y que todo crimen o cualquiera otro acto es siempre resultado de la voluntad y del libre albedrío.

»Por lo demás, vosotros confundís siempre dos cosas muy diferentes: los acontecimientos materiales de la vida y los actos de la vida moral. Si fatalidad existe a veces es respecto de aquellos acontecimientos materiales cuya causa está fuera de vosotros y que son independientes de vuestra voluntad. En cuanto a los actos de la vida moral, dimanan siempre del hombre, quien tiene siempre, por lo tanto, la libertad de elegir. Respecto de estos actos, no existe nunca, fatalidad».

☞ 862. Hay personas a quienes nada sale bien y a quienes parece que persigue un genio malo en todas sus empresas. ¿No es cierto que se puede llamar fatalidad?

«Es fatalidad, si así quieres llamarlo, pero depende de la elección de la clase de existencia; porque semejantes personas han querido ser probadas por una vida de desengaño, con el fin de ejercitar su paciencia y su resignación. No creas, empero, que semejante fatalidad sea absoluta, pues a menudo es resultado del camino equivocado que han tomado, y que no está en relación con su inteligencia y sus aptitudes. El que quiere atravesar un rió a nado, sin saber nadar, corre mucho peligro de ahogarse, y lo mismo sucede en la mayor parte de los acontecimientos de la vida. Si el hombre no emprendiese otras cosas que las que están en relación con sus facultades, llegaría a buen término casi siempre. Lo que le pierde es su amor propio y su ambición que le hacen salir del camino, y tomar por vocación el deseo de satisfacer ciertas pasiones. Fracasa y es culpa suya; pero en vez de censurarse a si mismo, prefiere acusar a su estrella. Tal hay que hubiese sido un buen obrero y se hubiera ganado honradamente la vida, que es un mal poeta y se muere de hambre. Para todos habría puesto, si cada uno supiera ocupar su lugar».

☞ 863. ¿Las costumbres sociales no obligan con frecuencia al hombre a tomar una dirección, con preferencia a otra, y no está sometido a la censura de la opinión en la elección de sus ocupaciones? Lo que se llama respeto humano, ¿no es un obstáculo al ejercicio del libre albedrío?

«Las hombres son los que crean las costumbres sociales y no Dios. Si a ellas se someten, es porque les conviene, lo cual es también un acto de su libre albedrío, puesto que, si lo quisieran, podrían emanciparse. ¿De qué se quejan entonces? No es a las costumbres sociales a las que deben acusar, sino a su vano amor propio que los obliga a que prefieren morirse de hambre a faltar a ellas. Nadie les toma en cuenta ese sacrificio hecho al orgullo, al paso que Dios les tomará el de su vanidad. No quiere esto decir que haya de desafiarse innecesariamente la opinión pública, como lo hacen ciertas personas que son más originales que filósofos. Tan ilógico es exponerse a que le señalen con el dedo, o a que le miren como un animal raro, como sabio descender voluntariamente y sin murmurar, cuando no se puede permanecer en los escalones superiores de la escala».

☞ 864. Si hay personas a quienes se muestra contraria la suerte, hay otras a quienes parece favorable, pues todo les sale bien. ¿De qué depende esto?

«A menudo sucede así, porque saben arreglarse mejor; pero también puede ser eso una clase de prueba. El triunfo les embriaga; se fían de su destino, y con frecuencia pagan más tarde esos mismos triunfos por los crueles reveses que con prudencia hubieran podido evitar».

☞ 865. ¿Cómo puede explicarse la suerte que favorece a ciertas personas en circunstancias en que ninguna parte toman la voluntad y la inteligencia, en el juego, por ejemplo?

«Ciertos espíritus han elegido de antemano cierta clase de placeres. La suerte que les favorece es una tentación. El que gana como hombre pierde como espíritu. Es una prueba para su orgullo y su codicia».

☞ 866. La fatalidad que parece presidir a los destinos materiales de nuestra vida, ¿es también, pues, efecto de nuestro libre albedrío?

«Tú mismo has elegido tu prueba. Mientras más ruda sea la soportes mejor, te elevas más. Los que pasan la vida en la abundancia y la felicidad humana son espíritus cobardes, que permanecen estacionarios. Así el número de los infortunados sobrepuja en mucho al de los felices de este mundo, dado que el mayor número de los espíritus procuran la prueba que les sea más fructífera. Aprecian con harta exactitud la futilidad de vuestras grandezas y goces. Por otra parte, la vida más feliz es siempre agitada, siempre turbada, aunque no fuese más que por la ausencia del dolor». (525 y siguiente)

☞ 867. ¿De dónde proviene el dicho: Nacer con buena estrella?

«Antigua superstición que relacionaba las estrellas con el destino de cada hombre; alegoría que ciertas personas cometen la majadería de tomar literalmente».

7. Conocimiento del porvenir

☞ 868. ¿Puede ser revelado el porvenir al hombre?

«En principio el porvenir está oculto para él, y sólo en casos raros y excepcionales Dios permite su revelación».

☞ 869. ¿Con qué objeto se le oculta el porvenir al hombre?

«Si el hombre conociese el porvenir, descuidaría la idea y no obraría con la libertad actual; porque le dominaría la idea de que, si una cosa ha de suceder, no debe ocuparse de ella, o bien procuraría estorbarla. Dios no ha querido que así fuese, con el fin de que cada uno contribuyese a la realización de las cosas, aun de aquellas a que quisiera oponerse. Así, pues, tú preparas con frecuencia, y sin sospecharlo, los acontecimientos que tendrán lugar durante el curso de tu vida».

☞ 870. Puesto que es útil que esté oculto el porvenir, ¿por qué permite Dios su revelación en ciertas ocasiones?

«Sucede eso cuando semejante conocimiento anticipado debe facilitar, en vez de estorbar, el cumplimiento de la cosa, induciendo a obrar de modo distinto que no se hubiese obrado sin tener aquel conocimiento. Con frecuencia, además, es una prueba. La perspectiva de un suceso puede sugerir pensamientos más o menos buenos. Si un hombre debe saber, por ejemplo, que recibirá una herencia con que no contaba, podrá ser solicitado por el sentimiento de codicia, por el placer de aumentar sus goces terrestres, por el deseo de poseer antes, anhelando acaso la muerte de aquel que ha de legarle la fortuna, o bien semejante perspectiva le despertará buenos sentimientos y pensamientos generosos. Si la predicción no se cumple, es otra prueba, la del modo cómo sobrellevará el desengaño; pero no dejará por eso de tener el mérito o demérito de los pensamientos buenos o malos, que la creencia en el acontecimiento le ha sugerido».

☞ 871. Puesto que Dios lo sabe todo, sabe igualmente si un hombre sucumbirá o no en una prueba determinada. ¿Cuál es entonces la necesidad de esa prueba, puesto que respecto de tal hombre, nada puede enseñarle a Dios que ya no sepa?

«Tanto valdría preguntar por qué Dios no ha creado al hombre perfecto y completo (119); por qué el hombre pasa por la infancia antes de llegar a ser adulto. (379) El objeto de la prueba no es el de instruir a Dios sobre el tal hombre; porque Dios sabe perfectamente lo que vale aquél, sino el de dejarle toda la responsabilidad de su acción, puesto que es libre de ejecutarla o no ejecutarla. Pudiendo el hombre elegir entre el bien y el mal, la prueba produce el efecto de ponerle en lucha con la tentación del mal, dejándole todo el mérito de la resistencia. Luego, aunque Dios sepa muy bien de antemano si triunfará o no, no puede en su justicia, ni castigarle ni recompensarle por un acto no realizado aún». (258)

✏ Lo mismo sucede entre los hombres. Por capaz que sea un aspirante, cualquiera que sea la certeza que se tenga de que triunfará, no se le confiere grado alguno sin examen, es decir, sin prueba. De igual manera el juez no condena al acusado sino en virtud de un hecho consumado, y no por previsión de que puede o debe consumarlo.

Mientras más se reflexiona sobre las consecuencias que resultarían para el hombre del conocimiento del porvenir, más se comprende lo sabia que ha sido la Providencia en ocultárselo. La certeza de un acontecimiento feliz le sumiría en la inacción; en el abatimiento la de uno desgraciado, y en ambos casos quedarían paralizadas sus fuerzas. He aquí por qué el porvenir no le es revelado al hombre más que como un fin que debe alcanzar con sus esfuerzos; pero ignorando la serie de peripecias porque ha de pasar para lograrlo. El conocimiento de todos los accidentes del camino le privaría de iniciativa y del uso de su libre albedrío, y se dejaría deslizar por la pendiente fatal de los sucesos, sin ejercer sus facultades. Seguros del éxito de una cosa, no nos ocupamos más de ella.

8. Resumen teórico del móvil de las acciones del hombre

872. La cuestión del libre albedrío puede resumirse de este modo: El hombre no es fatalmente arrastrado al mal, los actos que realiza no están escritos de antemano: los crímenes que comete no son resultado de un fallo del destino. Como prueba y como

expiación, puede elegir una existencia en la que sentirá las solicitaciones del crimen, ya a consecuencia del medio en que esté colocado, ya en virtud de las circunstancias que sobrevengan; pero siempre es libre de obrar o de no obrar. Así pues, el libre albedrío existe en el estado de espíritu para la elección de la existencia y de las pruebas, y en estado corporal en la facultad de ceder o de resistir a las solicitudes a que voluntariamente nos hemos sometido. A la educación toca combatir esas malas tendencias, y lo hará provechosamente cuando esté basada en el estudio profundo de la naturaleza moral del hombre. Mediante el conocimiento de las leyes que rigen esa naturaleza moral, se llegará a modificarla, como la inteligencia por medio de la instrucción, y el temperamento por medio de la higiene.

El espíritu desprendido de la materia y en estado errante, elige sus futuras existencias corporales según el grado de perfección a que ha llegado, y en esto, como tenemos dicho, consiste especialmente su libre albedrío. Semejante libertad no queda anulada por la reencarnación; si cede a la influencia de la materia, es porque sucumbe a las pruebas que él mismo ha elegido, y para que le ayuden a dominarlas, puede invocar la asistencia de Dios y de los espíritus buenos. (337)

Sin libre albedrío el hombre no tiene culpa del mal, ni mérito por el bien, lo cual está de tal modo reconocido, que en el mundo se proporciona siempre la censura o el elogio a la intención, es decir, a la voluntad, y quien dice voluntad dice libertad. El hombre no puede, pues, buscar excusa a sus faltas en su organización, sin abdicar de su razón y de su condición de ser humano para asimilarse al bruto. Si de tal manera aconteciese respecto del mal, igualmente sucedería respecto del bien; pero cuando el hombre realiza éste, se da buen cuidado en hacerse un mérito de ello, sin atribuirlo a sus órganos, lo cual prueba que instintivamente no renuncia, a pesar de la opinión de algunos sistemáticos, al más bello privilegio de su especie, la libertad de pensar.

La fatalidad, tal como vulgarmente se la comprende, supone la decisión anticipada e irrevocable de todos los sucesos de la vida, cualquiera que sea su importancia. Si este fuese el orden de las cosas, el hombre sería una máquina sin voluntad. ¿De qué le serviría su inteligencia, puesto que estaría invariablemente dominado en todos sus actos por la fuerza del destino? Si semejante doctrina fuese verdadera, seria la destrucción de toda libertad moral: no existiría responsabilidad para el hombre, y por consiguiente, ni bien, ni mal, ni crímenes, ni virtudes, Dios, soberanamente justo, no podría castigar a su criatura por faltas que no dependía de ella dejar de cometer, ni recompensarla por virtudes, cuyo mérito no le correspondería. Semejante ley sería además la negación del progreso; porque el hombre que todo lo esperase de la suerte, nada intentaría para mejorar su posición, puesto que no seria ni de mejor, ni de peor condición.

La fatalidad no es, sin embargo, una palabra hueca, existe en la posición que el hombre ocupa en la tierra, y en las funciones que desempeña, a consecuencia de la clase de existencia que su espíritu ha elegido como *prueba, expiación o misión.* Sufre fatalmente todas las vicisitudes de esa existencia, y todas las *tendencias buenas* o malas que le son inherentes; pero hasta aquí llega la fatalidad; porque depende de su voluntad el ceder o no a aquellas tendencias. *Los detalles de los acontecimientos están subordinados a las circunstancias que el hombre prouoca por si mismo con sus actos, y en los cuales pueden influir los espíritus por medio de los pensamientos que le sugieren.* (459)

La fatalidad consiste, pues, en los sucesos que se presentan, puesto que son consecuencia de la elección de la existencia hecha por el espíritu. No puede consistir en el resultado de aquellos sucesos, puesto que puede depender del hombre el modificar su curso con su prudencia, *y no consiste nunca en los hechos de la vida moral.*

Respecto de la muerte, si que está el hombre sometido de un modo absoluto a la inexorable ley de la fatalidad; porque no puede substraerse al fallo que fija el término de su existencia, ni al género de muerte que debe interrmmpir su curso.

Según la doctrina vulgar, el hombre toma en si mismo todos sus instintos; éstos provienen, ora de su organización física, de la que no puede ser responsable, ora de su propia naturaleza en la cual puede buscar una excusa, diciéndose que no es culpa suya el ser como es. Evidentemente es más natural la doctrina espiritista: admite en el hombre el libre albedrío en toda su plenitud, y al decirle que, si hace mal, cede a una mala sugestión extraña, le abandona toda la responsabilidad, puesto que le reconoce fuerza para resistirla, lo que es evidentemente más fácil que si tuviese que luchar con su propia naturaleza. Así, según la doctrina espiritista, no existe solicitación irresistible; el hombre puede negar siempre oídos a la voz oculta que en su fuero interno le solicita al mal, como puede negarlos a la voz material del que habla, y lo puede en virtud de su voluntad, pidiendo a Dios la fuerza necesaria y reclamando a este efecto la asistencia de los espíritus buenos. Esto es lo que nos enseña Jesús en la sublime súplica de la *Oración dominical,* cuando nos hace decir: «Y no nos dejes caer en la tentación, mas líbranos de mal».

Esta teoría de la causa excitante de nuestros actos se desprende evidentemente de toda la enseñanza dada por los espíritus. No sólo es sublime por su moralidad, sino que añadimos que ensalza al hombre: lo presenta libre de sacudir un yugo obsesor, como libre es de cerrar su casa a los import unos; no es ya una máquina que obra por un impulso independiente de su voluntad, sino un ser, dotado de razón que escucha, que juzga y escoge libremente entre dos consejos. Añadamos que, a pesar de esto, el hombre no queda privado de iniciativa, y no deja de obrar por movimiento propio, puesto que en definitiva no es más que un espíritu encarnado que conserva bajo la envoltura corporal, las cualidades buenas o malas que poseía como espíritu. Las faltas que cometemos tienen, pues, su primer origen en la imperfección de nuestro espíritu, que no ha conseguido aún la superioridad moral que tendrá un día; pero que no carece por ello de libre albedrío. La vida corporal le es dada para que se purgue de sus imperfecciones por medio de las pruebas que sufre, y precisamente las mismas imperfecciones son las que le hacen más débil y accesible a las sugestiones de los otros espíritus imperfectos, que de ellas se aprovechan para procurar que sucumba en la lucha que ha emprendido. Si de ella sale victorioso, se eleva; si sucumbe, se queda como era, ni mejor, ni peor. Habrá de empezar una nueva prueba, lo que puede prolongarse durante mucho tiempo. Mientras más se purifica, más disminuyen sus lados vulnerables y menos pie da a los que le solicitan al mal. Su fuerza moral crece en proporción de su elevación, y los malos espíritus se alejan de él.

Todos los espíritus, más o menos buenos, una vez encarnados, constituyen la especie humana, y como nuestra tierra es uno de los mundos menos adelantados, se encuentran más espíritus malos que buenos, y he aquí por qué vemos en ella tanta perversidad. Esforcémonos, pues, por no volver a este mundo, después de la presente residencia, y por merecer ir a descansar en otro mejor, en un de esos mundos privilegiados donde el bien reina sin rival, y en el cual no recordamos nuestro tránsito por la Tierra más que como un período de destierro.

CAPITULO XI
—
LEY DE JUSTICIA, DE AMOR Y CARIDAD

**1. Justicia y derechos naturales - 2. Derecho de propiedad. Robo
3. Caridad y amor al prójimo - 4. Amor maternal y filial**

1. Justicia y derechos naturales

☞ 873. ¿El sentimiento de justicia es natural, o resultado de ideas adquiridas?

«De tal modo es natural, que os subleváis a la idea de una injusticia. El progreso moral desarrolla sin duda ese sentimiento, pero no lo produce. Dios lo ha puesto en el corazón del hombre, y he aqui por qué encontráis a menudo en hombres sencillos y primitivos nociones más exactas de la justicia que en los que saben mucho».

☞ 874. Si la justicia es una ley natural, ¿a qué se debe que los hombres la entiendan de tan diferente manera, y que en encuentre uno justo lo que al otro parece injusto?

«Es porque a ese sentimiento se mezclan a menudo pasiones que lo alteran, como a la mayor parte de los otros sentimientos naturales, y hacen que se vean las cosas desde un punto de vista falso».

☞ 875. ¿Cómo puede definirse la justicia?

«La justicia consiste en el respeto de los derechos de cada uno».

— ¿Qué determinan esos derechos?

«Lo son por dos cosas: por la ley humana y por la ley natural. Habiendo hecho los hombres leyes apropiadas a sus costumbres y carácter, esas leyes han establecido derechos que han podido variar con el progreso de las luces. Ved si vuestras leyes, aunque imperfectas aún, consagran hoy los mismos derechos que en la Edad Media. Esos derechos caídos en desuso, y que os parecen monstruosos, parecían justos y naturales en aquella época. El derecho establecido por los hombres no está, pues, conforme siempre con la justicia. No reglamenta, por otra parte, más que ciertas relaciones sociales, al paso que, en la vida privada, hay una multitud de actos que son únicamente de la competencia del tribunal de la conciencia».

☞ 876. Fuera del derecho consagrado por la ley humana, ¿cuál es la base de la justicia fundada en la ley natural?

«Cristo os lo dijo: Querer para los otros lo que quisierais para vosotros mismos. Dios ha depositado en el corazón del hombre la regla de la verdadera justicia, por el deseo que siente cada uno, de ver que se le respetan sus derechos. En la incertidumbre de lo que debe hacer respecto de su semejante, en una circunstancia dada, pregúntese el hombre cómo quisiera que se portasen con él en tal circunstancia. Dios no podía darle guía más seguro que su misma conciencia».

📎 El verdadero criterio de la justicia es, en efecto, el de querer, para los otros lo que para si mismo se quiere, y no el de querer para sí lo que para los otros se quisiera, lo cual no es de mucho lo mismo, como no es natural desearse mal, tomando por tipo, o punto de partida, su deseo personal, se está seguro de querer siempre el bien para su prójimo. En todos los tiempos y creencias, el hombre ha procurado que prevaleciese su derecho personal. La sublimidad de la religión cristiana consiste en haber tomado el derecho personal por base del derecho del prójimo.

☞ 877. La necesidad del hombre de vivir en sociedad, ¿le impone obligaciones particulares?

«Sí, y la primera de todas es la de respetar los derechos de sus semejantes. Quien los respete será siempre justo. En vuestro mundo donde tantos hombres no practican la ley de justicia, cada uno usa de represalias, y esto es lo que produce la perturbación y confusión de vuestra sociedad. La vida social da derechos e impone deberes recíprocos».

☞ 878. Pudiendo engañarse el hombre acerca de la extensión de su derecho, ¿qué le puede dar a conocer su límite?

«El límite del derecho que reconoce a su semejante para con él en la misma circunstancia y recíprocamente».

—Pero si cada uno se atribuye los derechos de su semejante, ¿qué se hace la subordinación a los superiores? ¿No es esto la anarquía de todos los poderes?

«Los derechos naturales son unos mismos para todos los hombres desde os más pequeño al más grande; Dios no ha hecho a unos de barro más puro que a los otros, y todos ante él son iguales. Esos derechos son eternos y los establecidos por el hombre desaparecen con las instituciones. Por lo demás, cada uno conoce muy bien su fuerza o su debilidad, y sabrá siempre tener una especie de deferencia hacia aquel que merecerá por su virtud y ciencia. Importa consignar esto, para que los que se crean superiores conozcan sus deberes a fin de merecer esa deferencia. La subordinación no se verá comprometida, cuando la autoridad sea conferida a la sabiduría».

☞ 879. ¿Cuál sería el carácter del hombre que practicase la justicia en toda su pureza?

«El verdadero justo, a ejemplo de Jesús; porque practicaría también el amor del prójimo y la caridad, sin lo que no existe verdadera justicia».

2. Derecho de propiedad. Robo

☞ 880. ¿Cuál es el primero entre todos los derechos naturales del hombre?

«El derecho a la vida, y por esto nadie tiene derecho a atentar a la vida de su semejante, ni hacer nada que pueda comprometer su existencia corporal».

☞ 881. El derecho a la vida, ¿da al hombre el de reunir medios para vivir y descansar cuando no pueda ya trabajar?

«Sí, pero debe hacerlo en familia, como la abeja, por medio de un trabajo honrado, y no amontonar como un egoísta. Hasta ciertos animales le dan el ejemplo de la previsión».

☞ 882. ¿Tiene el hombre derecho a defender lo que ha reunido con su trabajo?

«¿No ha dicho Dios: No hurtarás, y Jesús: Dad al César lo que es del César?»

✒ Lo que el hombre reúne por medio del trabajo honrado es una propiedad legítima que tiene derecho a defender; porque la propiedad que es fruto del trabajo es un derecho tan sagrado como el de trabajar y

☞ 883. ¿El deseo de poseer es natural?

«Sí; pero cuando es para sí exclusivamente y para satisfacción personal, es egoísmo».

— ¿No es, empero, legítimo el derecho de poseer, ya que el que tiene con qué vivir no es gravoso a nadie?

«Hay hombres insaciables que acumulan sin provecho de nadie, o para satisfacer sus pasiones. ¿Crees que esto puede ser bien visto por Dios? Por el contrario, aquel que reúne con su trabajo con la mira de ayudar a sus semejantes, practica la ley de amor y de caridad, y su trabajo es bendecido por Dios».

☞ 884. ¿Cuál es el carácter de la propiedad legítima?

«Sólo es legítima la propiedad que ha sido adquirida sin perjuicio de otro». (808)

✒ Prohibiendo la ley de amor y de justicia que hagamos a otro lo que no quisiéramos que se hiciese con nosotros, condena por lo mismo todo medio de adquirir que fuese contrario a esa ley.

☞ 885. ¿Es indefinido el derecho de propiedad?

«No hay duda en que todo lo que es legítimamente adquirido es una propiedad; pero, según hemos dicho, siendo imperfecta la legislación de los hombres, consagra a menudo derechos convencionales que reprueba la justicia natural. Por esto reforman sus leyes a medida que se realiza el progreso y comprenden mejor la justicia. Lo que a un siglo parece perfecto, al siguiente le parece bárbaro». (795)

3. Caridad y amor al prójimo

☞ 886. ¿Cuál es el verdadero sentido de la palabra caridad tal como la entendía Jesús?

«Benevolencia para con todos, indulgencia con las imperfecciones de los otros, perdón de las ofensas».

✒ El amor y la caridad son complemento de la ley de justicia; porque amar al prójimo es hacerle todo el bien que nos es posible y que quisiéramos que a nosotros se nos hiciese. Tal es el sentido de las palabras de Jesús: Amaos los unos a los otros como hermanos.

La caridad, según Jesús, no está reducida a la limosna, sino que comprende todas las relaciones que tenemos con nuestros semejantes, ya sean nuestros inferiores, iguales o superiores. Nos ordena la indulgencia; porque de ella necesitamos nosotros, y nos prohíbe humillar al desgraciado, muy al contrario de lo que se hace con harta frecuencia. Si es rica la persona que se presenta, se le tienen mil miramientos y consideraciones; pero, si es pobre, parece que no hay necesidad de tomarse por ella ninguna molestia. Y, por el contrario, mientras más lastimera es su situación, más debe temerse aumentar con la humillación su desgracia. El hombre verdaderamente bueno procura, disminuyendo la distancia, realzar al inferior.

☞ 887. Jesús dijo también: Amad a vuestros enemigos. Y el amor a nuestros enemigos, ¿no es contrario a nuestras naturales tendencias, y no proviene la enemistad de falta de simpatía entre los espíritus?

« Es indudable que no se puede tener a los enemigos un amor tierno y apasionado, y no quiso decir esto. Amar a los enemigos es perdonarles y devolverles bien por mal. Así se hace superior a ellos, al paso que con la venganza se hace inferior ».

☞ 888. ¿Qué debe pensarse de la limosna?

« El hombre precisado a pedir limosna se degrada moral y físicamente, se embrutece. En una sociedad basada en la ley de Dios y en la justicia, debe proveerse a la subsistencia del débil sin humillarle. Debe asegurarse la existencia a los que no pueden trabajar, sin dejar su vida a merced de la casualidad y de la buena voluntad ».

— ¿Censuráis la limosna?

« No, lo censurable no es la limosna, sino el modo como se hace a menudo. El hombre de bien que comprende la caridad según Jesús, sale al encuentro de la desgracia, sin esperar que le tienda la mano.

»La verdadera caridad es siempre buena y benévola, y consiste tanto en la forma como en el acto. Un favor hecho con delicadeza tiene doble precio; pero si se hace con altanería, puede hacerlo aceptable la necesidad, mas el corazón no se conmueve.

»Recordad también que la ostentación quita ante Dios todo el mérito al beneficio. Jesús dijo: "Que vuestra mano izquierda ignore lo que dé vuestra derecha", enseñándoos de este modo a no manchar con el orgullo la caridad.

»Es preciso distinguir la limosna propiamente dicha de la beneficencia. No siempre el que pide es el más necesitado. El temor a la humillación retiene al verdadero indigente, y a menudo sufre sin quejarse. A éste es a quien el hombre verdaderamente humanitario sabe ir a buscar sin ostentación.

»Amaos unos a otros. Esta es toda ley, ley divina por medio de la cual Dios gobierna a los mundos. El amor es la ley de atracción para los seres vivientes y organizados: la atracción es la ley de amor para la materia inorgánica.

»No olvidéis nunca que el espíritu, cualesquiera que sean su grado de talento y su situación en la reencarnación o en la erraticidad, está siempre entre un superior que le guía y perfecciona, y un inferior respecto del cual ha de cumplir idénticos deberes.

Sed, pues, caritativos, no sólo con esa caridad que os induce a sacar de vuestro bolsillo el óbolo que dais con frialdad al que se atreve a pedíroslo, sino que debéis salir al encuentro de las miserias ocultas. Sed indulgentes con las extravagancias de vuestros semejantes; en vez de despreciar la ignorancia y el vicio, instruid y moralizad; sed afables y benévolos con todos los que os son inferiores, practicad lo mismo respecto de los seres más ínfimos de la creación, y habréis obedecido a la ley de Dios».

SAN VICENTE DE PAÚL

☞ 889. ¿No hay hombres miserables por culpa suya?

«Sin duda: pero, si una buena educación moral les hubiese enseñado a practicar la ley de Dios, no caerían en los excesos que ocasionan su perdición. De esto depende especialmente el mejoramiento de vuestro globo». (707)

4. Amor maternal y filial

☞ 890. ¿El amor maternal es una virtud, o un sentimiento instintivo común a los hombres y a los animales?

«Lo uno y lo otro. La naturaleza ha dado a la madre el amor a sus hijos con la mira de la conservación de éstos: pero semejante amor en los animales está limitado a las necesidades materiales. Cesa cuando los cuidados son inútiles. En el hombre dura toda la vida, y es susceptible de una desinterés y de una abnegación que constituyen la virtud. Sobrevive hasta la muerte, y sigue al hijo hasta más allá de la tumba. Ya veis, pues, que hay en él algo más que en el animal». (205-385)

☞ 891. Puesto que el amor maternal es natural, ¿cómo hay madres que aborrecen a sus hijos a menudo desde el nacimiento?

«A veces es una prueba elegida por el espíritu del niño, o una expiación, si ha sido un padre malo, o mala madre, o mal hijo en otra existencia. (392) En todo caso, la madre mala no puede estar animada más que por un espíritu malo que trata de entorpecer al del hijo, a fin de que sucumba en la prueba que ha elegido. Pero esta violación de las leyes de la naturaleza no quedará impune, y el espíritu del hijo será recompensado por los obstáculos que haya vencido».

☞ 892. Cuando los padres tienen hijos que les causan pesares, ¿no son excusables si no sienten por ellos la ternura que hubiesen sentido en el caso contrario?

«No; porque es una carga que se les ha confiado, y su misión consiste en esforzarse por atraerlos al bien. (582-583) Pero esos pesares son con frecuencia resultado de la mala tendencia que les han dejado adquirir desde la infancia. Los padres cosechan entonces lo que han sembrado».

CAPITULO XII
PERFECCIÓN MORAL

**1. La virtudes y los vicios - 2. De las pasiones - 3. Del egoísmo
4. Caracteres del hombre de bien - 5. Conocimento de sí mesmo**

1. Las virtudes y los vicios

☞ 893. ¿Cuál es la más meritoria de todas las virtudes?

«Todas las virtudes tienen su mérito, porque todas son seriales de progreso en el camino del bien. Hay virtud siempre que hay resistencia voluntaria a las solicitaciones de las malas inclinaciones; pero la sublimidad de la virtud consiste en el sacrificio voluntario del interés personal por el bien del prójimo. La virtud más meritoria está fundada en la caridad más desinteresada».

☞ 894. Hay personas que hacen el bien espontáneamente, sin que hayan de vencer ningún sentimiento contrario, ¿tienen éstos tanto mérito como los que han de luchar con su propia naturaleza, y la vencen?

«Los que no tienen que luchar es porque en ellos se ha realizado ya el progreso. Han luchado en otro tiempo y han vencido, y de aquí que los buenos sentimientos no les cuesten ningún esfuerzo y les parezcan muy naturales sus acciones; el bien se ha convertido para ellos en hábito. Débeseles honrar, pues, como a viejos guerreros que han ganado sus grados.

»Como estáis lejos aún de la perfección, esos ejemplos os sorprenden por el contraste, y los admiráis tanto más cuanto más raros son; pero sabed que en los mundos más adelantados que el vuestro, es regla general lo que es excepción en el vuestro. En ellos es espontáneo por todas partes el sentimiento del bien; porque no están habitados más que por los espíritus buenos, y una sola mala intención sería allí una excepción monstruosa. He aquí por qué en ellos los hombres son felices, y así sucederá en la Tierra cuando la humanidad se haya transformado, y cuando comprenda y practique la caridad en su verdadera acepción».

☞ 895. Aparte de los defectos y vicios, respecto de los cuales nadie puede equivocarse, ¿cuál es la señal más característica de la imperfección?

«El interés personal. Las cualidades morales son a menudo como el dorado de un objeto de cobre, que no resiste la piedra de toque. Un hombre puede poseer cualidades reales que le hacen un hombre de bien a los ojos de los otros; pero, aunque semejantes cualidades sean un progreso, no resisten siempre a ciertas pruebas, y basta a veces tocar la fibra del interés personal para descubrir la realidad. El verdadero desinterés es una cosa rara en el mundo, que cuando se presenta se le admira como un fenómeno.

»El apego a las cosas materiales es una señal notoria de inferioridad; porque cuanto más se apega el hombre a los bienes del mundo, menos comprende su destino. Con el desinterés prueba, por el contrario, que contempla el porvenir desde más elevado punto».

☞ 896. Hay gentes desinteresadas sin discernimiento, que prodigan su hacienda sin provecho real y sin emplearla racionalmente; ¿tienen algún mérito?

«Tienen el del desinterés, pero no el del bien que podrían hacer. Si el desinterés es una virtud, la prodigalidad irreflexiva es siempre una falta de juicio por lo menos. No se da a los unos la fortuna para que la despilfarren, como no se da a los otros para que la encierren en sus arcas. Es un depósito del que habrán de dar cuenta; porque habrán de responder de todo el bien que estaba en sus manos hacer, y que no hicieron; de todas las lágrimas que hubieran podido enjugar con el dinero que han dado a los que no lo necesitaban».

☞ 897. El que hace el bien, no con la mira de una recompensa terrena, sino con la esperanza de que se le tomará en cuenta en la otra vida, y de que su posición será mejor en consecuencia, ¿es reprensible y perjudica a su adelanto semejante pensamiento?

«Es preciso hacer el bien por caridad, es decir, con desinterés».

—Cada uno, empero, tiene el natural deseo de adelantar para salir del penoso estado de esta vida; los mismos espíritus nos enseñan a practicar el bien con este objeto. ¿Es, pues, un mal el pensar que, haciendo el bien, puede esperarse mejor vida que en la tierra?

«Ciertamente que no, pero el que hace el bien desinteresadamente y por el solo placer de ser agradable a Dios y a su prójimo que sufre, se encuentra ya en un grado de adelanto que le permitirá llegar a la dicha mucho antes que su hermano que, más positivista, hace el bien por reflexión, y no por el natural impulso de su corazón». (894)

—¿No ha de establecerse aquí una distinción entre el bien que pueda hacerse al prójimo y el cuidado que uno pone en corregirse de sus defectos? Concebimos que hacer el bien con la idea de que se nos tomará en cuenta en la otra vida, es poco meritorio; pero enmendarse, vencer sus pasiones, corregir su carácter con la mira de aproximarse a los espíritus buenos y elevarse ¿es igualmente señal de inferioridad?

«No, no. Por hacer el bien entendemos el ser caritativo. El que calcula lo que cada buena acción puede reportarle así en la vida futura como en la terrestre, procede como un egoísta; pero no existe egoísmo en mejorarse con la mira de acercarse a Dios, pues este es el objeto a que debe propender cada uno».

☞ 898. Puesto que la vida corporal no es más que una permanencia temporal en la tierra, y que nuestro principal cuidado ha de ser el porvenir, ¿es útil esforzarse en adquirir conocimientos científicos que sólo se relacionan con las cosas y necesidades materiales?

«Sin duda. Ante todo porque os pone en disposición de aliviar a vuestros hermanos, y después porque vuestro espíritu progresará más de prisa, si ha progresado ya intelectualmente. En el intervalo de las encarnaciones, aprendéis en una hora lo que os costaría años en la tierra. No hay conocimiento alguno inútil; todos contribuyen más o menos al progreso, porque el Espíritu perfecto debe saberlo todo, y porque, debiendo realizarse el progreso en todos los sentidos, todas las ideas adquiridas favorecen el desarrollo del espíritu ».

☞ 899. De dos hombres ricos que el uno ha nacido en la opulencia y nunca ha conocido la necesidad, y que el otro debe su fortuna al trabajo, y ambos la emplean exclusivamente en su satisfacción personal, ¿cuál es más culpable?

« El que ha conocido el sufrimiento. Sabe lo que es sufrir, conoce el dolor que no alivia, aunque con mucha frecuencia no se acuerde de ello ».

☞ 900. El que acumula sin cesar y sin hacer bien a nadie, ¿tiene excusa valedera en la idea de que amontona para legar más a sus herederos?

« Eso es un compromiso con la mala conciencia ».

☞ 901. De dos avaros, el uno se priva de lo necesario y muere de hambre junto a su tesoro, y el segundo sólo es avaro respecto de los otros. Es pródigo para si mismo, y mientras retrocede ante el más pequeño sacrificio para hacer un servicio o algo útil, nada le cuesta satisfacer sus gustos y pasiones. Si se le pide un favor, siempre está en mala situación; pero siempre tiene lo suficiente para complacerse en sus caprichos. ¿Cuál de los dos es más culpable, y cuál tendrá peor lugar en el mundo de los espíritus?

« El que goza. Es más egoísta que avaro. El otro ha encontrado ya parte de su castigo ».

☞ 902. ¿Es reprensible envidiar la riqueza, cuando sucede por deseo de hacer bien?

« El sentimiento, cuando es puro, es laudable, no cabe duda; pero semejante deseo, ¿es siempre completamente desinteresado y no encuentra alguna pretensión personal? La primera persona a quien se desea hacer bien, ¿no es con frecuencia a si mismo? »

☞ 903. ¿Hay culpabilidad en estudiar los defectos de los otros?

« Si es para criticarlos y divulgarlos, hay mucha culpabilidad, porque es faltar a la caridad; si es para sacar provecho del estudio y evitarlos en si mismo, puede ser útil a veces, pero es preciso no olvidar que la indulgencia para con todos los defectos ajenos es una de las virtudes comprendidas en la caridad. Antes de reprochar a los otros sus imperfecciones, ved si puede decirse otro tanto de vosotros. Procurad, pues, tener las cualidades opuestas a los defectos que criticáis en otro, que este es el medio de haceros superiores. Le censuráis la avaricia, sed generosos; el orgullo, sed humildes y modestos; la dureza, sed amables; la pequeñez en las acciones, sed grandes en todas las vuestras, en una palabra: haced de modo que no se os pueda aplicar esta frase de Jesús: Ve la paja en el ojo ajeno y no la viga en el suyo ».

☞ 904. ¿Hay culpabilidad en sondear los defectos de la sociedad y en descubrirlos?

«Depende del sentimiento que conduce a hacerlo. Si el escritor no tiene otra mira que producir escándalo, se procura un goce personal, presentando esos cuadros que antes sirven de malo que de buen ejemplo. El espíritu aprecia, pero no puede ser castigado por esa clase de placer que experimenta revelando el mal».

—¿Cómo podrá juzgarse, en caso semejante, de la pureza de las intenciones y de la sinceridad del escritor?

«Eso no siempre es útil. Si escribe cosas buenas, aprovechaos de ellas, pues si él obra mal, esa es cuestión de conciencia que sólo a él atañe. Por lo demás, si desea probar su sinceridad, tócale apoyar el precepto con el ejemplo propio».

☞ 905. Ciertos autores han publicado obras muy bellas y morales que favorecen el progreso de la humanidad; pero de las cuales se han aprovechado muy poco sus autores; ¿se les toma en cuenta, como a espíritus, el bien que han hecho sus obras?

«La moral sin las acciones, es la semilla sin trabajo. ¿De qué os sirve la semilla si no la hacéis fructificar para alimentaros? Esos hombres son los más culpables, porque tenían inteligencia para comprender. No practicando las máximas que daban a los otros, han renunciado a recoger el fruto».

☞ 906. ¿El que hace bien es censurable de conocerlo y confesárselo a si mismo?

«Puesto que puede tener conciencia del mal que hace, debe tener asimismo la del bien, a fin de saber si obra mal o bien. Pesando todas sus acciones en la balanza de la ley de Dios, y sobre todo en la de la ley de justicia, de amor y de caridad, es como podrá decirse si son buenas o malas, aprobarlas o desaprobarlas. No puede, pues, ser reprensible porque conozca que ha triunfado de las malas tendencias, y de estar satisfecho por ello, siempre que no se envanezca, pues entonces caería en otro escollo». (919)

2. De las pasiones

☞ 907. Puesto que el principio de las pasiones está en la naturaleza, ¿es malo en si mismo?

«No, la pasión consiste en el exceso unido a la voluntad; porque el principio ha sido dado al hombre para el bien, y ellas pueden conducirle a grandes cosas. El abuso que se hace de las pasiones es lo que causa el mal».

☞ 908. ¿Cómo puede fijarse el límite donde cesan las pasiones de ser buenas o malas?

«Las pasiones son como un caballo que es útil, cuando está gobernado; pero peligroso cuando es él el que gobierna. Reconoced, pues, que una pasión se hace perniciosa desde el momento en que cesáis de poderla gobernar y origina un perjuicio cualquiera, ya a vosotros, ya a otro».

✎ Las pasiones son palancas que duplican las fuerzas del hombre, y le ayudan a cumplir las miras de la Providencia, pero si en vez de dirigirlas, el hombre se deja dirigir por ellas, cae en el exceso, y la fuerza que en su mano podía hacer el bien, se vuelve contra él y lo aplasta.

Todas las pasiones tienen su principio en un sentimiento o necesidad natural. El principio de las pasiones no es, pues, un mal, puesto que se apoya en una de las condiciones providenciales de nuestra existencia. La propiamente dicha, es la exageración de una necesidad o de un sentimiento; reside en el exceso, no en la causa, y semejante exceso se convierte en mal cuando da como consecuencia un mal cualquiera.

Toda pasión que aproxima al hombre a la naturaleza animal le aleja de la espiritual. Todo sentimiento que eleva al hombre por encima de la naturaleza animal, revela el predominio del espíritu sobre la materia y la proximidad de la perfección.

☞ 909. ¿El hombre podría con sus esfuerzos vencer siempre sus malas pasiones?

«Sí, y a veces con pequeños esfuerzos. Lo que le falta es voluntad. ¡Ah, cuan pocos sois los que hacéis esfuerzos!»

☞ 910. ¿Puede hallar el hombre en los espíritus una asistencia eficaz para vencer las pasiones?

«Si lo pide sinceramente a Dios y a su buen genio, los espíritus buenos vendrán sin duda a ayudarle, porque esta es su misión». (459)

☞ 911. ¿No hay pasiones tan vivas e irresistibles, que la voluntad es impotente para vencerlas?

«Muchas personas hay que dicen: Lo quiero; pero la voluntad no les pasa de los labios, lo quieren, y están muy contentos de que no suceda. Cuando se cree no poder vencer sus pasiones, es porque el espíritu, a causa de su inferioridad, se complace en ellas. El que procura reprimirlas comprende su naturaleza espiritual y el vencerlas es para él un triunfo del espíritu sobre la materia».

☞ 912. ¿Cuál es el medio más eficaz para combatir el predominio de la naturaleza corporal?

«Hacer abnegación de si mismo».

3. Del egoísmo

☞ 913. Entre los vicios, ¿cuál puede considerarse como radical?

«Muchas veces lo hemos dicho, el egoísmo; de él arrancan todos los males. Estudiad todos los vicios, y encontraréis que en el fondo de todos ellos reside el egoísmo. En vano los combatiréis, y no conseguiréis extirparlos hasta que no hayáis atacado el mal en su raíz, hasta que no hayáis destruido la causa. Dirigid, pues, todos vuestros esfuerzos hacia este objeto, porque él es el verdadero cáncer de la sociedad. Cualquiera que desee aproximarse desde esta vida a la perfección moral, debe arrancar de su corazón todo sentimiento de egoísmo; porque éste es incompatible con la justicia, con el amor y con la caridad; neutraliza todas las otras cualidades».

☞ 914. Fundándose el egoísmo en el sentimiento de interés personal, parece muy difícil extirparlo completamente en el corazón humano, ¿llegará a conseguirse?

«A medida que los hombres se ilustran sobre las cosas espirituales, dan menos importancia a las materiales. Además es preciso reformar las instituciones que excitan y mantienen el egoísmo. Esto depende de la educación».

☞ 915. Siendo el egoísmo inherente a la especie humana, ¿no será siempre un obstáculo para el reino del bien absoluto en la tierra?

«Cierto que el egoísmo es vuestro mal mayor, pero depende de la inferioridad de los espíritus encarnados en la tierra, y no de la misma humanidad. Luego; purificándose los espíritus en encarnaciones sucesivas, se desprenden del egoísmo como de sus otras impurezas. ¿No tenéis en la tierra ningún hombre que, libre de egoísmo, practique la caridad? Hay más de los que vosotros creéis, pero vosotros no los conocéis; porque la virtud no busca el ruido de la publicidad. Y si hay uno, ¿por qué no ha de haber diez? Si diez, ¿por qué no mil? Y así sucesivamente».

☞ 916. Lejos de disminuir el egoísmo, crece con la civilización que parece excitarlo y mantenerlo. ¿Cómo pues, la causa destruirá el efecto?

«Mientras más grande es el mal, más horrible se presenta, y preciso era que el egoísmo originase mucho mal, para que se conociese la necesidad de extirparlo. Cuando los hombres hayan sacudido el egoísmo que los domina, vivirán como hermanos sin hacerse mal, ayudándose mutuamente por el mutuo sentimiento de la solidaridad. Entonces el fuerte será apoyo del débil y no su opresor, y no se verán hombres faltos de lo necesario; porque todos practicarán la ley de justicia. Este es el reino del bien de cuya preparación están encargados los espíritus». (784)

☞ 917. ¿Qué medio hay para destruir el egoísmo?

«De todas las humanas imperfecciones, la más difícil de desarraigar es el egoísmo, porque deriva de la influencia de la materia de la cual el hombre, que está muy próximo aun a su origen, no ha podido emanciparse, y todo contribuye a sostener esa influencia; las leyes, la organización social y la educación. El egoísmo amenguará con el predominio de la vida moral sobre la material, y sobre todo con la inteligencia que os da el espiritismo de vuestro estada futuro real, y no desnaturalizado por ficciones alegóricas. Bien comprendido el espiritismo, y una vez identificado con las costumbres y creencias trastornará los hábitos, los usos y las relaciones sociales. El egoísmo se funda en la importancia de la personalidad, y el espiritismo bien comprendido, lo repito, hace ver las cosas desde tan alto que el sentimiento de la personalidad desaparece hasta cierto punto ante la inmensidad. Destruyendo semejante importancia, o por lo menos haciendo que se la considere tal cual es, el espiritismo combate necesariamente el egoísmo.

»Lo que a menudo hace egoísta al hombre es el roce del egoísmo de los otros, porque siente la necesidad de estar a la defensiva. Viendo que los otros piensan en sí mismos y no en él, se ve arrastrado a pensar en él y no en los otros. Pero sea el principio de caridad y de fraternidad base de las instituciones sociales, de las relaciones legales de pueblo a pueblo y de hombre a hombre, y éste cuidará menos de su persona, viendo que otros piensan en ella. Sentirá la influencia moralizadora del ejemplo y del contacto. En presencia de ese desbordamiento de egoísmo, necesítase una verdadera virtud para hacer abnegación de su personalidad en provecho de los otros, que a menudo nada lo agradecen. A los que poseen semejante virtud es a quienes está abierto el reino de los cielos, y a ellos sobre todo está reservada la dicha de los elegidos; porque en verdad os digo que el día de la justicia, todo el que sólo en sí mismo haya pensado será separado y sufrirá por su abandono». (785)

FENELÓN

🖎 Indudablemente se hacen laudables esfuerzos para hacer que la humanidad progrese; se alientan, se estimulan, le honran los buenos sentimientos más que en época alguna, y sin embargo el gusano roedor del egoísmo es siempre el cáncer social. Es un mal real que brota por todo el mundo, y del que todos somos más o menos víctimas. Preciso es, pues, combatirlo como se combate una enfermedad epidémica, y para ello es necesario proceder como los médicos, remontarnos al origen. Búsquense en todas las partes de la organización social desde la familia a los pueblos, desde la caballa al palacio, todas las causas, todas las influencias patentes u ocultas, que excitan, mantienen y desarrollan el egoísmo, y una vez conocidas las causas, el remedio se presentará por si mismo. No se tratará más que de combatirlas, si no todas a la vez, parcialmente, a lo menos, y poco a poco se extirpará el veneno. La curación podrá ser larga, porque las causas son numerosas, pero no es imposible. Por lo demás no se conseguirá, si no se corta la raíz del mal por medio de la educación, no de esa que propende a hacer hombres instruidos, pero si de la que tiende a hacer hombres honrados. La educación, cuando se la entiende bien, es la clave del progreso moral, y cuando se conozca el arte de manejar los caracteres como se conoce el de manejar las inteligencias, se podrán enderezar como se enderezan los arbustos. Pero ese arte requiere mucho tacto, mucha experiencia y una observación profunda; es erróneo creer que basta tener ciencia para ejercerlo con provecho. Cualquiera que, desde el nacimiento, sigue así al hijo del rico, como al del pobre, y observa todas las perniciosas influencias que operan en él a causa de la debilidad, de la incuria y de la ignorancia de los que le dirigen, y cuan a menudo son improductivos los medios que para moralizarle se emplean, no puede admirarse de hallar tantos defectos en el mundo. Hágase para lo moral otro tanto que para la inteligencia, y se verá que, si hay naturalezas refractarias hay más de las que se creen, que no esperan más que una buena cultura para dar frutos buenos. (872)

El hombre quiere ser feliz, y este sentimiento es natural. Por esta razón trabaja sin cesar por mejorar su posición en la tierra; busca las causas de sus males para remediarlas. Cuando comprenda que el egoísmo es una de ellas —la que engendra el orgullo, la ambición, la codicia, la envidia, el odio y los celos, que le perjudican a cada instante—, que perturba todas las relaciones sociales, provoca las disensiones y destruye la confianza, obliga a estar siempre a la defensiva contra su vecino, que hace, en fin, del amigo un enemigo, comprenderá también entonces que ese vicio es incompatible con su propia felicidad, y hasta añadimos con su propia seguridad. Mientras más sufra a consecuencia de él, más sentirá la necesidad de combatirlo, como combate la peste, los animales nocivos y demás calamidades. Será solicitado a ello por su propio interés. (784)

El egoísmo es el origen de todos los vicios, como la caridad es el de todas las virtudes. Destruir el uno y fomentar la otra, tal debe ser el objeto de todos los esfuerzos del hombre, si quiere asegurar su dicha así en la tierra, como en el porvenir.

4. Caracteres del hombre de bien

☞ 918. ¿Qué señales dan a conocer en un hombre el progreso real que ha de elevar su espíritu en la jerarquía espiritista?

« El espíritu prueba su elevación cuando todos los actos de su vida corporal son la práctica de la ley de Dios, y cuando anticipadamente comprende la vida espiritual ».

✎ El verdadero hombre de bien es el que practica la ley de justicia, de amor y de caridad en su mayor pureza. Si interroga su conciencia sobre los hechos realizados, se preguntará si no ha violado aquella ley, si no ha hecho mal, si ha hecho todo el bien que ha podido, si nadie ha tenido que quejarse de él, y en fin, si ha hecho a otro todo lo que hubiese querido que por él se hiciera.

El hombre penetrado del sentimiento de caridad y de amor al prójimo hace el bien por el bien, sin esperar recompensas, y sacrifica su interés a la justicia.

Es bueno, humano y benévolo para con todo el mundo, porque en todos los hombres ve hermanos, sin excepción de razas y creencias.

Si Dios le ha dado poder y riqueza, ve en esas cosas UN DEPÓSITO que debe emplear para el bien y no se envanece de ello, porque sabe que Dios, que se lo ha dado, puede quitárselo.

Si el orden social ha puesto hombres bajo su dependencia, los trata con bondad y benevolencia, porque ante Dios son iguales suyos, y emplea su poder para moralizar a aquellos y no para abrumarlos con su orgullo.

Es indulgente con las ajenas debilidades, porque sabe que él mismo necesita indulgencias y recuerda estas palabras de Cristo: El que no tenga pecado arrójele la primera piedra.

No es vengativo: a ejemplo de Jesús, perdona las ofensas para no recordar más que los favores; porque sabe que se le perdonará como él haya perdonado.

Respeta, en fin, en sus semejantes todos los derechos que dan las leyes de la naturaleza, como quiere que se le respeten a él.

5. Conocimiento de sí mismo

☞ 919. ¿Cuál es el medio práctico más eficaz para mejorar se en esta vida y resistir a la solicitación del mal?

« Un sabio de la antigüedad os lo dijo: Conócete a ti mismo ».

—Comprendemos toda la sabiduría de esta máxima; pero la dificultad consiste en conocerse a sí mismo. ¿Qué medio hay para conseguirlo?

«Haced lo que durante mi vida terrena: al terminar el día interrogaba a mi conciencia, pasaba revista a lo que había hecho y me preguntaba si no había infringido algún deber, si nadie había tenido que quejarse de mi. Así fue como llegué a conocerme y a ver lo que en mí debía reformarse.

Aquel que cada noche, recordase todas sus acciones de durante el día y se preguntase el mal o el bien que ha hecho, suplicando a Dios y a su ángel guardián que le iluminasen, adquiriría una gran fuerza para perfeccionarse, porque, creedlo, Dios le asistiría. Proponeos, pues, cuestiones, y pregun taos lo que habéis hecho, y el objeto con qué, en circunstancia tal, habéis obrado; si habéis hecho algo que en otro hubieseis censurado; si habéis ejecutado alguna acción que no os atreveríais a confesar. Preguntaos también lo siguiente: Si a Dios le pluguiese llamarme en este momento, ¿tendría, al entrar en el mundo de los espíritus donde nada hay oculto, que temer la presencia de alguien? Examinad lo que hayáis podido hacer contra Dios, contra vuestro prójimo y contra vosotros mismos, en fin. Las contestaciones serán reposo para vuestra conciencia, o indicación de un mal que es preciso curar.

»El conocimiento de sí mismo es, pues, la clave del mejoramiento individual, pero diréis ¿cómo juzgarse uno a si mismo? ¿No tenemos la ilusión del amor propio que amengua las faltas y las excusa? El avaro se cree económico y previsor, el orgulloso no cree tener más que dignidad. Esto es muy cierto, pero tenéis un medio de comprobación que no puede engañaros. Cuando estéis indecisos acerca del valor de una de vuestras acciones, preguntaos cómo la calificaríais, si fuese de otra persona. Si la censuráis en otro, no podrá ser más legítima en vosotros, pues no tiene Dios dos medidas para la justicia. Procurad también saber lo que piensan los otros, y no olvidéis la opinión de vuestros enemigos; porque éstos no tienen interés en falsear la verdad, y a menudo Dios los pone a vuestro lado como un espejo, para advertiros con mayor franqueza que un amigo. Aquel, pues, que tenga la voluntad decidida de mejorarse, explore su conciencia a fin de arrancar de ella las malas inclinaciones, como de un jardín las plantas nocivas; pase balance moral del día transcurrido, como lo pasa el comerciante de sus ganancias y pérdidas, y yo le aseguro que el uno le será más provechoso que el otro. Si puede decirse que ha sido buena su jornada, puede dormir tranquilo y esperar sin temor el despertar a otra vida.

»Haceos, pues, preguntas claras y terminantes y no temáis el multiplicarías, que bien puede emplearse algunos minutos para lograr una dicha eterna. ¿Acaso no trabajáis diariamente con la mira de recoger medios que os permitan descansar en la ancianidad? ¿No es semejante descanso objeto de todos vuestros deseos, objeto que os hace sufrir trabajos y privaciones momentáneas? Pues bien, ¿qué es ese descanso de algunos días, interrumpido por las flaquezas del cuerpo, en comparación del que espera al hombre de bien? ¿No vale esto la pena de hacer algunos esfuerzos? Ya sé que muchos dicen que el presente es positivo, e incierto el porvenir, mas precisamente esta es la idea que estamos encargados de desvanecer en vosotros, porque queremos haceros comprender aquel porvenir de tal modo, que no deje duda alguna en vuestra alma. Por esto, al principio, llamamos vuestra atención con fenómenos aptos para excitar vuestros sentidos, y luego os damos instrucciones que cada uno de vosotros está obligado a propagar. Con este objeto hemos dictado *El libro de los espíritus*».

SAN AGUSTÍN

Muchas faltas que cometemos nos pasan desapercibidas. En efecto, si siguiendo el consejo de San Agustín, interrogásemos con más frecuencia nuestra conciencia, veríamos cuántas veces hemos faltado sin pensarlo por no examinar la naturaleza y móvil de nuestras acciones. La forma interrogativa es algo más precisa que una máxima que a menudo no nos aplicamos. Exige respuestas categóricas, afirmativas o negativas que no consienten alternativa; son otros tantos argumentos personales, y por la suma de las respuestas puede computarse la suma del bien y del mal que en nosotros existe.

LIBRO CUARTO
ESPERANZAS Y CONSUELOS

CAPÍTULO I
—
PENAS Y GOCES TERRENALES

**1. Dicha y desgracia relativas - 2. Pérdida de las personas queridas
3. Desengaños - Ingratitud - Afectos contrariados - 4. Uniones
antipáticas - 5. Miedo a la muerte - 6. Hastío de la vida - Suicidio**

1. Dicha y desgracia relativas

☞ 920.¿Puede el hombre gozar en la tierra de perfecta felicidad?

«No, puesto que a vida le ha sido dada como prueba o prueba o expiación; pero de el depende el dulcificar sus males y el ser tan feliz como es posible en la tierra».

☞ 921.Se concibe que el hombre será feliz en la tierra cuando la humanidad haya sido transformada; pero, en el ínterin, ¿pude cada uno constituirse una dicha relativa?

«Las más de las veces el hombre es causante de su propia desgracia. Practicando la ley de Dios, se evitan muchos males, y se proporciona la mayor felicidad de que es susceptible su grosera existencia».

✎ El hombre que está bien penetrado de su destino futuro no ve en la vida corporal más que una permanencia temporal. Es para él una parada momentánea en un mal mesón, y se conforma fácilmente con algunos disgustos pasajeros de un viaje, que ha de conducirle a posición tanto mejor cuanto mejores preparativos haya hecho anticipadamente.

Desde esta vida somos castigados por la infracción de las leyes de la existencia corporal por medio de los males, que son consecuencia de esa infracción y de nuestros propios excesos. Si paso a paso nos remontamos al origen de lo que llamamos nuestras desgracias terrestres, encontraremos que, en su mayor parte, son consecuencia de la primera desviación del camino recto. Por semejante desviación hemos entrado en un mal sendero, y de consecuencia en consecuencia caemos en la desgracia.

☞ 922.La felicidad terrestre es relativa a la posición de cada uno, y lo que basta a la dicha de uno constituye la desgracia de otro. ¿Existe, sin embargo, una medida común de felicidad para todos los hombres?

«Para la vida material es la posesión de lo necesario; para la vida moral, la buena conciencia y la fe en el porvenir».

☞ 923.¿Lo que es superfluo para uno no es necesario para otros, y viceversa, según la posición?

«Si, según vuestras ideas materiales, vuestras preocupaciones, vuestra ambición y todos vuestros ridículos caprichos de que dará buena cuenta la justicia, cuando comprendáis la verdad. Sin duda que el que tenía cincuenta mil pesos de renta y se ve reducido a diez, se cree muy desgraciado, porque no puede darse tanta importancia, mantener lo que llama su rango, tener caballos, lacayos, satisfacer todas sus pasiones, etc. Se cree falto de lo necesario, pero francamente, ¿le juzgas tan digno de lástima, cuando a su lado hay quien se muere de hambre y de frío, y no tiene donde recostar la cabeza? El sabio, para ser feliz, mira siempre hacia abajo y nunca hacía arriba, si ya no es para elevar su alma hacia el infinito». (715)

☞ 924. Hay males que son independientes del modo de obrar y que alcanzan al más justo de los hombres; ¿no tiene éste medio para preservarse de ellos?

«Debe entonces resignarse y sufrirlos sin murmurar, si quiere progresar; pero halla siempre consuelo en su conciencia, que le ofrece la esperanza de un porvenir mejor, si hace lo necesario para lograrlo».

☞ 925. ¿Por qué favorece Dios con bienes de fortuna a ciertos hombres que parecen no haberlos merecido?

«Es un favor para aquellos que no ven más que el presente; pero, sabedlo, la fortuna es una prueba más peligrosa con frecuencia que la miseria». (814 y siguientes)

☞ 926. Creando la civilización nuevas necesidades, ¿no es origen de nuevas aflicciones?

«Los males de este mundo están en razón de las necesidades ficticias que os creáis. El que sabe limitar sus deseos, y ve sin envidia al que le es superior, se evita no pocos disgustos en esta vida. El más rico es el que menos necesidades tiene.

»Envidiáis los goces de los que os parecen los afortunados del mundo; pero, ¿sabéis lo que les está reservado? Si sólo para ellos gozan, son egoístas, y luego vendrán los reveses. Compadecedlos más bien. Dios permite que prospere a veces el malvado, pero no es de envidiar su dicha, porque la pagará con lágrimas amargas. Si es desgraciado el justo, es a consecuencia de una prueba que se le tomará en cuenta, si la soporta valerosamente. Recordad estas palabras de Jesús: Bienaventurados los que sufren porque serán consolados».

☞ 927. Lo superfluo no es ciertamente indispensable para la dicha, pero no sucede lo mismo con lo necesario. Luego, ¿no es real la desgracia de los que están privados de el?

«Verdaderamente no es desgraciado el hombre más que cuando experimenta la falta de lo necesario a la vida y a la salud del cuerpo. Semejante falta es quizá culpa suya, y entonces sólo de él debe quejarse. Si es culpa de otro, caerá la responsabilidad sobre aquel que es la causa».

☞ 928. Por la especialidad de las aptitudes naturales Dios indica evidentemente nuestra vocación en el mundo. ¿No proceden muchos males de no seguir nosotros esa vocación?

«Cierto, y a menudo son los padres los que, por orgullo y avaricia, hacen salir a los hijos del camino trazado por la naturaleza, comprometiendo su felicidad con esa desviación, de la que serán responsables».

—Así, pues, ¿encontráis justo que el hijo de un hombre de distinguida posición haga zuecos, por ejemplo, si para ello tiene aptitud?

«No se ha de incurrir en el absurdo, ni exagerar nada: la civilización tiene sus necesidades. ¿Por qué el hijo de un hombre de distinguida posición, como dices tú, ha de hacer zuecos si puede hacer otra cosa? Podrá siempre ser útil con arreglo a la medida de sus facultades, si no se las aplica contrariamente. Así, por ejemplo, en vez de un mal abogado, será quizá un buen mecánico, etcétera».

✎ La separación de los hombres de su esfera intelectual es seguramente una de las más frecuentes causas de desengaño. La ineptitud para la carrera abrazada es una inagotable fuente de reveses, y uniéndose después a esto el amor propio, priva al hombre caído de buscar un recurso en una profesión más humilde, y le señala el suicidio como un remedio supremo para librarse de lo que él cree una humillación. Si una educación moral le hubiese elevado por encima de las necias preocupaciones del orgullo, jamás se le hubiera cogido desprevenido.

☞ 929. Hay gentes que, desprovistas de todo recurso, cuando la abundancia reina en torno suyo, no tienen otra perspectiva que la muerte, ¿qué partido deben tomar? ¿Deben dejarse morir de hambre?

«Jamás debe tenerse la idea de dejarse morir de hambre. Siempre se hallaría medio de alimentarse, si el orgullo no se interpusiese entre la necesidad y el trabajo. A menudo se dice: No hay oficio bajo, no es la posición lo que deshonra, pero se dice para los otros y no para sí mismo».

☞ 930. Es evidente que sin las preocupaciones sociales por las que nos dejamos dominar, se encontraría siempre algún trabajo que pudiese ayudar a vivir, aunque tuviésemos que descender de nuestra posición; pero entre las gentes que no tienen preocupaciones, o que las pasan por alto, ¿las hay que están en la Imposibilidad de atender a sus necesidades, a consecuencia de enfermedades u otras causas independientes de su voluntad?

«En una sociedad organizada con arreglo a la ley de Cristo; nadie debe morir de hambre».

✎ Con una organización sabia y previsora, sólo por culpa suya, puede faltar al hombre lo necesario, pero sus mismas faltas son a menudo resultado del medio en que se halla colocado. Cuando el hombre practique la ley de Dios, existirá un orden social fundado en la justicia y en la solidaridad, y él mismo será mejor. (793)

☞ 931. ¿Por qué en la sociedad son más numerosas las clases que sufren que las felices?

«Ninguna es completamente feliz, y lo que se cree felicidad encubre a menudo martirizadores pesares. En todas partes existe sufrimiento. Para responder, sin embargo, a tu pensamiento, te diré que las clases que llamas desgraciadas son más numerosas, porque la tierra es un lugar de expiación. Cuando el hombre haya hecho de ella la morada del bien y de los espíritus buenos, dejará de ser desgraciado, y aquélla será para él el paraíso terrenal».

☞ 932. ¿Por qué en el mundo los malvados tienen con tanta frecuencia más influjo que los buenos?

«Por debilidad de los buenos; los malvados son intrigantes y audaces, los buenos, tímidos. Cuando éstos lo quieran, se harán superiores a aquéllos».

☞ 933. Si a menudo el hombre es causa de sus sufrimientos materiales, ¿sucede lo mismo con los morales?

«Más aún, porque los sufrimientos materiales son a veces independientes de la voluntad; pero el orgullo lastimado, la ambición frustrada, la ansiedad de la avaricia, la envidia, los celos, todas las pasiones, en una palabra, son tormentos del alma.

» ¡Lo envidia y los celos! ¡Felices los que no conocen esos dos gusanos roedores! Para el enfermo de mal de envidia y celos no hay calma, ni reposo posible; los objetos de su codicia, de su odio, de su despechó se levantan ante él como fantasmas que no le dan tregua, y hasta durante el sueño le persiguen. El envidioso y el celoso se abrasan en constante fiebre. ¿Es esta una situación deseable, y no comprendéis que el hombre con semejantes pasiones se crea suplicios voluntarios, viniendo a ser la tierra para él un verdadero infierno?»

✎ Muchas expresiones pintan enérgicamente los efectos de ciertas pasiones; se dice: estar hinchado de orgullo, morirse de envidia, secarse de celos o de ira, amargarse la bebida y la comida, etcétera, cuadro harto verdadero. A veces los celos ni objeto determinado tienen. Hay gentes de natural celosas de todo lo que prospera, de todo lo que sobresale de lo vulgar, aun cuando no tengan ningún interés directo, sólo porque ellas no pueden llegar al mismo grado. Todo lo que sobresale en el horizonte las ofusca, y si estuviesen en mayoría en la sociedad, querrían ponerlo todo a su nivel, Esos son los celos unidos a la medianía.

Con frecuencia sólo es desgraciado el hombre por la importancia que da a las cosas del mundo. La vanidad, la codicia y la ambición frustradas son las que causan su desgracia. Si se hace superior al estrecho circulo de la vida material; si tiende sus miradas hacia el infinito, que es su destino, las vicisitudes de la humanidad le parecen mezquinas y pueriles, como los pesares del niño que se aflige por la pérdida de un juguete que constituía su suprema felicidad.

Aquel que no ve mas felicidad que en la satisfacción del orgullo y de los apetitos groseros, es desgraciado cuando no puede satisfacerlos, al paso que el otro que nada superfluo desea es feliz en lo que ven algunos calamidades.

Hablamos del hombre civilizado; porque teniendo el salvaje necesidades más limitadas, no tienen los mismos objetos de codicia y angustia: su modo de ver las cosas es diferente. En estado de civilización, el hombre razona su desgracia y la analiza; y por esto le afecta más, pero puede también razonar y analizar los medios de consuelo. Este consuelo lo encuentra en el sentimiento cristiano que le da esperanza de un porvenir mejor, y en el espiritismo que le da certeza de ese porvenir.

2. Pérdida de las personas queridas

☞ 934. La pérdida de las personas que nos son queridas, ¿no es una de esas que nos causan un pesar tanto más legítimo en cuanto a esa pérdida es irreparable e independiente de nuestra voluntad?

« Esta causa de pesar alcanza así al rico, como al pobre; es una prueba o una expiación, es la ley común. Pero es un consuelo poder comunicar con vuestros amigos por los medios que tenéis, hasta tanto que tengáis otros más directos y más accesibles a vuestros sentidos ».

☞ 935. ¿Qué debe pensarse de las personas que miran las comunicaciones de ultratumba como una profanación?

« No puede existir profanación cuando hay recogimiento, y cuando se hace la evocación con respeto y dignamente. Y es prueba de ello que los espíritus que os aprecian vienen con placer; son felices a consecuencia de vuestro recuerdo y hablando con vosotros. Profanación habría, haciéndolo con ligereza ».

✎ La posibilidad de establecer comunicación con los espíritus es muy grato consuelo, puesto que nos proporciona el medio de hablar con nuestros parientes y amigos, que han dejado la tierra antes que nosotros. Con la evocación los aproximamos a nosotros; están a nuestro lado, nos oyen y nos responden, y, por decirlo así, concluye la separación entre ellos y nosotros. Nos ayudan con sus consejos, nos demuestran su afecto y el placer que experimentan por nuestro recuerdo. Para nosotros es una satisfacción saber que son felices, saber por ellos mismos los pormenores de su nueva existencia, y adquirir la certeza de que nos reuniremos a ellos.

☞ 936. ¿Cómo afectan los dolores inconsolables de los so brevivientes a los espíritus, objeto de ellos?

« El espíritu es sensible al recuerdo y pesares de los que ha amado, pero un dolor incesante e irracional le afecta penosamente; porque ese dolor excesivo va falto de fe en el porvenir y de confianza en Dios, y por consiguiente un obstáculo al adelanto y acaso a la reunión ».

✎ Siendo el espíritu más feliz que en la tierra, echarle a menos la vida es sentir que sea feliz. Dos amigos están presos y encerrados en un mismo calabozo; ambos obtendrán un día la libertad, pero el uno la logra primeramente. ¿Sería caritativo que el que permanece encarcelado sintiese que su amigo se viera libre antes que él? ¿No habría de su parte más egoísmo que afecto, queriendo que participe de su cautiverio y sus sufrimientos por tanto tiempo como él? Pues lo mismo sucede con dos seres que se aman en la tierra, el que primero parte es el primero en ser libre, y debemos felicitarle, esperando con paciencia el momento en que también lo seremos.

Pondremos otra comparación sobre el particular. Tenemos un amigo que, a vuestro lado se halla en situación penosa; su salud o su interés exigen que vaya a otro país donde bajo todos aspectos se encontrará mejor. Momentáneamente no estará ya a vuestro lado, pero siempre estaréis en correspondencia con él, la separación no pasará de ser material. ¿Os dolería su alejamiento, puesto que sería para su bien?

La doctrina espiritista, por las pruebas patentes que da de la vida futura de la presencia a nuestro alrededor de aquellos a quienes hemos amado, de la continuidad de su afecto y solicitud, y por las relaciones que con ellos nos hace posibles; nos ofrece un supremo consuelo en una de las más legítimas causas de dolor. Con el espiritismo cesan la soledad y el abandono, y el hombre más aislado tiene siempre amigos a su lado con quienes puede hablar.

Sufrimos con impaciencia las tribulaciones le la vida; nos parecen tan insoportables, que no comprendemos que podamos sobrellevarías; y sin embargo, si las hemos sufrido con valor, si hemos sabido acallar nuestras murmuraciones, nos felicitaremos de ello cuando estemos fuera de esta prisión terrestre, como el paciente que sufre se felicita, después de curado, de haberse resignado a un tratamiento doloroso.

3. Desengaños - Ingratitud - Afectos contrariados

☞ 937. Los desengaños que nos hacen experimentar la ingratitud y la fragilidad de los lazos de la amistad, ¿no son también para el hombre de corazón origen de amargura?

« Sí; pero os enseñamos a compadecer a los ingratos y a los amigos infieles, que serán más desgraciados que vosotros. La ingratitud es hija del egoísmo, y el egoísta encontrará más tarde corazones insensibles como lo fue él. Pensad en todos aquellos que han hecho más bien que vosotros, que valían más y a quienes se ha pagado con ingratitud. Pensad que el mismo Jesús fue escarnecido y despreciado durante su vida, tratado de embaucador y de impostor, y no os admiréis de que os suceda lo mismo. Sea vuestra recompensa en el mundo el bien que habéis hecho, y no miréis lo que dicen aquellos que lo han recibido. La ingratitud es una prueba de vuestra persistencia en hacer bien, os será tomada en cuenta, y los que os han desconocido serán tanto más castigados cuanto más grande haya sido su ingratitud ».

☞ 938. Los desengaños causados por la ingratitud, ¿no están destinados a endurecer el corazón y a cerrarlo a la sensibilidad?

« Eso seria un error; porque el hombre de corazón, como tú dices, es feliz siempre por el bien que hace. Sabe que, si no se recuerda en esta vida, se recordará en otra, y que el ingrato se avergonzará y tendrá remordimientos ».

— Esta idea no impide que tenga lacerado el corazón. ¿No puede esto inspirarle la de que sería más feliz, si fuese menos sensible?

« Sí, si prefiere la felicidad del egoísta: ¡triste felicidad! Que sepa, pues, que los amigos ingratos que le abandonan no son dignos de su amistad, y que se ha equivocado en la elección. Por lo tanto, no debe echarlos de menos. Más tarde encontrará otros que sabrán comprender mejor. Compadeced a los que tienen para con vosotros el mal comportamiento que no merecéis, porque tendrán su triste recompensa; pero no os afectéis; este es el medio de sobreponeros a ellos ».

✎ La naturaleza ha dado al hombre la necesidad de amar y ser amado. Uno de los mayores goces que en la tierra se le conceden, es el de encontrar corazones que simpaticen con el suyo, goce que le da las primicias de la dicha que le esta reservada en el mundo de los espíritus perfectos, donde todo es amor y benevolencia. Semejante goce es rehusado al egoísta.

4. Uniones antipáticas

☞ 939. Puesto que los espíritus simpáticos son inducidos a unirse, ¿a qué se debe que, entre los espíritus encarnados, el afecto es a menudo unilateral, y que el amor más sincero sea acogido con indiferencia y aun repelido, a qué se debe, por otra parte, que el afecto más vivo entre dos seres puede trocarse en antipatía y en odio a veces?

«¿No comprendes que, aunque pasajero, ese es un castigo? Además, ¡cuántos hay que creen amar desatinadamente, porque sólo juzgan por las apariencias, y cuando se ven precisados a vivir con las personas, no tardan en conocer que no pasa de ser una manía material! No basta estar prendado de una persona que os gusta y a quien creéis de buenas cualidades, pues sólo viviendo realmente con ella podréis apreciarla. ¡Cuántos enlaces no hay también que, al principio, parecía que nunca llegarían a ser simpáticos, y que, cuando el uno y el Otro se han conocido y estudiado bien, acaban por profesarse un amor tierno y duradero, porque está basado en la estimación! Es preciso no olvidar que es el espíritu quien ama, no el cuerpo, y que cuando se ha disipado la ilusión material, el espíritu ve la realidad.

»Hay dos clases de afecto; el del cuerpo y el del alma, y a menudo se toma el uno por el otro. Cuando el afecto del alma es puro y simpático, es duradero; el del cuerpo es perecedero. He ahí por qué los que creían profesarse amor eterno se odian, concluida la ilusión».

☞ 940. La falta de simpatía entre los seres destinados a vivir juntos, ¿no es también origen de pesares tanto más amargos en cuanto envenenan toda la existencia?

«Muy amargos, en efecto, pero esta es una de esas desgracias cuya primitiva causa sois a menudo vosotros mismos. Además, las culpables son vuestras leyes, porque, ¿crees tú que Dios te obliga a estar con los que te desagradan? Y luego, en esos enlaces, a menudo buscáis más la satisfacción de vuestro orgullo y ambición que la dicha de un mutuo afecto. Entonces sufrís las consecuencias de vuestras preocupaciones».

—Pero en semejante caso, ¿no hay casi siempre una victima inocente?

«Si, y para ella es una dura expiación; pero la responsabilidad de su desgracia caerá sobre los que han sido su causa. Si la luz de la verdad ha penetrado en su alma, hallará consuelo en su fe en el porvenir. Por lo demás, a medida que desaparezcan las preocupaciones, las causas de esas desgracias privadas desaparecerán también».

5. Miedo a la muerte

☞ 941. El miedo a la muerte es para muchas personas causa de perplejidad, ¿de dónde procede ese miedo, puesto que ante si tienen el porvenir?

«Sin razón tienen ese miedo; pero qué quieres, se procura persuadirles durante la juventud, de que hay un infierno y un paraíso, pero que es más seguro que irán al infierno; porque se les dice que aquello que es natural, es un pecado mortal para el alma. Cuando llegan a grandes, si tienen algún raciocinio, no pueden admitir eso, y se hacen ateos o materialistas, y así es como se les induce a creer que, fuera de la vida presente, nada existe. En cuanto a los que han persistido en sus creencias de la infancia, temen ese fuego eterno que ha de quemarlos sin destruirlos.

»La muerte no inspira al justo miedo alguno; porque con la fe tiene la certeza del porvenir; la esperanza le hace esperar mejor vida, y la caridad, cuya ley ha practicado, le da seguridad de que en el mundo en que va a entrar no encontrará ningún ser, cuya presencia haya de temer». (730)

✎ El hombre carnal, más apegado a la vida corporal que a la espiritual, tiene en la tierra penas y goces materiales; su dicha consiste en la satisfacción fugaz de todos sus deseos. Su alma, constantemente preocupada y afectada por las vicisitudes de la vida, está en una ansiedad y tormento perpetuo. La muerte le horroriza; porque duda de su porvenir y porque deja en la tierra todos sus afectos y esperanzas.

El hombre moral, que se ha sobrepuesto a las necesidades ficticias creadas por las pasiones, tiene, desde la tierra, goces desconocidos del hombre material. La moderación de sus deseos da a su espíritu calma y serenidad. Dichoso por el bien que hace, no existen desengaños para él, y las contrariedades pasan por su alma sin dejar en ella huella dolorosa.

☞ 942. ¿No encontrarán ciertas personas, algo banales estos consejos para ser felices en la tierra; no verán en ellos lo que se llaman lugares comunes, verdades redichas, y no dirán que, en definitiva, el secreto para ser feliz es el de saber soportar su desgracia?

«Los hay que dirán eso, y aún más; pero sucede con éstos lo que con ciertos enfermos a quien los médicos prescriben la dieta, quisieran curarse sin remedios y sin dejar de buscarse indigestiones».

6. Hastío de la vida - Suicidio

☞ 943. ¿De dónde procede el hastió de la vida que se apodera de ciertos individuos, sin motivos plausibles?

«Efecto de la ociosidad, de la falta de fe, y a menudo de la saciedad. Para el que ejercita sus facultades con un objeto útil y según sus aptitudes naturales, el trabajo no tiene nada de árido, y la vida corre más rápidamente. Soporta las vicisitudes de su existencia con tanta más paciencia y resignación, en cuanto obra con la mira de la felicidad más sólida y duradera que le espera».

☞ 944. ¿Tiene el hombre derecho a disponer de su propia vida?

«No; sólo Dios tiene ese derecho. El suicidio voluntario es una transgresión de la ley».

—¿No es siempre voluntario el suicidio?

«El loco que se mata no sabe lo que hace».

☞ 945. ¿Qué debe pensarse del suicidio que tiene por causa el hastío de la vida?

«¡Insensatos! ¿Por qué no trabajan? Así no les hubiera sido un peso la existencia».

☞ 946. ¿Qué debe pensarse del suicidio que tiene por objeto librarse de las miserias y desengaños de este mundo?

«¡Pobres espíritus que no tienen valor para soportar las miserias de la existencia! Dios ayuda a los que sufren, y no a los que no tienen fuerza ni valor. Las tribulaciones de la vida son pruebas o expiaciones; ¡dichosos los que la soportan sin murmurar, porque serán recompensados! ¡Desgraciados, por el contrario los que esperan su salvación de lo que, en su impiedad, llaman la casualidad o la fortuna! La casualidad o la fortuna, valiéndome de su lenguaje pueden, en efecto, favorecerles un instante; pero para hacerles sentir más tarde y más cruelmente la vaciedad de esas palabras».

—Los que han inducido al infeliz a ese acto de desesperación, ¿sufrirán las consecuencias?

«¡Oh, desgraciados de ellos!, porque responderán de él como de un asesinato».

☞ 947. El hombre que lucha con la necesidad y que se deja morir de desesperación, ¿puede considerarse como suicida?

«Es suicida, pero los que causan su necesidad, o que podrían remediarla, son más culpables que él, y éste encontrará indulgencia. No creáis, sin embargo, que sea completamente absuelto, si ha carecido de firmeza y perseverancia, si no ha hecho uso de toda su inteligencia para salir del atolladero. ¡Desgraciado de él sobre todo, si su desesperación nace del orgullo, quiero decir, si es uno de esos hombres en quienes el orgullo paraliza los recursos de la inteligencia, que se avergonzarían de deber la existencia al trabajo de sus manos, y que prefieren morirse de hambre antes de descender de lo que llaman su posición social! ¿No es cien veces más grande y más digno luchar con la adversidad, desafiar la crítica de un mundo fútil y egoísta que sólo tiene buena voluntad a aquellos a quienes nada falta, y que os vuelve la espalda apenas lo necesitáis? Sacrificar su vida por consideración a ese mundo es estúpido, porque ningún caso hace de ello».

☞ 948. El suicidio que tiene por objeto evitar la vergüenza de una mala acción, ¿es tan reprensible como el causado por la desesperación?

«El suicidio no borra la culpa y antes, al contrario, hay dos a falta de una. Cuando se ha tenido valor para hacer mal, es preciso tenerlo para sufrir las consecuencias. Dios juzga, y según la causa puede a veces disminuir sus rigores».

☞ 949. ¿Es excusable el suicidio, cuando tiene por objeto impedir que la vergüenza recaiga en los hijos o en la familia?

«El que así obra no procede bien, pero lo cree, y Dios se lo toma en cuenta, porque es una expiación que él mismo se impone. Atenúa con la intención su falta, pero no deja de cometerla. Por lo demás, abolid los abusos de vuestra sociedad y vuestras preocupaciones y no tendréis más suicidios de esta clase».

✎ El que se quita la vida para evitarse la vergüenza de una mala acción, prueba que atiende más a la estimación de los hombres que a la de Dios, porque va a entrar en la vida espiritual cargado de sus iniquidades, y se ha privado de los medios de repararlas durante su vida. Dios es a menudo menos inexorable que los hombres; perdona al que sinceramente se arrepiente, y nos toma en cuenta la reparación; el suicidio no repara nada.

☞ 950. ¿Qué debemos pensar del que se quita la vida con la esperanza de llegar más pronto a otra mejor?

«¡Otra locura! Que haga bien y tendrá más seguridad de llegar; porque retarda su entrada en un mundo mejor, y él mismo pedirá volver a concluir esa vida que ha interrumpido en virtud de una idea falsa. Una falta, cualquiera que ella sea, no abre nunca el santuario de los elegidos».

☞ 951. ¿No es meritorio a veces el sacrificio de la vida, cuando tiene por objeto salvar la de otro, o el de ser útil a sus semejantes?

«Eso es sublime según la intención, y el sacrificio de la vida no es un suicidio; pero Dios se opone a un sacrificio inútil y no puede verlo con placer, si lo mancha el orgullo. El sacrificio sólo es meritorio por su desinterés, y el que lo hace tiene a veces una segunda intención que lo desprecia a los ojos de Dios».

✎ Todo sacrificio hecho a expensas de la dicha propia, es un acto soberanamente meritorio a los ojos de Dios, porque es la práctica de la ley de caridad. Siendo, pues, la vida el bien terrestre que más aprecia el hombre, el que a él renuncia en bien de sus semejantes no comete un atentado, sino que hace un sacrificio. Pero antes de llevarlo a cabo, debe reflexionar si no será más útil su vida que su muerte.

☞ 952. El hombre que muere víctima de las pasiones que sabe que han de apresurar su término, pero a las cuales no le es posible resistir, porque el hábito las ha convertido en verdaderas necesidades físicas, ¿comete un suicidio?

«Es un suicidio moral. ¿No comprendéis que, en semejante caso, el hombre es doblemente culpable? Existe entonces falta de valor y bestialidad, y además olvido de Dios».

—¿Es más o menos culpable, que el que se quita la vida, por desesperación?

«Es más culpable, porque tiene tiempo para razonar su suicidio. En el que lo hace instantáneamente hay a veces una especie de extravío que se relaciona con la locura; el otro será mucho más castigado; porque las penas son siempre proporcionadas a la conciencia que se tiene de las faltas cometidas».

☞ 953. Cuando una persona tiene ante sí una muerte inevitable y terrible, ¿es culpable porque abrevia de algunos instantes sus sufrimientos con la muerte voluntaria?

«Siempre hay culpabilidad en no esperar el término fijado por Dios. Por otra parte, ¿hay seguridad de que ese término haya llegado a pesar de las apariencias, y no puede recibirse a última hora un socorro inesperado?»

—¿Se concibe que en circunstancias ordinarias sea represible el suicidio, pero suponemos el caso en que es inevitable la muerte, y en que sólo de algunos instantes se abrevia la vida?

«Siempre es falta de resignación y sumisión a la voluntad del Creador».

—¿Cuáles son, en semejante caso, las consecuencias de esa acción?

«Como siempre, una expiación proporcionada a la gravedad de la falta, según las circunstancias».

☞ 954. Una imprudencia que compromete la vida sin necesidad, ¿es represible?

«No existe culpabilidad cuando no existe intención o conciencia positiva de hacer mal».

☞ 955. Las mujeres que, en ciertos países, se queman voluntariamente con el cuerpo de sus maridos, ¿pueden considerarse como suicidas, y sufren las consecuencias del suicidio?

«Obedecen a una preocupación, y a menudo más a la fuerza que a su propia voluntad. Creen cumplir un deber, y no es este el carácter del suicidio. Su excusa es la nulidad moral de la mayor parte de ellas y su ignorancia. Esos usos bárbaros y estúpidos desaparecen con la civilización».

☞ 956. Los que, no pudiendo sobrellevar la pérdida de las personas que les son queridas, se matan con la esperanza de reunirse con ellas, ¿logran su objeto?

«El resultado es muy diferente del que esperan, y en vez de reunirse con el objeto de su afecto, se alejan de él por más tiempo, porque Dios no puede recompensar un acto de cobardía, y el insulto que se le hace dudando de su providencia. Pagarán ese instante de locura con pesares mayores que los que creen abreviar, y no tendrán para compensarlos la satisfacción que esperaban». (934 y siguiente)

☞ 957. ¿Cuáles son, en general, las consecuencias del suicidio en el estado del espíritu?

«Las consecuencias del suicidio son muy diversas; no hay penas fijas, y en todos los casos son siempre relativas a las causas que lo han producido; pero una de las consecuencias inevitables al suicida es la contrariedad. Por lo demás, no es una misma la suerte de todos ellos, depende de las circunstancias. Algunos expían su falta inmediatamente, y otros en una nueva existencia que será peor que aquella cuyo curso ha interrumpido».

🖎 La observación demuestra, en efecto, que las consecuencias del suicidio no son siempre las mismas; pero las hay que son comunes a todos los casos de muerte violenta y resultado de la interrupción brusca de la vida. Ante todo lo es la persistencia más prolongada y más tenaz del lazo que une el espíritu al cuerpo, pues tiene casi siempre toda su fuerza en el momento en que se ha cortado, al paso que en la muerte natural se afloja gradualmente, y a menudo se suelta antes de que esté completamente extinguida la vida. Las consecuencias de este estado de cosas son la prolongación de la turbación espiritista, y luego la de la ilusión que, durante un tiempo más o menos largo, hace creer al espíritu que es aún del número de los vivos. (155 y 165)

La afinidad que persiste entre el espíritu y el cuerpo produce en algunos suicidas, una especie de repercusión del estado del cuerpo en el espíritu, quien, a pesar suyo, siente los efectos de la descomposición, y experimenta una sensación llena de angustias y de horror, y este estado puede persistir tanto tiempo como hubiera debido durar la vida que han interrumpido. Este efecto no es general; pero en ningún caso se ve el suicida libre de las consecuencias de su falta de valor, y tarde o temprano expía su culpa de uno u otro modo. De aquí que ciertos espíritus, que habrían sido muy desgraciados en la tierra, han dicho que se habían suicidado en la existencia anterior, y que voluntariamente se habían sometido a nuevas pruebas para intentar soportarlas con más resignación. En algunos el castigo consiste en una especie de apego a la materia de la cual procura deshacerse en vano, para volar a mejores mundos, cuyo acceso les está prohibido; en la mayor parte en el pesar de haber hecho una cosa inútil, puesto que sólo desengaños tienen.

La religión, la moral, todas las filosofías condenan el suicidio como contrarío a la ley natural; todos nos dicen en principio que no tenemos derecho a abreviar voluntariamente nuestra vida; pero ¿por qué no lo tenemos? ¿Por qué no es libre el hombre de poner término a sus sufrimientos? Estaba reservado al espiritismo demostrar, con el ejemplo de los que han muerto, que no sólo el suicidio es una falta como infracción de una ley moral, consideración de poco peso para ciertos individuos, sino que es un acto estúpido, puesto que nada se gana y antes se pierde. No nos ensena la teoría, sino que presenta ante nosotros los hechos.

CAPITULO II
—
PENAS Y GOCES FUTUROS

**1. La nada - Vida futura - 2. Intuición de las penas y goces futuros
3. Intervención de Dios en las penas y recompensas - 4. Naturaleza
de las penas y goces futuros - 5. Penas temporales - 6. Expiación y
arrepentimiento - 7. Duración de las penas futuras - 8. Resurrección
de la carne - 9. Paraíso, infierno y purgatorio**

1. La nada - Vida futura

☞ 958. ¿Por qué el hombre tiene instintivamente horror a la nada?

« Porque la nada no existe ».

☞ 959. ¿De dónde viene al hombre el sentimiento instintivo de la vida futura?

« Ya lo hemos dicho: antes de su encarnación, el espíritu conocía todas esas cosas, y el alma conserva un recuerdo vago de lo que sabe y ha visto en su estado de espíritu ». (393)

✎ En todas épocas el hombre se ha ocupado de su porvenir de ultratumba, y esto es muy natural. Cualquiera que sea la importancia que dé a la vida presente, no puede menos de considerar lo corta que es y precaria sobre todo, puesto que puede ser interrumpida a cada instante y nunca está cierto del día de mañana. ¿Qué se hace de él después del instante fatal? La cuestión es grave, pues no se trata de algunos años, sino de la eternidad. El que debe pasar largos años en un país extraño se ocupa de la posición que en él tendrá; ¿cómo no nos hemos de ocupar de la que tendremos, al dejar este mundo, puesto que es para siempre?

La idea de la nada tiene algo que repugna a la razón. El hombre más despreocupado durante su vida, al llegar al momento supremo, se pregunta lo que va a ser de él, e involuntariamente espera.

Creer en Dios sin admitir la vida futura sería un contrasentido. El sentimiento de una existencia mejor se encuentra en el foro interior de todos los hombres, y Dios no lo puede haber puesto allí en vano.

La vida futura implica la conservación de nuestra individualidad después de la muerte; ¿qué nos importaría, en efecto, sobrevivir a nuestro cuerpo, si nuestra esencia moral debiera perderse en el océano de lo infinito? Para nosotros serian las mismas consecuencias que la de la nada.

2. Intuición de las penas y goces futuros

☞ 960. ¿De dónde procede la creencia que en todos los pueblos se encuentra de las penas y recompensas futuras?

« Siempre es lo mismo: presentimiento de la realidad dado al hombre por el espíritu encarnado en él: porque, sabedlo, no en vano os habla una voz interior. Vuestra desgracia es la de no escucharla siempre. Si pensaseis en ella bien a menudo, seríais mejores ».

☞ 961. ¿Cuál es el sentimiento que en el acto de la muerte predomina en el mayor número de los hombres, la duda, el temor o la esperanza?

« La duda en los escépticos endurecidos, el temor en los culpables y la esperanza en los hombres de bien ».

☞ 962. ¿Por qué hay escépticos, siendo así que el alma da al hombre el sentimiento de las cosas espirituales?

« Hay menos de los que se creen; muchos se hacen los despreocupados por orgullo durante la vida, pero en el acto de morir no son tan fanfarrones ».

🖎 La consecuencia de la vida futura es la responsabilidad de nuestros actos. La razón y la justicia nos dicen que, en el reparto de la dicha a que aspira todo hombre, no pueden ser confundidos los buenos y los malvados. Dios no puede querer que los unos gocen sin trabajo de los bienes a que sólo con esfuerzo y perseverancia llegan los otros.

La idea que Dios nos da de su justicia y de su bondad por la sabiduría de sus leyes, no nos permite creer que el justo y el malvado sean para él iguales, ni dudar que reciban un día, aquél la recompensa y éste el castigo del bien o del mal que hayan hecho. Y por esto el sentimiento innato que tenemos de la justicia nos da la intuición de las penas y recompensas futuras.

3. Intervención de Dios en las penas y recompensas

☞ 963. ¿Dios se ocupa personalmente de cada hombre? ¿No es demasiado grande y nosotros demasiado pequeños, para que cada individuo en particular tenga importancia a sus ojos?

« Dios se ocupa de todos los seres que ha creado, por pequeños que sean: nada es demasiado pequeño para su bondad ».

☞ 964. ¿Necesita Dios ocuparse de cada uno de nuestros actos para recompensarnos o castigarnos, y no son insignificantes para él la mayor parte de esos actos?

« Dios tiene sus leyes que arreglan todas vuestras acciones; si las violáis, culpa vuestra es. Es indudable que, cuando un hombre comete un exceso, Dios no pronuncia un fallo contra él para decirle, por ejemplo: Has sido un glotón, voy a castigarte; pero ha trazado un límite. Las enfermedades y con frecuencia la muerte son consecuencia de los excesos; este es el castigo, que resulta de la infracción de la ley. En todo sucede lo mismo ».

🖎 Todas nuestras acciones están sometidas a las leyes de Dios, no hay ninguna, por insignificante que nos parezca, que no pueda ser violación de semejantes leyes. Si sufrimos las consecuencias de esa violación, no debemos quejamos más que de nosotros mismos, que nos constituimos en artífices de nuestra dicha o desdicha futura.

Esta verdad se hace sensible por medio del siguiente apólogo:

«Un padre da su hijo educación e instrucción, es decir los medios de saber conducirse. Cédele un campo para que lo cultive y le dice: Esta marcha has de adoptar, y además aquí tienes todos los aperos necesarios para que, haciendo fértil este campo, asegures tu subsistencia. Te he dado instrucción para que comprendas semejantes reglas; si las sigues, tu campo te producirá mucho y te asegurará el descanso en la ancianidad; si no, nada te producirá y morirás de hambre. Dicho esto, le deja obrar a su gusto».

✎ ¿No es cierto que el campo producirá en razón a los cuidados que se empleen en el cultivo, y que toda negligencia redundará en perjuicio de la cosecha? El hijo será, pues, en su ancianidad feliz o desgraciado según que haya seguido o descuidado la regla que su padre le ha trazado. Dios es más previsor aún; porque nos advierte a cada instante si hacemos mal o bien, nos manda espíritus para que nos inspiren, pero nosotros no los escuchamos. Hay también esta diferencia. Dios da siempre al hombre recursos en sus nuevas existencias para reparar sus pasados errores, mientras que el hijo de que hablamos, carece de ellos, si ha empleado mal su tiempo.

4. Naturaleza de las penas y goces futuros

☞ 965. Las penas y goces del alma después de la muerte, ¿tienen algo de material?

«No pueden ser materiales, puesto que el alma no es materia; el sentido común lo dice. Esas penas y goces nada tienen de carnal, y sin embargo, son mil veces más agudas de las que experimentáis en la tierra, porque el espíritu, una vez desprendido, es más impresionable. La materia no embota ya sus sensaciones». (237 a 257)

☞ 966. ¿Por qué se forma a menudo el hombre una idea tan grosera y tan absurda de las penas y goces de la vida futura?

«Inteligencia no bastante desarrollada aún. ¿Comprende el niño como el adulto? Por otra parte, depende también de lo que se le ha enseñado. En esto es donde se hace necesaria la reforma.

»Vuestro lenguaje es muy incompleto para expresar lo que está fuera de vosotros; han sido necesarias comparaciones, y vosotros habéis tomado por realidades esas imágenes y figuras. Pero a medida que el hombre se ilustra, su pensamiento comprende las cosas que no puede expresar su lenguaje».

☞ 967. ¿En qué consiste la felicidad de los espíritus buenos?

«En conocer todas las cosas; en no tener ni odio, ni celos, ni envidia, ni ambición, ni ninguna de las pasiones que hacen desgraciados a los hombres. El amor que los une es para ellos origen de suprema felicidad. No experimentan ni las necesidades, ni los sufrimientos, ni las angustias de la vida material; son felices por el bien que hacen. Por lo demás, la felicidad de los espíritus es siempre proporcionada a su elevación. Sólo los espíritus puros gozan de la felicidad suprema, es cierto; pero todos los otros no son desgraciados. Entre los malos y los perfectos hay una infinidad de grados en que los goces son relativos al estado moral. Los que están bastante adelantados comprenden la felicidad de los que han llegado antes que ellos; aspiran a ella, pero siendo ésta un objeto de emulación, no celosos. Saben que de ellos depende lograrla y con este fin trabajan, pero con la tranquilidad de la buena conciencia, y son felices por no tener que sufrir lo que sufren los malos».

☞ 968. Colocáis la carencia de necesidades materiales en el número de las condiciones de felicidad de los espíritus; pero la satisfacción de semejantes necesidades, ¿no es para el hombre origen de goces?

«Sí, los goces del bruto, y el no poder satisfacerlos es para ti un tormento».

☞ 969. ¿Qué debe entenderse cuando se dice que los espíritus puros están reunidos en el seno de Dios, y ocupado en cantar sus alabanzas?

«Esa es una alegoría que pinta la inteligencia que tienen de las perfecciones de Dios, porque lo ven y lo comprenden; pero que no debe tomarse literalmente como tampoco muchas otras. Desde el grano de arena, todo canta, es decir, prodama el poder, la sabiduría y la bondad de Dios; pero no creas que los espíritus bienaventurados estén en eterna contemplación. Esto sería una dicha estúpida y monótona, y además la del egoísta, puesto que su existencia sería una inutilidad sin término. Están libres ya de las tribulaciones de la existencia corporal, lo cual es un goce, y además, según tenemos dicho, conocen y saben todas las cosas y aprovechan la inteligencia que han adquirido para favorecer el progreso de los otros espíritus. Esta es su ocupación y al mismo tiempo un goce».

☞ 970. ¿En qué consisten los sufrimientos de los espíritus inferiores?

«Son tan variados como las causas que los han producido, y proporcionados al grado de inferioridad como los goces lo son al de superioridad. Pueden resumirse así: Envidiar todo lo que les falta para ser felices sin poder obtenerlo; ver la dicha sin poder alcanzarla, pesar, celos, rabia y desesperación producidos por lo que les priva de ser felices; remordimientos y ansiedad moral indefinibles. Desean todos los goces sin poder satisfacerlos, lo cual los atormenta».

☞ 971. ¿Es siempre buena la influencia que ejercen unos espíritus en otros?

«Buena siempre de parte de los espíritus buenos, no hay que decirlo; pero los espíritus perversos procuran alejar del camino del bien y del arrepentimiento a los que creen susceptibles de dejarse arrastrar, y a quienes, durante la vida, han arrastrado al mal con frecuencia».

—¿De modo que la muerte no nos libra de la tentación?

«No; pero la acción de los espíritus malos es mucho menor en los otros espíritus que en los hombres, porque no tienen por auxiliares a las pasiones materiales». (996)

☞ 972. ¿De qué medio se valen los espíritus malos para tentar a los otros no teniendo el auxilio de las pasiones?

«Si éstas no existen materialmente, existen aún en el pensamiento de los espíritus atrasados. Los malos fomentan esos pensamientos, arrastrando a sus victimas a los lugares, donde se les presenta el espectáculo de esas pasiones y de todo lo que puede excitarías».

—Pero ¿de qué sirven semejantes pasiones, pues que no tienen otro objeto real?

«Este es cabalmente su suplicio; el avaro ve oro que no puede poseer; el licencioso orgías en las que no puede tomar parte, y el orgulloso honores que codicia y no puede disfrutar».

☞ 973. ¿Cuáles son los mayores sufrimientos que pueden experimentar los espíritus?

«No hay descripción posible de los tormentos morales con que son castigados ciertos crímenes. El mismo que los experimenta tendría trabajo en daros una idea de ellos; pero el más horrible indudablemente es la creencia de estar eternamente condenado».

🖎 El hombre se forma, según el estado de su inteligencia, una idea más o menos elevada de las penas y goces del alma después de la muerte. Mientras más se desarrolla la inteligencia, más se depura y se desmaterializa aquella idea; comprende las cosas desde un punto de vista más racional, y cesa de tomar literalmente las imágenes del lenguaje figurado. La razón más ilustrada, demostrándonos que el alma es un ser del todo espiritual, nos dice, por lo mismo, que no puede ser afectada por las impresiones que sólo en la materia obran. Mas no se sigue de aquí que esté exenta de sufrimientos, ni que no reciba castigo por sus faltas. (237)

Las comunicaciones espiritistas producen el resultado de mostrarnos el estado futuro del alma no como una teoría, sino como una realidad; ponen ante nuestros ojos todas las peripecias de la vida de ultratumba; pero nos las ofrecen también como consecuencias perfectamente lógicas de la vida terrestre, y, aunque desprovistas del aparato fantástico creado por la imaginación de los hombres, no son menos penosas para los que han hecho mal uso de sus facultades. La diversidad de semejantes consecuencias es infinita; pero, en tesis general, puede decirse: cada uno es castigado por donde ha pecado. Así es que unos lo son por la vista incesante del mal que han hecho; otros por los pesares, el temor, la vergüenza, la duda, el alejamiento, las tinieblas, el alejamiento de los seres queridos, etcétera.

☞ 974. ¿De dónde procede la doctrina del fuego eterno?

«Imagen, como muchas otras, tomada de la realidad».

—¿Pero ese temor no puede producir buen resultado?

«Mira si contiene a muchos, aun entre aquellos que lo predican. Si enseñáis cosas que más tarde rechaza la razón, producís una impresión que no será duradera ni saludable».

🖎 El hombre, impotente para dar a comprender con su lenguaje la naturaleza de aquellos sufrimientos, no ha encontrado comparación más enérgica que la del fuego; porque para él el fuego es el tipo de los más crueles suplicios y el símbolo de la acción más enérgica. Por esta razón la creencia en el fuego eterno se remonta a la más alta antigüedad, y los pueblos modernos la han heredado de los antiguos; por esta razón también dice en su lenguaje figurado: el fuego de las pasiones, abrasarse de amor, de celos, etcétera.

☞ 975. ¿Los espíritus superiores comprenden la dicha del justo?

«Sí, y esto es lo que origina su suplicio, porque comprenden que están privados de ella por culpa suya. Por esto el espíritu, separado de la materia, aspira a una nueva existencia corporal; porque cada existencia, si la emplea bien, puede abreviar la duración de aquel suplicio. Entonces es cuando elige las pruebas por cuyo medio podrá expiar sus faltas; porque, sabedlo bien, el espíritu sufre por todo el mal que ha hecho, o cuya causa voluntaria ha sido, por todo el bien que hubiera podido hacer y no hizo, y por todo el mal que resulta del bien que no ha hecho.

»El espíritu errante no tiene ya velo, está como fuera de la bruma y ve lo que le aleja de la dicha, sufriendo entonces más, porque comprende cuan culpable ha sido. Para él no existe ya ilusión, sino que ve la realidad de las cosas».

✎ El espíritu errante abarca por una parte, todas sus existencias pasadas, y por otra, ve el porvenir prometido y comprende lo que le falta para llegar a él. Tal como un viajero que ha llegado a la cumbre de la montaña, ve el camino recorrido y el que le falta que recorrer para llegar al término.

☞ 976. La presencia de los espíritus que sufren, ¿no es para los buenos causa de aflicción, y qué viene entonces a ser su dicha, estando perturbada?

«No es aflicción, puesto que saben que el mal concluirá; ayudan a los otros a mejorarse y les tienden la mano. Esta es su ocupación y un goce cuando obtienen buen resultado».

—Concíbese esto de los espíritus extraños e indiferentes; pero el espectáculo de los pesares y sufrimientos de aquellos a quienes han amado en la tierra, ¿no perturba su dicha?

«Si no presenciaran esos sufrimientos, sería porque os fueran extraños después de la muerte. La religión os dice que las almas os ven, pero consideran vuestras aflicciones desde otro punto de vista, pues saben que esos sufrimientos son útiles a vuestro progreso, si los soportáis con resignación. Afligense, pues, más de la falta de valor que os detiene, que de los sufrimientos en si mismos que sólo son pasajeros».

☞ 977. No pudiendo los espíritus ocultarse recíprocamente sus pensamientos, y siéndoles conocidos los actos de la vida, ¿parece que el culpable está perpetuamente ante su víctima?

«No puede ser de otro modo, el sentido común lo dice».

—La divulgación de todos nuestros actos reprensibles, y la perpetua presencia de los que de ellos han sido víctimas, ¿son un castigo para el culpable?

«Más grande de lo que se cree, pero hasta que haya expiado sus faltas, ya como espíritu, ya como hombre en nuevas existencias corporales».

✎ Mostrándose a descubierto todo nuestro pasado, cuando estamos en el mundo de los espíritus, el bien y el mal que hayamos hecho serán igualmente conocidos. En vano querrá el que ha hecho mal sustraerse a la mirada de sus victimas: la inevitable presencia de éstas serán para él un castigo y un remordimiento incesante hasta que haya expiado sus culpas, al paso que el hombre de bien, por el contrario, no encontrará por doquiera más que miradas amigas y benévolas.

En la tierra, no hay mayor tormento para el malvado que la presencia de sus víctimas, y por esto la evita sin cesar. ¿Qué no ha de ser, pues, cuando, disipada la ilusión de las pasiones, comprenda el mal que ha hecho, vea descubiertos sus más secretos actos, desenmascarada su hipocresía y no puede evitar ese espectáculo? Al paso que el alma del hombre perverso es presa de la vergüenza, del pesar y del remordimiento, la del justo goza de perfecta serenidad.

☞ 978. El recuerdo de las faltas que el alma haya podido cometer, cuando era imperfecta, ¿no perturba su dicha aun después que se ha purificado?

«No, porque ha redimido sus faltas y salido victoriosa de las pruebas a que con este fin se había sometido».

☞ 979. Las pruebas que aún se han de sufrir para terminar la purificación, ¿no son para el alma una amenaza terrible que perturba su dicha?

«Para el alma impura aún, sí, y por esto no puede disfrutar de un a dicha perfecta; pero para la que está ya elevada, la idea de las pruebas que le restan por sufrir nada tiene de penoso».

✎ El alma que ha llegado ya a cierto grado de pureza participa ya de la dicha; penétrala un sentimiento de dulce satisfacción; es feliz por todo lo que ve y la rodea; descórrese para ella el velo de los misterios y de las maravillas de la creación, y las perfecciones divinas se le presentan en todo su esplendor.

☞ 980. El lazo simpático que une a los espíritus de un mismo orden, ¿es para ellos origen de felicidad?

«La unión de los espíritus que simpatizan para el bien es para ellos uno de los mayores goces; porque no temen ver perturbada esa unión por el egoísmo. Forman, en el mundo completamente espiritual, familias de un mismo sentimiento, y en esto es en lo que consiste la dicha espiritual, como en vuestro mundo os agrupáis por categorías, y disfrutáis de cierto placer cuando os veis reunidos. El afecto puro y sincero que experimentan y de que son objeto es origen de felicidad, porque no hay en ella amigos falsos e hipócritas».

✎ El hombre disfruta de las primicias de esa dicha en la tierra cuando encuentra almas con las cuales puede confundirse en pura y santa unión. En una vida más purificada semejante dicha será inefable e ilimitada, porque no encontrará más que almas simpáticas, a quienes no enfriará el egoísmo: porque todo es amor en la naturaleza, y quien lo mata es el egoísmo.

☞ 981. ¿Hay, en el estado futuro del espíritu, alguna diferencia entre el que, durante la vida, temía la muerte, y el que la ve con indiferencia, y hasta con alegría?

«La diferencia puede ser muy grande; pero desaparece, obstante, ante las causas que engendran ese temor o ese deseo. Ya se la tema, ya se la desee, puede uno ser movido a ello por muy diversos sentimientos, y éstos son los que influyen en el estado del espíritu. Es evidente, por ejemplo, que en el que desea la muerte sólo porque en ella ve el término de sus tribulaciones, es ese deseo una especie de murmuración contra la Providencia y contra las pruebas que ha de sufrir».

☞ 982. ¿Es preciso hacer profesión de espiritismo y de creer en las manifestaciones, para asegurar nuestra suerte en la vida futura?

«Si así fuese, seguiríase que todos los que en él no creen, o que no han estado en disposición de ilustrarse sobre el particular, estarían desheredados, lo que es absurdo. El bien es lo que asegura la suerte venidera, y el bien es siempre bien, cualquiera que sea el camino que a él conduzca». (165-799)

✎ La creencia en el espiritismo ayuda a mejorarnos fijando las ideas sobre ciertos puntos del porvenir; apresura el progreso de los individuos y de las masas, porque nos permite hacernos cargo de lo que algún día seremos, es un punto de apoyo, una luz que nos guía. El espiritismo enseña a soportar las pruebas con paciencia y resignación; aparta de los hechos que pueden retardar la dicha futura, y así es como a ésta contribuye; pero no hay que decir que sin él no pueda conseguirse aquélla.

5. Penas temporales

☞ 983. El espíritu que expía sus faltas en una nueva existencia, ¿no experimenta sufrimientos materiales, y si esto es así, es exacto decir que después de la muerte, sólo sufrimientos morales experimenta el alma?

«Es cierto que, cuando el alma está reencarnada, son un sufrimiento para ella las tribulaciones de la vida; pero sólo el cuerpo sufre materialmente.

»Con frecuencia decís del que ha muerto que ya no sufre, y esto no siempre es cierto. Como espíritu, no experimenta dolores físicos; pero, según las faltas que haya cometido, puede sentir dolores morales más agudos, y en una nueva existencia puede ser más desgraciado aún. El mal rico pedirá limosna, siendo presa de todas las humillaciones, y el que abusa de su autoridad y trata a sus subordinados con desprecio y dureza, se verá obligado a obedecer a un amo más duro aún que lo fue él. Todas las penas y tribulaciones de la vida son expiación de faltas de otra existencia, cuando no son consecuencia de las de la actual. Cuando dejéis este mundo lo comprenderéis. (273, 393, 399)

»El hombre que se cree feliz en la tierra, porque puede satisfacer sus pasiones, es el que menos esfuerzos hace para mejorarse. A menudo expía desde esta vida esa dicha efímera, pero indudablemente la expiará en otra existencia de todo punto material».

☞ 984. Las vicisitudes de la vida, ¿son siempre castigo de faltas actuales?

«No; ya hemos dicho que son pruebas impuestas por Dios, o escogidas por vosotros mismos en estado de espíritu y antes de vuestra encarnación, para expiar las faltas cometidas en otra existencia; porque nunca las infracciones a las leyes de Dios; y sobre todo a la ley de justicia, quedan impunes. Si no es en esta vida necesariamente será en otra y por esta razón el que para vosotros es justo es a menudo castigado por su pasado». (393)

☞ 985. La reencarnación del alma en un mundo menos grosero, ¿es una recompensa?

« Es consecuencia de su purificación; porque, a medida que los espíritus se depuran, se reencarnan en mundos más y más perfectos, hasta que se hayan desprendido de toda clase de materia y lavado de todas sus manchas, para gozar eternamente de la felicidad de los espíritus puros en el seno de Dios ».

🖎 En los mundos en que es menos material la existencia, las necesidades son menos groseras y menos vivos todos los sufrimientos físicos. Los hombres no sienten las malas pasiopes que, en los mundos inferiores, siembran la enemistad entre ellos. Careciendo de motivo de odio y celos, viven pacíficamente; porque practican la ley de justicia, de amor y de caridad; y no sienten los disgustos y cuidados que engendran la envidia, el orgullo y el egoísmo, y que atormentan nuestra existencia terrestre. (172-182)

☞ 986. El espíritu que ha progresado en su existencia terrestre, ¿puede reencarnarse en el mismo mundo?

« Sí, si no ha podido cumplir su misión, y él mismo puede pedir terminarla en una nueva existencia pero entonces no es una expiación ». (173)

☞ 987. ¿Qué se hace del hombre que, sin hacer mal no hace, empero, nada para sacudir el yugo de la materia?

« Puesto que ningún paso da hacia la perfección, debe empezar una existencia de la clase de la que ha terminado; permanece estacionario, y he aquí cómo puede prolongar los sufrimientos de la expiación ».

☞ 988. Hay personas cuya vida corre en completa calma y que, no teniendo que hacer nada por si mismas están libres de cuidados. Esa existencia feliz, ¿prueba que nada tienen que expiar de otra anterior?

« ¿Conoces muchos de esos? Si lo crees, te engañas, pues sólo aparente es con frecuencia la calma. Pueden haber escogido semejante existencia; pero cuando la terminan, se aperciben de que no les ha servido para progresar, y entonces, como el perezoso, sienten el tiempo que han perdido. Sabed que sólo por medio del trabajo puede el espíritu adquirir conocimientos y elevarse; si se duerme en la incuria, no progresa. Asemejase a aquel que necesita trabajar (según vuestras costumbres), y que se pone a pasear o se acuesta con la intención de no hacer nada. *Sabed también que cada uno habrá de dar cuenta de la inutilidad voluntaria de su existencia. Esa inutilidad es siempre fatal para la dicha venidera.* La suma de ésta, está en razón de la suma del bien que se ha hecho, y la del mal está en razón del mal y de las desgracias causadas ».

☞ 989. Hay gentes que sin ser positivamente malas, hacen desgraciados a todos los que las rodean, por su carácter. ¿Qué les resultará de ello?

«Ciertamente que esas gentes no son buenas, y expiarán con el espectáculo de aquellos a quienes han hecho desgraciados, lo que será para ellos un reproche. En otra existencia además sufrirán lo que han hecho sufrir».

6. Expiación y arrepentimiento

☞ 990.¿Tiene lugar el arrepentimiento en estado corporal o espiritual?

«En estado espiritual, pero puede también tener lugar en el corporal cuando comprendáis bien la diferencia entre el bien y el mal».

☞ 991.¿Qué consecuencia produce el arrepentimiento en estado espiritual?

«El deseo de una nueva encarnación para purificarse. El espíritu comprende las imperfecciones que le privan de ser feliz, y por esto aspira a una nueva existencia en que podrá expiar sus faltas». «332-975.)

☞ 992.¿Qué consecuencia produce el arrepentimiento en estado corporal?

«Progresar desde la vida presente, si hay tiempo de reparar las faltas. Cuando la conciencia acusa y señala una imperfección, puede uno siempre mejorarse».

☞ 993.¿No hay hombres que sólo tienen el instinto del mal y son inaccesibles al arrepentimiento?

«Te he dicho que se ha de progresar incesantemente. El que, en esta vida, sólo tiene el instinto del mal, tendrá el del bien en otra, y por esto renace muchas veces; porque es preciso que todos progresen y alcancen el objeto, los unos en más tiempo, los otros en menos, según su deseo. El que sólo tiene el instinto del bien está ya purificado, porque ha podido tener el del mal en una existencia anterior. (894)

☞ 994.El hombre perverso que no ha reconocido sus faltas durante la vida, ¿las reconoce siempre después de la muerte?

«Si, las reconoce siempre, y entonces sufre más, pues siente todo el mal que ha hecho o del que ha sido causa voluntaria. El arrepentimiento, sin embargo, no siempre es inmediato, hay espíritus que se obstinan en el mal camino a pesar de sus sufrimientos, pero tarde o temprano reconocerán el falso camino en que se han internado, y vendrá el arrepentimiento. Para iluminarlos trabajan los espíritus buenos, y con igual fin podéis trabajar vosotros».

☞ 995.¿Hay espíritus que, sin ser malos, son indiferentes respecto de su suerte?

«Hay espíritus que en nada útil se ocupan, están a la expectativa; pero, en tal caso, sufren proporcionalmente, y como en todo debe haber progreso, éste se manifiesta por medio del dolor».

—¿No sienten deseos de abreviar sus sufrimientos?

«Sin duda lo sienten; pero no tienen bastante energía para querer lo que podría aliviarles. ¿Cuántos hay entre vosotros que prefieren morirse de hambre a trabajar?»

☞ 996. Puesto que los espíritus ven el mal que les sobrevienen de sus imperfecciones, ¿a qué se debe que los haya que agravan su posición y prolongan su estado de inferioridad, haciendo el mal como espíritus, alejando a los hombres del buen camino?

«Los que así obran son aquellos cuyo arrepentimiento es tardío. El espíritu que se arrepiente puede en seguida dejarse arrastrar nuevamente al camino del mal por otros espíritus más atrasados aún». (971)

☞ 997. Se ven espíritus de notoria inferioridad accesibles a los buenos sentimientos y conmoverse con las oraciones que por ellos se hacen. ¿A qué se debe que otros espíritus, a quienes debiera creerse más ilustrados, demuestran un endurecimiento y un cinismo del que nada puede triunfar?

«La oración sólo produce efecto en favor del espíritu que se arrepiente; el que, arrastrado por el orgullo, se subleva contra Dios, y persiste en sus extravíos, exagerándolos aún, como hacen los espíritus desgraciados, no siente efecto alguno de la oración, ni lo sentirá hasta que se manifieste en él la luz del arrepentimiento». (664)

🖎 No debe perderse de vista que el espíritu, después de la muerte del cuerpo, no se transforma súbitamente; si su vida ha sido reprensible, débese a que era imperfecto, y la muerte no le hace inmediatamente perfecto. Puede persistir en sus errores, en sus opiniones falsas, en sus preocupaciones, hasta que el estudio, la reflexión y el sufrimiento le ilustren.

☞ 998. ¿Se verifica la expiación en estado corporal o en estado de espíritu?

«La expiación se verifica en estado corporal, por medio de las pruebas a que se somete el espíritu, y en la vida espiritual por medio de los sufrimientos morales inherentes al estado de inferioridad del espíritu».

☞ 999. El arrepentimiento sincero durante la vida, ¿basta a borrar las faltas y a que Dios nos perdone?

«El arrepentimiento favorece el mejoramiento del espíritu, pero ha de expiarse el pasado».

—Si, según esto, dijese un criminal que, puesto que debe en todo caso expiar su pasado, no tiene necesidad de arrepentirse, ¿qué le sucedería?

«Si se obstina en malos pensamientos, su expiación será más larga y penosa».

☞ 1000. ¿Podemos redimir nuestras faltas en esta vida?

«Sí, reparándolas; pero no creáis redimirías con algunas pueriles privaciones, o haciendo donaciones para después de vuestra muerte, cuando ya no necesitáis lo que dais. Dios no hace caso alguno del arrepentimiento estéril, fácil siempre y que no cuesta otro trabajo que golpearse el pecho. La pérdida de un dedo haciendo un servicio, borra más faltas que llevar el cilicio durante años enteros, sin más objeto que la propia conveniencia. (726)

»Sólo con el bien se repara el mal, y ningún mérito tiene la reparación, si no afecta al hombre, ni en su orgullo ni en sus intereses materiales.

»¿De qué le sirve, para su justificación, restituir después de su muerte, los bienes mal adquiridos, cuando vienen a serle inútiles y cuando de ellos se ha aprovechado?

»¿De qué le sirven la privación de algunos goces fútiles y de algunas superfluidades, si queda en pie el daño que ha causado?

»¿De qué le sirve, en fin, humillarse ante Dios, si conserva su orgullo para con los hombres?» (720-821)

☞ 1001.¿No tiene ningún mérito asegurar, para después de la muerte, un empleo útil a los bienes que se poseen?

«Ningún mérito no es la palabra, pues siempre vale más algo que nada; pero está el mal en que el que da para después de su muerte, es a menudo más egoísta que generoso; quiere disfrutar del honor del bien, sin haberse tomado ningún trabajo. El que se priva, viviendo aún, tiene doble provecho: el mérito del sacrificio, y el placer de ver aquellos a quienes hace felices. Pero el egoísmo dice: Lo que das te lo quitas a tus goces, y como aquél grita más que el desinterés y la caridad, el hombre conserva sus bienes, con el pretexto de sus necesidades y de las exigencias de su posición. ¡Ah, compadeced al que no conoce el placer de dar, pues está desheredado de uno de los más puros y suaves goces! Dios, sometiéndole a la prueba de la fortuna, tan resbaladiza y peligrosa para su porvenir, ha querido darle como compensación la dicha de la generosidad de la cual puede disfrutar desde la tierra». (814)

☞ 1002.¿Qué debe hacer el que, en artículo de muerte, reconoce sus faltas, y no tiene tiempo de repararlas? ¿Basta el arrepentimiento en este caso?

«El arrepentimiento apresura su rehabilitación, pero no le absuelve. ¿Acaso no tiene ante si el porvenir que nunca le es negado?»

7. Duración de las penas futuras

☞ 1003. La duración de los sufrimientos del culpable en la vida futura, ¿es arbitraria o está subordinada a alguna ley?

«Dios no obra nunca por capricho, y todo el universo está regido por leyes en que se revelan su sabiduría y su bondad».

☞ 1004.¿En qué se basa la duración de los sufrimientos del culpable?

«En el tiempo necesario para su mejoramiento. Siendo el estado de sufrimiento o de felicidad proporcional al grado de purificación del espíritu, la duración y naturaleza de sus sufrimientos dependen del tiempo que emplea en mejorarse. A medida que progresa y que se purifican sus sentimientos, disminuyen sus sufrimientos y cambian de naturaleza».

SAN LUIS

☞ 1005. Al espíritu que sufre, ¿le parece el tiempo tan largo o menos que si cuando vivía en la tierra?

« Antes le parece más largo; para él no existe sueño. Sólo para los espíritus que han llegado a cierto grado de purificación se borra, por decirlo así, el tiempo ante el infinito ». (240)

☞ 1006. ¿Puede ser eterna la duración de los sufrimientos del espíritu?

« Sin duda, si fuese eternamente malo; es decir, que, si nunca hubiese de arrepentirse y mejorarse, sufriría eternamente; pero Dios no ha creado seres para que se consagren a perpetuo mal. Creólos únicamente sencillos e ignorantes, y todos deben progresar en un tiempo más o menos largo, según su voluntad. Ésta puede ser más o menos tardía, como hay niños más o menos precoces, pero tarde o temprano se despierta por la irresistible necesidad que experimenta el espíritu de salir de su inferioridad, y de ser feliz. La ley que rige la duración de las penas es, pues, eminentemente sabia y benévola, puesto que subordina esta duración a los esfuerzos del espíritu. Jamás le priva de su libre albedrío, y si hace mal uso de él sufre las consecuencias ».

SAN LUIS

☞ 1007. ¿Hay espíritus que nunca se arrepienten?

« Los hay cuyo arrepentimiento es muy tardío, pero pretender que nunca mejorarán, equivaldría a negar la ley del progreso, y a decir que el niño no llegará a ser adulto ».

SAN LUIS

☞ 1008. La duración de las penas, ¿depende siempre de la voluntad del espíritu, y no las hay que le son impuestas por determinado tiempo?

« Sí, pueden serle impuesta penas por algún tiempo; pero Dios, que sólo quiere el bien de sus criaturas, acoge siempre el arrepentimiento, y nunca es estéril el deseo de mejorarse ».

SAN LUIS

☞ 1009. Según esto, ¿nunca serán eternas las penas impuestas?

« Interrogad a vuestro sentido común, a vuestra razón, y preguntaos si no sería la negación de la bondad de Dios, una condenación perpetua por algunos momentos de error.

¿Qué es, en efecto, la duración de la vida, más que fuese de cien años, comparada con la eternidad? ¡Eternidad! ¿Comprendéis bien esta palabra? ¡Sufrimientos, torturas sin fin y sin esperanza, por algunas faltas! ¿No rechaza vuestro juicio semejante pensamiento? Que los antiguos vieran en el señor del universo un Dios terrible, celoso y vengativo, se comprende. En su ignorancia, atribuyeron a la divinidad las pasiones de los hombres; pero no es ese el Dios de los cristianos, que coloca el amor, la caridad, la misericordia y el olvido de las ofensas, en el número de las principales virtudes. ¿Y podría carecer él de las cualidades que ha constituido sus deberes? ¿No es contradictorio atribuirle la bondad infinita y la infinita venganza?

Decís que ante todo es justo, y que el hombre no comprende su justicia; pero ésta no excluye la bondad, y no sería bueno, si condenase a penas horribles, perpetuas, al mayor número de sus criaturas. ¿Pudiera haber impuesto a sus hijos la justicia como una obligación, si no les hubiese dado medios para comprenderla? Por otra parte, el hacer depender la duración de las penas de los esfuerzos del culpable para mejorarse, ¿no es la sublimidad de la justicia unida a la bondad? En esto consiste la verdad de las palabras siguientes: "A cada uno según sus obras"».

SAN AGUSTÍN

«Dedicaos, por todos los medios que estén a vuestro alcance, a combatir, a anonadar la idea de las penas eternas, pensamiento blasfematorio de la justicia y de la bondad de Dios, origen más fecundo que otro alguno de la incredulidad, del materialismo y de la indiferencia que han invadido a las masas, desde que su inteligencia ha empezado a desarrollarse. El espíritu, próximo a ilustrarse, aunque sólo estuviese desbrozado, advierte muy pronto esa monstruosa injusticia; su razón la rechaza, y rara vez entonces deja de comprender en el mismo ostracismo a la pena, que le subleva, y al Dios, a quien la atribuye. De aquí los males sinnúmero que han descargado sobre vosotros, y para los cuales venimos a traeros remedio. La tarea que os indicamos os será tanto más fácil, en cuanto las autoridades en que se apoyan los defensores de semejante creencia, han rehuido todas, su declaración formal sobre el particular. Ni los concilios, ni los padres de la Iglesia han decidido esta cuestión. Si, según los mismos evangelistas, y tomando literalmente las palabras emblemáticas de Cristo, amenaza éste a los culpables con un fuego inextinguible, eterno, nada hay en esas palabras que pruebe que los haya condenado *eternamente*.

»Pobres ovejas descarriadas, aprended a ver cómo llega a vosotros el buen Pastor que, lejos de querer desterraros para siempre de su presencia, sale a vuestro encuentro para volveros a llevar al redil. Hijos pródigos, abandonad vuestro destierro voluntario, encaminad vuestros pasos a la morada paterna. El padre os tiende siempre los brazos y siempre está dispuesto a celebrar vuestro regreso a la familia».

LAMENNAIS

«¡Cuestiones de palabra! ¡Cuestiones de palabra! ¿Aún no habéis hecho derramar bastante sangre? ¿Es, pues, necesario volver a encender las hogueras? Se discute sobre las palabras: eternidad de las penas, eternidad de los castigos. ¿Y acaso no sabéis que lo que vosotros entendéis por eternidad no era entendido del mismo modo por los antiguos? Que consulten los teólogos los orígenes, y como todos vosotros, descubrirán que el texto hebreo no daba el mismo significado a la palabra que los griegos, los latinos y los modernos han traducido por penas sin fin, irremisibles. La eternidad de los castigos corresponde a la eternidad del mal. Sí, mientras el mal exista entre los hombres, subsistirán los castigos. Importa interpretar en sentido relativo los textos sagrados, no en sentido absoluto. Que llegue un día en que todos los hombres vistan, por medio del arrepentimiento, la toga de la inocencia, y ese día concluirán los gemidos y el rechinar de dientes. Cierto que vuestra razón es limitada, pero tal como es, es un regalo de Dios, y con ayuda de esa razón, no hay un solo hombre de buena voluntad que comprenda de otra manera la eternidad de los castigos. ¡Eternidad de los castigos! Sería, pues, preciso admitir que el mal será eterno, pues, de no ser así, necesario sería negarle el más precioso de sus atributos: el poder soberano; porque aquél no es soberanamente poderoso que puede crear un elemento destructor de sus obras. ¡Humanidad! ¡Humanidad! No fijes tus tristes miradas en las profundidades de la tierra para hallar castigos en ellas. Llora, espera, expía, y refúgiate en la idea de un Dios íntimamente bueno, poderoso en absoluto y esencialmente justo».

PLATÓN

«Gravitar hacia la unidad divina, he aquí el objeto de la humanidad. Tres cosas son necesarias para lograrlo: la justicia, el amor y la ciencia; tres le son opuestas y contrarías: la ignorancia, el odio y la injusticia. Pues bien, en verdad os digo que faltáis a aquellos tres principios, comprometiendo la idea de Dios con la exageración de su severidad; la comprometéis doblemente, dejando penetrar en el espíritu de la criatura la creencia de que existe en ella más clemencia, mansedumbre, amor y verdadera justicia que no atribuís al ser infinito, y destruís la idea del infierno, haciéndolo ridículo e inadmisible a vuestras creencias, como lo es a vuestros corazones el horrible espectáculo de los verdugos, hogueras y tormentos de la Edad Media. ¡Pues qué! Cuando la era de las ciegas represalias ha sido desterrada para siempre de las legislaciones humanas, ¿esperáis conservarla en el ideal? ¡Oh! Creedme, hermanos en Dios y en Jesucristo, creedme; o resignaos a ver perecer en vuestras manos todos los dogmas, antes que dejarlos variar, o bien vivificadlos, abriéndolos a los bienhechores efluvios que en estos momentos derraman los buenos. La idea del infierno con sus hornos ardientes y bullidoras calderas, puede ser tolerada, es decir perdonable en un siglo de hierro; pero en el actual no es más que un fantasma que sólo sirve para espantar a los niños, y en el que no creen éstos cuando llegan a hombres. Insistiendo en esa horrorosa mitología, engendráis la incredulidad madre de toda desorganización social; porque temo ver todo un orden social conmovido y hundido por falta de sanción penal. Hombres de fe ardiente y viva vanguardia del día de luz, a la obra, pues, no para mantener vetustas y ya desacreditadas fábulas, sino para reanimar y vivificar la verdadera sanción penal, bajo formas apropiadas a vuestras costumbres, a vuestros sentimientos y a las luces de vuestra época.

»¿Quién es, en efecto, culpable? El que por un extravío, por un movimiento falso del alma, se separa del objeto de la creación, que consiste en el culto armonioso de lo bello y de lo bueno, idealizado por el arquetipo humano, por el Hombre-Dios, por Jesucristo.

»¿Qué es el castigo? La consecuencia natural que deriva de aquel movimiento falso; una suma de dolores necesarios para apartar al hombre de la deformidad, por medio de la experimentación del sufrimiento. El castigo es el aguijón que excita al alma, por medio de la amargura, a reconcentrarse en si misma y a volver a los dominios del bien. El castigo no tiene más objeto que la rehabilitación, la emancipación. Querer que el castigo de una falta no eterna, sea eterno, equivale a negarle toda su razón de ser.

»¡Oh! En verdad os lo digo, cesad, cesad de poner en parangón, respecto de su eternidad, al bien, esencia del Creador, con el mal, esencia de la criatura. Esto equivale a crear una penalidad injustificable. Asegurad, por el contrario, la amortización gradual de los castigos y penas por medio de las transmigraciones, y consagraréis con la razón unida al sentimiento, la unidad divina».

PABLO, APÓSTOL

❧ Se quiere excitar al hombre al bien, y alejarle del mal con el incentivo de las recompensas y el temor de los castigos; pero si éstos se pintan de modo que la razón se niegue a creerlos, no tendrán en aquél ninguna influencia, y lejos de conseguir su objeto, harán que el hombre lo rechace todo, la forma y el fondo. Preséntese, por el contrario de una manera lógica, y no lo rechazará. El espiritismo ofrece esa explicación.

La doctrina de las penas eternas en absoluto convierte al Ser supremo en un Dios implacable. ¿Sería lógico decir de un soberano que es muy bueno, muy bienhechor, muy indulgente y que no quiere más que la dicha de los que le rodean; pero que es al mismo tiempo celoso, vengativo, inflexible en su rigor, y que condena a la última pena a las tres cuartas partes de sus súbditos por una ofensa o infracción a sus leyes, aun a aquellos que faltaron por no conocerlas? ¿No sería esta una contradicción? ¿Y será Dios menos bueno que un hombre?

También existe otra contradicción. Puesto que Dios lo sabe todo, sabía, al crear un alma, que pecaría, y por lo tanto ha sido condenada, desde su formación, a eterna desgracia. ¿Es posible esto? ¿Es racional? Con la doctrina de las penas relativas todo se justifica. Dios sabía indudablemente que el alma delinquiría, pero le da medios de ilustrarse por su propia experiencia, y por sus mismas faltas; es preciso que expíe sus errores para afirmarse más en el bien, pero la puerta de la esperanza no le es cerrada para siempre, y Dios hace depender el instante de su emancipación de los esfuerzos que hace para llegar a ella. Esto lo puede comprender todo el mundo, y lo puede admitir la más rigurosa lógica. Si bajo este aspecto hubiesen sido presentadas las penas futuras, habría menos escépticos.

La palabra eterno se emplea a menudo figuradamente en el lenguaje vulgar, para indicar una cosa de larga duración y cuyo término no se prevea, aunque se sepa perfectamente que ese término existe. Decimos, por ejemplo, los hielos eternos de las altas montañas, de los polos, aunque sabemos, por una parte, que el mundo físico puede tener un fin, y por otra, que el estado de esas regiones puede cambiar por la dislocación normal del eje o por un cataclismo. La palabra eterno en este caso, no quiere decir perpetuo hasta el infinito. Cuando sufrimos una larga enfermedad, decimos que nuestro mal es eterno. ¿Qué extraño, pues, que espíritus que sufren, hace ya años, siglos, hasta millares de años, digan otro tanto? No olvidemos sobre todo que, no permitiéndoles su inferioridad ver el término del camino, creen que han de sufrir siempre y que esto es un castigo para ellos.

Además, la doctrina del fuego material, de las hogueras y de los tormentos copiados del tártaro del paganismo, está hoy completamente abandonada por la alta teología, y sólo en las escuelas se dan como verdades positivas esos horribles cuadros alegóricos, por personas más celosas que ilustradas, en lo que proceden equivocadamente, porque, recuperadas de su terror aquellas jóvenes imaginaciones, podrán engrosar el número de los incrédulos. La teología reconoce hoy que la palabra fuego se emplea figuradamente y debe entenderse de un fuego moral (974)

Los que, como nosotros, han seguido las peripecias de la vida y sufrimientos de ultratumba, por medio de las comunicaciones espiritistas, han podido convencerse de que, aunque no son nada materiales, no dejan de ser menos agudos. Bajo el mismo punto de vista de su duración ciertos teólogos empiezan a admitirías en el sentido restrictivo más arriba expresado y creen que, en efecto, la palabra eterno puede entenderse de las penas en si mismas, como consecuencias de una ley inmutable, y no de su aplicación a cada individuo. El día en que la religión admita esta interpretación, como otras que son también consecuencia del progreso de las luces, se atraerá muchas ovejas descarriadas.

8. Resurrección de la carne

☞ 1010. El dogma de la resurrección de la carne, ¿es la consagración del de la reencarnación enseñado por los espíritus?

«¿Cómo queréis que no sea así? Sucede con esas palabras lo que con muchas otras, y es que sólo parecen absurdas a ciertas personas, porque se las toma literalmente, y por semejante razón engendran la incredulidad. Pero dadles una interpretación lógica, y aquellos a quienes llamáis libres pensadores las admitirán sin dificultad, por lo mismo que reflexionan; porque, no lo dudéis, esos libres pensadores no desean otra cosa que creer. Tienen como los demás, acaso más, sed del porvenir, pero no pueden admitir lo que la ciencia rechaza. La doctrina de la pluralidad de existencias es conforme a la justicia de Dios; sólo ella puede explicar lo que es inexplicable sin ella. ¿Cómo queréis, pues, que ese principio no esté consignado en la misma religión?»

—¿Así, pues, la misma Iglesia con el dogma de la resurrección de la carne, enseña la doctrina de la reencarnación?

«Evidentemente. Por otra parte, esa doctrina es consecuencia de muchas cosas que han pasado desapercibidas, y que, dentro de poco, serán comprendidas en este sentido. No tardará mucho en reconocerse que el espiritismo salta a cada paso del texto mismo de las Escrituras sagradas. Los espíritus no vienen, pues, a destruir la religión, como pretenden algunos; vienen, por el contrario, a confirmarla, a sancionarla con irrecusables pruebas. Mas como ha llegado el tiempo de no usar ya el lenguaje figurado, se expresan sin alegorías, y dan a las cosas un sentido claro y preciso que no pueda ser objeto de ninguna falsa interpretación. He aquí por qué, dentro de poco, tendréis gentes más sinceramente religiosas y creyentes que no tenéis hoy».

SAN LUIS

En efecto, la ciencia demuestra la imposibilidad de la resurrección según la idea vulgar. Si los restos del cuerpo humano continuasen siendo homogéneos, aunque fuesen dispersados y reducidos a polvo, aún se concebiría su reunión en un tiempo dado; pero no pasan así las cosas. El cuerpo está formado de elementos diversos: oxígeno, hidrógeno, ázoe, carbono, etcétera; por medio de la descomposición estos elementos se dispersan, pero para servir a la formación de nuevos cuerpos, de modo, que la misma molécula de carbono, por ejemplo, habrá entrado en la composición de muchos miles de cuerpos diferentes (hablamos tan sólo de los humanos, sin contar todos los de los animales); que tal individuo tiene quizá en su cuerpo moléculas que pertenecieron a los hombres de las edades primitivas; que las mismas moléculas orgánicas que absorbéis en los alimentos, provienen quizá del cuerpo de algún individuo a quien habéis conocido, y así sucesivamente. Siendo definida la cantidad de la materia, e indefinidas sus transformaciones, ¿cómo cada uno de esos cuerpos podrán reconstituirse con los mismos elementos? Esto envuelve una imposibilidad material. No puede, pues, admitirse racionalmente la resurrección de la carne más que como una figura que simbolice el fenómeno de la reencarnación y entonces nada en ella repugna a la razón, nada que esté en contradicción con los datos de la ciencia.

Verdad es que según el dogma, la resurrección no ha de verificarse hasta el fin de los tiempos, mientras que según la doctrina espiritista tiene lugar cada día; pero ese cuadro del juicio final ¿no es también una grande y bella figura que oculta, bajo el velo de la alegoría, una de esas verdades inmutables, para la que no existirán escépticos cuando sea explicada en su verdadero sentido? Medítese bien la teoría espiritista sobre el porvenir de las almas, y sobre su muerte a consecuencia de las diferentes pruebas que han de sufrir, y se verá que, exceptuando la simultaneidad, el juicio que las condena o absuelve no es una ficción como creen los incrédulos. Observemos también que es consecuencia natural de la pluralidad de mundos, hoy completamente admitida, al paso que, según la doctrina del juicio final, la Tierra es el único mundo que se juzga habitado.

9. Paraíso, infierno y purgatorio

☞ 1011. ¿Existe en el universo un lugar circunscrito afecto a las penas y goces de los espíritus, según sus méritos?

«Ya hemos contestado a esta pregunta. Las penas y los goces son inherentes al grado de perfección de los espíritus; cada uno toma de sí mismo el principio de su propia felicidad o desgracia; y como están por todas partes, ningún lugar circunscrito y cerrado está afecto a uno con preferencia a otro. En cuanto a los espíritus encarnados, son más o menos felices o infelices, según que el mundo que habiten esté más o menos adelantado».

—Así, pues, el infierno y el paraíso, ¿no existen tales como el hombre se los representa?

«Esas no son más que figuras; en todas partes hay espíritus felices o infelices. No obstante, según también hemos dicho, los espíritus de un mismo orden se reúnen por simpatía; pero cuando son perfectos, pueden reunirse donde quieran».

✎ La localización absoluta de los lugares de castigos y recompensas no existe más que en la imaginación de los hombres, y proviene de la tendencia de éstos a materializar y circunscribir las cosas, cuya esencia infinita no pueden comprender.

☞ 1012. ¿Qué debe entenderse por purgatorio?

«Dolores físicos y morales; el tiempo de expiación. Casi siempre pasáis en la tierra vuestro purgatorio, donde Dios os hace expiar vuestras faltas».

✎ Lo que el hombre llama el purgatorio, es también una figura por la que debe entenderse, no un lugar cualquiera determinado, sino el estado de los espíritus imperfectos que están expiando, hasta la purificación completa que ha de elevarlos a la categoría de espíritus bienaventurados. Operándose semejante purificación en las diversas encarnaciones, el purgatorio consiste en las pruebas de la vida corporal.

☞ 1013. ¿A qué se debe que espíritus que, por su lenguaje, revelan su superioridad, hayan respondido a personas muy graves, respecto del infierno y del purgatorio, conformándose a las ideas vulgarmente aceptadas?

«Hablan un lenguaje que comprenden las personas que los interrogan; cuando esas personas están muy afectas a ciertas ideas, no quieren combatirlas bruscamente para no ofender sus convicciones. Si prescindiendo de las condiciones oratorias, un espíritu dijese a un musulmán que Mahoma no es tal profeta, seria muy mal recibido».

—Concíbese que suceda así en espíritus que quieran instruirnos; pero ¿cómo puede ser que espíritus a quienes se ha preguntado acerca de su suerte, hayan contestado que sufrían los tormentos del infierno o del purgatorio?

«Cuando son inferiores y no están completamente desmaterializados, conservan una parte de sus ideas terrestres, y expresan sus impresiones en los términos que les son familiares. Se encuentran en un centro que sólo a medias les permite sondear el porvenir, y esto es causa de que a menudo espíritus errantes, o recientemente desprendidos, hablen como durante su vida lo hubiesen hecho. Infierno puede traducirse por una vida de pruebas sumamente penosas, con la incertidumbre acerca de un estado mejor, y purgatorio, también por vida de prueba, pero con conciencia de mejor porvenir. Cuando sufres un gran dolor, ¿no dices que sufres como un condenado? Estas no son más que palabras figuradas».

☞ 1014. ¿Qué debe entenderse por un alma en pena?

«Un alma errante que sufre, incierta de su porvenir, y a la cual podéis procurar algún alivio, que con frecuencia solicita cuando con vosotros se comunica». (664)

☞ 1015. ¿En qué sentido debe entenderse la palabra cielo?

«¿Crees tú que es un lugar, como los Campos Elíseos de los antiguos en que están hacinados en desorden los espíritus buenos, sin más cuidado que el de saborear eternamente una felicidad pasiva? No; es el espacio universal, los planetas, las estrellas y todos los mundos superiores, donde disfrutan los espíritus de todas sus facultades, sin sentir las tribulaciones de la vida material, ni las angustias inherentes a la inferioridad».

☞ 1016. Ciertos espíritus han dicho que habitaban el 4o, el 5o cielo, etc.; ¿qué entienden por eso?

«Vosotros les preguntáis qué cielo habitan, porque tenéis la idea de muchos cielos ordenados como los pisos de una casa, y ellos os contestan acomodándose a vuestro lenguaje. Pero para ellos estas palabras 4o y 5o cielo expresan diferentes grados de purificación y de dicha, por consiguiente. Sucede lo mismo que cuando se pregunta a un espíritu si está en el infierno. Si es desgraciado, contestará afirmativamente, porque para él el infierno es *sinónimo* de sufrimiento, pero sabe perfectamente que aquél no es un horno. Un pagano hubiese dicho que estaba en el *tártaro* ».

✎ Lo mismo sucede con otras expresiones, análogas tales como las de ciudad de las flores, de los elegidos, primera, segunda o tercera esfera, etcétera, que no son más que alegorías empleadas por ciertos espíritus, ya como figuras, ya por ignorancia a veces de la realidad de las cosas y aun de las más sencillas nociones científicas.

Según la idea estrecha que se tenía en otros tiempos de los lugares de penas y recompensas, y sobre todo opinando que la tierra era el centro del universo, que el cielo formaba una bóveda y que existía una región de las estrellas; se colocaba el cielo en lo alto y el infierno en lo bajo, y de aquí las expresiones: subir al cielo, estar en lo más alto de los cielos, ser precipitado en el infierno. Hoy que la ciencia ha demostrado que la Tierra sólo es uno de los más pequeños mundos, sin importancia especial, entre otros tantos millones; que ha trazado la historia de su formación y descrito su constitución, probado que el espacio es infinito, que en el universo no hay alto ni bajo; ha sido necesariamente forzoso desistir de colocar el cielo encima de las nubes, y en los lugares balos el infierno. En cuanto al purgatorio, ningún sitio se le había señalado. Estaba reservado al espiritismo el dar de todas esas cosas la explicación más racional, más grandiosa, y al mismo tiempo, más consoladora para la humanidad. Así, pues, podemos decir que en nosotros mismos llevamos nuestro infierno y nuestro paraíso; nuestro purgatorio lo hallamos en nuestra encarnación, en nuestras vidas corporales o físicas.

☞ 1017. ¿En qué sentido deben entenderse estas palabras de Cristo: Mi reino no es de este mundo?

«Respondiendo así Cristo hablaba en sentido figurado. Quería decir que no reina más que en los corazones puros y desinteresados; pero los hombres ávidos de las cosas de ese mundo y apegados a los bienes de la tierra no están con él».

☞ 1018. ¿Podrá establecerse algún día en la tierra el reino del bien?

«El bien reinará en la tierra, cuando entre los espíritus que vengan a habitarla, los buenos se sobrepondrán a los malos, y entonces harán reinar en ella el amor y la justicia que son el origen del bien y de la felicidad. Por el progreso moral y por la práctica de las leyes de Dios atraerá el hombre a la tierra los espíritus buenos, y alejará a los malos; pero éstos no la abandonarán; hasta que el hombre no destierre el orgullo y el egoísmo.

»La transformación de la humanidad ha sido predicha, y vosotros tocáis el momento de aquélla, que apresuran todos los hombres que favorecen el progreso. La transformación se verificará por medio de la encarnación de los espíritus mejores que constituirán en la tierra una nueva generación. Entonces los espíritus de los malos, a quienes la muerte hiere diariamente, y todos los que intentan detener la marcha de las cosas, serán excluidos de la tierra, porque estarían fuera de su centro entre hombres de bien cuya felicidad perturbarían. Irán a mundos nuevos menos adelantados, a cumplir misiones penosas donde podrán trabajar para su propio mejoramiento, al mismo tiempo que para el de sus hermanos más atrasados aún. ¿No veis en esa exclusión de la tierra transformada, la sublime figura del paraíso perdido, y en el hombre venido a la tierra en semejantes condiciones y llevando consigo mismo el germen de sus pasiones y los vestigios de su inferioridad primitiva, la no menos sublime figura del pecado original? El pecado original, desde el punto de vista considerado, arranca de la naturaleza aún imperfecta del hombre, que así sólo es responsable de sí mismo y de sus propias faltas, y no de las de sus padres.

»Vosotros todos, hombres de fe y buena voluntad, trabajad, pues, con celo y ánimo en la gran obra de la regeneración, porque recogeréis centuplicado el grano que hayáis sembrado. Infelices de los que cierran los ojos a la luz, pues se preparan largos siglos de tinieblas y desengaños; infelices de los que cifran todos sus goces en los bienes de ese mundo, pues sufrirán más privaciones que goces hayan tenido; infelices sobre todo los egoístas, pues no encontrarán quien les ayude a llevar la carga de sus miserias».

SAN LUIS

CONCLUSIÓN

CONCLUSIÓN

I

El que, en materia de magnetismo terrestre, no conociese más que el juguete de los patitos imantados que hacemos funcionar en el agua de una cubeta, comprendería con dificultad que semejante juguete encierra el mecanismo del universo y del movimiento de los mundos. Lo mismo sucede al que de espiritismo no tiene noticia más que del movimiento de las mesas; no ve en él más que una diversión, un pasatiempo social, y no comprende que ese fenómeno tan sencillo y tan vulgar, conocido de la antigüedad y aun de pueblos semisalvajes, pueda relacionarse con las más graves cuestiones del orden social. En efecto, para el observador superficial, ¿qué relación puede tener con la moral y con el porvenir de la humanidad una mesa que meda? Pero cualquiera que reflexione recuerda que de la simple marmita que hierve y cuya cobertura se levanta, marmita que también ha hervido desde la más remota antigüedad, ha nacido el poderoso motor a cuyo beneficio franquea el hombre el espacio y suprime las distancias. Pues bien, vosotros, los que no creéis en nada fuera del mundo material, sabed que de esa mesa que rueda y provoca vuestra desdeñosa sonrisa, ha salido toda una ciencia y la solución de los problemas que ninguna filosofía había podido resolver aún. Hago un llamamiento a todos los adversarios de buena fe, y les conjuro que digan si se han tomado el trabajo de estudiar lo que critican; porque en buena lógica no tiene valor mientras que su autor no conozca aquello de que habla. Burlarse de una cosa que no se conoce, que no se ha sondeado con el escalpelo del observador concienzudo, no es criticar, sino hacer prueba de ligereza y dar una pobre idea del juicio propio. De seguro que si hubiésemos presentado esta filosofía como obra de un cerebro humano, hubiera hallado menos desdén, y hubiese merecido los honores del examen por parte de los que pretenden dirigir la opinión. Pero procede de los espíritus, qué absurdo!, apenas merece que se le eche una mirada; se la juzga por el título, como el mono de la fábula juzgaba la nuez por la cascara. Si bien os parece, haced abstracción del origen; suponed que este *libro* es obra de un hombre, y decid en vuestra alma y conciencia, si después de haberlo leído *seriamente*, encontráis en él asunto de burla.

II

El espiritismo es el adversario más formidable del materialismo, y no es, pues, de extrañar que tenga por contrarios nos a los materialistas. Pero como el materialismo es una doctrina que apenas se atreven a confesar sus partidarios (prueba de que no son muy fuertes y de que están dominados por la conciencia), se cubren con la capa de la razón y de la ciencia, y, cosa rara, aun los escépticos hablan en nombre de la religión que no comprenden, como no comprenden ni conocen el espiritismo. Su punto de vista es especialmente lo *maravilloso* y lo *sobrenatural* que no admiten, y estando el espiritismo fundado en lo maravilloso según ellos, no puede ser más que una suposición ridícula. No reflexionan que rechazando, sin limitación, lo maravilloso y lo sobrenatural, rechazan la religión. En efecto, ésta está fundada en la revelación y en los milagros, ¿y qué es la revelación sino comunicaciones extrahumanas? Todos los autores sagrados, desde Moisés, han hablado de esas clases de revelaciones. ¿Y qué son los milagros? Hechos maravillosos y sobrenaturales por excelencia, puesto que, en sentido litúrgico, son derogaciones de las leyes naturales. Luego, rechazando lo maravilloso y lo sobrenatural, rechazan las mismas bases de la religión. Pero no debemos mirar las cosas desde este punto de vista. No le toca examinar al espiritismo si hay o no milagros, es decir, si Dios ha podido, en ciertos casos, derogar las leyes eternas que rigen el universo; él concede en este punto toda la libertad de creencia; dice y prueba que los hechos en que se apoya no tienen de sobrenaturales más que la apariencia. Esos fenómenos son trajes para ciertas gentes, porque son insólitos y están fuera de los hechos conocidos vulgarmente, pero no son más sobrenaturales que todos los fenómenos cuya solución da hoy la ciencia, y en otra época parecerían maravillosos. Todos los fenómenos espiritistas, sin *excepción*, son consecuencia de leyes generales; nos revelan una de las potencias de la naturaleza, potencia desconocida, o mejor dicho, no comprendida hasta hoy, pero que la observación demuestra que está en el orden de las cosas. El espiritismo se apoya, pues, menos que la misma religión en lo maravilloso y lo sobrenatural, y los que por este lado le atacan, es porque no lo conocen, y aunque fuesen los hombres más-sabios, les diríamos: si vuestra ciencia, que tantas cosas os ha enseñado, no os ha demostrado que es infinito el dominio de la naturaleza, no sois más que sabios a medias.

III

Decís que queréis curar a vuestro siglo de una manía que amenaza invadir el mundo. ¿Preferís que lo fuese por la incredulidad que procuráis difundir? ¿No deben atribuirse a la falta de toda creencia el relajamiento de los lazos de familia, y la mayor parte de los desórdenes que animan la sociedad? Demostrando la existencia y la inmortalidad del alma, el espiritismo reanima la fe en el porvenir, alienta los ánimos abatidos, y hace que se soporten con resignación las vicisitudes de la vida. ¿Os atrevéis a decir que todo esto es un mal? Dos doctrinas se encuentran frente a frente: la una niega el porvenir, la otra lo proclama y lo prueba: la una no explica nada, la otra lo explica todo y por lo mismo, se dirige a la razón; la una es la sanción del egoísmo, la otra da base a la justicia, a la caridad y al amor a los semejantes; la primera se limita a señalar el presente, y anonada toda esperanza, la segunda consuela, y señala el vasto campo del porvenir. ¿Cuál de entre ambas es la más perniciosa?

Ciertas gentes, y aun entre las más escépticas, se hacen apóstoles de la fraternidad y del progreso, pero la fraternidad supone desinterés, abnegación de la propia personalidad; con la verdadera fraternidad, el orgullo es una anomalía. ¿Con qué derecho imponéis un sacrificio a aquel a quien decís que, cuando muera, todo acabará para él, a quien aseguráis que acaso mañana no será más que una máquina vieja descompuesta, que arrumbarán? ¿Qué razón tiene para imponerse un sacrificio cualquiera que él sea? ¿No es más cuerdo que, durante los cortos momentos de vida que le concedéis, procure pasarlo del mejor modo posible? Y de aquí el deseo de poseer mucho para gozar más, de este deseo nacen los celos contra los que poseen más que él, y de esos celos a la tentación de apoderarse de lo de aquéllos, no hay más que un paso. ¿Qué le detiene? ¿La ley? Pero ésta no abraza todos los casos. ¿Diréis que la conciencia, el sentimiento del deber? ¿Pero en qué basáis este sentimiento? ¿Tiene alguna razón de ser dada la creencia de que todo acaba con la vida? Con semejante creencia sólo una máxima es racional, y es esta: cada uno para sí. Las ideas de fraternidad, de conciencia, de deber, de humanidad y hasta de progreso, no son más que palabras huecas. ¡Oh!, vosotros los que tales doctrinas proclamáis, vosotros no sabéis todo el mal que hacéis a la sociedad ni los crímenes cuya responsabilidad os asumís! Pero, ¡qué hablo de responsabilidad! Para el escéptico no existe responsabilidad, pues sólo a la materia rinde tributo.

IV

El progreso de la humanidad tiene su principio en la aplicación de la ley de justicia, de amor y de caridad, y esta ley está fundada en la certeza del porvenir. Quitad esta certeza, y quitaréis a aquélla su primera fundamental. De semejante ley derivan todas las otras porque ella contiene todas las condiciones de la felicidad del hombre. Sólo ella puede curar las plagas de la sociedad, y el hombre puede juzgar, comparando las edades *y los pueblos,* cuánto mejora su condición a medida que esa ley se comprende y practica mejor. Si una aplicación parcial e incompleta produce un bien real, ¡qué no será cuando ella venga a ser la base de todas las instituciones sociales! ¿Pero esto es posible? Si puesto que si ha dado diez pasos, puede dar veinte y así sucesivamente. Puede, pues, juzgarse del porvenir por el presente. Ya estamos viendo extinguirse poco a poco las antipatías de pueblo a pueblo; los valladares que los separan caen ante la civilización: se dan la mano desde un extremo al otro del mundo; mayor justicia preside a las leyes internacionales; las guerras son de menos en menos frecuentes, y no excluyen los sentimientos humanitarios; se establece uniformidad en las relaciones; las distinciones de razas y castas desaparecen, y los hombres de distintas creencias acallan las supersticiones de sectas, para confundirse en la adoración de un solo Dios. Nos referimos a los pueblos que marchan a la cabeza de la civilización. (789-793) Bajo todos estos aspectos estamos aún lejos de la perfección, y quedan todavía por derruir muchas minas antiguas, hasta que hayan desaparecido los últimos vestigios de la barbarie. Pero esas ruinas, ¿podrán habérselas con la potencia irresistible del progreso, de esa fuerza viva que también es una ley de la naturaleza? Si la generación presente está más adelantada que la pasada, ¿por qué la que nos sucederá no ha de estarlo más que la nuestra? Así será por la fuerza de las cosas, ante todo, porque con las generaciones desaparecen diariamente algunos campeones de los antiguos abusos, constituyéndose así y poco a poco, la sociedad de nuevos elementos que se han librado de las antiguas preocupaciones. En segundo lugar, porque, queriendo el hombre progresar, estudia los obstáculos, y se consagra a destruirlos. Desde el momento que es incontestable el movimiento progresivo, el progreso venidero no puede ser dudoso. El hombre quiere ser feliz, lo que es natural, y sólo busca el progreso para aumentar la suma de su felicidad, sin la cual carecería aquél de objeto. ¿Dónde estaría el progreso para el hombre, si no le hiciera mejorar de posición? Pero cuando posea la suma de goces que puede dar el progreso intelectual, se apercibirá de que no es completa su felicidad; reconocerá que ésta es imposible sin la seguridad de las relaciones sociales, y semejante seguridad sólo puede encontrarla en el progreso moral. Luego, por la fuerza de las cosas, él mismo dará esa dirección al progreso, y el espiritismo le ofrecerá la más poderosa palanca para el logro de su objeto.

Los que dicen que las creencias espiritistas amenazan invadir el mundo, proclaman la fuerza de éstas; porque una idea sin fundamento e ilógica no podría llegar a ser universal. Si, pues, el espiritismo arraiga en todas partes, si muy especialmente es bien acogido en las clases instruidas, como así se reconoce, es porque tiene un fondo de verdad. Contra semejante tendencia serán infructuosos todos los esfuerzos de sus detractores, y lo que lo prueba es, que hasta el mismo ridículo en que han procurado envolverle, lejos de cortarle el vuelo, parece haberle dotado de nueva vida. Este resultado justifica completamente lo que tantas veces nos han dicho los espíritus: «No os inquiete la oposición; todo lo que contra vosotros se haga, en favor vuestro redundará, y *vuestros mayores adversarios favorecerán, sin quererlo, vuestra causa.* Contra la voluntad de Dios no podrá prevalecer la mala voluntad de los hombres».

Por medio del espiritismo la humanidad ha de entrar en una nueva fase, en la del progreso moral, consecuencia inevitable de aquél. Cesad, pues, de admiraros de la rapidez con que se propagan las ideas espiritistas. Débese a la satisfacción que ocasionan a todos los que las profundizan, y que ven en ellas algo más que un fútil pasatiempo. Y como ante todo deseamos la felicidad, no es de extrañar que nos adhiramos a una idea que hace feliz.

El espiritismo presenta tres períodos distintos: el primero es el de la curiosidad provocada por la extrañeza de los fenómenos que se han presentado; el segundo es el del razonamiento y de la filosofía, y el tercero el de la aplicación y las consecuencias. El periodo de la curiosidad ha pasado, pues ésta no reina más que durante algún tiempo. Una vez satisfecha, se abandona el objeto que la excitaba para pasar a otro; pero no sucede lo mismo con lo que se dirige a la reflexión grave y al raciocinio. El segundo período ha empezado, y el tercero le seguirá inevitablemente. El espiritismo ha progresado sobre todo desde que es mejor comprendido en su esencia íntima, desde que se comprende su trascendencia; porque toca al hombre en lo más sensible, en la dicha, aun desde este mundo. Esta es la causa de su propagación, el secreto de la fuerza que le hará triunfar. Hace felices a los que lo comprenden, mientras su influencia se extiende a las masas. Aun aquel mismo que no ha sido testigo de ningún fenómeno material de manifestación, se dice: fuera de esos fenómenos, existe la filosofía, que me explica lo que NINGUNA otra me había explicado. En ella encuentro, por medio únicamente del razonamiento, una demostración *racional* de los problemas que interesan a lo cardinal de mi porvenir; me proporciona la calma, la segundad y la confianza; me libra del tormento de la incertidumbre, junto a todo lo cual es cuestión secundaria la de los hechos materiales. Vosotros todos los que atacáis, ¿queréis un medio de combatirlo con éxito? Aquí lo tenéis; reemplazadlo por algo mejor: hallad una solución MÁS FILOSÓFICA a todas las cuestiones que él resuelve; dad al hombre OTRA CERTEZA que le haga más feliz, y notad bien la trascendencia de la palabra *certeza*, porque el hombre no admite como cierto más que lo que le parece lógico. No os contentéis con decir, eso no es así lo cual es muy fácil; probad, no con negación, sino con hechos, que no es así, no ha sido nunca, ni PUEDE SER. Si la cosa no existe, decid sobre todo lo que hay en lugar suyo, y probad, en fin, que las consecuencias del espiritismo no son las de hacer mejores a tos hombres y, por lo tanto, más felices, mediante la más pura moral evangélica, moral que se elogia mucho, pero que se practica muy poco. Cuando hayáis hecho todo esto, tendréis derecho a atacarlo. El espiritismo es fuerte, porque se apoya en las mismas bases que la religión: Dios, el alma, las penas y recompensas futuras, sobre todo, porque presenta esas penas y recompensas como naturales consecuencias de la vida terrestre, y porque nada del cuadro que ofrece el porvenir puede ser rechazado por la razón más exigente. Vosotros, cuya doctrina toda consiste en la negación del porvenir, ¿qué compensación ofrecéis de los sufrimientos de la tierra? Vosotros os apoyáis en la incredulidad, él en la confianza en Dios; mientras él invita a los hombres a la felicidad, a la esperanza, a la verdadera fraternidad, vosotros le ofrecéis como perspectiva, la NADA, y el EGOÍSMO como consuelo; él lo explica todo, vosotros nada; él prueba con hechos, y vosotros nada probáis. ¿Cómo queréis, pues, que se titubee entre ambas doctrinas?

VI

Muy equivocada idea se tendría del espiritismo, si se creyera que toma su fuerza en la práctica de las manifestaciones materiales, y que dificultando éstas, puede minársele por su base. Su fuerza reside en su filosofía, en el llamamiento que hace a la razón, al sentido común. En la antigüedad era objeto de estudios misteriosos, cuidadosamente ocultos al vulgo; hoy no tiene secretos para nadie; habla un lenguaje claro, sin ambigüedad; en él nada hay místico, nada alegórico susceptible de falsas interpretaciones. Quiere ser comprendido de todos, porque ha llegado la época de hacer comprender a los hombres la verdad; lejos de oponerse a la difusión de la luz, la quiere para todos; no exige una creencia ciega, sino que quiere que se sepa por qué se cree, y apoyándose en la razón, será siempre más fuerte que los que se apoyan en la nada. Las trabas que se intentara poner a la libertad de las manifestaciones, ¿podrían impedirías? No, porque producirían el efecto de todas las persecuciones, el de excitar la curiosidad y el deseo de conocer lo prohibido. Por otra parte, si las manifestaciones espiritistas fuesen privilegio de un solo hombre, no cabe duda que, deshaciéndose de éste, se pondría fin a las manifestaciones. Desgraciadamente para los adversarios están a disposición de todo el mundo, y todos usan de ellas, desde el más pequeño hasta el más grande. Puede prohibirse su ejercicio público;

pero cabalmente se sabe que no es en público como mejor se producen, sino en la intimidad. Pudiendo, pues, ser cada cual médium, ¿quién puede impedir a una familia que en el interior de su hogar, a un individuo que en el silencio de su gabinete, a un prisionero que en su calabozo, tenga comunicaciones con los espíritus, a pesar y aun a la faz de los esbirros? Si se prohíben en un país, ¿se las prohibirá en el país vecino, en el mundo entero, ya que no hay una sola comarca en ambos mundos que carezca de médiums? Para encarcelarlos a todos sería preciso encarcelar a la mitad del género humano. Y si lo loq, rase, lo que no sería fácil, quemar todos los libros espiritistas, al día siguiente serian reproducidos, porque el origen es inaccesible, y porque no se puede ni encarcelar, ni quemar a los espíritus que son los verdaderos autores de aquéllos.

El espiritismo no es obra de un hombre, ninguno puede llamarse su fundador porque es tan antiguo como la creación. En todas partes se encuentra, en todas las religiones, y más que en ninguna en la católica y con más autoridad que en todas las otras, porque en ella se encuentran los principios de todo; los espíritus de todos los grados, sus relaciones ocultas y manifiestas con los hombres, los ángeles guardianes, la reencarnación, la emancipación del alma durante la vida, la doble vista, las visiones, las manifestaciones de toda clase, las apariciones, y hasta las apariciones tangibles. En cuanto a los demonios, no son más que malos espíritus y, salva la creencia de que los primeros están eternamente condenados al mal, al paso que el camino del progreso se halla cerrado a los otros, y no hay entre ellos sino una diferencia de nombre.

¿Qué hace la nueva ciencia espiritista? Reúne en un cuerpo lo que estaba esparcido; explica, en términos propios lo que sólo estaba en alegóricos; rechaza lo que la superstición y la ignorancia han engendrado, para no dejar más que lo real y positivo. Esta es su misión; pero la de fundadora no le pertenece. Enseña lo que es, coordina, pero nada crea, porque sus bases han existido en todos los tiempos y lugares. ¿Quién se juzgará, pues, bastante fuerte para ahogaría bajo el peso de los sarcasmos, ni aun de las persecuciones? Si de un lugar se la proscribe, renacerá en otros, en el mismo de donde se la ha expulsado, porque está en la naturaleza, y no es dado al hombre anonadar una fuerza natural, ni interponer su *veto* a los decretos de Dios.

Por otra parte, ¿qué interés se tendría en dificultar la propagación de las ideas espiritistas? Cierto que ellas se levantan contra los abusos que nacen del orgullo y del egoísmo, pero esos abusos de que se aprovechan algunos, perjudican a la comunidad y el espiritismo, en consecuencia, tendrá en favor suyo a la comunidad, y por adversarios serios nada más que a los que están interesados en la conservación de los abusos. Por el contrario, haciendo la influencia de esas ideas que los hombres sean mejores unos para con otros, que no vivan tan ávidos de los intereses materiales, y que se resignen más a los decretos de la Providencia, son una garantía de orden y de tranquilidad.

VII

El espiritismo se presenta bajo tres diferentes aspectos; el hecho de las manifestaciones, los principios de filosofía y de moral que de ellos se desprenden, y la aplicación de esos mismos principios. De aquí tres clases, o mejor, tres grados entre los adeptos: 1° los que creen en las manifestaciones y se limitan a comprobarlas. Para éstos el espiritismo es una ciencia experimental; 2° los que abarcan las consecuencias morales, y 3° los que practican o se esfuerzan en practicar la moral. Cualquiera que sea el punto de vista, científico o moral, desde el que se consideren esos extraños fenómenos, cada cual comprende que de ellos surge todo un nuevo orden de ideas, cuyas consecuencias no pueden ser más que una profunda modificación en el estado de la humanidad, y comprenden también que semejante modificación sólo en sentido del bien puede tener lugar.

En cuanto a los adversarios pueden también clasificarse en tres categorías: 1° los que niegan por sistema todo lo que es nuevo o de ellos no procede, y que hablan sin conocimiento de causa. A esta clase pertenecen todos los que no admiten nada fuera del testimonio de los sentidos; nada han visto, no quieren ver nada y menos aún profundizar. Hasta les molestaría ver demasiado claro, temerosos de que habrían de convenir en que no tenían razón. Para ellos el espiritismo es una quimera, una locura, una utopía, dicho sin ambajes, no existe. Estos son los incrédulos que obedecen a una resolución ya tomada. Junto a ellos, pueden colocarse los que se han dignado echar una ojeada para descargo de conciencia, y a fin de poder decir: He querido ver y nada he visto. Estos tales no comprenden que pueda necesitarse más de media hora para hacerse cargo de toda una ciencia; 2° aquéllos que sabiendo muy bien a qué atenerse sobre la realidad de los hechos, los combaten, sin embargo, por motivos de interés personal. Para ellos existe el espiritismo, pero temen sus consecuencias, y lo atacan como un enemigo; 3° los que hallan en la moral espiritista una censura demasiado severa a sus actos o tendencias. El espiritismo tomado por lo serio les molestaría; no lo rechazan, ni lo aprueban prefiriendo cerrar los ojos. Los primeros son solicitados por el orgullo y la presunción, los segundos, por la ambición; por el egoísmo, los terceros. Concíbese que no teniendo nada de sólido estas causas de oposición, han de desaparecer con el tiempo; porque en vano buscaríamos una cuarta categoría de antagonistas, la de los que se apoyasen en pruebas contrarias patentes, y que atestiguasen un estudio concienzudo y laborioso de la cuestión; todos se limitan a oponer negaciones, ninguno aduce demostraciones serias e irrefutables.

Muy alta idea habría de tenerse de la naturaleza humana, para creer que puede transformarse súbitamente por medio de las ideas espiritistas. Ciertamente que su acción no es la misma, ni que tienen la misma intensidad en todos los que las profesan. Pero sin duda, aun siendo débil el resultado, es un mejoramiento, aunque sólo fuese el de probar la existencia de un mundo extracorporal, lo que implica la negación de las ideas materialistas. Esto es consecuencia de la observación de los hechos; pero para los que comprenden el espiritismo filosófico y ven en él algo más que fenómenos más o menos curiosos, existen otros efectos, siendo el primero y principal el de desarrollar el sentimiento religioso aun en aquel que, sin ser materialista, sólo indiferencia siente por las cosas espirituales. Prodúcele asimismo el desprecio de la muerte, no decimos el deseo de la muerte, nada menos que eso, pues el espiritista defenderá su vida como otro cualquiera; pero sí una indiferencia que le hace aceptar, sin murmuraciones y quejas, una muerte inevitable, como cosa más que temible, feliz por la certeza del estado que le sigue. El segundo efecto, casi tan general como el primero, es la resignación en las vicisitudes de la vida. El espiritismo hace ver las cosas desde tan alto, que, perdiendo la vida terrestre las tres cuartas partes de su importancia, no nos afectamos tanto a consecuencia de las vicisitudes que la acompañan. De aquí resulta mayor valor en las aflicciones y moderación mayor en los deseos; resulta asimismo el alejamiento de la idea de abreviar la existencia, pues la ciencia espiritista enseña que con el suicidio se pierde siempre lo que se quería ganar. La certeza de un porvenir cuyo mejoramiento depende de nosotros, la posibilidad de entablar comunicaciones con los seres que nos son queridos, ofrecen al espiritista un consuelo supremo; y su horizonte se extiende hasta el infinito por medio del incesante espectáculo de la vida de ultratumba, cuyas misteriosas profundidades pueden sondear. El tercer efecto es el de excitar la indulgencia para con los defectos de los otros; pero, es muy necesario decirlo, el principio egoísta y todo lo que de él deriva es lo más tenaz que en el hombre existe, y por lo tanto lo más difícil de desarraigar. Voluntariamente se hacen sacrificios, siempre que nada cuesten o que nada priven. El oro tiene aun para el mayor número un irresistible atractivo, y muy pocos comprenden la palabra superfluo, cuando de sus personas se trata, y por esto la abnegación de la personalidad es señal del mayor progreso.

VIII

Dicen ciertas personas: ¿nos enseñan los espíritus una nueva moral, algo superior a lo que dijo Cristo? Si esa moral no es más que el Evangelio; ¿para qué sirve el espiritismo? Este raciocinio se parece notablemente al del califa Ornar, cuando hablaba de la biblioteca de Alejandría: «Si no contiene, decía, más que lo que hay en el Koran, es inútil, y preciso quemarla; si algo más contiene, es mala, y también es preciso quemarla». No, el espiritismo no contiene una moral diferente de la de Jesús, pero a nuestra vez preguntamos: antes de Cristo, ¿no tenían los hombres la ley dada por Dios a Moisés? ¿No estaba su doctrina en el Decálogo? ¿Se dirá por esto que era inútil la moral de Jesús? Preguntamos también a los que niegan la utilidad de la moral espiritista, ¿por qué se practica tan poco la de Cristo, y por qué los mismos, que con justo titulo proclaman su sublimidad, son los primeros en violar la principal de sus leyes: *la caridad universal?* No sólo vienen los espíritus a confirmarla sino que también nos demuestran su utilidad práctica; hacen inteligibles y patentes verdades que únicamente bajo forma alegórica habían sido enseñadas, y junto a la moral, definen los problemas más abstractos de la psicología.

Jesús vino a enseñar a los hombres el camino del verdadero bien; ¿por qué, pues, Dios, que le envió para que recordase su ley desconocida, no podría enviar actualmente a los espíritus para recordarla nuevamente y con mayor precisión, cuando hoy la olvidan los hombres, sacrificándolo todo al orgullo y a la codicia? ¿Quién se atreverá a poner límites al poder de Dios y trazarle el camino que ha de seguir? ¿Quién nos dice que, como aseguran los espíritus, no han llegado los tiempos predichos, y que no toquemos aquellos en que las verdades mal comprendidas o falsamente interpretadas, deben ser reveladas ostensiblemente al género humano, para apresurar su adelanto? ¿No hay algo de providencial en esas manifestaciones que simultáneamente se producen en todos los puntos del globo? No es un solo hombre, no es un profeta quien viene a advertirnos, sino que de todas partes brota la luz, desarrollándose a nuestra vista todo un nuevo mundo. Así como el microscopio nos descubrió el mundo de lo infinitamente pequeño, ni que imaginábamos, y el telescopio los millares de mundos, que tampoco sospechábamos, las comunicaciones espiritistas nos revelan el mundo invisible que nos rodea, nos codea incesantemente y toma parte sin darnos cuenta de ello, en todo lo que hacemos. Dejad pasar algún tiempo, y la existencia de ese mundo que es el que nos espera, será la de los globos sumergidos en el espacio. ¿Acaso es tan incontestable como la del mundo microscópico y nada el habernos dado a conocer todo un mundo, el habernos iniciado en los misterios de la vida de ultratumba? Cierto que semejantes descubrimientos, si así puede llamárseles, contrarían algún tanto ciertas ideas establecidas; pero, ¿acaso todos los grandes descubrimientos científicos no han modificado igualmente y hasta trastornado las más acreditadas ideas? ¿Y no ha sido preciso que nuestro amor propio se doblegase ante la evidencia? Lo mismo sucederá con el espiritismo, y dentro de poco gozará derecho de ciudadanía entre los conocimientos humanos.

Las comunicaciones con los seres de ultratumba han producido el resultado de hacernos comprender la vida futura, de hacérnosla ver, de iniciarnos en las penas y goces que nos esperan según nuestros méritos, y por lo mismo el de conducir nuevamente al *espiritualismo* a los que solamente veían en nosotros la materia y una máquina organizada. Así, pues, hemos tenido razón al decir, que el espiritismo ha matado con hechos al materialismo. Aunque otro resultado no hubiese producido, le debería gratitud el orden social; pero hace más aún, pues le patentiza los inevitables efectos del mal, y por consiguiente la necesidad del bien. El número de los que ha conducido a sentimientos mejores, cuyas malas tendencias ha neutralizado, y a quienes ha apartado del mal, es mayor de lo que se cree y aumenta cada día. Y es porque el porvenir no es para ellos una cosa vaga, una simple esperanza, sino una verdad que se comprende, que se explica, cuando *vemos y oímos* a los que nos han dejado, lamentarse o felicitarse de lo que en la tierra hicieron. Cualquiera que de ello sea testigo, se da a reflexionar, y siente la necesidad de conocerse, juzgarse y enmendarse.

IX

Los adversarios del espiritismo no han dejado de armarse contra él de algunas divergencias de opinión sobre ciertos puntos de la doctrina. No es de extrañar que, al empezar una ciencia, cuando aún son incompletas las observaciones, y cada cual la considera desde su punto de vista, puedan producirse sistemas contradictorios. Pero las tres cuartas partes de esos sistemas han desaparecido ya, ante un estudio más profundo, empezando por el que atribuía todas las comunicaciones al espíritu del mal, como si hubiese sido imposible a Dios enviar a los hombres espíritus buenos; doctrina absurda, porque es desmentida por los hechos; impía porque es la negación del poder y de la bondad del Creador. Los espíritus nos han dicho siempre que no nos inquietemos por esas divergencias, y que la unión se realizará; y la unidad se ha realizado acerca de la mayor parte de los puntos, y las divergencias propenden diariamente a su desaparición. A esta pregunta: Esperando que se verifique la unidad, ¿en qué puede basarse para formar juicio el hombre imparcial y desinteresado? He aquí la respuesta:

«La luz verdaderamente pura no es oscurecida por ninguna nube, y el diamante sin mancha es más valioso. Juzgad, pues, a los espíritus por la pureza de su enseñanza. No olvidéis, que entre los espíritus, los hay que no se han despojado aún de las ideas de la vida terrestre; sabed distinguirlos por su lenguaje; juzgadlos por el conjunto de lo que os digan; mirad si hay encadenamiento lógico en las ideas, si nada revela ignorancia, orgullo o malevolencia, en una palabra, observad si sus palabras llevan el sello de la sabiduna que revela la verdadera superioridad. Si vuestro mundo fuese inaccesible al error, sería perfecto, pero lejos está de ello, aún habéis de aprender a distinguir el error de la verdad, y os son necesarias las lecciones de la experiencia para ejercitar vuestro juicio y haceros avanzar. La unidad se realizará en el punto en que nunca el bien se ha mezclado con el mal, y en ese punto se unirán por la fuerza de las cosas todos los hombres, pues juzgarán que en él está la verdad.

»¿Qué importan, por otra parte, algunas divergencias, que estriban más en la forma que en el fondo? Reparad que los principios fundamentales son unos mismos en todas partes, y deben uniros en un pensamiento común, en el de amar a Dios y practicar el bien. Cualesquiera que sean, pues, el modo de progresar que se suponga o las condiciones normales de la existencia futura, el objeto final es el mismo: hacer el bien, y no hay dos modos de hacerlo».

Si entre los adeptos del espiritismo, los hay que difieren de opinión sobre algunos puntos de la teoría, están conformes todos en los puntos fundamentales. Hay, pues, unidad, exceptuando a aquellos en número muy corto, que no admiten aún la intervención de los espíritus en las manifestaciones, y que las atribuyen a causas puramente físicas, lo que es contrario a este axioma. Todo efecto inteligente debe tener una causa inteligente; o al reflejo de nuestro propio pensamiento, lo que es desmentido por los hechos. Los otros puntos sólo son secundarios y en nada atacan las bases fundamentales. Puede, pues, haber aún escuelas que procuren ilustrarse sobre las partes todavía controvertidas de la ciencia; no debe haber sectas rivales unas de otras; sólo debe haber antagonismo entre los que quieren el bien y los que hacen o quieren el mal; y no hay un espíritu sincero, y penetrado de las grandes máximas morales enseñadas por los espíritus, que pueda querer el mal, ni desearlo a su prójimo, sin distinción de opiniones. Si alguna de estas sectas es errónea, tarde o temprano brillará la luz, si de buena fe la busca sin prevención. Mientras tanto, todas tienen un lazo común que debe unirlas en un mismo pensamiento; todas tienen un mismo objeto. Poco importa, pues, el camino, con tal que éste conduzca a aquél. Ninguna debe imponerse por la violencia material o moral, y sólo sería falsa aquella que anatematizase a las otras, pues evidentemente obraría por influencia de espíritus malos. La razón debe ser, pues, el argumento supremo, y la moderación asegurará más el triunfo de la verdad que las diatribas envenenadas de la envidia y de los celos. Los buenos espíritus no predican más que la unión y el amor al prójimo, y nunca ha procedido de origen puro un pensamiento de malevolencia o contrario a la caridad. Para concluir, oigamos sobre este particular los consejos del espíritu de San Agustín:

«Harto tiempo se han destrozado los hombres y anatematizado en nombre de un Dios de paz y misericordia, y Dios se siente ofendido de semejante sacrilegio. El espiritismo es el lazo que los unirá un día, pues les hará ver dónde está la verdad y dónde el error; pero aún habrá durante mucho tiempo, escribas y fariseos que lo negarán, como negaron a Cristo. ¿Queréis saber bajo la influencia de cuáles espíritus están las diversas sectas que dividen al mundo? Juzgadlos por sus obras y principios. Jamás han sido instigadores del mal en los espíritus buenos; jamás han aconsejado ni legitimado el asesinato y la violencia; jamás han excitado los odios de partido, ni la sed de riquezas y honores, ni la avidez de los bienes terrenos. Solamente los que son buenos, humanos y benévolos para con todos, son sus predilectos, y también los de Jesús; porque siguen el camino que les enseñó para llegar a él».

SAN AGUSTÍN

FIN

ÍNDICE ALFABÉTICO

ÍNDICE ALFABÉTICO

A

Abnegación 241, 247, 286, 291, 293, 338, 344

Abraham 229

Abundancia 88, 112, 240, 277, 303

Abuso 130, 151, 180, 241, 242, 246, 254, 267, 269, 290

Acaso 18, 19, 28, 29, 31, 34, 36, 37, 38, 48, 56, 57, 59, 111, 112, 116, 129, 131, 132, 133, 138, 156, 161, 166, 169, 182, 183, 201, 206, 208, 236, 259, 266, 273, 278, 295, 305, 324, 326, 329, 338, 345

Acciones 25, 89, 98, 129, 136, 175, 188, 226, 227, 228, 233, 268, 269, 278, 287, 289, 290, 295, 296, 314

Acto 66, 125, 128, 144, 146, 152, 159, 167, 226, 230, 236, 268, 275, 276, 278, 285, 309, 310, 311, 312, 314

Adán 56, 58, 60, 61, 62

Adelanto 102, 130, 157, 158, 184, 185, 187, 199, 202, 203, 211, 212, 218, 244, 288, 305, 345

Adolescencia 153, 209

Adoración 223, 224, 225, 226, 229, 339

Adversarios 30, 39, 337, 340, 341, 342, 343, 345

Afectación 224

Afecto 82, 95, 107, 137, 142, 145, 153, 154, 175, 180, 181, 187, 227, 228, 233, 237, 305, 306, 307, 311, 319, 330

Agustín 296, 347

Aislamiento 136, 253, 254

Alimentación 241, 243, 246

Alma 15, 16, 17, 23, 24, 27, 29, 35, 42, 73, 80, 86, 87, 88, 89, 90, 91, 92, 93, 94, 95, 96, 97, 98, 102, 103, 104, 106, 109, 110, 112, 113, 114, 115, 116, 118, 121, 122, 125, 127, 128, 135, 136, 142, 143, 144, 145, 146, 147, 149, 150, 151, 159, 160, 161, 163, 165, 166, 167, 168, 169, 170, 171, 172, 173, 176, 178, 182, 194, 195, 207, 208, 209, 210, 211, 212, 217, 218, 219, 222, 224, 225, 226, 227, 228, 236, 243, 258, 259, 295, 302, 304, 307, 308, 313, 314, 315, 317, 319, 320, 321, 327, 328, 331, 337, 338, 341, 342

Ambición 43, 79, 127, 181, 203, 218, 225, 240, 248, 257, 276, 293, 301, 304, 307, 315, 343

Amor 23, 25, 42, 51, 79, 106, 114, 116, 137, 140, 141, 153, 182, 195, 219, 223, 224, 228, 233, 240, 247, 253, 257, 260, 261, 268, 272, 274, 276, 282, 283, 284, 285, 286, 290, 291, 294, 295, 303, 307, 315, 318, 319, 321, 325, 327, 332, 338, 339, 345, 347

Ángeles 23, 36, 71, 80, 83, 84, 85, 175, 181, 182, 183, 203, 342

Animal 24, 25, 106, 147, 204, 205, 206, 207, 208, 209, 210, 211, 212, 242, 243, 248, 276, 286, 291

Animales 17, 23, 57, 61, 63, 87, 100, 102, 111, 128, 193, 204, 205, 206, 207, 208, 209, 211, 212, 229, 230, 232, 236, 237, 243, 246, 250, 254, 270, 284, 286, 294, 330

Animalización 63

Antepasados 107

Antigüedad 18, 111, 174, 211, 229, 254, 258, 294, 318, 337, 341

Antipatía 134, 136, 155, 307

Antropófagos 132, 133, 258

Apariciones 23, 93, 125, 161, 342

Apego 78, 262, 288, 312

Aptitudes 113, 114, 148, 149, 264, 265, 266, 270, 276, 302, 308

Armonía 48, 65, 80, 81, 86, 111, 124, 192, 193, 198, 209, 217, 235, 241, 256

Arrepentimiento 98, 136, 226, 227, 251, 313, 316, 322, 323, 324, 325, 326

Arte 36, 114, 140, 198, 199, 206, 234, 248, 250, 293

Artesano 32, 104

Artistas 150

Asesinato 105, 245, 249, 250, 272, 275, 309, 347

Asistencia 153, 279, 280, 291

Átomo 193

Atracción 53, 63, 154, 188, 222, 285
Autoridad 84, 116, 133, 180, 233, 258, 267,
    283, 320, 342

B

Barbarie 133, 219, 248, 257, 259, 261, 268,
    339
Bautista 116
Bien 13, 15, 18, 19, 23, 24, 25, 28, 29, 30,
    31, 33, 36, 39, 42, 43, 48, 49, 51, 52,
    56, 61, 62, 64, 66, 73, 75, 76, 77, 78,
    79, 80, 81, 82, 83, 84, 86, 90, 91, 93,
    96, 97, 98, 103, 104, 105, 107, 108,
    109, 112, 113, 115, 119, 125, 126,
    128, 129, 134, 137, 140, 141, 145,
    148, 149, 150, 151, 155, 156, 157,
    158, 159, 160, 161, 164, 166, 169,
    176, 177, 178, 180, 181, 182, 183,
    184, 186, 187, 188, 190, 191, 193,
    196, 200, 202, 203, 204, 208, 209,
    212, 217, 218, 219, 220, 221, 222,
    223, 224, 225, 226, 227, 231, 233,
    234, 236, 237, 243, 244, 247, 249,
    250, 252, 253, 254, 256, 257, 258,
    259, 260, 261, 262, 265, 266, 267,
    268, 271, 273, 275, 276, 277, 278,
    279, 281, 283, 284, 285, 286, 287,
    288, 289, 290, 291, 292, 293, 294,
    295, 296, 301, 302, 304, 305, 306,
    307, 308, 310, 314, 315, 316, 318,
    319, 320, 321, 322, 324, 325, 327,
    328, 330, 332, 333, 337, 339, 340,
    341, 343, 344, 345, 346
Bienes 173, 191, 195, 225, 231, 233, 239,
    240, 241, 242, 257, 266, 267, 288,
    302, 314, 324, 332, 333, 347
Bienestar 120, 131, 172, 232, 234, 240, 242,
    248, 253, 266

C

Caída 82, 130
Carácter 19, 28, 31, 32, 33, 36, 61, 75, 77,
    78, 79, 96, 108, 109, 140, 148, 152,
    153, 154, 158, 186, 187, 188, 191,
    194, 201, 202, 218, 226, 234, 235,
    249, 274, 282, 283, 284, 288, 311, 322
Caridad 42, 51, 219, 223, 233, 242, 243,

244, 248, 253, 258, 260, 265, 271,
    272, 282, 283, 284, 285, 286, 287,
    288, 289, 290, 291, 292, 293, 294,
    308, 310, 321, 324, 325, 338, 339,
    344, 347
Carlomagno 32
Carne 87, 117, 221, 243, 313, 329, 330
Castigo 100, 104, 118, 119, 128, 130, 136,
    142, 143, 144, 150, 158, 195, 201,
    202, 242, 272, 274, 289, 307, 312,
    314, 317, 318, 319, 320, 327, 328
Cataclismo 61, 62, 328
Catalepsia 159, 164, 165
Causa 15, 16, 18, 20, 22, 24, 27, 28, 34, 36,
    37, 38, 41, 47, 48, 50, 63, 64, 65, 78,
    82, 88, 125, 130, 136, 137, 141, 144,
    145, 146, 148, 149, 150, 151, 154,
    155, 165, 166, 170, 171, 173, 177,
    179, 180, 184, 186, 192, 193, 196,
    222, 227, 236, 247, 248, 261, 262,
    272, 274, 276, 280, 290, 291, 292,
    293, 302, 304, 305, 307, 309, 318,
    322, 331, 340, 343, 346
Caza 246
Celibato 235, 237
Celos 23, 77, 78, 79, 128, 129, 134, 155,
    293, 304, 315, 316, 318, 321, 339, 347
Cerebro 36, 37, 39, 95, 125, 150, 151, 152,
    171, 337
Cielo 43, 84, 160, 227, 331, 332
Ciencia 13, 18, 23, 26, 27, 28, 29, 34, 35, 36,
    38, 40, 41, 48, 51, 60, 61, 62, 75, 76,
    78, 79, 80, 84, 89, 103, 114, 115, 126,
    131, 147, 154, 170, 171, 176, 183,
    198, 217, 220, 234, 236, 240, 248,
    283, 293, 327, 329, 330, 332, 337,
    338, 342, 343, 344, 346
Clarividencia 160, 166, 167, 171, 172
Cobardía 251, 311
Comportamiento 306
Comunicaciones 13, 15, 21, 24, 25, 27, 29,
    31, 37, 38, 39, 41, 42, 51, 76, 77, 78,
    91, 92, 93, 111, 165, 167, 177, 183,
    220, 230, 305, 317, 329, 338, 342,
    344, 345, 346
Concepción 37, 145, 146, 147, 193
Conciencia 16, 19, 22, 65, 66, 73, 82, 93, 94,
    95, 96, 98, 100, 102, 110, 113, 128,

145, 146, 151, 156, 158, 160, 165,
170, 177, 182, 189, 193, 194, 199,
204, 207, 209, 210, 218, 224, 269,
271, 273, 282, 283, 289, 290, 294,
295, 296, 301, 302, 310, 311, 316,
322, 331, 337, 339, 343
Condena 233, 253, 254, 261, 270, 278, 284,
328, 330
Conducta 25, 103, 128, 189, 217, 220, 224,
225, 226, 248
Conjuros 196
Conocimiento 31, 40, 51, 75, 80, 81, 96,
103, 122, 130, 144, 154, 157, 158,
167, 180, 188, 193, 196, 198, 202,
204, 212, 217, 218, 236, 247, 269,
273, 277, 278, 279, 289, 294, 295, 343
Consejos 25, 31, 77, 107, 127, 130, 154,
162, 172, 181, 182, 183, 184, 189,
200, 280, 305, 308, 347
Conservación 63, 80, 168, 205, 206, 208,
210, 212, 223, 232, 236, 239, 241,
242, 243, 244, 245, 248, 249, 251,
254, 286, 313, 342
Constancia 176, 240
Contemplación 80, 91, 173, 225, 316
Contradicción 16, 34, 50, 60, 75, 87, 225,
328, 330
Contradictores 17, 261
Convulsionarios 175, 179, 180
Corazón 64, 84, 89, 94, 141, 153, 160, 179,
181, 224, 225, 226, 230, 244, 268,
282, 285, 288, 291, 292, 306
Costumbres 27, 31, 39, 58, 79, 108, 109,
133, 154, 188, 234, 238, 251, 254,
257, 258, 270, 276, 282, 292, 321, 327
Creación 39, 40, 47, 56, 57, 60, 61, 71, 72,
84, 86, 102, 116, 122, 147, 206, 209,
210, 211, 235, 265, 286, 319, 327, 342
Creador 35, 42, 50, 51, 52, 56, 91, 111, 147,
208, 227, 232, 245, 258, 311, 328, 346
Creencia 15, 16, 77, 84, 90, 100, 111, 113,
116, 164, 192, 195, 196, 229, 261,
271, 275, 278, 313, 317, 320, 326,
327, 338, 339, 341, 342
Criatura 49, 50, 80, 229, 279, 327, 328
Crimen 147, 241, 242, 249, 252, 275, 276,
279
Criminal 156, 251, 323

Crisis 166, 167, 170, 181, 182
Cristianismo 229, 262, 270
Cristiano 115, 304
Cristo 25, 58, 84, 116, 183, 225, 227, 228,
244, 263, 271, 282, 294, 303, 326,
332, 344, 347
Crítica 35, 36, 42, 309
Crueldad 77, 229, 245, 249, 250
Cuerpo 13, 16, 17, 23, 24, 27, 42, 54, 64, 65,
86, 87, 88, 89, 90, 92, 93, 94, 95, 96,
97, 100, 101, 103, 104, 106, 107, 108,
109, 110, 113, 114, 116, 118, 119,
121, 123, 124, 125, 126, 128, 131,
135, 136, 138, 139, 143, 144, 145,
146, 147, 149, 151, 152, 157, 159,
160, 161, 162, 163, 164, 165, 166,
167, 168, 169, 170, 171, 172, 173,
178, 180, 186, 194, 201, 205, 207,
208, 210, 212, 217, 218, 219, 221,
226, 229, 232, 233, 236, 242, 243,
244, 247, 249, 258, 264, 268, 272,
295, 302, 307, 311, 312, 313, 320,
323, 330, 342
Culpa 16, 81, 115, 153, 183, 189, 202, 240,
266, 276, 279, 280, 286, 302, 303,
309, 312, 314, 318
Culpable 107, 158, 196, 221, 222, 225, 248,
249, 251, 270, 289, 310, 318, 324,
326, 327
Curiosidad 25, 31, 40, 80, 171, 340, 341

D

Deber 13, 17, 108, 182, 202, 241, 243, 274,
295, 309, 311, 339
Debilidad 51, 153, 154, 173, 178, 184, 196,
224, 247, 250, 267, 274, 283, 293, 304
Decálogo 344
Defecto 16, 26, 40, 119, 262
Defensa 249, 250
Demonios 71, 77, 83, 84, 148, 178, 179, 342
Derecho 19, 28, 105, 112, 171, 233, 241,
246, 248, 251, 258, 260, 261, 267,
269, 270, 271, 282, 283, 284, 308,
312, 338, 341, 345
Desapego 155
Desarrollo 13, 23, 29, 37, 77, 102, 103, 114,
140, 149, 150, 152, 160, 167, 169,

170, 172, 199, 206, 208, 210, 228,
232, 236, 245, 246, 249, 250, 255,
256, 257, 260, 264, 265, 289

Descanso 124, 131, 153, 161, 162, 165, 232,
233, 295, 315

Descubrimientos 27, 28, 61, 201, 260, 345

Desdicha 314

Deseo 25, 40, 75, 76, 79, 81, 92, 94, 97, 119,
120, 132, 134, 141, 156, 158, 166,
177, 178, 182, 196, 199, 222, 227,
242, 261, 268, 276, 278, 282, 283,
284, 288, 289, 320, 322, 325, 339,
341, 344

Desesperación 37, 181, 241, 309, 310, 316

Designios 82, 84, 147, 194, 200, 201, 203,
209, 227, 256

Desigualdad 81, 114, 264, 265, 270

Desinterés 43, 247, 286, 287, 288, 310, 324,
338

Desmaterialización 203

Desmaterializado 127, 128, 139

Despertar 160, 163, 164, 295

Despotismo 269

Desprendimiento 94, 139, 171

Destino 51, 81, 118, 121, 129, 143, 172,
189, 198, 205, 209, 210, 247, 254,
273, 274, 277, 278, 279, 288, 301, 304

Destrucción 23, 93, 96, 193, 221, 223, 229,
236, 245, 246, 249, 279

Diablillos 78

Diablo 31, 36, 37, 257

Dicha 38, 52, 66, 77, 79, 80, 81, 91, 93, 98,
99, 105, 112, 113, 128, 131, 135, 137,
139, 156, 157, 160, 168, 178, 183,
191, 217, 240, 257, 285, 288, 291,
293, 294, 295, 301, 302, 307, 308,
310, 314, 316, 318, 319, 320, 321,
324, 328, 332, 340

Dignidad 109, 114, 211, 295

Dios 16, 22, 23, 25, 28, 31, 35, 36, 41, 42,
43, 47, 48, 49, 50, 51, 52, 53, 56, 57,
58, 59, 60, 61, 71, 72, 73, 76, 77, 79,
80, 81, 82, 83, 84, 86, 89, 91, 98, 99,
105, 107, 110, 112, 113, 114, 115,
116, 117, 118, 121, 122, 123, 128,
129, 130, 133, 136, 142, 143, 144,
145, 147, 148, 149, 153, 154, 155,
156, 160, 161, 166, 168, 172, 176,

177, 179, 182, 183, 184, 185, 187,
188, 190, 191, 192, 193, 195, 196,
198, 199, 200, 201, 202, 203, 204,
205, 207, 208, 209, 210, 211, 212,
217, 218, 219, 220, 221, 222, 223,
224, 225, 226, 227, 228, 229, 230,
231, 232, 233, 235, 236, 237, 239,
240, 241, 242, 243, 244, 245, 246,
247, 248, 249, 250, 252, 253, 254,
255, 256, 258, 259, 262, 263, 264,
265, 266, 267, 268, 269, 270, 271,
272, 273, 274, 275, 276, 277, 278,
279, 280, 282, 283, 284, 285, 286,
288, 290, 291, 294, 295, 301, 302,
303, 305, 307, 308, 309, 310, 311,
313, 314, 315, 316, 320, 321, 323,
324, 325, 326, 327, 328, 329, 331,
332, 338, 339, 340, 341, 342, 344,
345, 346, 347

Dioses 49, 148, 192, 193, 208, 228

Discordia 77, 100, 137, 193

Diversidad 13, 22, 38, 56, 58, 59, 61, 62, 93,
149, 221, 258, 266, 317

Divinidad 16, 47, 48, 50, 53, 61, 71, 84, 102,
224, 228, 252, 325

Divinidades 77, 79, 84, 188, 192, 229

Doble 159, 163, 167, 169, 170, 172, 173,
193, 196, 208, 232, 245, 253, 254,
285, 324, 342

Doctrina 15, 16, 17, 18, 21, 22, 24, 26, 28,
30, 31, 32, 38, 39, 40, 41, 42, 43, 50,
60, 84, 89, 90, 98, 106, 110, 111, 112,
114, 115, 116, 117, 131, 157, 182,
183, 210, 211, 219, 230, 259, 272,
279, 280, 306, 317, 328, 329, 330,
337, 341, 344, 345, 346

Dolor 125, 180, 204, 241, 277, 289, 305,
306, 322, 331

Dominación 178, 248

E

Eclesiastés 198

Educación 48, 66, 105, 107, 109, 113, 114,
153, 170, 206, 234, 261, 266, 279,
286, 292, 293, 303, 315

Efecto 15, 16, 19, 20, 27, 31, 37, 41, 47, 48,
49, 50, 53, 63, 72, 88, 90, 94, 104,

105, 112, 116, 125, 126, 129, 141,
142, 148, 149, 150, 152, 153, 154,
157, 161, 162, 167, 171, 172, 177,
180, 187, 189, 194, 195, 204, 206,
208, 210, 217, 227, 236, 237, 239,
248, 259, 262, 277, 278, 280, 283,
292, 296, 307, 308, 309, 311, 312,
313, 323, 325, 327, 329, 330, 337,
338, 341, 344, 346

Egoísmo 25, 66, 76, 79, 100, 128, 181, 222,
237, 240, 243, 244, 247, 253, 254,
257, 258, 260, 265, 266, 269, 284,
287, 288, 291, 292, 293, 294, 305,
306, 319, 321, 324, 332, 338, 342, 343

Ejemplo 32, 33, 35, 36, 39, 52, 54, 56, 62,
94, 95, 110, 123, 129, 132, 133, 163,
164, 169, 177, 180, 185, 189, 192,
194, 199, 201, 204, 206, 211, 221,
224, 225, 237, 246, 250, 264, 271,
277, 278, 283, 284, 290, 293, 294,
303, 312, 314, 320, 328, 330

Elección 16, 66, 75, 82, 118, 128, 130, 131,
132, 143, 144, 146, 158, 177, 188,
207, 221, 273, 275, 276, 279, 280, 306

Electricidad 18, 53, 59, 60, 65, 102, 125,
166, 168

Encarnación 23, 24, 77, 86, 92, 97, 98, 102,
103, 109, 113, 118, 119, 121, 141,
143, 144, 145, 146, 147, 148, 152,
158, 172, 200, 201, 203, 209, 210,
218, 272, 313, 320, 322, 332, 333

Encuentro 91, 102, 135, 136, 138, 145, 161,
189, 285, 286, 326, 340

Enemigos 25, 135, 136, 190, 194, 229, 252,
285, 295

Enemistad 285, 321

Enfermedad 167, 170, 179, 293, 328

Enseñanza 11, 13, 16, 26, 36, 40, 41, 84,
113, 116, 195, 202, 219, 224, 247,
255, 262, 264, 280, 346

Entendimiento 89

Envoltura 23, 41, 74, 87, 88, 93, 100, 101,
109, 119, 126, 127, 128, 135, 140,
142, 149, 152, 159, 166, 178, 229,
245, 250, 264, 280

Equilibrio 192, 234, 235, 236, 245, 246

Erraticidad 95, 118, 120, 200, 207, 285

Escala 71, 75, 76, 80, 83, 103, 132, 192, 198,

229, 260, 276

Escándalo 180, 290

Escasez 239

Escepticismo 40, 62

Esclavitud 144, 158, 268, 269, 270

Esfuerzo 72, 138, 173, 208, 287, 314

Espacio 18, 23, 24, 37, 39, 51, 55, 56, 57, 59,
61, 72, 73, 101, 112, 122, 123, 127,
138, 159, 183, 262, 331, 332, 337, 345

Espiritismo 13, 15, 24, 26, 27, 34, 36, 37,
38, 40, 41, 91, 93, 96, 111, 167, 171,
196, 220, 229, 255, 261, 262, 292,
304, 306, 312, 320, 328, 329, 332,
337, 338, 340, 341, 342, 343, 344,
345, 346, 347

Espiritista 13, 15, 17, 22, 23, 26, 28, 30, 31,
32, 34, 36, 38, 39, 40, 41, 72, 75, 76,
77, 89, 92, 95, 100, 103, 104, 110,
111, 112, 115, 116, 128, 132, 141,
143, 145, 155, 182, 185, 192, 198,
208, 229, 280, 294, 306, 312, 330,
342, 343, 344

Espíritu 19, 20, 21, 23, 24, 31, 32, 33, 35, 36,
41, 42, 48, 49, 51, 52, 53, 59, 63, 64,
65, 72, 73, 74, 76, 77, 79, 81, 82, 83,
86, 87, 88, 89, 92, 93, 94, 95, 96, 97,
98, 99, 100, 101, 102, 103, 104, 105,
106, 107, 108, 109, 110, 111, 115,
116, 117, 118, 119, 121, 122, 123,
124, 125, 126, 127, 128, 129, 130,
131, 132, 133, 135, 137, 138, 139,
140, 141, 142, 143, 144, 145, 146,
147, 148, 149, 150, 151, 152, 153,
155, 156, 157, 158, 159, 160, 161,
162, 163, 164, 165, 166, 167, 168,
169, 170, 171, 172, 173, 176, 177,
178, 179, 180, 181, 182, 183, 184,
185, 186, 187, 188, 190, 191, 192,
193, 194, 195, 196, 199, 200, 201,
202, 205, 207, 208, 209, 210, 211,
212, 219, 221, 222, 226, 227, 228,
229, 230, 231, 232, 244, 246, 249,
252, 254, 257, 260, 264, 265, 270,
272, 273, 274, 275, 277, 279, 280,
285, 286, 289, 290, 291, 294, 305,
307, 308, 311, 312, 313, 314, 315,
318, 319, 320, 321, 322, 323, 324,
325, 326, 327, 331, 332, 346, 347

Espiritual 15, 22, 25, 81, 124, 131, 142, 147,
149, 163, 172, 181, 208, 223, 242,
246, 248, 267, 268, 291, 294, 308,
310, 317, 319, 322, 323
Espiritualismo 15, 345
Estado 16, 23, 24, 26, 27, 32, 37, 51, 53, 57,
61, 64, 65, 83, 84, 94, 96, 98, 99, 100,
101, 102, 103, 105, 106, 110, 113,
115, 118, 119, 120, 121, 123, 125,
126, 128, 130, 131, 132, 133, 138,
140, 143, 146, 150, 151, 153, 156,
157, 158, 159, 160, 162, 163, 164,
165, 166, 168, 169, 170, 171, 172,
173, 179, 180, 181, 185, 189, 192,
199, 200, 203, 207, 208, 209, 210,
211, 212, 218, 222, 229, 237, 240,
246, 247, 248, 250, 255, 257, 259,
260, 261, 264, 275, 279, 288, 304,
311, 312, 313, 316, 317, 319, 320,
322, 323, 324, 328, 331, 343, 344
Esterilidad 120
Estudio 13, 19, 28, 34, 40, 89, 109, 113, 117,
125, 128, 157, 172, 217, 220, 226,
229, 248, 279, 289, 323, 343, 346
Eternidad 49, 113, 122, 138, 173, 198, 247,
313, 325, 326, 327, 328
Evangelio 32, 84, 116, 117, 179, 227, 344
Evangelistas 326
Evocación 32, 33, 176, 305
Exceso 233, 246, 252, 257, 290, 291, 314
Existencia 15, 17, 19, 22, 23, 27, 38, 41, 47,
48, 53, 57, 58, 59, 61, 62, 65, 79, 84,
86, 90, 92, 94, 97, 98, 99, 100, 102,
103, 104, 105, 106, 109, 110, 111,
112, 113, 115, 118, 119, 128, 130,
131, 132, 133, 136, 138, 139, 145,
146, 147, 149, 151, 154, 155, 156,
157, 158, 159, 160, 163, 164, 166,
172, 178, 184, 186, 188, 191, 199,
203, 204, 217, 218, 221, 222, 228,
233, 234, 246, 265, 272, 274, 275,
276, 279, 280, 283, 285, 286, 291,
301, 305, 307, 308, 309, 311, 312,
313, 316, 318, 320, 321, 322, 338,
343, 344, 345, 346
Exorcismo 179
Experiencia 13, 21, 33, 83, 98, 99, 103, 104,
105, 106, 117, 125, 154, 155, 167,
172, 184, 191, 202, 212, 221, 242,
257, 264, 293, 328, 346
Experimentación 171, 327
Expiación 23, 26, 80, 86, 97, 99, 105, 118,
123, 130, 132, 133, 144, 147, 151,
157, 158, 207, 232, 242, 243, 249,
253, 279, 286, 301, 303, 305, 307,
310, 311, 313, 320, 321, 322, 323, 331
Éxtasis 94, 159, 168, 169, 170, 172, 173

F

Falta 38, 48, 72, 93, 107, 119, 124, 130, 131,
132, 134, 136, 155, 165, 186, 202,
212, 222, 231, 233, 240, 241, 257,
272, 273, 274, 285, 288, 291, 302,
307, 308, 309, 310, 311, 312, 316,
318, 327, 328, 338
Familia 32, 59, 61, 106, 107, 108, 109, 142,
187, 188, 233, 235, 237, 253, 254,
265, 284, 293, 309, 326, 338, 342
Fanáticos 230, 244
Fascinación 178, 187
Fatalidad 269, 273, 274, 275, 276, 277, 279,
280
Fe 17, 80, 91, 93, 116, 138, 160, 169, 176,
195, 196, 226, 256, 260, 270, 301,
305, 307, 308, 327, 333, 337, 338, 347
Felicidad 79, 80, 112, 115, 120, 131, 139,
141, 183, 184, 191, 255, 258, 277,
293, 301, 303, 304, 306, 308, 315,
316, 319, 321, 324, 330, 331, 332,
333, 339, 340, 341
Fenelón 32, 33
Fenómeno 17, 18, 19, 20, 23, 28, 37, 38, 54,
57, 65, 96, 165, 169, 171, 173, 194,
287, 330, 337, 340
Feto 146, 147
Filantropía 240
Filiación 97, 106, 107
Filosofía 11, 13, 15, 20, 41, 114, 185, 337,
340, 341, 343
Filósofo 113
Fluido 16, 18, 19, 52, 53, 57, 64, 65, 74, 88,
89, 92, 102, 125, 126, 135, 165, 166,
183
Fórmulas 179, 195
Fortuna 36, 85, 107, 112, 130, 131, 191,

195, 265, 266, 267, 278, 288, 289, 302, 309, 324

Franklin 27

Fuego 73, 78, 104, 143, 308, 317, 318, 326, 328, 329

Fuente 211, 261, 303

Fulton 27

G

Galvani 19

Genio 20, 35, 83, 84, 151, 176, 181, 186, 187, 194, 202, 203, 218, 228, 258, 276, 291

Globo 38, 39, 57, 58, 59, 60, 74, 78, 88, 89, 99, 101, 123, 162, 193, 235, 286, 345

Gnomos 78

Goce 239, 241, 243, 257, 290, 307, 316, 318

Gracia 115

Gratitud 228, 345

Guerra 193, 230, 247, 248, 249

H

Hambre 276, 289, 302, 303, 309, 315, 323

Hermano 135, 181, 230, 288

Herodes 104

Hijo 32, 107, 108, 116, 135, 183, 185, 186, 202, 286, 293, 303, 315

Hipocresía 77, 319

Humanidad 20, 22, 25, 27, 28, 38, 41, 49, 50, 58, 60, 78, 80, 83, 89, 97, 140, 148, 188, 200, 203, 209, 210, 218, 219, 221, 225, 228, 237, 246, 247, 248, 249, 250, 251, 255, 256, 257, 258, 259, 261, 262, 270, 287, 290, 292, 293, 301, 304, 327, 332, 333, 337, 339, 340, 343

Humildad 43, 226

Humillación 134, 158, 285, 303

I

Idea 15, 16, 19, 26, 34, 35, 36, 39, 49, 50, 57, 61, 82, 83, 88, 90, 94, 98, 104, 111, 112, 113, 116, 121, 122, 124, 125, 126, 138, 157, 161, 162, 164, 177, 178, 182, 188, 189, 190, 193, 201, 211, 229, 277, 282, 288, 289, 295,

303, 306, 310, 313, 314, 315, 317, 319, 326, 327, 330, 332, 337, 340, 341, 343, 344

Identidad 32, 33, 34, 93, 137, 149, 188, 211

Idiotismo 143, 150, 151

Iglesia 91, 115, 116, 326, 329

Ignorancia 25, 36, 42, 61, 75, 76, 79, 81, 97, 110, 114, 183, 196, 208, 218, 219, 228, 229, 252, 256, 286, 293, 311, 325, 327, 332, 342, 346

Igualdad 136, 137, 223, 237, 238, 264, 266, 267, 268

Ilusión 30, 51, 96, 126, 130, 157, 295, 307, 312, 318, 319

Imperfección 35, 86, 121, 127, 131, 152, 153, 280, 287, 322

Inclinaciones 33, 77, 107, 109, 129, 130, 134, 137, 140, 149, 154, 287, 295

Indiferencia 90, 139, 160, 241, 307, 319, 326, 344

Individualidad 16, 17, 39, 40, 65, 66, 72, 85, 88, 91, 92, 93, 112, 113, 135, 137, 148, 149, 204, 207, 212, 313

Individualidades 52, 71, 89, 93, 156, 187, 258

Infancia 49, 83, 101, 102, 103, 105, 136, 138, 139, 140, 143, 152, 153, 154, 181, 209, 210, 232, 237, 255, 258, 259, 261, 278, 286, 308

Infanticidio 249

Inferioridad 26, 49, 76, 77, 98, 105, 118, 124, 130, 133, 142, 172, 185, 199, 208, 209, 258, 267, 288, 291, 292, 316, 323, 325, 328, 332, 333

Ingratitud 158, 301, 306

Inmortalidad 116, 338

Inocencia 105, 153, 326

Inspiración 162, 176, 194

Instinto 63, 65, 66, 105, 129, 168, 188, 199, 205, 207, 210, 221, 236, 239, 241, 244, 245, 249, 250, 253, 254, 272, 273, 322

Instrucción 17, 40, 48, 89, 103, 123, 142, 172, 206, 220, 275, 279, 315

Inteligencia 15, 17, 22, 23, 35, 39, 47, 48, 49, 50, 51, 52, 53, 59, 63, 65, 66, 72, 73, 75, 77, 84, 87, 89, 90, 91, 92, 100, 102, 103, 110, 121, 122, 151, 152,

155, 165, 183, 191, 193, 199, 204,
205, 206, 207, 208, 209, 218, 220,
228, 231, 232, 233, 236, 239, 240,
247, 248, 249, 256, 257, 260, 267,
269, 272, 273, 276, 277, 279, 290,
292, 293, 309, 315, 316, 317, 326

Intuición 76, 100, 109, 110, 111, 114, 122,
142, 152, 156, 158, 162, 163, 164,
166, 188, 219, 230, 242, 275, 313, 314

Inutilidad 201, 316, 321

Investigación 27, 28

Irracionales 220

J

Jacob 160

Jerarquía 34, 74, 79, 103, 107, 133, 156,
192, 268, 294

Jesús 31, 42, 104, 116, 117, 134, 177, 219,
220, 223, 227, 252, 267, 280, 283,
284, 285, 289, 294, 302, 306, 344, 347

Juan 116, 117

Juicio 24, 26, 27, 37, 40, 48, 79, 113, 193,
225, 265, 266, 288, 325, 330, 337, 346

Justicia 49, 83, 97, 98, 105, 114, 115, 116,
117, 133, 155, 188, 193, 197, 218,
223, 227, 248, 251, 252, 256, 258,
260, 261, 266, 268, 270, 278, 282,
283, 284, 285, 290, 291, 292, 293,
294, 295, 301, 303, 314, 321, 326,
327, 329, 332, 338, 339

Justo 22, 26, 49, 81, 83, 84, 86, 95, 135, 190,
198, 203, 233, 247, 249, 252, 273,
279, 282, 283, 302, 303, 308, 314,
318, 319, 321, 326, 327, 344

L

Lenguaje 15, 16, 22, 25, 30, 31, 32, 33, 34,
35, 36, 39, 47, 49, 52, 53, 60, 72, 76,
77, 78, 79, 84, 88, 89, 138, 164, 168,
169, 206, 309, 315, 317, 318, 328,
329, 331, 332, 341, 346

Letargo 159, 164, 165, 166

Ley 25, 60, 63, 86, 101, 105, 115, 128, 147,
151, 158, 193, 207, 217, 218, 219,
220, 221, 223, 224, 228, 232, 233,
235, 236, 237, 238, 239, 242, 243,
245, 246, 248, 251, 253, 254, 255,

258, 261, 265, 266, 268, 269, 270,
272, 279, 280, 282, 283, 284, 285,
286, 290, 292, 294, 301, 303, 305,
308, 309, 310, 312, 314, 321, 324,
325, 329, 339, 344

Leyendas 190, 195

Libertad 23, 25, 66, 82, 93, 128, 131, 149,
151, 158, 159, 160, 161, 162, 165,
166, 169, 172, 177, 185, 201, 206,
207, 222, 223, 233, 240, 246, 248,
260, 269, 270, 271, 272, 273, 276,
277, 279, 305, 338, 341

Libre 29, 41, 66, 81, 82, 83, 100, 116, 118,
128, 129, 130, 149, 150, 152, 156,
158, 171, 177, 184, 187, 189, 193,
199, 205, 206, 207, 209, 210, 229,
230, 233, 237, 246, 254, 256, 264,
269, 272, 273, 275, 276, 277, 278,
279, 280, 292, 305, 312, 325

Libro 13, 28, 40, 41, 42, 87, 102, 111, 135,
172, 201, 219, 296, 337

Locura 36, 37, 143, 150, 151, 152, 310, 311,
343

Lucha 81, 84, 129, 186, 247, 275, 278, 280,
309

Lucidez 37, 38, 96, 123, 127, 152, 167, 171,
173

Luis 228

M

Magnético 16, 53, 64, 125, 166, 170, 171,
172, 180, 195, 196

Magnetismo 37, 154, 165, 179, 180, 196,
337

Mal 23, 24, 25, 26, 31, 34, 39, 60, 64, 75,
76, 77, 78, 79, 81, 82, 83, 84, 90, 91,
94, 100, 104, 105, 110, 112, 113, 115,
125, 128, 129, 130, 132, 134, 136,
138, 145, 151, 155, 156, 157, 158,
168, 176, 177, 183, 184, 186, 187,
190, 191, 194, 195, 196, 202, 203,
209, 211, 217, 220, 221, 222, 224,
225, 226, 227, 230, 246, 247, 249,
250, 253, 256, 257, 260, 261, 265,
267, 270, 271, 272, 273, 274, 275,
276, 278, 279, 280, 281, 283, 285,
286, 288, 290, 291, 292, 293, 294,

295, 296, 301, 303, 304, 306, 309,
311, 314, 315, 316, 317, 318, 319,
320, 321, 322, 323, 324, 325, 326,
327, 328, 331, 338, 339, 342, 345,
346, 347

Maldad 75

Manifestación 28, 29, 32, 41, 88, 149, 150,
152, 270, 340

Manifestaciones 13, 20, 25, 29, 31, 37, 38,
39, 40, 52, 66, 77, 78, 89, 108, 109,
149, 150, 151, 165, 224, 228, 229,
262, 272, 320, 341, 342, 343, 345, 346

Maravilloso 190, 337, 338

Marte 102

Materia 15, 16, 17, 18, 23, 24, 25, 26, 27, 35,
36, 41, 42, 48, 49, 50, 51, 52, 53, 54,
55, 56, 63, 64, 65, 66, 72, 73, 76, 78,
79, 80, 86, 87, 88, 90, 94, 95, 96, 100,
101, 104, 109, 111, 113, 114, 118,
120, 125, 126, 128, 130, 131, 132,
140, 145, 149, 150, 151, 152, 159,
161, 162, 163, 165, 166, 167, 170,
171, 172, 178, 189, 192, 195, 196,
204, 207, 208, 209, 210, 217, 228,
229, 233, 243, 246, 249, 251, 267,
270, 272, 273, 275, 279, 285, 291,
292, 312, 315, 317, 318, 321, 330,
337, 339, 345

Materialismo 15, 17, 86, 89, 90, 169, 262,
326, 337, 345

Meditación 225

Médium 21, 22, 29, 30, 33, 36, 37, 38, 39,
40, 342

Mejoramiento 97, 98, 123, 157, 158, 206,
236, 240, 245, 247, 255, 259, 286,
295, 323, 324, 333, 343, 344

Memoria 24, 27, 90, 96, 122, 138, 139, 156,
160, 162, 165, 200, 268

Mérito 16, 28, 35, 40, 81, 82, 86, 105, 107,
115, 119, 151, 155, 184, 202, 222,
223, 226, 236, 237, 240, 242, 246,
254, 259, 263, 265, 278, 279, 285,
287, 288, 324

Mesas 18, 19, 20, 337

Misión 23, 41, 42, 80, 81, 83, 86, 91, 99,
100, 102, 107, 131, 133, 134, 140,
144, 154, 166, 176, 177, 181, 182,
185, 186, 187, 195, 200, 201, 202,

203, 218, 219, 222, 241, 249, 254,
264, 275, 279, 286, 291, 321, 342

Misterio 22, 48, 51, 71, 72, 168, 169, 212,
220

Mitades 118, 136, 138

Mito 58

Mitología 192, 327

Moisés 61, 223, 338, 344

Molécula 54, 330

Monogamia 237

Moral 15, 16, 17, 20, 23, 24, 25, 30, 31, 33,
49, 66, 77, 78, 79, 80, 83, 88, 94, 98,
100, 101, 106, 107, 108, 114, 115,
116, 124, 125, 126, 128, 130, 133,
140, 142, 149, 150, 151, 170, 172,
173, 180, 185, 187, 189, 193, 195,
196, 200, 204, 208, 212, 217, 219,
220, 221, 223, 229, 234, 241, 242,
246, 250, 251, 254, 255, 256, 257,
258, 260, 266, 267, 270, 275, 276,
279, 280, 281, 282, 285, 286, 290,
291, 292, 293, 295, 301, 303, 308,
310, 311, 312, 313, 316, 329, 332,
337, 340, 341, 343, 344, 347

Moralidad 22, 23, 25, 34, 76, 103, 260, 280

Muerte 16, 17, 23, 27, 29, 33, 63, 64, 65, 87,
88, 90, 92, 93, 94, 95, 96, 97, 98, 100,
105, 112, 122, 125, 127, 128, 130,
135, 136, 138, 140, 142, 143, 144,
146, 148, 152, 154, 159, 162, 164,
165, 167, 168, 182, 189, 194, 207,
209, 211, 212, 241, 242, 245, 247,
248, 251, 252, 264, 266, 274, 275,
278, 280, 286, 301, 303, 307, 308,
310, 311, 312, 313, 314, 315, 316,
317, 318, 319, 320, 322, 323, 324,
330, 333, 344

Muertos 116, 142, 147, 181, 194, 227

Mundo 15, 18, 20, 22, 23, 24, 25, 27, 30, 31,
32, 34, 36, 41, 42, 56, 57, 58, 60, 66,
71, 72, 74, 75, 77, 78, 80, 83, 86, 87,
89, 90, 91, 92, 93, 94, 95, 98, 99, 100,
101, 102, 104, 110, 111, 119, 120,
121, 128, 129, 131, 132, 133, 134,
135, 136, 137, 140, 141, 144, 145,
149, 154, 160, 162, 172, 173, 183,
192, 193, 195, 198, 199, 200, 218,
219, 225, 228, 229, 235, 237, 240,

243, 247, 253, 254, 257, 258, 261,
264, 267, 268, 269, 277, 279, 281,
283, 287, 288, 289, 293, 294, 295,
302, 304, 306, 307, 308, 309, 310,
313, 318, 319, 320, 321, 328, 330,
332, 333, 337, 338, 339, 340, 341,
342, 343, 345, 346, 347

Música 26, 124

N

Nacimiento 57, 72, 87, 108, 109, 113, 126,
144, 145, 146, 147, 152, 181, 182,
201, 259, 260, 264, 272, 286, 293
Nación 188, 258, 259
Naturaleza 15, 18, 19, 20, 21, 22, 23, 24, 25,
28, 29, 34, 38, 41, 48, 49, 50, 51, 52,
57, 58, 60, 61, 65, 71, 73, 75, 80, 83,
84, 86, 87, 89, 96, 100, 103, 107, 111,
120, 121, 123, 124, 127, 129, 130,
132, 134, 139, 143, 147, 149, 150,
152, 153, 157, 158, 166, 167, 171,
175, 176, 178, 179, 186, 187, 188,
189, 190, 192, 193, 194, 195, 196,
198, 199, 201, 203, 204, 205, 206,
208, 209, 210, 211, 217, 218, 219,
221, 227, 228, 229, 232, 235, 236,
237, 239, 240, 241, 242, 245, 246,
248, 249, 251, 254, 256, 258, 261,
265, 267, 268, 269, 270, 271, 274,
279, 280, 286, 287, 290, 291, 294,
296, 303, 306, 313, 315, 317, 319,
324, 333, 338, 339, 342, 343
Necesario 16, 29, 35, 52, 54, 100, 124, 153,
156, 162, 179, 184, 199, 210, 211,
219, 221, 222, 227, 230, 233, 239,
240, 241, 242, 243, 245, 257, 260,
289, 292, 293, 301, 302, 303, 324,
326, 327, 344
Necesidades 50, 63, 66, 80, 100, 120, 121,
124, 156, 193, 205, 206, 212, 221,
232, 234, 236, 239, 240, 242, 246,
247, 249, 254, 255, 256, 258, 260,
261, 267, 272, 273, 286, 288, 302,
303, 304, 308, 310, 315, 316, 321, 324
Negligencia 202, 262, 315
Niño 72, 81, 83, 88, 103, 105, 114, 130, 144,
145, 146, 147, 152, 153, 184, 185,

191, 202, 272, 273, 286, 304, 315, 325
Noé 61, 62

O

Observación 16, 17, 19, 26, 30, 32, 33, 34,
35, 37, 39, 93, 152, 220, 293, 311,
338, 343
Obsesión 179
Obstáculo 73, 136, 149, 150, 152, 158, 166,
257, 273, 276, 292, 305
Ocio 51
Ociosidad 80, 198, 199, 201, 232, 308
Ocupación 31, 80, 84, 91, 199, 200, 226,
232, 234, 316, 318
Odio 23, 79, 98, 100, 108, 128, 136, 155,
293, 304, 307, 315, 321, 327
Ofensa 328
Ofrendas 230
Olvido 19, 90, 139, 143, 155, 156, 158, 173,
268, 310, 325
Omnipotencia 41, 61
Opinión 16, 17, 26, 27, 30, 31, 38, 39, 40,
48, 49, 50, 53, 54, 60, 61, 83, 88, 89,
92, 102, 115, 116, 148, 150, 227, 255,
276, 279, 295, 337, 345, 346
Oración 141, 177, 179, 224, 226, 227, 228,
230, 280, 323
Organización 59, 89, 167, 169, 170, 202,
205, 240, 241, 242, 243, 267, 268,
272, 279, 280, 292, 293, 303
Órganos 54, 59, 63, 64, 65, 88, 89, 90, 93,
95, 108, 109, 123, 124, 125, 127, 146,
149, 150, 151, 152, 153, 161, 164,
165, 166, 171, 173, 207, 208, 211,
272, 279
Orgullo 23, 25, 28, 43, 48, 51, 59, 66, 76, 78,
79, 89, 106, 107, 110, 128, 129, 156,
158, 177, 181, 184, 187, 208, 244,
247, 251, 257, 260, 265, 268, 269,
276, 277, 285, 289, 293, 294, 302,
303, 304, 307, 309, 310, 314, 321,
323, 324, 332, 338, 342, 343, 345, 346
Origen 15, 16, 17, 20, 22, 29, 38, 40, 53, 57,
63, 64, 65, 66, 71, 72, 77, 79, 81, 82,
87, 88, 102, 108, 109, 111, 127, 128,
129, 137, 160, 163, 166, 179, 199,
209, 210, 212, 217, 218, 222, 224,

229, 230, 235, 240, 265, 280, 292,
293, 294, 301, 302, 306, 307, 315,
316, 319, 326, 332, 337, 342, 347

Ostentación 285

P

Padecimiento 202
Padre 32, 52, 72, 81, 98, 100, 105, 106, 135,
181, 183, 185, 186, 286, 315, 326
Paganismo 262, 329
Pasado 28, 35, 51, 96, 110, 114, 115, 119,
122, 127, 135, 139, 141, 143, 146,
154, 155, 156, 157, 158, 159, 196,
210, 211, 256, 318, 321, 323, 329, 340
Pasiones 23, 24, 25, 75, 76, 77, 79, 85, 100,
101, 102, 112, 119, 127, 128, 130,
134, 136, 140, 148, 154, 163, 177,
180, 187, 199, 208, 210, 219, 230,
248, 251, 260, 261, 265, 267, 273,
274, 276, 282, 284, 287, 288, 289,
290, 291, 302, 304, 308, 310, 315,
316, 317, 318, 319, 320, 325, 333
Paternidad 184, 202
Peligro 38, 54, 128, 129, 147, 170, 184, 245,
251, 273, 274, 276
Pena 28, 86, 202, 222, 227, 245, 251, 252,
261, 295, 326, 328, 331
Pensamiento 17, 23, 24, 34, 35, 36, 39, 40,
41, 49, 50, 52, 54, 55, 65, 73, 74, 75,
77, 90, 100, 102, 104, 111, 112, 123,
124, 127, 135, 138, 139, 141, 154,
155, 156, 158, 159, 161, 164, 169,
172, 175, 176, 178, 180, 183, 195,
196, 198, 201, 205, 224, 226, 227,
228, 230, 232, 247, 256, 270, 271,
272, 275, 288, 303, 315, 317, 325,
326, 346, 347
Pensamientos 21, 22, 25, 29, 33, 38, 39, 79,
94, 96, 107, 135, 137, 138, 154, 164,
168, 173, 175, 176, 177, 184, 186,
188, 189, 191, 194, 200, 203, 225,
226, 271, 272, 278, 280, 317, 318, 323
Percepción 66, 77, 125, 127, 173, 204, 205
Perdición 77, 187, 286
Perfección 23, 24, 26, 41, 49, 59, 74, 75, 76,
79, 80, 81, 83, 84, 86, 93, 97, 98, 99,
100, 102, 103, 104, 113, 119, 121,

122, 123, 129, 136, 137, 142, 149,
156, 171, 211, 218, 219, 235, 236,
237, 240, 246, 257, 258, 267, 279,
287, 291, 321, 330, 339
Perfeccionamiento 23, 25, 98, 100, 108,
187, 235, 236, 238, 239, 248, 250,
256, 265
Periespíritu 23, 71, 74, 87, 88, 92, 94, 95,
96, 101, 104, 125, 126, 127, 135, 229
Perseverancia 28, 34, 42, 117, 240, 309, 314
Personalidad 81, 149, 256, 292, 293, 338,
344
Plaga 266
Planeta 92, 102, 184
Planta 147
Porvenir 28, 36, 43, 90, 91, 94, 98, 100, 105,
112, 115, 122, 127, 128, 131, 143,
157, 158, 159, 161, 166, 181, 182,
202, 204, 209, 211, 247, 259, 262,
269, 277, 278, 288, 294, 295, 301,
302, 304, 305, 307, 308, 313, 318,
320, 324, 329, 330, 331, 337, 338,
339, 341, 344, 345
Posesión 178, 301
Posición 30, 40, 59, 96, 102, 104, 106, 108,
109, 112, 113, 115, 120, 129, 131,
144, 146, 155, 156, 157, 168, 182,
185, 191, 221, 222, 252, 261, 264,
265, 273, 274, 279, 288, 293, 301,
303, 309, 313, 323, 324, 340
Precursores 89
Predicción 278
Predisposición 36
Presciencia 170
Presente 19, 20, 42, 43, 103, 114, 115, 122,
139, 158, 160, 168, 191, 193, 262,
281, 295, 302, 308, 313, 322, 338, 339
Presentimiento 110, 159, 161, 164, 173,
188, 275, 314
Principio 15, 16, 17, 18, 23, 25, 29, 31, 35,
42, 47, 49, 51, 52, 53, 54, 56, 57, 58,
63, 64, 65, 66, 71, 72, 75, 76, 82, 83,
86, 87, 88, 89, 91, 94, 96, 97, 102,
103, 116, 119, 121, 125, 129, 140,
150, 154, 157, 163, 165, 167, 193,
207, 208, 209, 210, 211, 212, 218,
221, 225, 229, 245, 250, 254, 257,
265, 268, 269, 277, 290, 291, 293,

295, 307, 312, 329, 330, 339, 344

Principios 13, 15, 26, 31, 38, 40, 42, 53, 57, 156, 218, 219, 229, 234, 262, 269, 271, 327, 342, 343, 346, 347

Privaciones 112, 130, 239, 242, 243, 244, 254, 270, 295, 323, 333

Prodigalidad 288

Progreso 24, 26, 37, 40, 51, 75, 76, 77, 80, 81, 86, 97, 99, 101, 103, 104, 107, 109, 110, 115, 129, 132, 133, 136, 140, 143, 144, 148, 153, 155, 169, 181, 185, 188, 199, 200, 203, 206, 208, 210, 211, 212, 218, 221, 223, 230, 236, 237, 240, 248, 251, 252, 253, 254, 255, 256, 257, 258, 259, 260, 261, 262, 265, 268, 269, 271, 279, 282, 284, 287, 289, 290, 293, 294, 316, 318, 320, 322, 325, 329, 332, 333, 338, 339, 340, 342, 344

Prójimo 25, 195, 221, 223, 247, 260, 282, 283, 284, 287, 288, 294, 295, 346, 347

Propiedad 16, 52, 53, 63, 123, 208, 212, 269, 282, 283, 284

Providencia 41, 59, 81, 86, 101, 150, 153, 158, 170, 172, 191, 195, 197, 201, 239, 241, 248, 256, 264, 267, 274, 278, 291, 311, 320, 342

Prueba 13, 18, 23, 26, 30, 38, 47, 60, 61, 62, 81, 84, 92, 94, 97, 98, 105, 108, 110, 111, 113, 129, 130, 131, 132, 140, 143, 144, 145, 146, 147, 151, 161, 164, 165, 172, 173, 181, 191, 196, 202, 222, 227, 228, 240, 250, 267, 273, 277, 278, 279, 281, 286, 288, 294, 301, 302, 305, 306, 310, 321, 324, 331, 337, 338, 340, 341

Psicología 20, 171, 172, 344

Pueblo 31, 39, 72, 108, 133, 187, 193, 203, 256, 257, 258, 259, 270, 293, 339

Purgatorio 313, 330, 331, 332

R

Rafael 150

Raza 61, 62, 106, 107, 115, 133, 211, 235, 236

Razón 15, 16, 18, 19, 22, 25, 27, 28, 33, 34, 35, 36, 39, 40, 41, 47, 49, 50, 51, 53,

55, 56, 58, 60, 62, 66, 71, 72, 74, 84, 90, 98, 104, 105, 111, 115, 116, 124, 131, 136, 138, 152, 163, 165, 168, 169, 170, 173, 180, 187, 192, 193, 217, 218, 219, 221, 225, 239, 241, 242, 243, 251, 263, 270, 273, 279, 280, 293, 302, 308, 313, 314, 315, 317, 318, 321, 325, 326, 327, 328, 329, 330, 337, 338, 339, 341, 343, 345, 347

Realidad 18, 19, 21, 37, 50, 77, 89, 91, 96, 124, 125, 126, 171, 194, 196, 202, 220, 287, 307, 314, 317, 318, 332, 343

Recuerdo 24, 42, 77, 90, 92, 107, 109, 110, 118, 124, 125, 126, 128, 136, 138, 139, 141, 146, 152, 154, 155, 156, 157, 158, 159, 160, 161, 166, 167, 173, 180, 218, 229, 268, 305, 313, 319

Reencarnación 24, 80, 97, 98, 105, 106, 111, 112, 113, 115, 116, 118, 133, 143, 144, 145, 146, 211, 258, 279, 285, 321, 329, 330, 342

Reforma 257, 261, 315

Regeneración 41, 245, 246, 333

Rehabilitación 324, 328

Reino 117, 204, 219, 267, 292, 293, 332

Reinos 75, 204

Remordimiento 125, 319

Renacimiento 144

Reparación 113, 266, 310, 324

Reposo 120, 124, 198, 295, 304

Reproducción 58, 211, 223, 235, 236, 245

Repulsión 109, 155

Resentimiento 136

Resignación 24, 37, 156, 158, 181, 191, 227, 241, 247, 248, 267, 276, 308, 311, 312, 318, 320, 338, 344

Respeto 30, 139, 142, 225, 234, 271, 276, 282, 305

Responsabilidad 105, 128, 151, 176, 202, 209, 221, 256, 270, 278, 279, 280, 302, 307, 314, 339

Resurrección 111, 117, 313, 329, 330

Revelación 98, 111, 167, 277, 338

Riqueza 132, 264, 265, 266, 267, 289, 294

S

Sabiduría 22, 25, 42, 49, 51, 59, 82, 86, 111,
    121, 153, 155, 156, 208, 209, 219,
    283, 294, 314, 316, 324
Sabio 19, 26, 28, 29, 31, 34, 35, 72, 140, 160,
    217, 276, 294, 302
Salud 103, 240, 242, 243, 302, 305
Satán 85
Saturno 85, 102
Semejanza 33, 35, 106, 107, 108, 109, 136,
    137, 155, 170, 180, 186, 187
Sensación 94, 118, 125, 126, 173, 208, 312
Sensibilidad 165, 180, 204, 267, 306
Sensualidad 236, 237
Sentido 15, 17, 28, 30, 31, 33, 40, 49, 60, 72,
    74, 83, 84, 88, 91, 93, 103, 130, 137,
    145, 161, 166, 168, 177, 178, 179,
    181, 191, 195, 196, 201, 206, 207,
    211, 212, 219, 227, 242, 250, 252,
    256, 271, 273, 274, 284, 286, 315,
    318, 325, 326, 329, 330, 331, 332,
    338, 341, 343
Sentidos 23, 48, 51, 52, 53, 55, 72, 78, 123,
    148, 162, 173, 289, 295, 305, 343
Sentimiento 17, 42, 47, 48, 100, 104, 110,
    125, 126, 135, 136, 139, 141, 142,
    171, 173, 177, 187, 204, 211, 224,
    228, 229, 230, 233, 236, 242, 246,
    248, 249, 253, 259, 278, 282, 286,
    287, 289, 290, 291, 292, 293, 294,
    304, 313, 314, 319, 328, 339, 344
Separación 90, 92, 93, 94, 95, 96, 118, 126,
    136, 151, 152, 165, 171, 194, 303, 305
Seres 15, 16, 17, 20, 22, 23, 30, 31, 39, 41,
    50, 56, 57, 58, 59, 60, 61, 63, 64, 65,
    66, 71, 72, 77, 83, 84, 86, 87, 90, 91,
    92, 93, 100, 101, 102, 104, 112, 120,
    121, 123, 133, 134, 135, 136, 137,
    150, 151, 153, 154, 159, 167, 172,
    176, 178, 182, 190, 192, 201, 204,
    205, 208, 209, 210, 211, 212, 218,
    228, 235, 236, 237, 239, 241, 244,
    245, 250, 254, 256, 267, 285, 286,
    305, 307, 314, 317, 325, 344, 345
Silencio 40, 253, 254, 342
Símbolo 91, 317
Simpatía 25, 106, 107, 108, 130, 134, 136,
    137, 142, 154, 160, 180, 185, 186,
    228, 229, 285, 307, 330

Sinceridad 224, 226, 290
Sistema 16, 26, 27, 35, 36, 38, 41, 50, 60,
    76, 102, 111, 114, 149, 150, 180, 220,
    259, 343
Sistemático 13
Sobrenatural 41, 196, 228, 337, 338
Sociedad 28, 31, 90, 109, 114, 128, 159,
    187, 221, 223, 233, 234, 237, 250,
    251, 253, 254, 260, 261, 262, 266,
    271, 273, 283, 285, 290, 291, 303,
    304, 310, 338, 339
Sócrates 32
Sonambulismo 37, 159, 165, 166, 168, 169,
    170, 171, 172, 173, 180
Sonámbulo 166, 167, 168, 171, 172
Subsistencia 232, 240, 285, 315
Sueño 27, 96, 146, 152, 156, 157, 159, 160,
    161, 162, 163, 164, 165, 167, 172,
    173, 177, 201, 304, 325
Sufrimiento 113, 124, 125, 128, 155, 176,
    184, 221, 240, 275, 289, 303, 320,
    323, 324, 327, 332
Sugestión 280
Superioridad 17, 23, 26, 76, 79, 80, 82, 90,
    100, 101, 114, 133, 134, 151, 153,
    155, 199, 228, 264, 265, 280, 316,
    331, 346
Superstición 79, 110, 219, 277, 342
Sustancia 54, 74, 87, 101

T

Talión 252
Talismán 195, 196
Telégrafo 135
Temor 37, 95, 101, 125, 202, 285, 295, 314,
    317, 320, 328
Tendencias 83, 108, 156, 157, 158, 187, 266,
    279, 280, 285, 290, 343, 345
Tentación 82, 177, 222, 241, 243, 273, 277,
    278, 280, 316, 339
Teología 60, 329
Teoría 18, 38, 39, 54, 57, 60, 88, 109, 111,
    115, 127, 138, 234, 259, 280, 312,
    317, 330, 346
Teosofía 114
Tiempo 13, 21, 24, 27, 30, 33, 34, 42, 51, 52,
    58, 60, 64, 65, 73, 77, 79, 83, 84, 85,

89, 95, 96, 101, 103, 104, 111, 114,
115, 116, 118, 120, 121, 123, 127,
130, 132, 135, 138, 139, 140, 145,
146, 147, 148, 151, 152, 153, 154,
160, 165, 171, 178, 179, 198, 201,
202, 207, 210, 219, 222, 226, 229,
232, 236, 239, 242, 245, 246, 251,
252, 255, 258, 259, 260, 261, 262,
266, 267, 268, 270, 281, 287, 305,
310, 311, 312, 315, 316, 321, 322,
324, 325, 328, 329, 330, 331, 332,
333, 340, 343, 345, 347

Tierra 22, 24, 26, 32, 33, 35, 39, 42, 51, 56,
57, 58, 59, 60, 61, 73, 75, 78, 80, 84,
89, 92, 95, 98, 99, 100, 101, 102, 104,
105, 112, 113, 116, 117, 119, 121,
124, 126, 127, 128, 129, 130, 133,
134, 135, 136, 137, 139, 140, 141,
142, 158, 160, 168, 172, 182, 183,
185, 190, 192, 195, 198, 199, 200,
201, 209, 212, 219, 225, 229, 230,
231, 235, 239, 240, 241, 246, 248,
251, 255, 258, 259, 268, 269, 272,
275, 279, 281, 287, 288, 289, 292,
293, 294, 301, 303, 304, 305, 306,
308, 312, 315, 318, 319, 320, 324,
325, 327, 330, 331, 332, 333, 341, 345

Trabajo 36, 37, 40, 42, 86, 94, 108, 113, 117,
149, 158, 160, 169, 171, 180, 198,
209, 211, 223, 229, 232, 233, 234,
236, 240, 243, 254, 266, 284, 289,
290, 303, 308, 309, 314, 317, 321,
323, 324, 337

Transformación 54, 97, 101, 103, 193, 209,
240, 245, 262, 333

Transición 41, 75, 83, 93, 101, 120, 121,
155, 204, 205, 210, 260

Tumba 141, 264, 268, 286

U

Ubicuidad 71, 73, 74, 123
Ultratumba 25, 91, 118, 128, 133, 305, 313,
317, 329, 344, 345
Unión 42, 52, 54, 63, 64, 65, 87, 137, 138,
143, 144, 145, 146, 149, 171, 218,
221, 228, 237, 253, 259, 319, 346, 347
Universo 15, 18, 22, 24, 35, 39, 47, 48, 49,
50, 52, 53, 56, 59, 63, 71, 81, 86, 99,
112, 128, 137, 140, 141, 148, 154,
156, 198, 209, 217, 227, 241, 324,
325, 330, 332, 337, 338
Utopía 343

V

Vacío 41, 50, 55, 90
Verdad 38, 42, 78, 80, 85, 88, 89, 90, 106,
117, 119, 182, 192, 218, 219, 225,
239, 258, 264, 267, 269, 271, 293,
295, 302, 307, 315, 326, 327, 328,
330, 340, 341, 345, 346, 347
Vergüenza 134, 309, 310, 317, 319
Vicente 150
Vicio 130, 134, 160, 222, 286, 293
Vida 15, 16, 17, 22, 23, 24, 32, 33, 34, 35,
36, 37, 58, 63, 64, 65, 66, 75, 77, 78,
79, 80, 81, 82, 86, 87, 88, 89, 90, 91,
92, 93, 94, 95, 96, 97, 98, 101, 102,
103, 104, 105, 106, 108, 110, 112,
114, 115, 120, 121, 124, 125, 126,
127, 128, 129, 130, 131, 132, 135,
138, 140, 141, 142, 143, 144, 145,
146, 147, 152, 154, 155, 156, 157,
158, 159, 160, 161, 163, 165, 166,
168, 169, 173, 175, 180, 181, 182,
184, 185, 186, 187, 189, 190, 193,
194, 195, 198, 199, 201, 202, 204,
206, 207, 208, 209, 210, 217, 219,
222, 223, 224, 225, 227, 229, 233,
237, 239, 241, 243, 244, 245, 247,
249, 251, 252, 253, 254, 258, 260,
267, 268, 269, 272, 273, 274, 275,
276, 277, 279, 280, 282, 283, 284,
285, 286, 288, 291, 292, 294, 295,
301, 302, 304, 305, 306, 308, 309,
310, 311, 312, 313, 314, 315, 316,
317, 318, 319, 320, 321, 322, 323,
324, 325, 329, 331, 338, 339, 340,
341, 342, 344, 345, 346
Vigilia 161
Virgilio 150
Virtud 28, 42, 65, 82, 83, 93, 107, 134, 158,
166, 185, 186, 187, 193, 196, 201,
207, 219, 222, 226, 254, 273, 278,
279, 280, 283, 286, 287, 288, 292,

293, 310

Visión 123, 126, 162, 169, 173

Visita 95, 141

Vista 16, 19, 21, 23, 27, 29, 34, 35, 47, 49,
52, 57, 59, 61, 73, 75, 76, 90, 93, 95,
112, 123, 126, 127, 135, 136, 139,
140, 151, 153, 155, 159, 167, 169,
170, 171, 173, 181, 184, 193, 196,
199, 204, 206, 212, 225, 227, 238,
246, 249, 256, 257, 282, 317, 318,
323, 329, 333, 337, 338, 342, 343,
345, 346

Vitalidad 16, 57, 63, 64, 66, 89, 94, 165,
204, 208

Vocación 132, 276, 302

Voluntad 19, 22, 27, 28, 29, 35, 39, 40, 41,
54, 56, 60, 65, 66, 71, 72, 73, 75, 81,
82, 84, 93, 98, 115, 118, 119, 127,
128, 129, 130, 132, 133, 136, 145,
147, 148, 151, 158, 163, 169, 171,
177, 178, 183, 187, 190, 192, 194,
196, 199, 200, 204, 205, 206, 207,
210, 221, 226, 227, 228, 230, 240,
247, 248, 260, 264, 272, 273, 275,
276, 277, 279, 280, 285, 290, 291,
295, 303, 304, 305, 309, 311, 325,
327, 333, 340

Voto 253, 254

Discovery
Publisher

Discovery Publisher is a multimedia publisher whose mission is to inspire and support personal transformation, spiritual growth and awakening. We strive with every title to preserve the essential wisdom of the author, spiritual teacher, thinker, healer, and visionary artist.

www.ingramcontent.com/pod-product-compliance
Lightning Source LLC
Chambersburg PA
CBHW022146010726
47493CB00002B/358